Johannes Rohbeck

Didaktik der Philosophie und Ethik

4., erweiterte Auflage

THELEM

Anmerkung des Verlags zur 3. Auflage

Der Text der vorliegenden 3. Auflage dieses Klassikers der Didaktik der Philosophie und Ethik entspricht grundsätzlich dem der 2. (Taschenbuch-) Auflage von 2010. Er wurde jedoch gründlich durchgesehen. Daraus ergeben sich geringfügige Umbruchänderungen. Ferner wurde das Format des Bandes auf vielfachen Wunsch wieder auf eine »studiengerechte« Größe skaliert – mit viel Platz für Randbemerkungen.

Anmerkung des Verlags zur 4. Auflage

Für die 4. Auflage wurde der Band um einen grundlegenden Beitrag Johannes Rohbecks zu didaktischen Aspekten der Experimentellen Philosophie ergänzt.

Bibliografische Information der Deutschen Bibliothek
Die Deutsche Bibliothek verzeichnet diese Publikation in der Deutschen Nationalbibliografie; detaillierte bibliografische Daten sind im Internet unter <http://dnb.ddb.de> abrufbar.

Bibliographic information published by Die Deutsche Bibliothek
Die Deutsche Bibliothek lists this publication in the Deutsche Nationalbibliografie; detailed bibliographic data is available in the Internet at <http://dnb.ddb.de>

ISBN (print) 978-3-945363-24-9
ISBN (eBook) 978-3-945363-25-6

Eckhard Richter & Co. OHG
Bergstr. 70 | D-01069 Dresden
Tel.: 0351/4 72 14 63 | Fax: 0351/4 72 14 65
http://www.thelem.de
Titelbild: Hegel am Katheder, F. Kluger (1828), Lithographie
Thelem ist ein Imprint von w.e.b.

Gesamtherstellung: w. e. b.
Made in Germany.

Johannes Rohbeck

Didaktik der Philosophie und Ethik

THELEM

Inhalt

Texte lesen und Essays schreiben

Literarisches Philosophieren

Einleitung

Vermittlung und Transformation

Bei allen unterschiedlichen, teils widerstreitenden Reaktionen auf die PISA-Studie, sind sich fast alle Fachleute in einem Punkt einig: In die Lehrerausbildung gehört mehr Pädagogik.[1] Die schlechten Ergebnisse, die Schüler an deutschen Schulen in den Tests zur Lesekompetenz erbracht haben, sind auch schlechte Noten für die Lehrerinnen und Lehrer. Offenbar verfügen ausgerechnet diejenigen, die länger als ihre europäischen Kommilitonen an der Universität verweilen, nicht über die Eignung, ihr Wissen an Kinder und Jugendliche zu vermitteln. Häufig wird der Vorschlag nach einer größeren Gewichtung des pädagogischen Anteils am Lehramtsstudium begleitet von dem Ruf nach seiner fachlich-wissenschaftlichen Ausdünnung. In der Schule seien keine Fachwissenschaftler gefragt, sondern Pädagogen. Im Verständnis nicht weniger Kommentatoren scheinen sich die pädagogische und fachliche Eignung geradezu gegenseitig auszuschließen. Lehrer mit Eros für ihr Fach werden etwa von dem Bielefelder Bildungsforscher Klaus-Jürgen Tillmann hämisch als »verhinderte Fachwissenschaftler, die immer nur Sehnsucht nach ihren paar Stunden Leistungskurs haben«, abgestempelt.[2]

Die Einstimmigkeit dieser Vorschläge erstaunt angesichts der herrschenden Zustände. Eltern müssen langsam den Eindruck gewinnen, die Lehrer und Lehrerinnen ihrer Kinder hätten während ihres Studiums ausschließlich für ihre wissenschaftlichen Fächer gebüffelt und kein einziges Pädagogikseminar besucht. Das Gegenteil ist der Fall. Im Vergleich zu den meisten anderen Ländern, die an der PISA-Studie teilgenommen haben, ist der erziehungswissenschaftliche Anteil am Lehramtsstudium in Deutschland überdurchschnittlich hoch. In fast allen Bundesländern müssen auch angehende Studienräte in diesem Fach, zusätzlich zum Fachstudium, eine gesonderte staatliche Prüfung ablegen. Ein Klick auf die Homepage einer beliebigen deutschen Universität zeigt, wie groß die erziehungswissenschaftlichen Institute sind mit ihren zum Teil hoch spezialisierten Lehrstühlen.

1 Diese ersten Passagen stammen aus: Johannes Rohbeck und Lieselotte Steinbrügge, »Wie kann man das Lehren lehren? Zur Funktion der Fachdidaktik in der Lehrerausbildung«, in: *Forschung und Lehre*, Heft 11 (2002), S. 591–593.

2 Vgl.: Der SPIEGEL 25/2002 vom 17.06.2002, S. 61.

Woran aber liegt es, dass diese große Liebe, die das Volk der Pestalozzi und Fröbel der Pädagogik entgegenbringt, sich nicht in gutem Unterricht für seine Kinder auswirkt? Vielleicht daran, dass für die Fähigkeiten, die bei PISA getestet wurden, nicht nur die Wissenschaft vom Kinde zuständig ist, sondern die Wissenschaft vom Lehren? Die heißt aber nicht Pädagogik, sondern Didaktik. Die Tatsache, dass letztere, wenn überhaupt, in der augenblicklichen Diskussion meist in einem Atemzug oder synonym mit der Pädagogik genannt wird, belegt das höchst unterentwickelte Problembewusstsein hierzulande für diese Wissenschaft. Schlimmer noch: Mag der Terminus »Didaktik« wenigstens geläufig sein, so taucht das Wort »Fachdidaktik« nur selten auf.

Die Bedeutung der Fachdidaktik

Dabei ist es gerade diese Disziplin, die von PISA herausgefordert wird. Denn schlecht abgeschnitten haben unsere Schüler vor allen Dingen bei den Aufgaben, in denen spezifische kognitive Fähigkeiten getestet wurden. Beispielsweise jene Fähigkeit, Informationen aus einem Text, aus einem Diagramm oder einer Statistik zu ermitteln, Schlussfolgerungen daraus zu ziehen, Texte mit eigenen Erfahrungen und Wissensbeständen in Beziehung zu setzen. Oder jene, naturwissenschaftliches Faktenwissen wiederzugeben, dieses Wissen anzuwenden, um Erklärungen zu geben und dadurch Vorhersagen zu treffen. Lehrer, die diese Qualifikationen ihren Schülern vermitteln, tun dies nicht im luftleeren Raum, sondern an bestimmten Themen – an der Kurzgeschichte von Heinrich Böll im Deutschunterricht, an der Statistik über die Klimazonen im Erdkundeunterricht, am Experiment zu Magnetfeldern im Physikunterricht. Um diese Aufgabe zu meistern, müssen die konkreten Inhalte der jeweiligen Unterrichtsfächer didaktisch so umgesetzt werden, dass sie von Schülern verstanden und gelernt werden können.

Das kann nicht allein von der Pädagogik und Allgemeinen Didaktik geleistet werden. Diese Disziplinen verhalten sich den Fächern gegenüber äußerlich, weil ihre Reformvorschläge nur allgemeine Unterrichtsverfahren betreffen: So soll an die Stelle des antiquierten und autoritären Lehrervortrags die selbständige Schülerarbeit in Gruppen oder Projekten treten; an die Stelle des fragend-entwickelnden Unterrichtsgesprächs, in dem am Ende nur herauskommen kann, was der Lehrer vorher schon im Kopf hat, soll das individuelle Lernen einzelner Schüler treten; an die Stelle des verstaubten Bücherwissens soll der innovative und zukunftsweisende Umgang mit den neuen Medien treten. Abgesehen von den jüngsten Informationstechniken ist jedoch in der deutschen Lehrerausbildung seit zwanzig Jahren nichts anderes gepredigt worden. Der Eindruck, es handele sich bei dem schülerorientierten Unterricht um den letzten Schrei, wird im Augenblick zwar der Öffentlichkeit von Journalisten vermittelt, die schon lange keinen Klassenraum mehr betreten haben und nun mit glänzenden Augen von ihren Schulbesuchen zurückkehren. Aber jeder Experte weiß, dass der interaktive und individuelle Unterrichtsstil im Lande des »herrschaftsfreien Dialogs« viel verbreiteter ist als beispielsweise in Frankreich oder Italien. PISA ist nun gerade der beste Beweis dafür, dass allgemeine Unterrichtsverfahren allein noch keine guten Lernergebnisse garantieren. Daher ist es nicht besonders originell, jetzt auf denselben alten und neuen Zug weiterhin alle Hoffnungen zu setzen.

Vielmehr muss eine Form der *Vermittlung* zwischen den wissenschaftlichen Disziplinen und den Unterrichtsfächern gefunden werden. Wie lässt sich die Struktur von Texten in Methoden des Lesens und Schreibens umformen? Welche Rolle spielt das Verstehen historischer Ereignisse im Geschichtsunterricht? Wie sind die Merkmale naturwissenschaftlicher Experimente und Erklärungen in Praktiken der Schüler übertragbar? Auf welche Weise sind ethische Argumente so vermittelbar, dass sie zur Urteilskompetenz in moralischen Streitfragen führen? Zur Beantwortung dieser Fragen ist die Fachdidaktik die kompetente Vermittlungsinstanz. Ihre Aufgabe besteht darin, die spezifischen Inhalte und Methoden der Fachwissenschaften in die Unterrichtspraxis zu transformieren.

Dass kaum jemand von dieser Disziplin weiß, liegt daran, dass ihre Vertreter einer bedrohten Spezies angehören. Institute, die für sämtliche Spezialgebiete ihrer akademischen Disziplin eine einzige Hochschullehrerstelle für Fachdidaktik einrichten – von Lehrstühlen wollen wir hier gar nicht erst sprechen –, kommen sich schon äußerst großzügig vor. Häufig wird diese Aufgabe einem Studienrat für ein Taschengeld überlassen, der in seiner Freizeit die Studenten auf ihren zukünftigen Beruf vorbereiten darf. Dieser so genannte Praktiker soll nach Auffassung der Fachwissenschaftler lediglich die entsprechenden Trichter basteln, durch die dann die Forschungsergebnisse durchrieseln können.

Die Gründe für diese Diskrepanz haben viel mit der deutschen akademischen Tradition zu tun. Schule und Universität sind in Deutschland zwei vollkommen verschiedene Welten, zwischen denen es kaum Übergänge gibt. Es ist erschreckend zu beobachten, wie wenig sich die Mehrheit der deutschen Hochschullehrer dafür interessiert, *was* von ihrem Forschungsgegenstand *wie* Eingang in schulische Lehrpläne und Schulbücher findet. Entsprechend werden die Fachdidaktiker in den wissenschaftlichen Fakultäten oftmals wie Wesen von einem anderen Stern empfunden. Gelegentlich bekommen sie auch schon mal die Arroganz der »Forscher« gegenüber den »Praktikern« in Form von Mittelkürzungen und Stellenstreichungen zu spüren. Es gibt kaum Kooperationen zwischen den Vertretern der wissenschaftlichen Disziplinen und den Fachdidaktikern.

Diese Vorurteile werden bestätigt, wenn man das didaktische Geschäft als bloße »Reduzierung« oder »Elementarisierung« des Wissensstoffes versteht. Selbst in der Didaktik ist diese veraltete Auffassung noch verbreitet. Dann entsteht der Eindruck, als ob ein Basiswissen genüge, das dann nur noch an die Schüler gebracht zu werden braucht. Bereits im Studium scheinen diejenigen »elementaren« Fachkenntnisse auszureichen, die im Unterricht auch tatsächlich behandelt werden. Polemisch formuliert, läuft es auf dasselbe hinaus, ob der Lehrer sein reiches Wissen für Schulzwecke »reduziert« oder ob er es nie besessen hat. In jedem Fall erscheint das nicht verwertbare Wissen als überflüssig, wenn nicht sogar als störend. Im Grunde verbirgt sich hinter der Forderung nach einer Abkoppelung des Lehrerstudiums von den wissenschaftlichen Studiengängen genau diese Einstellung. Aufgrund der bisherigen Diskussionen ist zu befürchten, dass die Reaktionen auf die PISA-Studie in diese Richtung einer falschen Didaktisierung gehen könnten.

Didaktik der Philosophie als Vermittlung

Wenn die Aufgabe der Fachdidaktik allgemein als *Vermittlung* zwischen Wissenschaft und Unterricht definiert werden kann, gilt dies grundsätzlich auch für die Philosophie. Doch in diesem Fach stellen sich spezielle Probleme, weil die Eigenart der Philosophie nicht eindeutig feststeht und ständiger Selbstreflexion unterliegt. Diese Besonderheit hat zu zwiespältigen Positionen geführt, indem man einerseits die Philosophiedidaktik für überflüssig hielt und andererseits die Didaktik zum Wesen der Philosophie erklärte. Demgegenüber unterscheide ich prinzipiell zwischen Philosophie und ihrer Didaktik, um die Vermittlungsfunktion der eigenen Fachdidaktik zu rechtfertigen. Vermittlung bestimme ich näher als *Transformation*, die darin besteht, die didaktischen Potenziale der Philosophie aufzuspüren und so umzuformulieren, dass sie sich in der Schulpraxis realisieren lassen.

Setzt man sich zum Ziel, Philosophie im Unterricht zu vermitteln, ist darunter zunächst eine Form der *Wissensvermittlung* zu verstehen. Dabei bemüht man sich darum, philosophische Gedanken verständlich zu machen und umgekehrt sich Begriffe und Argumente der philosophischen Tradition anzueignen oder sogar selbst philosophieren zu lernen. Beim Philosophieren-Lehren und -Lernen kommt es daher darauf an, zwischen dem historischen Bestand philosophischer Theorien einerseits und den Interessen der Schüler(innen) andererseits zu vermitteln.

Diese Beziehung wurde auch als *Esoterik-Exoterik-Spannung* der Philosophie bezeichnet, die darin liegt, dass sich die Philosophie im Laufe ihrer Geschichte zu einem institutionalisierten Fach entwickelt hat, zugleich aber auch ihrem eigenen Anspruch nach kein Fach ist.[3] Denn sie entspringt einem allgemeinen Bedürfnis nach Orientierung, dem eine wissenschaftliche Spezialdisziplin scheinbar unvermittelt gegenübersteht. Wenn nun der Philosophieunterricht von dieser Doppelung ausgeht, hat er sich zuerst einmal auf die *exoterische* Seite der Philosophie einzulassen. Er bezieht sich dann sowohl auf Orientierungsfragen, die nach philosophischen Antworten verlangen, als auch auf schon vorhandene Weltbilder, die der Problematisierung bedürfen. Im Unterricht muss Philosophie also diesen äußeren Bezug aufnehmen, d. h. die Gedanken des eigenen Fachs mit dem außer- oder vor-philosophischem Denken zu verbinden suchen. Das schließt keineswegs die Möglichkeit aus, das so grundsätzlicher gestellte *Vermittlungsproblem* mit philosophischen Mitteln in Angriff zu nehmen.

Ohne frühere philosophiedidaktische Debatten im Einzelnen zu wiederholen, möchte ich drei Typen der Vermittlung zwischen Philosophie und Unterrichtspraxis unterscheiden.

Beim *ersten* Vermittlungstyp geht man von der *Philosophie als akademischem Fach* aus, wie es sich in der historischen Tradition und gegenwärtigen Systematik herausgebildet hat. Weil in diesem Fall der Philosophieunterricht ein »Abbild« der Philosophie darstellt, hat man – in polemischer Absicht – von einer bloßen »Abbilddidaktik« gesprochen. Die Begründungen für diese Position waren und sind bis heute vielfältig. Am hartnäckigsten hat sich die Auffassung gehalten, die »Sache« der Philosophie spreche für sich selbst und enthalte so bereits ihre eigene Didaktik. Hinzu kommt das Argument, im Philosophieunterricht gehe es nicht um die Vermittlung eines vorgegebenen Sachverhalts, weil die Philosophie im Unterschied zu anderen Fächern keinen klar umgrenzten Gegenstandsbereich besitze und folglich nicht in Produkt und Prozess aufteilbar sei. Aus diesen Gründen bedürfe die Philosophie keiner besonderen »Vermittlung« mehr, was die Didaktik letztlich überflüssig mache.[4] Es leuchtet ein, dass mit einer derart postulierten Identität von Philosophie und ihrer Didaktik das Vermittlungsproblem prinzipiell unterlaufen wird.

3 Theodor W. Adorno, *Philosophische Terminologie*, Bd. 1, Frankfurt/M. 1973, S. 9; Helmut Holzhey/Walter Ch. Zimmerli (Hg.), *Esoterik und Exoterik der Philosophie*, Basel, Stuttgart 1977; Peter Heintel/Thomas Macho, »Konstitutive Philosophiedidaktik«, in: *Zeitschrift für Didaktik der Philosophie*, 5. Jg. (1983), Heft 1, S. 3 ff.; Ekkehard Martens/Herbert Schnädelbach, »Zur gegenwärtigen Lage der Philosophie«, in: Dies. (Hg.), *Philosophie. Ein Grundkurs*, Reinbek 1985, S. 12 ff.

4 Adorno, *Philosophische Terminologie*, Bd. 1, a. a. O. (Anm. 3), S. 62 f.; Friedrich Kambartel, »Thesen zur ›didaktischen Rücksichtnahme‹«, in: *Zeitschrift für Didaktik der Philosophie*, 1. Jg. (1979), Heft 1, S. 15 f.; kritisch dazu Ekkehard Martens, *Dialogisch-pragmatische Philosophiedidaktik*, Hannover 1979, S. 9 f.; ausführlich dazu Johannes Rohbeck, »Philosophieunterricht als Problem der Vermittlung«, in: Wulff D. Rehfus/Horst Becker (Hg.), *Handbuch des Philosophie-Unterrichts*, Düsseldorf 1986, S. 115 f.

Die Vertreter des *zweiten* Vermittlungstyps versuchen diese Identität umzukehren und von der Seite der *Unterrichtspraxis* her zu begründen. Die dazu gehörende »Konstitutionsthese« besagt, dass die Didaktik für die Philosophie »konstitutiv« sei.[5] Zu Grunde liegt ein Dialog-Konzept, das in Anlehnung an Sokrates als genuin philosophisch gelten kann. Wenn das Wesen der Philosophie als Dialog definiert wird und wenn der Dialog zugleich das Prinzip der Didaktik ist, dann verschmelzen die beiden Komponenten zu einer unmittelbaren Einheit. Zwar wird damit das Vermittlungsproblem konstitutionstheoretisch ausgeklammert, weil ja – nun mit anderem Vorzeichen – die Didaktik mit der Philosophie qua Dialog identifiziert wird. Aber praktisch wird das Problem der Vermittlung durchaus gestellt und auch auf entsprechende Weise gelöst, indem die Autoren der Philosophie als »Dialogpartner« am aktuellen Unterrichtsgespräch der Schüler und Lehrer beteiligt werden sollen. Diese Öffnung ermöglicht es schließlich, eine Brücke zur philosophischen Tradition zu schlagen. In diesem Sinn wird auch die Didaktik der Philosophie als Theorie der Vermittlung rehabilitiert.

Didaktische Transformation

Als *dritten* Vermittlungstyp zwischen Philosophie und Unterricht schlage ich das Modell der *Transformation* vor.[6] Mit diesem Ansatz betone ich ausdrücklich die *Differenz* zwischen der Philosophie und ihrer Didaktik. Eine solche Trennung ist schon institutionell geboten, weil eine professionelle Philosophiedidaktik gegenüber den anderen philosophischen Disziplinen autonome Entfaltungsspielräume benötigt. Und diese Trennung eröffnet auch neue inhaltliche Horizonte, weil der ganze Reichtum der philosophischen Tradition und Systematik in didaktischer Perspektive ausgeschöpft werden kann. Philosophisch wird die Didaktik nicht dadurch, dass sie sich selbst zur Philosophie deklariert oder umgekehrt, sondern indem sie unter Voraussetzung einer produktiven Distanz zur Philosophie deren didaktische Potenziale für die Unterrichtspraxis realisiert.

Didaktische Transformation soll hier nicht *didaktische Reduktion* bedeuten. In der Literatur werden Transformation und Reduktion traditionell synonym verwendet, wie in einem Aufsatz »Die didaktische Reduktion als Kernstück

5 Heintel/Macho, *Konstitutive Philosophiedidaktik*, a. a. O. (Anm. 3); Martens, *Dialogisch-pragmatische Philosophiedidaktik*, a. a. O. (Anm. 4), S. 68 ff.; hierzu Rohbeck, »Philosophieunterricht als Problem der Vermittlung«, a. a. O. (Anm. 4), S. 116.

6 Vgl. Johannes Rohbeck (Hg.), *Transformationen: Denkrichtungen der Philosophie und Methoden des Unterrichts* (Themenheft), *Zeitschrift für Didaktik der Philosophie und Ethik*, 22. Jg. (2000), Heft 2; ders. (Hg.), *Didaktische Transformationen*, Dresden 2003.

der Didaktik« zu lesen ist: Der Lehrer wird mit einem Transformator verglichen; »er sei mit zwei Leitungen an die Wissenschaft angeschlossen und mit den beiden anderen an die Schüler. Seine Aufgabe sei es, die Wissenschaft mit ›niedriger Spannung‹ an Schüler weiterzuleiten«.[7] Die dabei benutzten Verben verdeutlichen das: »popularisieren, gemeinverständlich darstellen, volkstümlich darstellen, jugendgemäß darstellen, elementar darstellen, vereinfachen, fasslich machen oder reduzieren«.[8]

Ebenso wenig ist das Konzept der *didaktischen Transformation* mit »Abbilddidaktik« zu verwechseln, weil keineswegs der philosophische Kontext allein determiniert, welche Theoreme im Unterricht verwendet werden. Noch in den bekannten Prinzipien der »Didaktischen Reduktion« oder »Elementarisierung« scheint mir ein solches Primat des Faches fortzuleben.[9] Denn dort herrscht die Illusion, als ob es einen objektiven Kanon gäbe, der ein für allemal festlegte, was jeweils »elementar« oder »kompliziert« sei; oder als ob es eine allgemeingültige Hierarchie gäbe, innerhalb deren das vermeintlich höhere Wissen – in einem hier *nicht* gemeinten Sinn – lediglich »herunter zu transformieren« oder zu »reduzieren« wäre.

Der Mythos der Reduzierung und Elementarisierung verschwindet hingegen, wenn man von der *Strategie des didaktischen Diskurses* ausgeht, welcher die Auswahl und Modifikation des Übertragenen bestimmt. Was in der akademischen Philosophie als grundlegend gilt (z. B. formale Logik), kann in der Unterrichtspraxis eine untergeordnete Rolle spielen. Was umgekehrt in der Philosophie als besonders speziell gilt (etwa bestimmte Methoden), kann im Unterricht zum elementaren Verfahren mutieren. Und was schließlich für Universitätsphilosophen als bloß marginal gilt (bestimmte Textgattungen außer den üblichen Traktaten), kann in der Schule ins Zentrum rücken. Nach diesem Modell der Transformation werden die philosophischen Karten fortwährend neu gemischt.

Methodisch orientiert sich dieses Konzept an der neueren *Diskurstheorie*. Demnach erhalten Begriffe und Argumente ihre Bedeutung durch den *Kontext*, in dem sie innerhalb bestimmter Diskurse stehen. Diese Bedeutung wechselt folglich, wenn Aussagen in einen anderen Kontext übertragen werden. Das

7 Gustav Grüner, »Die didaktische Reduktion als Kernstück der Didaktik«, in: Jochen Kahlke/Fritz M. Kath (Hg.), *Didaktische Reduktion und methodische Transformation*, Alsbach 1984, S. 63 ff., insbes. S. 65.

8 Ebd., S. 66.

9 Wolfgang Klafki, »Die didaktischen Prinzipien des Elementaren, Fundamentalen und Exemplarischen«, in: Alfred Blumenthal/Johannes Guthmann (Hg.), *Handbuch für Lehrer*, Bd. 2, Gütersloh 1961; ders., *Das pädagogische Problem des Elementaren und die Theorie der kategorialen Bildung*, Weinheim 1963; Wilhelm Flitner, *Grundlegende Geistesbildung*, Heidelberg 1965; Eduard Spranger, *Pädagogische Perspektiven*, Heidelberg 1962.

diskursive Feld verändert die semantische Funktion. Die Strategie des neuen Diskurses bestimmt bereits die Selektion des Übertragenen. Es wird also kein feststehender Inhalt übertragen, sondern das Übertragene gewinnt seine Bedeutung erst im Prozess der Übertragung in einen neuen Kontext.

Wenn die Vermittlungstypen »Abbilddidaktik« versus »Konstitutionsthese« als »deduktive« bzw. »induktive« Methoden bezeichnet werden können,[10] so charakterisiere ich meine Methode als »abduktiv«.[11] Unter *Abduktion* versteht der amerikanische Pragmatist Peirce das geregelte Verfahren der Anwendung eines allgemeinen Prinzips auf eine konkrete Situation. Dabei wird das Prinzip der Situation angepasst, wie es sich zugleich rückwirkend im Prozess dieser Anpassung verändert. Hermeneutisch kann man dieses Verfahren als heuristischen Zirkel beschreiben, diskurstheoretisch als wechselseitige Kontextualisierung, systemtheoretisch als Variation und Selektion; auf jeden Fall ist es *pragmatisch*, weil die verwendeten Theoreme nach jeweils praktischen Erfordernissen ausgewählt und modifiziert werden.

Das *wissenschaftliche Profil* einer so verstandenen Fachdidaktik besteht darin, aus didaktischer Perspektive die akademische Philosophie nach unterrichtspraktischen Potenzialen zu durchforsten. Wie ein Jäger und Sammler sucht der Fachdidaktiker im historischen und systematischen Bestand der Philosophie nach solchen Praktiken, die sich an gewünschte Lernziele und zu vermittelnde Kompetenzen anbinden lassen. Als Jäger formt er die »großen« Theorien in didaktische Konzepte um, als Sammler findet er am Rande ausgetretener Pfade unbekannte Texte, methodische Einfälle, schlagende Beispiele, graphische Darstellungen usw., die neue Impulse für die Unterrichtspraxis geben können.

Zu diesem Band

An diesen Überlegungen orientieren sich die Texte, die in diesem Band versammelt sind. Solange ich mich der Didaktik der Philosophie widme, habe ich mich von der Idee der Vermittlung zwischen Philosophie und Unterrichtspraxis leiten lassen.[12] Das ergab sich aus meiner persönlichen Lebensgeschichte, in der ich beide Wege zunächst getrennt gegangen bin und erst später zusammengeführt habe. An der Freien Universität habe ich Philosophie studiert, wurde

10 Ekkehard Martens, »Fachspezifische Methodik ›Praktische Philosophie‹«, in: *Ethik & Unterricht* 3 (2001), S. 7 f.; siehe auch ders., *Methodik des Philosophie- und Ethikunterrichts. Philosophieren als elementare Kulturtechnik*, Hannover 2003.

11 Charles S. Peirce, »Deduction, Induction and Hypothesis«, in: *Collected Papers*, vol. II, Michigan 1993, § 619 ff., S. 372 ff.

12 Rohbeck, »Philosophieunterricht als Problem der Vermittlung«, a. a. O. (Anm. 4).

dort wissenschaftlicher Assistent und habe mich mit philosophischen Themen promoviert und habilitiert. Erst nach der Promotion legte ich das Erste und Zweite Staatsexamen ab und wurde Studienrat an einem Berliner Gymnasium. Und erst als in Berlin 1980 das Schulfach Philosophie eingeführt wurde und ich daraufhin die Gelegenheit erhielt, Philosophie in der Schule zu unterrichten, den entsprechenden Lehrplan mit Unterstützung meines inzwischen verstorbenen Freunds Gerhard Voigt zu entwerfen und an der Weiterbildung mitzuwirken, entstand das Interesse für Philosophiedidaktik.

Obwohl ich institutionell zum Mittler zwischen Universität und Schule geworden war, musste ich die leidvolle Erfahrung machen, dass ich mich zwischen verschiedenen Welten bewegte. Die »Zwei Kulturen« führten nicht nur keinen Dialog, sondern beargwöhnten sich gegenseitig, was ich zu spüren bekam. In der universitären Welt sah ich mich gezwungen, mein schulisches und didaktisches Engagement besser zu verschweigen, weil die Seriosität meiner wissenschaftlichen Arbeit sonst in Frage gestellt worden wäre. In der schulischen Welt hielt ich mich mit Berichten aus der Wissenschaft eher zurück, weil ich mich sonst dem Verdacht ausgesetzt hätte, kein engagierter Lehrer zu sein und bloße »Abbilddidaktik« zu betreiben.

Doch ich hatte das Glück, mein berufliches Doppelleben beenden zu können, als ich an der Technischen Universität Dresden 1993 die Professur »Praktische Philosophie und Didaktik der Philosophie« erhielt, in der sich beide Kulturen miteinander verbinden. Eine solche Denomination, die in Dresden auch in anderen Disziplinen verbreitet ist, halte ich für ideal, weil die Didaktiken an ihre jeweiligen Fächern angekoppelt sind. Auf diese Weise können beide Seiten voneinander profitieren. In meinem Fall erinnere ich mich daran, dass sich einige didaktische Innovationen der fachwissenschaftlichen Arbeit verdanken. So ist zum Beispiel das Projekt »Methoden des Philosophierens« aus gemeinsamen Seminaren mit dem Kollegen Thomas Rentsch hervorgegangen. Auch die Beschäftigung mit dem Verhältnis von Philosophie und Literatur folgt gegenwärtigen Tendenzen der Philosophie und Literaturwissenschaften. Doch auf der anderen Seite hat der experimentelle Umgang mit den Methoden und literarischen Formen des Philosophierens neue Perspektiven in meiner philosophischen Forschung eröffnet.

Eine institutionelle Form der Zusammenarbeit zwischen akademischer Philosophie und Philosophiedidaktik bietet das *Forum für Didaktik der Philosophie und Ethik*, das von mir 1999 in Dresden gegründet wurde.[13] Inzwi-

13 Homepage: http://rcswww.urz.tu-dresden.de/-forumfd. – Vgl. dazu den Aufgabenkatalog und den Curriculumentwurf in: *Zeitschrift für Didaktik der Philosophie*, 21. Jg. (1999), Heft 3, S. 223 f. – Der entsprechende Sammelband: Johannes Rohbeck (Hg.), *Methoden des Philosophierens* Dresden 2000.

schen ist es gelungen, das *Forum* an die *Deutsche Gesellschaft für Philosophie* institutionell anzubinden. In der Tat wurde damit eine Plattform geschaffen, um Fachvertreter(innen) und Didaktiker(innen) miteinander ins Gespräch zu bringen und gemeinsame Projekte in die Wege zu leiten. Der *Fritz Thyssen Stiftung* verdanke ich die langjährige Förderung des *Forums* sowie meines Forschungsprojekts »Philosophische Denkrichtungen in didaktischer Perspektive«.

Der vorliegende Band enthält vier thematische Schwerpunkte, die kurz erläutert werden sollen.

Unter dem ersten Titel »Didaktische Positionen« finden sich zunächst zwei Beiträge, die sich kritisch gegen ein reduziertes Schulfach Ethik wenden und für einen integrativen Philosophieunterricht votieren. Dieses Plädoyer bezieht sich zunächst auf die philosophische Tradition, insbesondere auf die historische Epoche der europäischen »Aufklärung«, sodann auf die gegenwärtige Diskussion um die angewandte Ethik, deren Probleme sich nur in einem größeren philosophischen Kontext behandeln lassen. Schließlich stellt sich die Frage, wie ein schüler- und problemorientierter Philosophieunterricht mit der Geschichte der Philosophie umgehen soll. Mit »Methoden« sind nicht etwa nur formale Unterrichtsverfahren gemeint, sondern spezifisch philosophische Methoden wie z. B. die Phänomenologie, Hermeneutik, analytische Philosophie und Dialektik.

Die Grundidee des zweiten Kapitels besteht darin, die Denkrichtungen der Philosophie in philosophische Verfahren des Unterrichts zu transformieren. Nach prinzipiellen Erörterungen über die didaktischen Potenziale der Philosophie und über die von den Schülerinnen und Schülern zu erwerbenden Kompetenzen folgen exemplarische Studien zur Methode des Konstruktivismus und der Dialektik. Die Umsetzung der konstruktivistischen Methode schließt an meine Arbeiten zur Modellbildung in der Philosophie an,[14] mit der dialektischen Methode setze ich meine Beschäftigung mit der impliziten Didaktik Hegels fort, der eine eigene Untersuchung gewidmet ist. Diese und andere philosophische Methoden werden im dritten Kapitel »Texte lesen und Essays schreiben« weiter konkretisiert.

Die Gestalt philosophischer Texte ist das Thema des vierten Kapitels »Literarisches Philosophieren«. Anstatt die Schöne Literatur nur dazu zu benutzen, um zur Philosophie hinzuführen, geht es in meinem Ansatz um die literarischen Formen philosophischer Texte, d. h. um die Literatur in der Philosophie anstelle der Philosophie in der Literatur. Diese Formen werden anhand von Beispielen aus der Philosophiegeschichte wie auch beim eigenständigen Philosophieren in

14 Siehe »Philosophiegeschichte als didaktische Herausforderung« und »Proto-Philosophie« in diesem Band, S. 41–49 und 105–117; vgl. Johannes Rohbeck, »Begriff, Beispiel, Modell. Zur Arbeit mit philosophischen Texten anhand des ›Leviathan‹ von Thomas Hobbes«, in: *Zeitschrift für Didaktik der Philosophie*, 7. Jg. (1985), Heft 1, S. 26–42.

didaktischer Perspektive untersucht. Zur Literarizität der Philosophie gehören auch die Rhetorik und das besondere rhetorische Mittel der Ironie.

Die hier präsentierten Texte stellen eine Auswahl meiner fachdidaktischen Schriften dar, die für diesen Band redaktionell überarbeitet wurden. Sie sind zum Teil nicht mehr verfügbar und haben unterschiedliche Entstehungsgeschichten. Die überwiegende Zahl wurde in der *Zeitschrift für Didaktik der Philosophie* (seit 1994 *Zeitschrift für Didaktik der Philosophie und Ethik*) veröffentlicht, die ich seit 1984 mit herausgebe. Ich danke dem Gründer dieser Zeitschrift Ekkehard Martens dafür, dass er mich zur gemeinsamen Herausgabe dieser Zeitschrift eingeladen hat, den früheren Mitherausgebern Thomas Macho (auch Mitbegründer der Zeitschrift) und Eckhart Nordhofen sowie später Volker Steenblock und Monika Sänger für die freundschaftliche und produktive Kooperation. Vor allem danke ich dem damaligen Lektor und heutigen Verleger Joachim Siebert dafür, dass er die Hefte professionell betreut und erfolgreich vertreibt. Außerdem bin ich ihm dankbar für die Zustimmung zur Publikation einzelner Beiträge in diesem Band.

Ein weiterer Anteil ist in dem von mir herausgegebenen *Jahrbuch für Didaktik der Philosophie und Ethik* erschienen. Auch in diesem Fall danke ich Ulrich Philipsen für die langjährige und zuverlässige Redaktion des *Jahrbuchs*, Andrea Kruse für die redaktionelle und technische Bearbeitung dieses Bandes. Dem Verleger Eckhard Heinicke bin ich dankbar für die Betreuung des *Jahrbuchs* und jetzt insbesondere für die Herausgabe des vorliegenden Sammelbandes. Wegweisende Gespräche verdanke ich nicht zuletzt Lieselotte Steinbrügge – auch einer Wanderin zwischen den Welten.

Didaktische Positionen

Politische Aufklärung und Moralerziehung

In den bildungspolitischen Debatten der Gegenwart dominieren Standards, deren Erfüllung empirisch gemessen werden sollen. So bleibt auch der Philosophie- und Ethikunterricht vom Kriterium der Effizienz nicht verschont, lassen sich doch die Kenntnisse ethischer Grundpositionen und deren Anwendung im regelgeleiteten Argumentieren ziemlich exakt überprüfen. Da mutet es befremdlich an, wenn im Folgenden an die frühere Grundsatzdiskussion über die Ziele des Ethikunterrichts erinnert wird. Aber es wird sich erweisen, dass diese Diskussion über die Schulfächer Philosophie und Ethik aktuell geblieben ist. Denn die technokratischen Bemühungen um Leistungskontrolle verdecken nur die alten Zielkonflikte. Nach wie vor stellt sich das Problem, mit Hilfe welcher Inhalte und Methoden den Schülerinnen und Schülern Orientierungswissen vermittelt werden kann. Damit stellt sich zugleich die institutionelle Frage nach den dazu am besten geeigneten Fächern.

In den beiden folgenden Texten plädiere ich für einen integrativen Philosophieunterricht unter Einschluss der Ethik. Im ersten Beitrag begründe ich diese Auffassung, indem ich auf die philosophische Tradition zurückgreife, insbesondere auf die Epoche der europäischen Aufklärung, um den Zusammenhang politischer, historischer und ethischer Themen zu demonstrieren. Im zweiten Beitrag knüpfe ich an die aktuelle Diskussion über das Verhältnis von Ethik und Angewandter Ethik an, um zu zeigen, dass jedes ethische Urteil den Kontext einer übergreifenden praktischen Philosophie voraussetzt. Das hat bestimmte Konsequenzen für den Unterricht und für den Zuschnitt des entsprechenden Schulfachs. Wenn ich dem Philosophieunterricht den Vorzug gebe, mache ich sowohl den systematischen und historischen Zusammenhang von Philosophie und Ethik als auch das Bedürfnis der Schüler nach einer möglichst breiten und vertieften Orientierung geltend.

Aufklärung und Erziehung

Politische Aufklärung und Moralerziehung: Diese Gegenüberstellung erweckt den Anschein von extremen Standpunkten, die die politischen Auseinandersetzungen der jüngsten Vergangenheit prägten. Erinnern wir uns: In den sechziger Jahren sollte die Politik erst einmal entdeckt werden, als ein zwar besonderer, aber zugleich übergreifender Bereich des Gemeinwesens, aber als eine bestimmte Form von Herrschaft, der gegenüber Misstrauen angebracht schien. Hierzu tat Aufklärung Not, eine Aufklärung, die ihrer historischen wie systematischen Bedeutung die Forderung nach wissenschaftlicher Analyse von Gesellschaft und Staat repräsentierte, um damit die Möglichkeit von Kritik zu eröffnen. Der Schulunterricht sollte diese Ziele der Wissenschaftlichkeit und Kritikfähigkeit in doppelter Weise realisieren helfen: erstens durch vermehrte Vermittlung wissenschaftlicher Lehrinhalte (vor allem in den geisteswissenschaftlichen Fächern) und – zweitens – durch die Verwissenschaftlichung der Erziehung selber.

Als Reaktion darauf hieß es, Erziehung sei eben nicht politisch zu verstehen. Paradigmatisch dafür war der legendäre Kongress »Mut zur Erziehung« im Jahre 1978. Folgt man beispielsweise dem gleichnamigen Beitrag Friedrich Tenbrucks, so ist der Bereich der Erziehung gerade außerhalb der Politik anzusiedeln: »Erziehung hat ihr eigenes Reich. … Erziehung beruht nämlich, wenn alles gesagt und getan ist, auf dem Wunder, dass aus dem Gewirr von Erkenntnissen, Antrieben, Gefühlen und Begehrungen die Ordnung der Lebensform wird«.[1] Ausdrücklich ist von einer »Ursituation« der Erziehung die Rede, dem ein »Urvermögen« des Erziehers entspreche. Die Aufgabe besteht demzufolge in der Tradierung von moralischen Werten, die sich, da von gesellschaftlichen und staatlichen Zusammenhängen unabhängig, auch einer wissenschaftlichen Reflexion entziehen, so wie die Erziehung selbst als natürlicher, selbstverständlicher Prozess begriffen wird, dem eine Verwissenschaftlichung eher schadet.

Mittlerweile hat sich das Blatt nach meinem Eindruck wieder gewendet. Mit dem Ruf nach einem autonomen Staat wird das Politische erneut entdeckt – nun allerdings von der anderen Seite mit der veränderten Intention, politische Macht zu legitimieren. Dabei rückt die ehemals entpolitisierte Moral wieder näher zur Politik. Und auch die geschmähte Aufklärung gewinnt mit ihren Ursprüngen neuzeitlichen Politikverständnisses wieder an Aktualität. Wurde der Aufklärung und ihren Anhängern noch auf dem genannten Kongress »Mut zur Erziehung« vorgeworfen, sie ignoriere die Grenzen rationaler Welterkenntnis, so werden nun Politik und Moral verstärkt einer wissenschaftlichen Fundierung unterzogen. Der Kongress »Aufklärung heute« (zwei Jahre später 1980) darf wohl als erster Schritt zu einer modifizierten aufklärerischen Position gewertet werden. Galt es früher – etwa bei Hermann Lübbe – als symptomatisch für die Aufklärung, die Idee des Fortschritts zu einem universellen Prinzip der politischen Fortschrittlichkeit zu verabsolutieren, so ist in jüngster Zeit vermehrt die Warnung vor zu großer Technik- bzw. Wissenschaftsfeindlichkeit und vor modischer Fortschrittsskepsis

1 Wissenschaftszentrum Bonn (Hg.), *Mut zur Erziehung. Beiträge zu einem Forum am 9./10. Januar 1978 im Wissenschaftszentrum Bonn-Bad Godesberg*, Stuttgart 1978, S. 63 u. 65.

zu hören.[2] In der Tat haben sich die Fronten verkehrt. Die ehemals aufklärungseuphorische Fraktion hat sich auf die vermeintlichen Grenzen der Aufklärung zurückgezogen. Politik wird zunehmend als äußerer Zwang empfunden, dem man eine originäre »innere« Moral entgegenzusetzen versucht. Ähnlich widerfährt es dem wissenschaftlich-technischen Fortschritt, der angesichts von Hochrüstung und Umweltzerstörung mit Misstrauen bedacht wird. Nicht zuletzt zeigt sich diese reziproke Wandlung auch in pädagogischer Programmatik, in der eher auf individuelle Erfahrung, auf unmittelbar zwischenmenschliche Beziehungen und auf subjektive Ich-Identität Wert gelegt wird. Es ist also zu beobachten, dass die von mir skizzierten gegenläufigen Tendenzen in einem – wenn ich das so pauschal sagen darf – linken und rechten Spontaneismus konvergieren. Zwischen diesen miteinander verwandten Extremen fällt die Aufklärung durch – Aufklärung verstanden als das Postulat, Politik und Moral zusammen zu denken und wissenschaftlich zu reflektieren.

Der Versuch einer Rehabilitierung der Aufklärung im genannten Sinn bereitet allerdings einige Schwierigkeiten. Es besteht die Gefahr, das Für und Wider nur im oberflächlichen Rahmen politischer Auseinandersetzungen zu sehen. Der Verzicht auf die große Politik kann als Ausdruck eines gewandelten Kräfteverhältnisses gedeutet werden. Politik macht man nicht mehr, sondern erfährt sie als Bedrohung. Und von Fortschritt und Aufklärung zu reden, setzte immer schon voraus, auf dem aufsteigenden Ast der Geschichte zu sitzen. Der Schwächere übt sich hingegen in Skepsis. Aber die Aufklärung ist über die soziale Interessiertheit hinaus als systematisches Problem ernst zu nehmen. Dazu reicht es meines Erachtens nicht aus, von *der* Aufklärung zu sprechen oder darüber zu streiten, »wie viel« Aufklärung für unsere heutige Situation verträglich zu sein scheint. Es gilt vielmehr zu zeigen, dass das Verhältnis von Politik, Moral und Wissenschaft ein Problem des Begriffs der Aufklärung selbst ist. Das möchte ich zunächst anhand der historischen Epoche der Aufklärung verfolgen, und zwar anhand einer bislang weniger beachteten Traditionslinie.

Das Grundmodell des Politischen

Wenn sich Autoren wie Bernard Willms auf die Wurzeln des politischen Denkens der Neuzeit zurückbesinnen, ist zunächst von Thomas Hobbes die Rede, nicht selten in Anlehnung an die Interpretation von Carl Schmitt, der zur Zeit eine

2 Hermann Lübbe, *Fortschritt als Orientierungsproblem. Aufklärung in der Gegenwart*, Freiburg 1975.

Renaissance erlebt.[3] Das Wesen des Politischen wird in einer Staatsmacht gesehen, deren Herrschaft so beschaffen sein soll, dass sie die Freiheit der einzelnen Bürger sichert. Das Problem der politischen Theorie besteht dabei in der Legitimierung einer solchen gerechten Herrschaft. Bekanntlich geschieht dies durch die Konstruktion einer freiwilligen Übereinkunft, die die intendierte Freiheit als Restkategorie enthält. Das scheint widersprüchlich zu sein. Um die individuelle Freiheit zu bewahren, sehen sich die Individuen gezwungen, ihre Freiheit zumindest teilweise aufzugeben. Auflösen lässt sich dieser Widerspruch allerdings nicht, er kann nur gemildert werden durch liberale Modifikationen, wie sie von John Locke eingeführt wurden, so dass die Diskussion bis heute zwischen den Polen Freiheit und Herrschaft oszilliert: Herrschaft prinzipiell ja, aber mit möglichst viel individuellem Freiraum, wie z. B. Otfried Höffe ausführt.[4]

Der Kern dieser Konstruktion scheint mir jedoch von derlei Debatten unberührt zu bleiben: Ich meine das darin enthaltene Grundmodell des Politischen, nämlich den Vertrag.[5] Während sich das Abwägen zwischen individueller Freiheit einerseits und staatlichem Zwang andererseits in vorwiegend quantitativen Verhältnissen erschöpft, berührt die Vertragskonstruktion selbst das prinzipielle Problem, wie das Politische und das Vertragliche zusammen gehören. In dieser Identifizierung von Politik und Vertrag sehe ich den Skandal neuzeitlicher Philosophie.

Denn mit dem Gesellschaftsvertrag hat sich die Beweislast für eine gerechte Herrschaft auf eine völlig andere Theorieform und damit auf eine andere Spezies Theoretiker verlagert: Und zwar sowohl von der philosophischen Ethik des Aristoteles, der im Staat das Ziel des höchsten gemeinsamen Guten verwirklicht sah, als auch von der Theologie des Augustinus – hin zur genuin juristischen Theorie der Neuzeit, deren Vertreter die gesamte Gesellschaft nach dem Modell von Verträgen zu rekonstruieren versuchten. In diesem Universalisierungsanspruch steckt die entscheidende Aporie: Verträge können nur unter bestimmten Bedingungen geschlossen und gehalten werden. Der Gesellschaftsvertrag hingegen soll seine eigenen Bedingungen überhaupt erst einmal schaffen. Unterstellt wird ein Vertrag, der seine Voraussetzungen mit setzt, d. h. also selbst voraussetzungslos ist. Der Vertrag konstituiert sich selbst. Darin besteht die Selbstkonstitution des

3 Bernard Willms, *Die Antwort des Leviathan. Thomas Hobbes' politische Theorie*, Neuwied, Berlin 1970. – Jakob Taubes (Hg.), *Der Fürst dieser Welt. Carl Schmitt und die Folgen*, Paderborn, München 1984.

4 Otfried Höffe, *Ethik und Politik. Grundmodelle und -probleme der praktischen Philosophie*, Frankfurt/M. 1978, S. 195 ff.

5 Johannes Rohbeck, »Begriff – Beispiel – Modell«, in: *Zeitschrift für Didaktik der Philosophie*, 7. Jg. (1985), Heft 1, S. 26 ff.; siehe auch »Philosophiegeschichte als didaktische Herausforderung« und »Proto-Philosophie« in diesem Band, S. 41–49 insbes. 47–49, und 105–117, insbes. 109 f.

Politischen. Gleichwohl hat sich die Frage nach den Voraussetzungen von Staat und Gesellschaft keineswegs erübrigt.

Die neuere Forschung hat gerade auf diesen Umstand hingewiesen, dass der Gesellschaftsvertrag im strikten Sinn keiner weiteren Begründung bedarf. Nicht einmal die anthropologische Fundierung einiger Vertragstheoretiker ist wirklich zwingend. Das belegt schon Hobbes, dessen Prinzip der Selbsterhaltung nicht mit Egoismus verwechselt werden darf; viel eher handelt es sich im so genannten Naturzustand um eine Theorie sozialer Konflikte, die aus dem Zusammenhang moralisch neutraler Bestrebungen von gleichgestellten Individuen hervorgehen. Das belegen auch die divergierenden Motivationstheorien verschiedener Vertragstheoretiker. Und schließlich ist Kants Rechtsphilosophie ein deutlicher Beleg dafür, dass auf jegliche empirische – in diesem Fall psychologische – Fundierung verzichtet werden kann. Das Politische konstituiert sich selbst als originäre Macht. Die Kraft dazu erhält es durch die juristische Abstraktion, die qua eigener Logik alle konkreten Voraussetzungen eliminiert.

In dieser Konstruktion sehe ich auch den Kern politischer *Aufklärung*. Nach Giambattista Vico vermag der Mensch nur zu verstehen, was er selbst gemacht hat. Das bezieht sich zunächst auf die Geschichte als ungeteiltes Ergebnis menschlicher Handlungen im Unterschied zur Natur. Es gilt damit gerade auch für Teilresultate der Geschichte wie für den Vertrag, der den historischen Übergang vom natürlichen in den zivilisierten Zustand der Menschheitsgeschichte markiert. Aufklärung heißt auch hier: verstehen, was der Mensch selbst gemacht hat. Dieses »Machen« kann dabei im poietischen Sinn als Herstellen, d. h. hier als selbständige Konstruktion verstanden werden, die nachträglich die Rekonstruktion nach denselben Regeln erlaubt. Die Metapher »Staat« als »Maschine« deutet auf diesen Zusammenhang hin. Unter diesem Modell der Arbeit und Erkenntnis kann man eine moderne Form der Anamnesis verstehen: Anamnesis nicht mehr als Anerkennung von ursprünglich Vorgegebenem, von unserer Erkenntnis Vorausgegangenem, sondern als Erinnerung an den eigenen Herstellungsprozess.[6] Bei Rousseau lässt sich die Emphase der neu gewonnenen Idee der Widererkenntnis am deutlichsten ablesen: Als Aufhebung aller Entfremdung, weil alles Fremde – eben auch politische Herrschaft – restlos in den eigenen Akt der Selbstkonstitution eingeholt werden kann; eine Denkfigur, die bis in den romantischen Protest unserer Tage aktuell geblieben oder wieder aktuell geworden ist.

6 Peter Furth, *Phänomenologie der Enttäuschung*, Frankfurt/M. 1991.

Grenzen des Vertragsmodells

Es gehört zur Stärke der Aufklärung, innerhalb ihrer eigenen Entwicklung die Kritik an dieser Art Rekonstruktion von Staat und Gesellschaft geleistet zu haben. Die Aufklärer verkannten keineswegs, dass der Gesellschaftsvertrag von Anfang an als methodische Hypothese, gewissermaßen als Gedankenexperiment konzipiert war, um zu prüfen, wie weit die Legitimität politischer Herrschaft reichen kann. Aber gerade dieses konstruktive Verfahren wurde im 18. Jahrhundert etwa von David Hume und Adam Ferguson kritisiert, um gegenüber dem rein theoretischen Konstrukt des Vertrags die Empirie der wirklichen sozialen Zusammenhänge einzuklagen. Methodisch drückte sich das in dem Anspruch aus, Newtons Wissenschaftsideal auf Moral und Politik zu übertragen. Dass es sich hier um mehr als einen bloßen Methodenstreit handelte, darauf verweisen die Gegenstandsgebereiche, die zur Beschreibung der tatsächlichen Vergesellschaftung aufgeboten wurden: die politische Ökonomie als Theorie der gesellschaftlichen Arbeitsteilung und die Moralphilosophie als Theorie der individuellen Sozialisation.

Wohlgemerkt, die schottische Moralphilosophie repräsentiert nicht den bloßen Austausch zweier komplementärer anthropologischer Prinzipien: Das bei Hobbes dominierende Prinzip des Egoismus, das eine absolute Staatsmacht zu erfordern schien, wird nicht einfach durch das Prinzip der Sympathie ersetzt, das liberalere politische Herrschaftsformen rechtfertigen soll. Diese Variante wäre gleich abstrakt wie die kritisierte Staatstheorie. Die Moralphilosophie des 18. Jahrhunderts holt hingegen die konkreten Voraussetzungen ein, die in der politischen Theorie des Gesellschaftsvertrags unberücksichtigt geblieben sind. Der Vertrag stellte den absoluten Beginn aller Gesellschaft dar. Er sollte die Gesellschaftlichkeit erst ermöglichen. Der Vertragsschluss erschien als ein unvermittelter spontaner Akt. Demgegenüber stellten sich die späteren Aufklärer die Frage: Was musste vorher geschehen sein, damit die Individuen überhaupt befähigt wurden, Verträge zu schließen und einzuhalten? Die Konstellation ist ziemlich paradox. Bei den Individuen, die ein Gemeinwesen bilden sollen, wird zunächst von der Gesellschaft abstrahiert. Sie sind zwar nicht ungesellschaftlich, werden aber doch ohne Gesellschaft gedacht. Sie erwerben erst im Laufe der Zeit einen sozialen Charakter. Um dies aber als möglich zu denken, wird den ungeselligen Individuen ihre Gesellschaftlichkeit als individuelle Fähigkeit zugesprochen. Gesellschaften zu bilden, wird zu einer anthropologischen Konstante, auch von noch nicht in Gesellschaft lebenden Individuen.

Auch die Aufklärung des 18. Jahrhunderts hat dieses Dilemma nicht aufzulösen vermocht. Aber sie hat die Entwicklung dieser individuellen Fähigkeit zur Soziabilität zum zentralen Thema erhoben und damit die Voraussetzungen faktischer Gesellschaftlichkeit zu klären versucht. Wie ernst der Anspruch gemeint war, die reale Vergesellschaftung des Menschen zu thematisieren, zeigte der explizite Bezug auf eine Realwissenschaft, und zwar auf die Leitwissenschaft dieser Epoche: gemeint ist die politische Ökonomie, mit der die Moralphilosophie – auch in ihren personalen Vertretern – eng verbunden war. Die liberale Wirtschaftstheorie bot zum ersten Mal die Möglichkeit, sich die Gesellschaft unabhängig vom Staat als einen selbstregulativen Handlungszusammenhang zu denken. Ergänzt wurde dieses autarke System der sich wechselseitig ausgleichenden Privatinteressen durch eine daran anknüpfende Theorie der Interdependenz unmittelbar sozialer Emotionen. Das ausgleichende Sympathiegefühl wurde eben weniger im Sinne einer anthropologischen Naturkonstante als im übergreifenden Zusammenhang eines sozialen Prozesses verstanden. Gegenstand der Moralphilosophie war die Entstehung sozialer Verhaltensweisen und Normen: als Entfaltung aus naturhaften Emotionen. Sympathie, und d. h. soziale Übereinkunft, wurde nicht als voraussetzungsloser Anfang, sondern als Resultat einer Entwicklung, beginnend mit der Naturgeschichte, über Familie, gesellschaftliche Kooperation bis zu staatlich verfassten Gemeinwesen begriffen. Auf diese Weise gelang es, einen kontinuierlichen Übergang vom angeblich natürlichen zum zivilisierten Zustand zu rekonstruieren.

Die Moralphilosophie der späten Aufklärung repräsentiert diese Einbindung in den Zusammenhang sozialwissenschaftlicher Realia. Vor allem steht Moral – im 18. Jahrhundert zum zentralen Thema avanciert – für die Genese der als unverzichtbar erkannten Voraussetzungen einer jeden Gesellschaft. Ausgehend von ihrer Thematisierung wird die Geschichte nachgeschrieben. Die historische Dimension erscheint nicht etwa im bloßen Nachweis purer Faktizität nach dem Motto: In Wirklichkeit ist alles ganz anders gewesen, als die Vertragstheoretiker behauptet haben. Dieser Einwand würde – wie gezeigt – den methodischen Ansatz der politischen Philosophie des 17. Jahrhunderts nur verfehlt haben. Für eine solche Trivialität erhob die Moralphilosophie selbst einen viel zu hohen theoretischen Anspruch. Und die Theorie der Geschichte beanspruchte darüber hinaus, sich zu einer übergreifenden Wissenschaft zu entwickeln, da sie die Erkenntnisse der Fortschritte in Technik, Ökonomie, Recht, Staat und Moral in sich integrierte. Um den Realitätsgehalt dieser Theorie zu vermehren, verbanden sich Geschichtstheorie und Moralphilosophie mit der Historiographie, wie umgekehrt die Geschichtsschreibung des ausgehenden 18. Jahrhundert – insbesondere in Frankreich vertreten durch Voltaire, Turgot, Condorcet – zunehmend einen theoretisch-wissenschaftlichen Charakter annahm.

Gerechtigkeit als geschichtsphilosophisches Problem

Ist es berechtigt, diese Orientierung am Faktischen, diese Anerkennung des Bestehenden noch Aufklärung zu nennen? Nicht zufällig hat Ernst Bloch in dieser Entwicklung bereits die Anfänge des kommenden Positivismus gesehen. In »Naturrecht und menschliche Würde« argwöhnt er schon bei David Hume den ersten Verrat aufklärerischer Postulate.[7]

Ich möchte hier nicht näher auf die Gefahr eingehen, spätere rechtspositivistische Auffassungen – etwa bei Savigny – in die Interpretation der Aufklärung hineinzuprojizieren. Wenn man überhaupt einen Unterschied zwischen Positivismus und Aufklärung zulässt – auch das ist nicht immer unbestritten –, und zwar auch im Verhältnis zu der von mir skizzierten zweiten Hälfte der Aufklärung, dann lohnt es sich, die kritischen Potenzen gerade dieser moral- und geschichtstheoretischen Fortführung genauer wahrzunehmen. Bei Rousseau sind im Grunde beide Varianten studierbar: die – von Bloch herausgehobene – utopische Konstruktion eines »gerechten« Gesellschaftsvertrags und zugleich (im zweiten Discours) die geschichtsphilosophische Rekonstruktion der Entstehung der sozialen Ungleichheit unter den Menschen. An diese zweite Seite knüpften spätere Aufklärer an und deckten die realen Ursprünge von Ungerechtigkeit, Machtwillkür und Unfreiheit auf. Da ihnen allerdings die Vertragskonstruktion aus den genannten Gründen als unrealistisch erschien, versuchten sie, im Unterschied zu Rousseau, Möglichkeiten der Befreiung des Menschen von Elend und Knechtschaft aus der bisherigen menschheitsgeschichtlichen Entwicklung abzuleiten. Turgot und Condorcet untersuchten am Vorabend der Französischen Revolution die Bedeutung wirtschaftlicher und moralischer Faktoren für eine Verminderung politischer Herrschaft. Hume und Smith traten ihrerseits den Nachweis an, dass ökonomisch-technische Fortschritte die Chancen sozialer und politischer Freiheit erhöhen. Das geschah keineswegs platt apologetisch im Sinn einer eindimensionalen Fortschrittstheorie. John Millar z. B. wog in einem aufwendigen Verfahren die gegenläufigen Entwicklungen ab, um die Möglichkeit von Liberalisierungstendenzen auszuloten.

Ziel dieser geschichtsphilosophischen Rekonstruktion ist die Herstellung sozialer Gerechtigkeit. Das bedeutet die Abkehr von juristisch-formaler Argumentation zur sozialwissenschaftlich orientierten materialen Analyse. Teilweise übernimmt der ökonomische Diskurs die Aufgabe der geschichtsphilosophischen und moralphilosophischen Rechtfertigung. So rechtfertigt Adam Smith die soziale Ungleichheit mit dem Argument, dass der ärmste Arbeiter der Gegenwart

7 Ernst Bloch, *Naturrecht und menschliche Würde*, Frankfurt/M. 1977, S. 102 f.

über mehr Wohlstand verfüge als ein Indianerhäuptling in früheren Zeiten.[8] Diese historische Argumentation dient dazu, unmittelbar sichtbaren sozialen Ungerechtigkeiten den Schein von Gerechtigkeit und damit in geschichtlicher Perspektive moral-philosophische Legitimität zu verleihen. Darüber hinaus versuchten Smith' Nachfolger, wie der erwähnte John Millar, soziale Gerechtigkeit vor allem auch als gleichzeitiges Phänomen nachzuweisen und zu fordern. Gewiss, diese Argumentation kann als utilitaristisch bezeichnet werden – in dem Sinne, dass alle sozialen Beziehungen unter das Kriterium der Brauchbarkeit für das Allgemeinwohl subsumiert werden.

Recht und Gerechtigkeit

In jüngster Zeit soll der Kern gerade dieser Position dazu herhalten, sich von der Tradition des Utilitarismus abzugrenzen. Der augenblicklich vielleicht mit am meisten diskutierte Sozialphilosoph John Rawls,[9] dessen Argumentation der von Adam Smith durchaus ähnelt, definiert den Utilitarismus – gemeint sind die Utilitaristen des 19. Jahrhunderts wie Mill und Bentham sowie zeitgenössische amerikanische Autoren – als eine Theorie, in der das Allgemeinwohl lediglich die Summe aller Einzelvorteile bildet, was zur Konsequenz hätte, dass die Privilegierten auf Kosten der Unterprivilegierten profitieren könnten. Dagegen setzt Rawls seine ethische Theorie der »Gerechtigkeit als Fairness«, derzufolge jeder Vorteil der Allgemeinheit und der Begünstigten auch für die sozial Schwachen etwas abwerfen soll. Man erkennt in Rawls Argumentation sofort die Ideen wieder, die den Utilitarismus in seinen historischen Ursprüngen geradezu begründet haben. Nur ist diese Position des privaten Nutzens, der öffentliches Wohl garantiert, von den Aufklärern selbst niemals als im ethischen Sinn »gerecht«, sondern allenfalls als ökonomisch funktional bezeichnet worden; aus diesem Grund ist es überhaupt in der zweiten Hälfte des 18. Jahrhunderts zur erwähnten Weiterentwicklung der Sozialphilosophie gekommen.

Wie ist es möglich, von einer »Theorie der Gerechtigkeit« zu sprechen, die im sozialen Sinn diesen Namen wohl kaum verdient? Ich führe diese Akzentverschiebung auf unser Ausgangsproblem der politischen Aufklärung zurück. Rawls beruft sich ausdrücklich auf die Tradition der Aufklärung und beansprucht, die Theorie des Gesellschafts*vertrags* auf eine höhere Abstraktionsstufe zu heben. Historisch gesehen, bedeutet diese philosophische Fassung des Vertragsmodells,

8 Adam Smith, *Eine Untersuchung über das Wesen und Ursachen des Volkswohlstandes*, Bd. I, Jena 1923, S. 2. – Vgl. John Millar, *Vom Ursprung des Unterschieds in den Rangordnungen und Ständen der Gesellschaft*, hg. v. William C. Lehmann, Frankfurt/M. 1985.

9 John Rawls, *Eine Theorie der Gerechtigkeit*, Frankfurt/M. 1979.

seine »Reinigung« von realistischen Vorstellungen, eine stärkere Anlehnung an Kant, der den Vertrag ganz und gar rational, von aller empirischen Beimischung frei konzipiert hatte. Von der Sache her wird der Vertrag damit auf die juristische Konstruktion reduziert: d. h. formal gleiche Rechtssubjekte beschließen ihre wechselseitige Anerkennung. Daran ändert auch die Tatsache nichts, dass Rawls andererseits die »Rechtsmaterie« – wie es im Fachjargon heißt – ausgeweitet hat. Nicht allein Recht und Freiheit, sondern auch so genannte Primärgüter des Wirtschaftslebens sind Gegenstand der moralischen Rechtfertigung. Aber diese inhaltlichen Faktoren sind für das Vertragskonzept nicht konstitutiv, sie stellen nur das Feld der nachträglichen Anwendung dar. Denn verhandelt wird unter der methodischen Voraussetzung eines allgemeinen Informationsdefizits über diesen Bereich, also unter gezielter Absehung von den realen Bedingungen, die Gegenstand der kommunikativen Übereinkunft sein sollen. »Schleier der Unwissenheit«: diese Formel bedeutet erstens, dass die Personen über ihre zukünftige soziale Stellung im Unklaren bleiben, um sich über möglichst gerechte Regeln des menschlichen Zusammenlebens einigen zu können. Offensichtlich geht es aber nur um die Ausgrenzung eines bestimmten, d. h. sozialwissenschaftlichen Wissens aus dem moralphilosophischen Diskurs. Nur so ist es möglich, dass ein Zustand den Anschein von Gerechtigkeit erhält, der sozial ungerecht ist.

Die Formel »Schleier der Ungewissheit« impliziert zweitens die Eliminierung der Genese sozialer Verhältnisse und anthropologischer Voraussetzungen. Wenn Rawls versichert, er habe auf eine Motivationstheorie verzichtet, so klingt das zunächst nach Bescheidenheit und vernünftiger Arbeitsteilung. Wie bei Kant kommt eine anthropologische Fundierung des Gesellschaftsvertrags nicht vor, und auch die traditionelle Vorgeschichte des so genannten Naturzustandes fehlt völlig. Damit besteht – wie Otfried Höffe betont – ein Legitimationsdefizit der Zivilisation, weil deren Vorteil nach der traditionellen Argumentation nur aus den Mängeln des vorausgegangenen Zustands einsichtig wäre. Schwerwiegender scheint mir allerdings das Defizit einer genetischen Erklärung zu sein – mit Konsequenzen, die in der politischen Philosophie der frühen Aufklärung studierbar waren und die in der späteren Aufklärung überwunden werden sollten: Ich meine die Begrenzung aufs Politisch-Juristische. Darin liegt auch der Grund für die Einschränkung auf das Problem der distributiven Gerechtigkeit, während doch die Genese der von Rawls vorausgesetzten gesellschaftlichen Kooperation das Gerechtigkeitsdenken auf die gerechte Aufteilung und Verteilung der Arbeit prinzipiell erweitern würde.

Hobbes hatte sich auf das Politische beschränkt und die Moral ganz bewusst aus dieser Sphäre ausgegrenzt; nicht anders Kant, der die innere Moral vom Rechtlichen getrennt wissen wollte. Nur die späteren Aufklärer versuchten, das Politisch-Juristische durch eine sozialgenetische Erklärung im Moralischen aufzulösen. Bei Rawls hat es hingegen umgekehrt den Anschein, dass er das Moralische wieder in justiziable Kategorien bringen will. Konnte man früher von einer Moralisierung der Politik reden, handelt es sich jetzt um eine Politisierung der Moral.

Diese gegenläufige Tendenz zu politisch-juristischem Vertragsdenken enthält sicherlich den theoretischen Vorteil der Formalisierung, Präzisierung und – nach dem Vorbild der exakten Disziplinen – der Verwissenschaftlichung (etwa mit Hilfe der Spieltheorie, Entscheidungstheorie). Das geschieht aber um den Preis der Entleerung und der Ausgrenzung von Inhalten.

Kritik der Moralerziehung

In unserem Zusammenhang scheint mir die soeben skizzierte Tradition der Vertragstheorie bis hin zur vertragsförmigen Ethik der Gegenwart interessant zu sein, weil diese Theorie unmittelbar die Basis für bestimmte Programme der heutigen Moralerziehung bildet. Als Beispiel wähle ich die Schule des Amerikaners Lawrence Kohlberg[10] aus, die im Anschluss an die Entwicklungspsychologie von Piaget vielleicht die avancierteste Form darstellt und inzwischen auch bei uns einigen Einfluss gewonnen hat. Mit dem Begriff Moral*erziehung* ist ausdrücklich nicht etwa die philosophische Behandlung moralischer Probleme gemeint – schon gar nicht die Thematisierung der Ethik, wie sie in unseren Kursen der Oberstufe, verbunden mit der Lektüre und Diskussion philosophischer Autoren, üblich ist. Dies letztere tritt allenfalls in Ausnahmen als Ergänzung hinzu. Gemeint ist mit Moralerziehung die Anwendung der Philosophie zu rein erzieherischen Zwecken. Angewandt werden einige philosophische Theoreme, um damit moralische Urteile von Kindern und Jugendliche nach einer Wertskala taxieren zu können, um den Erfolg anschließender erzieherischer Bemühungen zu messen.

Das klingt zunächst ganz ermutigend nach einer Praxisorientierung, die die Philosophie aus ihrem akademischen Ghetto hinaus zu den Schülern hinzuführen verspricht. Endlich ist die Philosophie nicht mehr Selbstzweck, sondern wird funktional für genuin praktische Ziele eingesetzt, wie die Erhöhung der moralischen Argumentationsfähigkeit in alltäglichen Situationen. Daher soll auch der Stoff aus dem aktuellen Leben in Form von Konfliktfällen stammen. Aber in diesem instrumentellen Verhältnis zur philosophischen Tradition liegt gerade das Problem. Denn die einzelnen Stufen der zugrunde gelegten Wertungshierarchie sollen zwar reflektiert und kritisiert werden, um die unmittelbar nächste Stufe

10 Lawrence Kohlberg, *Zur kognitiven Entwicklung des Kindes*, Frankfurt/M. 1974. – Vgl. Jean Piaget, *Das moralische Urteil beim Kinde*, Frankfurt/M. 1981. – Arnim Regenbogen (Hg.), *Moral und Politik. Soziales Bewusstsein als Lernprozess*, Köln 1984.

zu erreichen. Die Wertskala selbst wird jedoch in diesem System sukzessiver Erziehungsschritte überhaupt nicht in Frage gestellt. Damit bleiben m. E. die theoretischen Möglichkeiten des Philosophierens ungenutzt.

Diese Schwierigkeit zeigt sich nun gerade im Theorem des Gesellschaftsvertrags, das der Philosophiegeschichte gleichsam als Konzentrat entzogen worden ist und das der Stufenskala Kohlberg als absoluter Maßstab dient. Ohne hier auf Detailprobleme dieser Skala einzugehen, ist die Konsequenz unübersehbar, dass das Vertragstheorem in der Nachfolge Kants und Rawls einen bloß formalen Konsens enthält. Nur deshalb rangiert es auch in den höheren Stufen, weil es alle vorausgegangenen, z. T. konkreten Urteile nach Maßgabe einer formalen Richtschnur zu integrieren vermag. Ich kann darin keinen Fortschritt an Rationalität erkennen, der im Sinne Rawls beansprucht wird.

Freilich, das oberste Gebot lautet, rational zu diskutieren und dabei vernünftig zu argumentieren. Aber der Maßstab besteht ja in einer ganz bestimmten – eher eingeschränkten – Rationalität, die sich an der formal-jurstischen Abstraktion orientiert. Unter dieser Voraussetzung sind – wie ich zeigte – die sozialen Inhalte nicht mehr konstitutiv für das taxierte und angestrebte Urteilsniveau; diese Inhalte kommen erst nachträglich hinzu und bleiben der Werttaxonomie äußerlich. Daher ist auch eine beliebige Umwertung der Skala mit anderen Inhalten möglich, ohne das System zu gefährden. Ob eine Versuchsperson beispielsweise für oder gegen Abrüstung votiert, ist ganz gleichgültig, wenn sie das nur auf dem Niveau der Vertragskonstruktion begründet.

Ich vermag in diesem Rationalitätstyp auch nicht den Inbegriff an Aufklärung zu sehen, wie von einigen Anhängern Kohlbergs behauptet wird. Denn hier handelt es sich ja offensichtlich wiederum nur um eine bestimmte Seite der Aufklärung, deren Verdienste zwar historisch nicht hoch genug eingeschätzt werden können, die aber von heute aus betrachtet nicht als letztes Wort gelten sollten.

Mein Versuch, die Darstellung der Epoche der Aufklärung mit einer etwas weniger bekannten und teilweise vielleicht auch weniger geschätzten Tradition fortzusetzen, sollte die theoretischen Möglichkeiten einer Kritik an der Vertragskonstruktion andeuten – und damit überhaupt am Primat politischer und juristischer Modellvorstellungen. Wer in Kants Philosophie per se die höchste Stufe repräsentiert wissen will, übersieht, dass Kant wesentliche sozialphilosophische Einsichten der französischen und schottischen Aufklärung teils noch nicht kennen konnte, teils ganz bewusst unberücksichtigt gelassen hat, und er übergeht nicht zuletzt Hegels Kritik an der Vertragstheorie. Positiv führt diese meiner Auffassung nach vernachlässigte aufklärerische Tradition zu einer Moralphilosophie, die wissenschaftliche Erkenntnisse über gesellschaftliche Zusammenhänge einbezieht; zu einer Moralphilosophie, die sich also nicht in der Legitimierung des Politischen erschöpft, sich auch nicht auf die Fundierung einer inneren Moral zurückzieht, sondern wirtschaftliche, soziale und kulturelle Gegebenheiten und deren wissenschaftliche Verarbeitung explizit zum Ausgangspunkt ihrer Reflexion macht. Darum geht es mir an dieser Stelle: nicht um eine neuerliche Rehabilitierung der Vertragsmoral oder um eine Moralisierung der Politik mit einer Auswahl dafür brauchbarer Theoreme. Vielmehr geht es mir um eine Aufklärung, die politische und gesellschaftliche Aspekte berücksichtigt, also auch die andere, oft vernachlässigte Tradition der historischen Epoche der Aufklärung impliziert.

Plädoyer für einen integrativen Philosophieunterricht

Für die Moralerziehung ergeben sich aus diesen Überlegungen zwei Gesichtspunkte, die ich am Schluss wenigstens andeuten möchte. Bis vor kurzem hat man über die Frage gestritten, ob der Philosophieunterricht die Aufgabe habe, in erster Linie die im Grundgesetz fixierten Werte und Normen im erzieherischen Sinn zu tradieren. Gegen diese Position ist eingewandt worden, dass der argumentativen und kommunikativen Rechtfertigung dieser Werte der Vorrang einzuräumen sei und der bloßen Überlieferung vorauszugehen habe.[11] Aber dieser Einwand abstrahiert von der schlichten Tatsache, dass es in dieser wie in jeder Gesellschaft überlieferte Normen gibt, die institutionalisiert und teilweise mit staatlicher Gewalt sanktioniert werden. Auf dieses Faktum weise ich hin, weil ich gerade nicht für einen neuen Wertkonservatismus werben will, sondern weil ich – und das hat meines Erachtens die Debatte, auf die ich angespielt habe, gezeigt –, die Position des Kritizismus für zu schwach halte, um den Befürwortern einer bloßen Wertevermittlung oder den Befürwortern von »Mut zur Erziehung« etwas entgegenzusetzen. Denn es ist einfach nicht wahr, dass jede Gesellschaftsform mit ihren Wertvorstellungen jederzeit zur Disposition eines diskursiven Verständigungsprozesses stände; auch nicht – und das ist natürlich entscheidend – eines Rechfertigungsversuchs, der die In-Frage Stellung nur als heuristisches Mittel betrachtet. Gerade diese Funktion erfüllte die Vertragskonstruktion seit ihren Anfängen, und gerade die Illusion dieser Konstruktion mit ihrer – wenn auch teilweise bewussten – Abstraktion von den realen Entstehungsbedingungen eines Gemeinwesens wird auch von der kritizistischen Position geteilt.

Ebenso wenig ist eine bloße Einübung in überlieferte Werte und Normen zu akzeptieren. Der berechtigte Hinweis auf die Faktizität unterschlägt, dass es nicht um die Überlieferung von Werten überhaupt geht, sondern von jeweils be-

11 Matthias Gatzemeier, »Werteerziehung, Ethikunterricht und praktisch-philosophischer Normen-Dialog«, in: *Zeitschrift für Didaktik der Philosophie*, 6. Jg. (1984); Heft 3 und 4, S. 172 ff. bzw. S. 238 ff.

stimmten Werten. Die nachträgliche Rechtfertigung birgt die Gefahr, dass die im Namen des Allgemeinen vertretenen Werte parteilichen Interessen dienen. Dieser Verdacht liegt deshalb nahe, weil die Formulierung der Werte selbst ja auch nur auf der politisch-juristischen Ebene der Vertragskonzeption angesiedelt ist. Die Notwendigkeit, dass das Grundgesetz diesen Charakter trägt, steht hier außer Zweifel. Aber die Folgerung, dass sich auch der moralphilosophische Diskurs und damit auch der Philosophieunterricht auf diese Ebene einschränken sollen, ist nicht mehr plausibel. Das würde die erwähnte Reduktion auf eine bloße Moralisierung der Politik implizieren und d. h. die Ausblendung möglicherweise partikularer Realinteressen.

Vor dem Hintergrund dieser Debatte möchte ich gegenüber einem isolierten Ethikunterricht Bedenken anmelden. Einigen institutionellen Argumenten mag man sich nicht verschließen. Aber man sollte sich das Votum für diese Art Unterricht nicht zu leicht machen und die möglichen Risiken vorhersehen. In der Oberstufe ist ein Kurs über Ethik in einen größeren Zusammenhang der philosophischen Themenbereiche eingebunden. Die Schüler erfahren im Laufe verschiedener Kurse zugleich etwas von Staatsphilosophie, Geschichtsphilosophie, Anthropologie oder Wissenschaftstheorie, vor allem, wenn von einem wissenschaftspropädeutischen Ansatz ausgegangen wird. Hinzu kommt ein umfangreicheres und reflektiertes Vorwissen in Geschichte, Sozialkunde und in den Naturwissenschaften, auf das zurückgegriffen werden kann. Wird hingegen ein isolierter Ethikunterricht ohne die genannten Voraussetzungen angeboten, besteht die Gefahr, das Ethik als etwas ganz Apartes, eben als etwas völlig Voraussetzungsloses erscheinen kann, ja sogar unter den veränderten institutionellen Bedingungen erscheinen muss. Das widerspräche aber jenen Potenzen der Aufklärung im Ganzen betrachtet, die zu verdeutlichen ich versucht habe. Politische Aufklärung und Moralerziehung – zwei Komponenten, die in der philosophischen Tradition einmal miteinander verschmolzen waren, würden dann tatsächlich zu bloßen Gegensätzen; ein Dilemma, das man nicht wiederholen sollte.

Meine Kritik an einem isolierten Ethikunterricht und mein Plädoyer für einen integrativen Philosophieunterricht, der natürlich die Ethik zu einem Schwerpunkt macht, setze ich im folgenden Text fort. Während ich in bisher das Verhältnis von Erziehung und Politik bzw. Moral und Geschichte im Rückgriff auf die philosophische Tradition, insbesondere auf die historische Epoche der europäischen Aufklärung erörtert habe, wird im Folgenden mehr die aktuelle Diskussion über das Verhältnis von Ethik und Angewandter Ethik eine Rolle spielen. Auch in diesem Fall versuche ich Argumente dafür beizubringen, dass die Philosophie zur Orientierung der Schülerinnen und Schüler mehr beizutragen imstande ist, als ein reduzierter Ethikunterricht.

Philosophie und Ethik im Unterricht

Setzt man voraus, dass in den Schulen ein zunehmender Bedarf an Orientierungswissen besteht, wird dieses Wissen in besonderer Weise von den Fächern Religion, Philosophie und Ethik repräsentiert. In der alten Bundesrepublik entstanden die Fächer Philosophie und Ethik teilweise als parallel angebotene Alternative zum Religionsunterricht. In den neuen Bundesländern geht es nun um eine Alternative zum Schulfach Staatsbürgerkunde. Nach vierzig Jahren so genannter wissenschaftlicher Weltanschauung mag die Neigung durchaus verständlich sein, dabei eine ausdrücklich nicht-wissenschaftlich geprägte Orientierung zu wählen. Auch im Westen gab es vergleichbare Reaktionen auf das Prinzip der Wissenschaftspropädeutik der siebziger Jahre. Und nach einer »marxistisch-leninistischen Philosophie«, die mit Philosophie überhaupt institutionell gleichgesetzt wurde, scheint es plausibel zu sein, nun von der Philosophie schlechthin nichts mehr wissen zu wollen. Nicht selten hört man: Wir wollen keine Philosophie mehr, sondern Ethik.

In der Tat hat diese Einstellung sowohl im Osten wie im Westen bereits institutionelle Früchte getragen. Der Ethikunterricht gewinnt immer mehr an Boden – und zwar eben nicht nur als neues Fach der Sekundarstufe I, sondern als durchgängiges Fach bis zum Abitur: gewissermaßen als doppelte Alternative, d. h. als Alternative noch einmal alternativ zum Philosophieunterricht. Genau genommen, sehe ich hier drei Varianten:

1. Ein Ethikunterricht, der sich explizit vom Philosophieunterricht abzugrenzen versucht, also – überspitzt formuliert – programmatisch nicht philosophisch sein möchte.
2. Ein Ethikunterricht, der zwar institutionell oder dem Namen nach an die Stelle des Philosophieunterricht tritt, sich aber selbst durchaus philosophisch versteht oder zumindest philosophische Anteile aufnimmt.
3. Ein Philosophieunterricht, der die Philosophie in ihrer ganzen Breite mit möglichst vielen philosophischen Disziplinen darbietet: also auch Anthropologie, Staatsphilosophie, Geschichtsphilosophie, Erkenntnistheorie usw. Dabei ist es ganz selbstverständlich, dass die praktische Philosophie den thematischen Schwerpunkt und auch quantitativ einen Hauptteil bildet.

Innerhalb dieser drei Optionen lassen sich sicherlich eine Reihe Gemeinsamkeiten, Überschneidungen und Kompromisse finden. Bevor ich darauf eingehe, möchte ich eine dieser Positionen mit aller Deutlichkeit vertreten und dafür einige Gründe anführen. Ich plädiere für die dritte Variante, d. h. für die Unterrichtung der Philosophie in ihrer ganzen Breite unter Einschluss der Ethik, wobei ich mich auf den Philosophieunterricht in der gymnasialen Oberstufe konzentriere.

Ethik im Kontext der Philosophie

Zunächst scheint die Sache einfach zu sein: Die Ethik bildet eine Teildiziplin der Philosophie. Damit poche ich nicht borniert auf ein logisches Subsumtionsverhältnis, sondern meine in erster Linie den Kontext der Philosophie, in dem die Ethik immer schon steht und aus dem sie ihre spezifisch philosophische Stärke gewonnen hat. Dabei glaube ich eine interessante gegenläufige Bewegung beobachtet zu haben, die mir die Bedeutung dieses Kontextes zu bestätigen scheint.

Auf der einen Seite hat die Ethik ihre eigenen Voraussetzungen innerhalb der Philosophie. Seitdem und solange die Ethik als philosophische Disziplin existiert, verarbeitet sie Ergebnisse der politischen Philosophie, Anthropologie, Geschichtsphilosophie, Erkenntnistheorie und nicht zuletzt der Metaphysik. So wird die Ethik des Aristoteles ohne ihre naturphilosophischen und metaphysischen Voraussetzungen kaum verständlich. Auch im Unterricht wird man nicht darauf verzichten können, die Vorstellung des »Strebens« eines jeden Lebewesens zu erläutern, wenn der Begriff des Glücks deutlich werden soll. Vor allem dürfte die Verbindung zwischen Ethik und Politik nicht außer Acht gelassen werden, wenn Schüler auch nur in Umrissen die Spezifik dieses ethischen Ansatzes begreifen sollen.

Derartige Hinweise auf Argumentationszusammenhänge, in die die Ethik jeweils eingebettet ist, sind bis in die Philosophie der Gegenwart unverzichtbar. Die Ethik der frühen Neuzeit oder auch beispielsweise Kants Ethik bedarf zumindest einer minimalen erkenntnistheoretischen Grundlegung. Wie soll sonst für Schüler nachvollziehbar sein, dass eine Vernunftregel der Moral unabhängig von der Erfahrung begründbar sein soll. Wer im Unterricht außerdem die Gefühlsethik der späteren Aufklärung thematisieren will, kommt nicht ohne die Anthropologie des 18. Jahrhunderts aus. Ebensowenig ist die spätere Erweiterung der Ethik zur Geschichtsphilosophie ein akademisches Spezialthema, wenn im Unterricht das Problem des historischen Wandels von Moralvorstellungen diskutiert werden soll. Für die Behandlung ethischer Positionen der Gegenwart – wie etwa die Diskursethik – sind elementare sprachphilosophische und logische Voraussetzungen zu klären. Insgesamt folgt aus solchen Erwägungen, dass die wie immer vollzogene oder nachvollzogene

Begründung ethischer Überzeugungen, Werte und Normen grundsätzlich auf die Ergebnisse und Methoden der anderen benachbarten philosophischen Disziplinen angewiesen ist.

Auf der anderen Seite ist zu beobachten, wie sich die gegenwärtige Ethik verstärkt in die Richtung einer Anwendung moralischer Regeln auf bestimmte Problemfelder bewegt. Ohne Übertreibung lässt sich feststellen, dass die angewandte Ethik der Ethik insgesamt zu neuer Aktualität verholfen hat. Dies hat nicht zuletzt auch für den Ethikunterricht weitreichende Konsequenzen. Denn gerade die konkreten Anwendungsbereiche machen die Ethik in der Schule besonders attraktiv.

Zunächst beziehen sich die Sparten der angewandten Ethik wie ökologische Ethik, Bio-Ethik, Medizin-Ethik, Computer-Ethik, Wirtschafts-Ethik usw. auf bestimmte Einzelwissenschaften. Aber wenn die Probleme dieser Bereiche unter spezifisch ethischen Gesichtspunkten beurteilt werden sollen, kommen dabei nicht nur diese Wissenschaften, sondern vor allem auch deren philosophische Verallgemeinerungen ins Spiel. Die entsprechenden Disziplinen wie Anthropologie und Naturphilosophie dienen jetzt weniger der Begründung ethischer Normen als der Reflexion ihrer neuen Anwendungsmöglichkeiten. Dazu zwei Beispiele.

Geht es etwa um Probleme der Reproduktionsmedizin oder Gentechnologie, sind sicherlich bestimmte Grundkenntnisse der Biologie und Medizin erforderlich. Aber ein ethisch-philosophisches Urteil erfordert darüber hinaus die Einbeziehung genuin anthropologischer Fragestellungen, wenn auch unter veränderten Bedingungen: Wann beginnt ein Mensch zu existieren? Was ist unter Leben und Tod eines Menschen zu verstehen?

Ebenso scheint mir die ökologische Ethik diese umgekehrte Verknüpfung der Ethik mit ihren Nachbardisziplinen zu demonstrieren. Beschränkte sich die Ethik ursprünglich auf den sozialen Lebensbereich, so weitet sie sich nun auf den Gegenstand der Natur aus. In dem Maße, in dem sich der Horizont unserer technischen Handlungsmöglichkeiten radikal vergrößert, soll sich der Umfang unserer moralischen Verantwortung ausdehnen. Auch in diesem Fall reichen Spezialkenntnisse über physikalische, chemische oder biologische Prozesse als Ergänzungen nicht aus; vielmehr ist zusätzlich eine generelle Reflexion über die Natur bzw. das Verhältnis von Mensch und Natur gefragt. Darin sehe ich auch einen Grund dafür, dass die lange Zeit verpönte Philosophie der Natur inzwischen rehabilitiert wurde. Es ist also dieser Anwendungsfall, der die Ethik wieder mit der Naturphilosophie in Verbindung bringt – und zwar nicht aus rein spekulativen Motiven, sondern infolge der praktischen Reichweite moderner Technologie.

In jüngster Zeit sind berechtigte Zweifel an der unterstellten Trennung zwischen Begründung und Anwendung der Ethik angemeldet geworden. Dahinter verbirgt sich das grundsätzliche Problem, wie abstrakt vorausgesetzte moralische Prinzipien auf die Beurteilung konkreter Handlungssituationen »angewandt« werden können. Die eigentliche Schwierigkeit der angewandten Ethik liegt also gerade in der postulierten Anwendung. Ein Ausweg aus dieser Situation könnte darin bestehen, dass die Ethik in eine Wechselbeziehung mit den philosophisch reflektierten Anwendungsfeldern tritt. Damit ist gemeint, dass sich infolge der Entwicklung der Technik sowohl die Problemstellungen als auch die entsprechenden Lösungsversuche der Ethik verändern können. Dies hat zur Konsequenz, dass die Ethik, statt sich auf eigene Letztbegründungen zu beschränken, wieder viel stärker in Richtung auf die sie betreffenden Realien und damit in Richtung auf die übrigen Realphilosophien öffnet. Das Interesse an Ethik ist also geblieben und hat sich sogar noch verstärkt, aber die Ethik selbst ist inzwischen längst eine andere geworden, die ihren philosophischen Kontext wiederentdeckt. Dieser Entwicklung kann sich meiner Auffassung nach auch der Philosophieunterricht nicht verschließen; anstelle eines isolierten Faches Ethik sollte er sich den neuen philosophischen Grenzüberschreitungen öffnen.

Ethik als Leitdisziplin?

Betrachtet man die Philosophie- und Wissenschaftsgeschichte im Überblick, lässt sich beobachten, dass es in verschiedenen Epochen so etwas wie Leitwissenschaften gegeben hat: in der Antike zum Teil die Mathematik, danach in der Neuzeit die Physik/Mechanik, dann die Biologie, neuerdings vielleicht die Kybernetik. Ein ähnlicher Prozess lässt sich nach meinem Eindruck auch innerhalb der Philosophiegeschichte beobachten. In der Antike spielten innerhalb der praktischen Philosophie vielleicht Politik und Ethik die führende Rolle, in der frühen Neuzeit trat die Erkenntnistheorie in den Vordergrund; während der Aufklärung kamen Staatsphilosophie, Moralphilosophie und Geschichtsphilosophie in der genannten Reihenfolge zum Zuge; außerdem gilt die Aufklärung häufig auch als Zeitalter der Anthropologie. Mit dem Historismus des 19. Jahrhunderts wurde die Geschichte noch einmal in den Mittelpunkt gestellt, so wie die Philosophiegeschichte die alten philosophischen Systementwürfe ersetzen sollte.

Wie dem auch sei – nach meinem Eindruck ist in neuerer Zeit (vielleicht seit Manfred Riedels Bemühungen um eine Rehabilitierung der praktischen Philosophie) die Ethik zu einer Art Leitdisziplin innerhalb der Philosophie geworden. Dagegen ist so lange nichts einzuwenden, solange diese Disziplin nicht den Anspruch einer neuen Fundamentalphilosophie erhebt. Dann besteht nämlich die Gefahr, dass sich die Ethik von ihrem Kontext isoliert und als eigentliche Philosophie darstellt. Und diese Gefahr sehe ich in der Tat, wenn Philosophen etwas zu leichtfertig auf den Ethik-Zug springen und dabei bereit sind, den »Ballast« der anderen philosophischen Disziplinen abzuwerfen.

Die Pädagogik bzw. Unterrichtswissenschaft oder Didaktik hat sich – übrigens nicht zu ihrem Schaden – immer auch an fachwissenschaftlichen Tendenzen orientiert. Deshalb ist nicht auszuschließen, dass auch die akademische Philosophie einen gewissen Einfluss auf die Gestaltung des Fachs in der Schule ausübt. Ich möchte daher davor warnen, mit Ethik-Angeboten der Verengung des Fachs Philosophie Vorschub zu leisten oder gar die Philosophie als ganze aufs Spiel zu setzen. Das mag im Einzelfall sogar gut gemeint sein, aber in der Schulpraxis kommt dabei eben nicht selten das ungewollte und in meinen Augen absurde Resultat heraus, dass sich am Ende Ethik und Philosophie Konkurrenz machen. Diese sicherlich »unbeabsichtigte Nebenfolge« philosophischer Bemühungen könnte auf einem solchen indirekten institutionellen Weg der Philosophie als Unterrichtsfach zum Verhängnis werden.

Philosophisches Orientierungswissen im Unterricht

Damit komme ich zu meiner Ausgangsfrage zurück. Das Problem einer Orientierungskrise oder eines verstärkten Bedarfs an Orientierungswissen ist unbestreitbar. Ich bestreite hingegen, dass dieser Bedarf an Orientierung durch eine isolierte Ethik optimal gestillt wird. Wie gesagt, gefragt sind Weltbilder, Zielvorstellungen, Vorstellungen über übergreifende Zusammenhänge, also Grundorientierungen, die ebenso eine politische, anthropologische, historische, erkenntnistheoretische, naturphilosophische und metaphysische Dimension haben. Es versteht sich dabei von selbst, dass in diesen Dimensionen jeweils auch Wertungen enthalten sind. Dazu kann der Philosophieunterricht ein umfassendes Angebot leisten.

Erstens führe ich also ein fachbezogenes Argument an, dass nämlich die Ethik pur nicht zu haben ist, ohne ihre spezifischen Stärken aufzugeben. Der Philosophieunterricht vertritt hier die Chance interdisziplinärer Querverbindungen zwischen den einzelnen Schulfächern.

Zweitens ist das pädagogische bzw. didaktische Argument zu berücksichtigen, dass die Tradition der Philosophie und ihres Unterrichts einen bestimmten Standard der Problematisierung und Begründung gewährleistet. Der Ethikunterricht wird auf diese Weise vor der Gefahr einer neuen Indoktrinierung bewahrt. Auch auf dem Felde der »neuen Ethik« lauert die Gefahr eines neuen Fundamentalismus.

Drittens kommen zu den genannten Gründen noch institutionelle Probleme. Wenn der Ethikunterricht einerseits für die Schüler in der Sekundarstufe I beginnt und bis zum Abitur weitergeht, sich also insgesamt über sechs Jahre erstreckt, ist mit Ermüdungserscheinungen, wenn nicht gar mit einem gewissen Überdruss zu rechnen. Ein solcher Ethikunterricht läuft spätestens in der Sekundarstufe II Gefahr, zum Plauderfach zu werden. Andererseits ist gerade auch für die Oberstufe an die Ausbildung qualifizierter Lehrer denken. Die philosophischen Institute haben dafür die entsprechende Kompetenz und Erfahrung.

Schließlich möchte ich daran erinnern, dass ja selbst der Religionsunterricht, dessen Alternative Ethik und Philosophie häufig bilden, sehr viel breiter angelegt ist als eine bloße Moralerziehung. Religion lieferte immer schon ein bestimmtes Weltbild: d. h. eine Kosmologie, ein Menschenbild, eine Zukunftserwartung usw. Also auch in diesem Sinne wäre eine restriktive Ethik nicht einmal ein voller Ersatz des Religionsunterrichts.

Philosophiegeschichte als didaktische Herausforderung

Wenn ich Textlektüre und Dialog als sich *ergänzende* Aspekte des Philosophieunterrichts verstehe, so drücke ich damit nicht nur das Harmoniebedürfnis eines Fachdidaktikers aus. Vielmehr repräsentiert diese Sichtweise, die dialogische Dimension des Philosophieunterrichts mit der Rezeption der philosophischen Tradition zu verbinden, einen bestimmten Stand der philosophiedidaktischen Diskussion. Denn diese beiden Seiten wurden etwa zehn Jahre lang kontrovers diskutiert: Auf der einen Seite wurde das akademische Fach als bewahrenswerte Tradition betont und in erster Linie die Lektüre »klassischer« Texte empfohlen.[1] Auf der anderen Seite wurden die Erfahrungen und Interessen der Schüler und Studenten in den Vordergrund gestellt mit dem Ziel, im Dialog eigene Probleme zu reflektieren und selber philosophieren zu lernen.[2]

Nachdem sich die Unergiebigkeit solcher Kontroversen gezeigt hatte, ist die Zeit der falschen Gegensätze glücklicherweise vorbei. Niemand mag mehr auf die Elemente der Gegenseite verzichten: Wie das wirkliche Textverstehen die selbständige Problematisierung voraussetzt, so ist jedes Unterrichtsgespräch, will es nicht im Unverbindlichen verbleiben, auf die Einbeziehung philosophischer Texte angewiesen. Praktisch drückt sich dieser Konsens darin aus, dass die sich zuvor scheinbar ausschließenden Ansätze in zeitlich aufeinander folgende Phasen des Unterrichts transformiert werden. Gerade bei der konkreten Planung solcher Sequenzen überrascht die Einheitlichkeit. Alle Autoren befürworten eine Art Dreischritt im Philosophieunterricht: Von einer *ersten* Phase der Problemeröffnung geht man zur *zweiten* Phase der Textlektüre über,

1 Wulff D. Rehfus, *Didaktik der Philosophie*, Düsseldorf 1980; Jürgen Hengelbrock, »Methodenfragen des Philosophieunterrichts«, in: Philosophie. *Beiträge zur Unterrichtspraxis*, 2. Jg. (1980), Heft 2, S. 1 ff.; Ruth Dölle-Oelmüller, »Wie können Fragen, Probleme und Problemlösungen der philosophischen Tradition heute in einer neuen Weise im Philosophieunterricht der Schule behandelt werden?«, in: *Zeitschrift für Didaktik der Philosophie*, 7. Jg. (1985), Heft 1, S. 61 ff.

2 Gisela Raupach-Strey, »Philosophie-Unterricht als Interaktion. Zur Praxis des philosophischen Unterrichtsgesprächs«, in: *Aufgaben und Wege des Philosophieunterrichts*, 9. Jg. (1977), Heft 1, S. 1 ff.; Ekkehard Martens, *Dialogisch-pragmatische Philosophiedidaktik*, Hannover 1979; Peter Heintel, »Fachdidaktik Philosophie«, in: *Zeitschrift für Didaktik der Philosophie*, 1. Jg. (1979), Heft 1, S. 9 ff.; Herbert Schnädelbach: »Morbus hermeneuticus – Thesen über eine philosophische Krankheit«, in: *Zeitschrift für Didaktik der Philosophie*, 3. Jg. (1981), Heft 1, S. 3 ff.

um *drittens* das Gelesene auf die anfänglichen Fragestellungen rückzubeziehen und weiter zu problematisieren.[3]

Systematisches Philosophieren und Geschichte der Philosophie

An dieser Stelle möchte ich jedoch Zweifel anmelden. Ich halte das erwähnte Verfahren für einen bloßen Kompromiss, der das Problem, das sich hinter dem früheren Prinzipienstreit verbarg, keineswegs löst. Es wird allenfalls pragmatisch verschoben. So stellen sich Fragen nach den *Übergängen* zwischen einer Philosophie auf der einen Seite, die uns in Gestalt alter Texte entgegentritt, und dem aktuellen Bedürfnis nach Reflexion und Orientierung auf der anderen Seite, oder nach der *Vermittlung* zwischen der Geschichte der Philosophie und einem gegenwärtigen Anspruch, selber zu denken oder gar zu philosophieren. Zugespitzt formuliert: zwischen Wahrheit und Geschichte, zwischen Systematik und Historik.

Letztlich hängt die Art des Umgangs mit der Geschichte der Philosophie davon ab, was in der heutigen Zeit als Wahrheit gelten kann. Wenn man glaubt, den Stein des Weisen gefunden zu haben, d. h. im Besitz einer absoluten Wahrheit zu sein, dann bietet es sich an, die gesamte Philosophiegeschichte als eine einzige Hinführung auf diese (eigene) Wahrheit zu betrachten. Diese Betrachtungsweise erinnert an Hegel, bei dem jede der aufeinander folgenden Denksysteme in der Geschichte der Philosophie eine bestimmte Stufe der absoluten Idee verkörpert. Belegt wird dieser Zusammenhang durch den Philosophieunterricht in einem anderen Land, nämlich in Italien, wo der Neo-Hegelianismus von Croce und Gentile bis heute maßgebenden Einfluss ausübt. Im Mittelpunkt steht auch hier die Beziehung des heutigen Philosophierens zur Philosophie und ihrer Geschichte. Ich möchte auf diese Tradition kurz eingehen.

Hegel selbst kritisiert in der Einleitung seiner Vorlesungen über die Geschichte der Philosophie die geläufige Auffassung, Philosophiegeschichte sei ein bloßer Vorrat gelehrter Kenntnisse und ständig wechselnder Meinungen. Stattdessen betrachtet er das Verhältnis von Philosophie und Geschichte als eine Entwicklung, während der eine allgemeine Vernunft in einer Kette individueller Manifestationen zum Vorschein komme.[4] Aus diesem Ineinandersetzen von Philosophie und Geschichte schließt er: »Ich behaupte, daß die Aufeinanderfolge der Sys-

3 Ekkehard Martens, *Einführung in die Didaktik der Philosophie*, Darmstadt 1983, S. 76 ff.; Wulff D. Rehfus, *Der Philosophieunterricht*, Stuttgart-Bad Cannstatt 1986, S. 121 ff.; Johannes Rohbeck, »Philosophieunterricht als Problem der Vermittlung«, in: Wulff D. Rehfus/Horst Becker (Hg.), *Handbuch des Philosophieunterrichts*, Düsseldorf 1985, S. 114 f.

4 Vgl. Georg Wilhelm Friedrich Hegel, *Vorlesungen über die Geschichte der Philosophie I*, in: Ders.,

teme der Philosophie in der Geschichte dieselbe ist als die Aufeinanderfolge in der logischen Abfolge der Begriffsbestimmungen der Idee.« Und wenig später heißt es: »Umgekehrt, den logischen Fortgang für sich genommen, so hat man darin nach seinen Hauptmomenten den Fortgang der geschichtlichen Erscheinungen.«[5] Im Grunde vollzieht sich die Entwicklung nur eines, also eines einzigen, mit sich selbst identischen philosophischen Systems: »So ist Philosophie System in der Entwicklung.« Auf diese Weise behandelt Hegel die *Philosophiegeschichte als Philosophie.*

Im Gegensatz dazu ist es bei der Übertragung dieser Hegelschen Konzeption in Italien zu einer folgenreichen Modifikation gekommen, denn dort wird das Verhältnis von Philosophie und Philosophiegeschichte nach der anderen Seite der Historie ausgelegt. Gentile orientiert sich in erster Linie an der zitierten »Umkehrung« des Hegelschen Grundgedankens, wenn er schreibt: »Die historische Abfolge ist die Entwicklung des Gedankens selber«, und wenn er folglich den Unterricht (im Zeitalter des Historismus) primär an der Geschichte der Philosophie orientiert.[6] Das Programm lautet jetzt: *Philosophie als Philosophiegeschichte*, oder polemisch formuliert: die Geschichte der Philosophie als Philosophieersatz. Diese eigentlich unhaltbare und immer wieder kritisierte Konzeption hatte (während des so genannten historischen Kompromisses) sogar eine ganz vernünftige politische Funktion: Das Festhalten an der Geschichte der Philosophie garantiert nämlich einen gewissen Pluralismus. Was bei Hegel abfällig als »wechselnde Meinungen« bezeichnet wurde, repräsentiert positiv die Prinzipien Pluralität und Offenheit.

Typen des didaktischen Umgangs mit der Philosophiegeschichte

Bisher haben sich zwei Typen des Umgangs mit der philosophischen Tradition im Unterricht ergeben: *Erstens* die *systematisierende* Philosophiegeschichte à la Hegel; die erübrigt sich, weil uns das dafür nötige philosophische Einheits-System abhanden gekommen ist. Und *zweitens* die *historisierende* Philosophiegeschichte wie in Italien, die für den Unterricht natürlich ebenso wenig in Frage kommt. Es gibt noch eine *dritte* Variante, die im Grunde hinter

Werke in zwanzig Bänden, Bd. 18, Red. Eva Moldenhauer u. Karl Markus Michel, Frankfurt/M. 1971, S. 39.

5 Ebd., S. 49.

6 Giovanni Gentile, »Il concetto della storia della filosofia«, in: La riforma della dialettica hegeliana e altri scritti, Messina 1924, S. 147. – Vgl. Wilhelm Windelband, Lehrbuch der Geschichte der Philosophie, Tübingen 1919, S. 7 ff.; ders., »Was ist Philosophie?«, in: Ders., Präludien. Aufsätze und Reden zur Philosophie und ihrer Geschichte, Bd. 1, Tübingen 1915, S. 1 ff.

dem anfangs zitierten Kompromiss steht: Ich nenne sie die *aktualisierende* Methode: Danach betrachtet der Lehrer die Geschichte der Philosophie als einen Vorrat an philosophischen Texten, aus dem er je nach Thema, Schwierigkeitsgrad und Lebendigkeit der Darstellung passende Auszüge auswählt. Die Philosophiegeschichte fungiert hier gewissermaßen als Steinbruch für aktuelle Problemlagen. Die philosophischen Aussagen der Vergangenheit sollen in diesem Sinne »aktualisiert« werden. Genauer müsste es jedoch heißen: Die Aktualität der Texte aus der Philosophiegeschichte wird faktisch unterstellt.

Wie praktikabel dieses Verfahren auch sein mag, so hat es doch auch seine bedenklichen Seiten, auf die meines Erachtens bisher zu wenig hingewiesen wurde. Wenn etwa die Kompromissformel lautet, Philosophen der historischen Tradition seien »Dialogpartner«, die an unserem gegenwärtigen Philosophieunterricht teilnehmen, so ist dagegen einzuwenden, dass Klassiker wie Aristoteles oder Kant eben gerade *nicht unsere* Gesprächspartner sind, sondern an anderen Diskussionen teilgenommen haben; sie sind von anderen Problemen ausgegangen und haben dazu Lösungen vorgeschlagen, die sich nicht unmittelbar auf unsere Fragen aufpfropfen lassen. Im günstigeren Fall wird die Geschichte der Philosophie auf einen ewigen Bestand immer wiederkehrender Probleme reduziert. Schlimmstenfalls stellt sich die Philosophiegeschichte als ein Warenangebot unterschiedlicher Meinungen und Lebensentwürfe oder als ein Musterkoffer von Systemspekulationen dar, aus denen man nach Belieben auswählen zu können glaubt. Die Schwierigkeit besteht also in der Übersetzung, Transformation oder Vermittlung von philosophischer Tradition und aktueller Situation. Ich nenne einige solcher Schwierigkeiten.

1. Die Probleme sind in einem so genannten klassischen Text nicht immer sichtbar, da die entsprechenden Lösungsvorschläge häufig nur in Form von Resultaten erscheinen. So wie es für ein Problem verschiedene Lösungsmöglichkeiten gibt, so können demselben Lösungsvorschlag durchaus verschiedene Probleme vorausgehen. Es ist möglich, einen Text als Antwort auf eine Frage zu lesen, die ihm gar nicht oder nur zum Teil zu Grunde liegt. Dies ist insbesondere dann der Fall, wenn in philosophischen Aussagen unmittelbar Antworten auf einfache Alltagsfragen gesucht werden; wenn sich also nicht nur andere, sondern auch anders*artige* Fragestellungen gegenüberstehen. Schon die Formulierung einer Alltagsfrage als philosophisches Problem setzt die Transformierung dieser Frage in einen komplexen theoretischen Zusammenhang voraus, wie dieser Zusammenhang selber auch neue Probleme evozieren kann.

2. Für den problemorientierten Unterricht wird die Aktualität der Lernenden gewöhnlich so beschrieben, dass ein jeweils bekanntes philosophisches Theorem auf das zuvor selbst gestellte Problem »angewandt« werden soll. Hierin liegt meines Erachtens eine Schwierigkeit; denn auf der Seite der Lernenden wird dabei der vorauszugehende Prozess der Theorie-Aneignung unterschlagen; und auf der Seite der originären Philosophen wird dabei der Theoriebildungsprozess ausgeblendet. Die Tätigkeitsformen von Philosoph und Philosophieren-Lernenden entsprechen sich hier nicht. Was als Tätigkeit des Philosophen zum Ausdruck kommt, ist nur das letzte Stadium der Darstellung: Der Philosoph argumentiert, folgert, beweist, vergleicht, bewertet, wendet rhetorische Mittel an usw. Die vorausgegangene Problemstellung und die Suche nach Lösungen bleibt auf der Oberfläche des Textes nicht selten verborgen. Um diese Aktivität zum Vorschein zu bringen und um ihn auf das Philosophieren-Lernen zu übertragen, halte ich die Thematisierung der Herausbildung einer philosophischen Theorie für sinnvoll.
3. Wenn in einem philosophischen Text die *Argumentation* nachvollzogen werden soll, stellen sich nicht selten »Lücken« heraus, die nicht immer weiter expliziert sind und auf bestimmte Vorannahmen verweisen. Im Fall einer deduktiv aufgebauten Theorie offenbart der Anfang nicht die vorausgegangene Arbeit der Analyse (z. B. Hobbes: Der Übergang vom Natur- zum Gesellschaftszustand).
4. Ebenso wenig lassen sich die philosophischen *Begriffe* immer allein aus sich selbst heraus verstehen. Im Unterschied zu anderen Fachdisziplinen benutzen Philosophen zwar häufig Wörter der Alltagssprache (z. B. das Wort logisch, Wörter wie Grund und Wesen). Das heißt aber nicht, dass die Philosophie keine Fachsprache besäße; nur tritt deren terminologischer Charakter deshalb nicht so deutlich hervor, weil Philosophen meist auf Neologismen verzichten und der Alltagssprache eine neue Bedeutung unterlegen. Zunächst kann man versuchen, diese Schwierigkeit durch Vernetzung der Begriffe in ein kognitives Schema zu überwinden. Die Begriffe werden in den komplexen Zusammenhang mit anderen Begriffen derselben philosophischen Theorie gestellt und gewinnen dadurch ihre spezifische Bedeutung.[7] Aber auch bei solchem Begriffslernen bleibt ein Rest, der durch die Klärung immanenter Strukturbeziehungen nicht hinreichend beseitigt werden kann.

7 Hierzu kann die Entwicklungspsychologie interessante Anregungen geben: Hans Aebli, *Denken: Das Ordnen des Tuns*, Stuttgart 1981; Karel v. d. Leeuw/Peter Mostert, *Philosophieren Lehren*, Delft 1988.

Philosophie im Kontext

Der Nachvollzug der Probleme, der Argumentationsfolgen und der Begriffe einer philosophischen Theorie verweist also auf bestimmte *Voraussetzungen,* die innerhalb der Immanenz einer bestimmten philosophischen Theorie liegen können. Er verweist auf die Theoriegeschichte selbst und nicht zuletzt auf die soziale, kulturelle und wissenschaftlich-technische Erfahrungen, von denen Philosophen konkret ausgegangen sind. Was könnte philosophieren sonst heißen, als diese theoretischen und praktischen Erfahrungen mit einer bestimmten Zielsetzung und auf spezifische Weise zu verarbeiten? Wenn nun von Schülern und Studenten verlangt wird, sich philosophische Theorien anzueignen und selber zu philosophieren, sollte diese Tätigkeit auch mit der entsprechenden Intention und Tätigkeit der rezipierten Philosophen in Beziehung gesetzt werden. Und wenn nicht die Philosophiegeschichte den selbstverständlichen Gegenstand des Philosophieunterrichts bildet, sondern die dort verhandelten Sachen, die auch unsere Sache sein sollen, dann kommt es darauf an, auf *beiden* Seiten für sich entsprechende Verbindungen Sorge zu tragen. Die Lebenswelt unserer Schüler und Studenten (d. h. deren Erfahrungen, die sie sowohl aus der Alltagspraxis als auch aus dem Unterricht der Einzelwissenschaften gewonnen haben) sollte durch die Lebens- und Erfahrungswelt der rezipierten Philosophen ergänzt werden. Das Motto meines Vorschlags könnte lauten: *Philosophie im Kontext.*

Darüber hinaus möchte ich noch einen lerntheoretischen Grund für die Berücksichtigung dieser Art Philosophiegeschichte anführen. Wenn ein zentrales Lernziel des Philosophieunterrichts darin bestehen soll, nicht bloß Philosophie aus antiquarischem Interesse zur Kenntnis zu nehmen, sondern selber philosophieren zu lernen, dann ist die Philosophie, die oft in fertigen Gedankengebäuden oder in abgeschlossenen Systemen in Erscheinung tritt, in Prozesse und Tätigkeiten aufzulösen – und zwar in solche Tätigkeiten, die von den Lernenden aktiv nachvollzogen und übertragen werden können. Ich frage in diesem Zusammenhang nicht primär: Was ist Philosophie? sondern: Was tut ein Philosoph bzw. was haben bestimmte Philosophen getan? Und was müssen heutige Schüler und Studenten tun, um philosophisch denken zu lernen? Denn auf das Selber-Denken (Kant) kommt es im Philosophieunterricht an. Meine These lautet nun, dass Philosophiegeschichte und Philosophieren-Lernen keine zwangsläufigen Gegensätze bilden (wie manchmal behauptet wird), sondern dass gerade auch die Einbeziehung der *Geschichte* zur Transformation der Philosophie in Prozess und Tätigkeit beitragen kann oder zumindest Hinweise für eine derartige Umwandlung in dialektischer Absicht zu geben vermag.

Narratives Philosophieren

Es sind mehrere *Methoden* denkbar, mit deren Hilfe der historische Kontext in den Philosophieunterricht einbezogen werden kann.

1. Manchmal haben die Philosophen selbst Texte verfasst, in denen sie das theoretische und praktische Umfeld ihres eigenen Denkens beschreiben sowie die Herkunft und Absicht ihrer Ideen erzählen.[8] In solchen Fällen ist es (ohne zusätzlichen Aufwand) möglich, schon durch die Tendenz der Textauswahl den genetischen Aspekt zu betonen: mit Hilfe diachroner Bezüge zur Vorgeschichte in Form expliziter Rezeptionen, Übernahmen und Abgrenzungen; sowie mittels synchroner Bezüge zur zeitgenössischen Kultur und Wissenschaft. Man könnte auf diese Weise versuchen, den Philosophen sozusagen in die Werkstatt oder über die Schulter zu schauen. (Beispiele: Descartes' *Discours de la méthode,* von Hobbes das »Vorwort an die Leser« aus *De Cive* oder den *Behemoth*, Mandevilles Polemik gegen Shaftesbury, den zweiten *Discours* von Rousseau konfrontiert mit Turgots Geschichtsphilosophie, Kants *Grundlegung zu einer Metaphysik der Sitten*, Husserls *Krisis*-Aufsatz – also eher die *Rückbezüge, Übergänge* und *Kontroversen* und etwas weniger die besonders hermetischen Hauptwerke und bekannten high-lights der Philosophiegeschichte). Diese Bezüge lassen sich durch entsprechende zusätzliche Materialien ergänzen, die von den Schülern und Studenten auch selbständig erarbeitet werden können.
2. Der Lehrende sollte sich nicht davor scheuen, die Entstehungsgeschichte einer philosophischen Theorie auch einmal zu *erzählen* oder auf entsprechende Darstellungen zurückzugreifen, ohne damit die unverzichtbare theoretische Arbeit ersetzen zu wollen (z. B. Weischedels: *Die philosophische Hintertreppe).* Wie meine Erfahrungen mit sogenannten *Sachbüchern* zeigen, kann dieses Verfahren sehr motivierend wirken (die neuere Geschichtsdialektik hebt ja wieder den narrativen Geschichtspunkt hervor). Cerams *Götter, Gräber und Gelehrte* war wohl vor allem deshalb ein so großer Erfolg, weil Wissenschaft nicht als Ergebnis, sondern als *Entdeckungsgeschichte* vermittelt wurde. Es würde meines Erachtens den Philosophieunterricht bereichern, wenn in ihm auch ein solches Element *narrativer Philosophie* zum Zuge käme.
3. Darüber hinaus habe ich konkrete Unterrichtsvorschläge gemacht, die gewährleisten sollen, dass die geschichtlichen Voraussetzungen der philo-

8 Siehe auch »Literarische Formen des Philosophierens« in diesem Band, S. 189–211, insbes. 203–206.

> sophischen Theorie nicht bloß äußerlich bleiben.[9] Unter dem Stichwort *Vermittlung* suche ich nach solchen Momenten, an denen eine Verbindung zwischen vorphilosophischer Erfahrung und philosophischer Theoriebildung deutlich wird, d. h. an denen der Umschlag von äußeren Voraussetzungen in interne Bedingungen der Theorie nachvollziehbar ist. Ich suche also nach Zwischen- oder Mittelgliedern, die die genannten Pole vermitteln helfen. Für diese Vermittlungsfunktion halte ich bestimmte Schemata, Handlungs- bzw. Denkstrukturen, die ich hier *Modelle* nenne, für geeignet, und die sich durchaus auszeichnen, dass sie sowohl in der alltäglichen und wissenschaftlichen Erfahrung auffindbar sind als auch grundlegende Elemente der Philosophie bilden. Ich gehe gewissermaßen von »realen« Modellen aus, die zunächst ganz anderen praktischen oder einzelwissenschaftlichen Zwecken dienen und erst im Zusammenhang der philosophischen Theorie zu Repräsentanten allgemeiner Strukturen werden.

Ich möchte dieses Konzept mit einigen Beispielen erläutern, die ich hier nur noch andeuten kann. In der philosophischen Theorie des Gesellschaftsvertrags stellt der *Vertrag* den von mir gekennzeichneten Modelltyp dar. Denn was tun Vertragstheoretiker wie Hobbes, Locke oder Rousseau? Sie greifen aus ihrer Erfahrungswelt ein bestimmtes Modell oder in diesem Fall Handlungsmuster auf, das sie in einer historischen Situation als wesentlich erachten, und machen es zum Zentrum eines systematischen sozialphilosophischen Entwurfs. Bis heute spielt das Modell des Vertrags in der Sozialphilosophie eine Rolle (etwa in der Ethik bei Rawls). Alternativ zum Vertrag haben Sozialphilosophen die Modelle der Arbeitsteilung (Ökonomie), der Familie, der Gesellschaft und Gruppe (im soziologischen Sinn) zugrunde gelegt. Für die Geschichtsphilosophie (der Aufklärung) sind die »historische Landkarte« und die Fortschritte von Technik und Wissenschaft maßgebend gewesen, wie überhaupt auch technomorphe Modelle bedeutsam waren. Eine Zeit lang fungierte die Maschine (exemplarisch die Uhr) als eine grundlegende Modellvorstellung in der Kosmologie (Die Welt als Uhr), in der Anthropologie (Der Mensch als Maschine) und in der Staatsphilosophie (Der Staat als Maschine). Beispiele für die Naturphilosophie sind das Modell des *Mechanismus* sowie das Modell des *Organismus* und Versuche von Modellübertragungen in andere Gegenstandsbereiche. Für die Erkenntnistheorie waren lange Zeit die Mathematik (Euklidische Geometrie

9 Ausführlicher dazu Rohbeck, »Philosophieunterricht als Problem der Vermittlung«, a. a. O. (Anm. 3), S. 119 ff.; vgl. ders., »Begriff – Beispiel – Modell«, in: *Zeitschrift für Didaktik der Philosophie*, 7. Jg. (1985), Heft 1, S. 26 ff.; siehe auch »Politische Aufklärung und Moralerziehung« und »Proto-Philosophie« in diesem Band, S. 23–27 und 109 f..

und Analysis) und die Naturwissenschaften (Experiment) die dominierenden Leitvorstellungen. In der Gegenwart dürften kybernetische und evolutionäre Modelle Einfluss ausüben.

Derartige Beispiele von Modellen und Modellübertragungen (Metaphern) dienen im Unterricht nicht etwa nur der nachträglichen Veranschaulichung abstrakter Begriffe; vielmehr haben die Modelle selbst eine begriffsbildende Funktion. Ein wesentlicher Teil der Erarbeitung besteht dabei darin, diese Transformation der Modelle nachzuvollziehen. Wie ist das möglich? Indem die Lernenden nicht nur Begriffe, sondern auch solche Modelle als spezifische *Denkmittel* der Philosophie benutzen und deren theoretische (in diesem Fall spekulativen) Möglichkeiten in philosophischer Hinsicht ausschöpfen. Schon am Beispiel eines alltäglichen Kaufvertrags lassen sich bestimmte Implikationen und Voraussetzungen der philosophischen Theorie des Gesellschaftsvertrags ermitteln (das Thema Vertrag bietet also reichlich Gelegenheit, eigene Erfahrungen aufzunehmen – auch ohne historisches Material). Das Beispiel des Mechanismus (Uhr) bietet die Gelegenheit, bei der Suche nach verallgemeinerbaren Strukturmerkmalen auch (zeitgenössische) Abbildungen zu benutzen. Mit dem Ausdruck »theoretische Möglichkeiten ausschöpfen« ist Erweiterung und Begrenzung zugleich gemeint: Zum einen eröffnen solche Modelle neue Denkmöglichkeiten, zum anderen setzen sie auch Grenzen, die zur Kritik und Überwindung auffordern.

Der Grundgedanke meiner Konzeption besteht also darin, die Differenz zwischen Phylo- und Ontogenese (der Philosophie- und Lerngeschichte) zwar nicht zu verkennen, aber doch diejenigen Erfahrungen und Voraussetzungen, die bei der Herausbildung bestimmter philosophischer Theorien eine Rolle gespielt haben, so zu thematisieren (und gewissermaßen zu reaktivieren), dass diese Theorien besser verstehbar werden. In einer Philosophiedidaktik, wie ich sie vertrete, möchte ich die Berücksichtigung der *Entstehung* für die *Entwicklung des Lernens* fruchtbar machen. Und insbesondere, soweit möglich: Was in der historischen Situation, in der ein Text entstanden ist, ein *Mittel* gewesen ist, versuche ich im heutigen Unterricht zur Vermittlung dieser Theorie einzusetzen. Mein Ziel ist die Transformation aus vor-philosophischen zu philosophischen Verallgemeinerungen; es geht mir mithin um Transfer und Grenzüberschreitung.

Methoden des Philosophie- und Ethikunterrichts

In der Philosophie spielen Methoden eine fundamentale Rolle. Da Philosophie bekanntlich über keinen eigenen Gegenstand verfügt, kommt es auf die Art und Weise an, durch die eine Reflexion als philosophisch gelten kann. Wer Schülerinnen und Schülern in einem Einführungskurs mitteilen will, was Philosophie denn eigentlich sei, wird weniger von den Inhalten sprechen, die ja den anderen Schulfächern weitgehend ähneln, als vielmehr die spezifische Methode des Philosophierens zu erläutern versuchen. Allgemein gesprochen, sind Methoden die Denkmittel, um bestimmte theoretische Zwecke zu erreichen, meist in Form von Strukturmerkmalen oder Verfahrensregeln, an denen sich die Tätigkeit des Philosophierens orientiert. Und da sich die Philosophie in eine Vielzahl von Denkrichtungen oder Strömungen auffächert, unterscheiden sich diese Methoden je nach Richtung.[1]

Versucht man nun, den Methodenbegriff in der Didaktik der Philosophie und Ethik zu systematisieren, sind eine Reihe von Differenzierungen erforderlich.[2] Wenn von Methoden des Unterrichts die Rede ist, werden in der Regel unterschiedliche Verfahrensweisen angesprochen. Dazu zählen etwa: Unterrichtsgespräch, Textarbeit, Begriffsanalyse und Begriffsverwendung, Analyse der Argumentation und argumentieren lernen, Gedankenexperimente verstehen und selber konstruieren, Beispiele zuordnen, Bibliotheksrecherche, Expertenbefragung, Internetrecherche, eigene Texte verfassen, Filme und Bilder einbeziehen, szenische Darstellung und Rollenspiel. Bereits diese Übersicht demonstriert, dass sich solche Unterrichtsmethoden auf verschiedenen Ebenen bewegen. Es vermischen sich Arbeitstechniken, Sozialformen, Medien und Denkmethoden. Deshalb möchte ich im Folgenden eine Einteilung versuchen. Freilich verstehe ich dies nicht als Selbstzweck, sondern verbinde damit eine doppelte didaktische Absicht. Zum einen sollen die fachspezifischen Methoden des Philosophierens stärker akzentuiert werden. Und zum anderen eröffnet

1 Vgl. Wolfgang Stegmüller, *Hauptströmungen der Gegenwartsphilosophie*, 4 Bde., Stuttgart 1987–89; Kurt Wuchterl, *Methoden der Gegenwartsphilosophie*, Bern, Stuttgart, Wien 1999; Ferdinand Fellmann, *Orientierung Philosophie*, Reinbeck 1998, S. 81 ff.

2 Vgl. hierzu Johannes Rohbeck, »Fachdidaktik Philosophie und Ethik«, in: Ingrid Weber u. a. (Hg.), *Wege der Vernunft*, Frankfurt/M. 1999, S. 224 ff.

die Differenzierung nach Methodentypen neue Kombinationsmöglichkeiten, welche die Methoden des Unterrichts vermehren. Dahinter steht also das praxisorientierte Ziel, den Philosophie- und Ethikunterricht pluraler zu gestalten.

Zunächst vollzieht sich das Philosophieren im Unterricht in verschiedenen *Medien*, zu denen vor allem das Lesen philosophischer Texte, das philosophische Gespräch und das Schreiben eigener Texte gehören. Ich unterscheide ausdrücklich zwischen solchen medialen Methoden und philosophischen Methoden, um die fachspezifischen Methoden besser eingrenzen zu können.

Aber welches sind die Methoden des Philosophierens? Um diese Frage zu beantworten, unterscheide ich noch einmal zwischen *allgemeinen* Methoden und *besonderen* Methoden der Philosophie. *Allgemeine Methoden* werden nicht nur quer durch die genannten Medien praktiziert, sondern liegen auch allen philosophischen Denkrichtungen zugrunde. Dazu gehören vor allem Begriffsdefinition und Argumentation. Doch geschieht dies in den verschiedenen Richtungen auf je besondere Art und Weise. Daher spreche ich in diesem Kontext von *besonderen Methoden* der philosophischen Denkrichtungen.

Medien des Philosophieunterrichts

Die erste und bis heute einzige Kontroverse der deutschen Philosophiedidaktik hat sich an einem methodologischen Problem entzündet. Es wurde ja nicht über bestimmte Inhalte gestritten, sondern über die Frage, ob im Unterricht eher »klassische« Texte der philosophischen Tradition zu lesen seien oder ob die aktuellen Erfahrungen und Interessen der Schülerinnen und Schüler Thema eines freien Unterrichtsgesprächs sein sollen.[3] Inzwischen ist an die Stelle der Grundsatzdebatte ein pragmatisches Sowohl-als-Auch getreten. Jeder Philosophieunterricht geht vom Orientierungsbedürfnis der Lernenden aus und versucht, mit Hilfe philosophischer Texte Lösungsverschläge zu finden, die wiederum mit den Ausgangsfragen zu konfrontieren sind. Für die fachdidaktische Forschung hat dies zur Konsequenz, dass die dabei durchlaufenen Unterrichtsphasen nicht mehr als Extreme behandelt werden, sondern als unterschiedliche Aufgabenfelder, die spezielle Untersuchungen erfordern. Nun kommt es darauf an, Methoden der Textlektüre und des Unterrichtsgesprächs separat auszuarbeiten und so aufeinander zu beziehen, dass die Übergänge vom Dialog zum Text und umgekehrt und damit vom Alltagsverständnis zur philosophischen Theoriebildung begreifbar werden.

3 Gisela Raupach-Strey, »Philosophieunterricht als Interaktion«, in: *Aufgaben und Wege des Philosophieunterrichts*, 9. Jg. (1977), Heft 10, S. l ff.; Ekkehard Martens, *Dialogisch-pragmatische Philosophiedidaktik,* Hannover 1979; Wulff D. Rehfus, *Didaktik der Philosophie,* Düsseldorf 1980.

Genauer betrachtet, beziehen sich diese Methoden auf einen Aspekt, den ich das *Medium* des Unterrichts nennen möchte. Medien kann man einfach als Kommunikationsmittel betrachten. Doch beschränken sie sich meist nicht auf die instrumentelle Funktion, sondern üben auf das Mitgeteilte eine eigene Wirkung aus. Auch ein philosophischer Gedanke kann seine Bedeutung ändern, je nachdem er mündlich oder schriftlich geäußert wird, ja sogar noch einmal innerhalb des Schriftlichen, wenn er etwa im Kontext eines Traktats oder eines Essays steht. Das bleibt für den Philosophieunterricht nicht ohne Folgen.

Es ist gewiss kein Zufall, dass die erwähnte Kontroverse nicht zuletzt eine mediale Seite hatte, wenn über den Vorrang von »Text« oder »Dialog« gestritten wurde. Denn traditionell stand der gedruckte *Text* eines »Klassikers« im Mittelpunkt des Philosophieunterrichts. Dagegen wurde später das textunabhängige *Gespräch* ins Zentrum gerückt, um den Lernenden mehr Freiraum für eigene Fragen und Antworten zu gewähren. In jüngster Zeit ist auch in der Philosophiedidaktik das *Schreiben* hinzugekommen, sei es das Verfassen eigener Primärtexte, sei es das Umschreiben vorhandener Texte.[4] Dieses Verfahren, das vor allem von der Deutschdidaktik angeregt worden ist,[5] führt in der Didaktik der Philosophie zu einer bemerkenswerten Erweiterung des Methodenspektrums. *Lesen, Sprechen* und *Schreiben* sind nunmehr die wesentlichen Medien des Philosophieunterrichts.

Textlektüre

Die *Lektüre philosophischer Texte* ist ein unverzichtbarer Bestandteil des Philosophie- und Ethikunterrichts. Die Schülerinnen und Schüler werden mit neuen Gedanken konfrontiert, die ihnen in der Regel nicht selber einfallen. Es ist gerade diese Neuartigkeit, die auf die Lernenden Faszination ausübt und den Unterricht attraktiv macht. Umgekehrt sind die Lehrenden dazu verpflichtet, den Denkhorizont der Schüler zu erweitern. Dazu gehören ungewöhnliche, ja auch unbequeme Fragestellungen und überraschende Lösungsansätze. Im Übrigen kann sich der Philosophieunterricht nur behaupten, wenn er sich am akademischen Fach Philosophie orientiert, ohne dieses zu kopieren. Die

4 Helmut Engels, »Plädoyer für das Schreiben von Primärtexten«, in: *Zeitschrift für Didaktik der Philosophie und Ethik*, 15. Jg. (1993), Heft 4, S. 250ff.; Lutz von Werder, *Lehrbuch des kreativen Schreibens,* Berlin 1996; vgl. dazu das Themenheft »Montaigne« der *Zeitschrift für Didaktik der Philosophie und Ethik*, 21. Jg. (1999), Heft 2; Volker Steenblock, »Plaudern, ›Umschreiben‹, Faszinationsinszenierung«, in: *Ethik und Unterricht*, 10. Jg. (1999), Heft 3, S. 43.

5 Gerhard Haas/Wolfgang Menzel/Kaspar H. Spinner, »Handlungs- und produktionsorientierter Literaturunterricht«, in: *Praxis Deutsch* (1994), Heft 123, S. 17ff.; Daniela Caspari, *Kreative Verfahren im fremdsprachlichen Literaturunterricht*, Berlin 1995.

publizistischen Erfolge populärer Darstellungen demonstrieren, wie verbreitet das Interesse an der Geschichte der Philosophie ist. Auch der Bildungsauftrag der Schule gebietet es, Philosophiegeschichte zu vermitteln. Letztlich geht es um die berechtigte Teilhabe an einer kulturellen Tradition.

Philosophische *Texte* treten uns meist in Form umfangreicher und systematischer Traktate gegenüber. Daraus Ausschnitte zu wählen, ist immer problematisch, weil für ein gründliches Verständnis der Kontext fehlt. Umgekehrt scheinen lange Texte im Unterricht kaum zumutbar zu sein. Daher stellt sich die Frage nach ergänzenden Alternativen.

Bereits die *sokratischen Dialoge* bilden eine Mischform, weil diese ja bereits aufgeschrieben und gedruckt sind, also Mündlichkeit und Schriftlichkeit auf eigentümliche Weise miteinander verbinden. Zwar verdanken sich diese Dialoge der schriftlichen Aufzeichnung, aber die Inszenierung von Gesprächen verleiht dem Gedankengang mehr Lebendigkeit. Es steht das Fragen im Vordergrund, ohne dass abschließende Antworten gegeben werden. Das aporetische Ende regt zum Weiterdenken an. Liest man solche geschriebenen Dialoge, erleichtert es den Übergang in das Unterrichtsgespräch.

Eine andere Variante sind *philosophische Essays*, die für eine Lektüre im Unterricht den Vorteil haben, dass sie elegant geschrieben und verhältnismäßig verständlich sind. Sie behandeln lebensweltliche Themen, von denen die Schülerinnen und Schüler unmittelbar angesprochen werden. Über die häufig interessanten und gewagten Thesen lässt sich spontan diskutieren. Der subjektive Standpunkt erleichtert dabei die eigene Stellungnahme. So changieren Essays zwischen Erzählung und Argumentation, zwischen Dialog und Traktat sowie zwischen Skepsis und Systematik. Exemplarisch zeigt Montaigne, wie dabei die Schriftlichkeit reflexiv werden kann,[6] so dass sich auch eine Brücke zum Verfassen eigener Essays schlagen lässt.

Das Beispiel Montaigne, dessen Essays um die Frage »Wer bin ich?« kreisen, verweist auf eine andere literarische Gattung, nämlich auf die *autobiographische Erzählung*.[7] Sie findet sich auch bei anderen Autoren wie etwa im *Discours de la methode* von Descartes, in den *Confessiones* des Augustinus oder in den *Confessions* von Rousseau. Hier erzählt ein Autor, wie er persönlich zu seiner eigenen Philosophie gelangt ist. Dabei erfährt man nicht nur etwas über die jeweiligen Lebensumstände, sondern auch über die Hintergründe und Motive der theoretischen Arbeit. Wenn deutlich wird, von welchen Denkgewohnheiten sich ein Autor zu befreien versucht und an welche alternativen Traditionen er

6 Johannes Rohbeck, »Montaigne überschreiben«, in: *Zeitschrift für Didaktik der Philosophie und Ethik*, 21. Jg. (1999), Heft 2, S. 86 ff.

7 Siehe zum Folgenden »Literarische Formen des Philosophierens im Unterricht« in diesem Band, S. 203–206.

anknüpfen will, wird die Problemlage überschaubarer. Außerdem bietet die narrative Form des Philosophierens die besondere Möglichkeit des identifizierenden Nachvollzugs.

Geeignet für den Philosophieunterricht sind auch *Briefe*, die ebenfalls subjektiv und kommunikativ verfasst sind. Auch sie stellen eine schriftliche Form des Dialogs dar, enthalten jedoch eine komplexere Kommunikationsstruktur, weil Zeit und Ort der Dialogpartner divergieren. Das erlaubt eine intime Nähe und distanzierte Reflexion zugleich. In letzter Zeit sind derart viele Briefwechsel veröffentlicht worden, dass sich entsprechendes Material leicht findet. Manche Autoren haben auch den Brief als Stilmittel und Reflexionsmedium entdeckt und ihre Philosophie in Briefform verfasst. So sind beispielsweise die *Briefe an einen Blinden* von Denis Diderot das eindrucksvolle Dokument einer sich selbst aufklärenden Aufklärung. Derartige Briefe bewegen sich zwischen Gespräch und Traktat.

Insgesamt handelt es sich um Textformen, die zwischen den herkömmlichen Medien Sprache und Schrift angesiedelt sind. Aus diesem Grund eigenen sie sich besonders gut dazu, die Übergänge vom Unterrichtsgespräch zur Textlektüre und umgekehrt zu gestalten. Diese *marginalen Gattungen* nehmen eine Mittelstellung ein und können so zur Vermittlung zwischen den Phasen beitragen.[8] Dabei wird nicht allein das Verhältnis von Philosophie und Literatur in Anspruch genommen, vielmehr steht die literarische Gestalt philosophischer Texte zur didaktischen Disposition.

Doch philosophische Texte verstehen sich nicht von selbst.[9] Dazu bedarf es methodischer Hilfestellungen, die von der Philosophie teilweise selbst bereitgestellt werden. Blickt man unter diesem Gesichtspunkt auf die Didaktik der letzten zwanzig Jahre zurück, so fällt auf, dass ein »objektives« Textverständnis dominiert.[10] Es soll verstanden werden, was der Autor intendiert hat und wie dies im Text zum Ausdruck kommt. Dazu hat sich ein bestimmter Verfahrensmodus eingespielt. Zunächst sind schwierige Wörter zu identifizieren und komplexe Satzstrukturen zu durchschauen, um die darin steckenden Aussagen

8 Vgl. Lieselotte Steinbrügge, »Grenzgänge. Texte zwischen Alltagskommunikation und Literatur«, in: *Fremdsprachenunterricht* (1996), Heft 3, S. 195 ff.

9 Siehe »Zehn Arten, einen Text zu lesen« in diesem Band, S. 163 f.

10 Die Vorlage bildet u. a. Reinhardt Brandt, *Die Interpretation philosophischer Werke. Eine Einführung in das Studium antiker und neuzeitlicher Philosophie*, Stuttgart-Bad Cannstatt 1984; daran schließt sich Wulff D. Rehfus an: *Der Philosophieunterricht. Kritik der Kommunikationsdidaktik und unterrichtspraktischer Leitfaden*, Stuttgart-Bad Cannstatt 1986, S. 121 ff, insbes. S. 129; ähnlich auch Lothar Ridder, »Textarbeit im Philosophieunterricht aus hermeneutisch-intentionalistischer Sicht am Beispiel des Homo-mensura-Satzes von Protagoras«, in: *Zeitschrift für Didaktik der Philosophie und Ethik*, 21. Jg. (1999), Heft 2, S. 124 ff.

wiedergeben zu können. Herrscht über das im Text Gesagte so weit Klarheit, kann die interpretatorische Arbeit beginnen, die üblicherweise in drei Schritten erfolgt: Erstens werden die wesentlichen philosophischen Begriffe geklärt, zweitens wird versucht, den Argumentationsgang zu rekonstruieren, und an dritter Stelle stehen Kritik und eigene Beurteilung.

Wie berechtigt es ist, die Schülerinnen und Schüler zum genauen Lesen zu erziehen, was auch bedeutet, die eigene Meinung erst einmal zurückzustellen und sich auf Texte einzulassen, so werden damit die Möglichkeiten der Interpretation noch nicht ausgeschöpft. Folgt man der *philosophischen Hermeneutik,* verfügt der Leser über ein bestimmtes Vorverständnis, das die Lektüre maßgebend prägt und das sich im Laufe der Textarbeit verändert. Ein vertieftes Textverständnis entsteht, wenn die divergierenden Sinnhorizonte zusammengeführt werden. Für den Unterricht folgt daraus, dass die »subjektive« Sicht der Schüler aktiviert und deren produktive Rolle beim Lesen stimuliert werden. Um eine solche »Horizontverschmelzung« zu erreichen, sind das *Vorverständnis* und das später erarbeitete *Textverständnis* explizit zu machen und miteinander zu konfrontieren. Die schriftlich fixierte Lese-Erwartung wird mit der Lese-Erfahrung verglichen. Die Konfrontation von Erwartung und Lektüre kann innerhalb desselben Textes wiederholt werden, indem nach der Lektüre einzelner Abschnitte oder Kapitel erneut gefragt wird, wie es vermutlich weitergeht.[11] Diese Methode des *verzögerten Lesens* dient dazu, eine Spannung von Vorverständnis und Verständnis zu erzeugen und dadurch die Vermittlung beider Seiten zu reflektieren.

Unterrichtsgespräch

Um zu philosophischen Gedanken zu gelangen, bedarf es eines Frage- und Antworthorizontes, innerhalb dessen sich das eigene Denken entfalten kann. Verhältnismäßig lehrerzentriert ist das *gelenkte Unterrichtsgespräch*, in dem ein bestimmtes Erkenntnisziel fragend entwickelt wird. Diese Gesprächsform bleibt unverzichtbar, wenn ein Thema gestellt wird, von dem nicht erwartet werden darf, dass die Schülerinnen und Schülern es ohne fremde Hilfe bearbeiten können. Ist jedoch das Problem für die Schüler überschaubar und lösbar, bietet sich das *freie philosophische Gespräch* an. Eine Mischform stellt das *textgebundene Unterrichtsgespräch* dar, in dem sich die fragend-entwickelnde Gesprächsführung des Lehrers an einem Text orientiert. Über diese praktisch bewährten Typen

11 Hans Hunfeld, *Literatur als Sprachlehre. Ansätze eines hermeneutisch orientierten Fremdsprachenunterrichts,* Berlin 1990; ders., *Die Normalität des Fremden. Vierundzwanzig Briefe an eine Sprachlehrerin,* Waldsteinberg 1998.

des philosophischen Gesprächs hinaus gibt es unterschiedliche Leitbilder in der Philosophiegeschichte, die sich für den Unterricht zu reaktivieren lohnen.

Das »klassische« philosophische Paradigma für das Unterrichtsgespräch ist zweifellos der *sokratische Dialog*, dessen Methode für den Unterricht am besten ausgearbeitet worden ist.[12] Freilich besteht die heutige Attraktivität weniger in der Gesprächsform des Originals, in dem sich bekanntlich keine gleichwertigen Dialogpartner gegenüberstehen, als in der historischen Fortentwicklung, die zu grundlegenden Wandlungen geführt hat. Zunächst hat sich das Ideal der Wahrheitsfindung geändert. Es war der Neukantianismus, der die platonische Ideenlehre durch die moderne Erkenntnistheorie ersetzt und dadurch den Beitrag der Teilnehmer neu definiert hat. Im Dialog wird nun Erkenntnis gemeinsam hergestellt – freilich noch im Sinne der historischen Epoche der Aufklärung, derzufolge eine allgemeingültige Wahrheit für möglich und wünschenswert gehalten wurde.

Im Zuge der pragmatischen Wende ist aus der *einen* Wahrheit der dialogisch konstituierte Konsens geworden. Und seit der Idee des »herrschaftsfreien Dialogs« wird auf die Gleichberechtigung der Dialogpartner Wert gelegt, so dass sich der Gesprächsleiter möglichst zurückhalten und alle Äußerungen aus der Gruppe gelten lassen soll. Heute nach zwanzig Jahren wird nicht nur der Lehrerin und dem Lehrer mehr Fachautorität zugebilligt; es ist auch zu fragen, ob der angestrebte Konsens wirklich so zwingend ist. Demgegenüber ist auch das Modell des reflektierten *Dissenses* vertretbar. Immerhin verbindet sich damit das Unterrichtsziel, die jeweils unterschiedlichen Auffassungen zu verstehen und zu dulden. Ein so verstandener Dissens, der zur Toleranz erzieht, ist nicht weniger ethisch als der versöhnlich stimmende Konsens.

Darüber hinaus sind aus der philosophischen Tradition noch andere Formen überliefert, die auf ihre didaktische Tauglichkeit hin zu prüfen sind. Auch die *philosophischen Dialoge des Mittelalters* bestehen aus Kommunikationsstrukturen, die sich in den Philosophieunterricht übertragen lassen. Die sokratisch-platonischen Dialoge waren ja im Mittelalter nicht bekannt, was man in gewissem Sinn als Glücksfall ansehen kann. Weil es das prägende Vorbild nicht gab,

12 Leonard Nelson, »Die sokratische Methode«, in: Ders., *Gesammelte Schriften*, Bd. I, Hamburg 1970, S. 271 ff.; Gustav Heckmann, *Das sokratische Gespräch. Erfahrungen in philosophischen Hochschulseminaren*, Hannover 1981; Martens, *Dialogisch-pragmatische Philosophiedidaktik*, a. a. O. (Anm. 4), S. 36 ff.; Jürgen Mittelstraß, »Das philosophische Lehrgespräch«, in: Wulff D. Rehfus/Horst Becker (Hg.), *Handbuch des Philosophie-Unterrichts*, Düsseldorf 1986, S. 242 ff; Gisela Raupach-Strey, »Werkstatt-Reflexion aus Leiterin-Perspektive zu einem unvollendeten Sokratischen Gespräch«, in: *Zeitschrift für Didaktik der Philosophie*, 11. Jg. (1989), Heft I, S. 32 ff.; Detlef Horster, *Das Sokratische Gespräch in Theorie und Praxis*, Opladen 1994; Ute Siebert, *Das sokratische Gespräch. Darstellung seiner Geschichte und Methode*, Kassel 1996.

erfanden die mittelalterlichen Philosophen die ihnen passenden Dialogformen neu. Dabei gilt es zu unterscheiden zwischen den geschriebenen Dialogen, die verhältnismäßig zahlreich erhalten sind,[13] und den diskursiven Praktiken der Disputation, die an den Universitäten institutionalisiert waren.[14] Beide Arten enthalten bemerkenswerte Variationen und sind daher in didaktischer Hinsicht interessant.

Wie vielfältig die *geschriebenen Dialoge* im Einzelnen auch sein mögen, so sind doch generelle Merkmale feststellbar, die für das Unterrichtsgespräch anregend sein können. Zum einen gibt es fiktive Dialoge, an denen Christen, Juden, Heiden oder Philosophen teilnehmen. Mit veränderten Rollen lassen sich ähnliche Dialoge auch im Philosophieunterricht inszenieren. Zum andern überwiegen Meister-Schüler-Dialoge, in denen der Autor als Lehrer auftritt. Aber die dabei konstitutive Asymmetrie des Gesprächs wird in einigen Fällen umgekehrt. Dass der Wissende den Gesprächsverlauf bestimmt, ist nur eine Möglichkeit unter anderen. Auch diese Konstellation kommt vor: der Schüler fragt und bestimmt so das Dialoggeschehen. So entstehen zwei Asymmetrien, die Einsichts- und die Aktivitätssymmetrie, die einander gegenläufig sind.[15] Der Lehrer lehrt den Schüler, Fragen zu stellen, er erzieht ihn zum aktiven Mitdenken.

Ebenso bietet die mittelalterliche *Disputation* eine spannungsreiche Alternative für das Unterrichtsgespräch. Während im sokratischen Dialog seelenverwandte Freunde gemeinsam um die Wahrheit ringen, gleicht die Disputation eher einem Tournierkampf.[16] Es wird eine These aufgestellt und gegen Angriffe verteidigt. Dabei polarisiert sich die Argumentation in Pro und Kontra, eine Zuspitzung, die hilfreich sein kann. Das Publikum hört zu und entscheidet, wer überzeugender argumentiert und in diesem Sinne gewonnen hat. Auch in diesem Fall gibt es mehrere Varianten. Zum einen stellt der Lehrer in einem kurzen Vortrag eine These auf, die von den Schülern durch Einwände in Frage gestellt wird; der Lehrer hat dann nochmals die Gelegenheit einer Erwiderung (quaestio disputata). Zum anderen stellen die Schüler unbequeme Fragen, die den Lehrer in Schwierigkeiten bringen können (quaestiones quodlibetates). Heute wird an den Hochschulen die »Verteidigung« von Dissertationen wieder praktiziert. Hier ist es der Schüler, der seine These gegen die Experten des Faches zu verteidigen hat. Das fördert die individuelle Argumentations-Kompetenz und die allgemeine Streitkultur.

13 Klaus Jacobi (Hg.), *Gespräche lesen. Philosophische Dialoge im Mittelalter*, Tübingen 1999.

14 Peter Schulthess/Ruedi Imbach, *Die Philosophie im lateinischen Mittelalter*, Zürich, Düsseldorf 1996, S. 151 ff.

15 Jacobi, »Einleitung«, in: Ders. (Hg.), *Gespräche lesen*, a. a. O. (Anm. 14), S. 16 f.

16 Schulthess/Imbach, *Die Philosophie im lateinischen Mittelalter*, a. a. O. (Anm. 15), S. 152.

An die Variante des fiktiven Dialogs knüpfen die *geschriebenen Dialoge der Aufklärung* an, indem das Muster der verteilten Rollen übernommen wird. Man denke nur an David Humes *Dialoge über natürliche Religion.* Dabei verlagert sich das Streitgespräch auf binnenphilosophische Probleme, bei deren Entfaltung die vertretenen Positionen verändert werden. Es diskutiert nicht nur ein Christ mit einem Philosophen, sondern die Philosophen streiten sich untereinander: der Theist mit dem Deisten, der Rationalist mit dem Empiristen usw. Und die Diskussion hat jetzt meist ein offenes und damit skeptisches Ende, wodurch wieder eine Nähe zur Sokratik entsteht. Diese Dialogform lässt sich im Unterricht als eine Art Rollenspiel inszenieren: Im Laufe eines Ethikkurses führen etwa ein Aristoteliker, ein Kantianer und ein Utilitarist ein Streitgespräch über ein Fallbeispiel. Das eignet sich zum Abschluss einer Stundensequenz, wenn die einzelnen Positionen bekannt sind und noch einmal aufeinander bezogen werden.

Schreiben eigener Texte

Das Medium des *Schreibens* verleiht dem Philosophieunterricht eine poietische Komponente,[17] die in anderen Didaktiken handlungs- und produktionsorientierter Unterricht genannt wird.[18] Dadurch werden die Textlektüre und das Unterrichtsgespräch nicht nur ergänzt, sondern selbst noch einmal verändert. Denn das Innovative dieser Verfahren besteht darin, dass Lesen, Sprechen und Schreiben in ein produktives Verhältnis gesetzt werden. Der Weg führt sowohl vom Lesen zum kreativen Schreiben als auch umgekehrt vom Schreiben zu einer neuartigen Lektüre.[19] Hier geht es nicht nur um technische Fertigkeiten, sondern auch um ein gewandeltes Verständnis von Texten. Dahinter verbergen sich bestimmte Theorien der Textanalyse, die aus dem Konstruktivismus, Strukturalismus und Dekonstruktivismus stammen. Daher gilt es genau zu unterscheiden, welche Formen des Schreibens jeweils gemeint sind.

Geschrieben wird im Philosophieunterricht natürlich immer schon, nur beschränkt sich dies üblicherweise – etwa bei Klausuren — auf die *Kommentierung* von Textausschnitten. Es kommt jedoch auf die konkrete Aufgabe an. Wenn gefordert wird, den Inhalt eines Textes in eigenen Worten wiederzugeben, handelt es sich bereits um eine Form des »Umschreibens«. Ferner ist jede

17 Siehe »Philosophische Schreibstile« in diesem Band, S. 175 f.

18 Vgl. Haas/Menzel/Spinner, »Handlungs- und produktionsorientierter Literaturunterricht«, a. a. O. (Anm. 6), S. 17 ff.; Caspari, *Kreative Verfahren im fremdsprachlichen Literaturunterricht*, a. a. O. (Anm. 6).

19 Darauf hat Torsten Hiß aufmerksam gemacht: »Vom Lesen zum Schreiben –Vom Schreiben zum Lesen«, in: *Zeitschrift für Didaktik der Philosophie und Ethik*, 22. Jg. (2000), Heft 2, S. 140 ff.

schriftliche Interpretation eines Textes ein kreativer Akt, weil dabei gegenüber der Vorlage etwas Neues und Eigenes entsteht. Trotzdem lohnt es sich, den produktiven Aspekt noch stärker zu akzentuieren.

In diese Richtung weist der Vorschlag, das Schreiben auf das Verfassen eigener *Primärtexte* zu erweitern.[20] An die Stelle des Kommentars tritt das *freie Schreiben*.[21] Es gibt dem Schüler die Gelegenheit, über eigene Erfahrungen, Gefühle und Reflexionen zu schreiben. So entstehen individuelle Texte, in denen das Subjektiv-Authentische zum Ausdruck kommt. Auch diese Art *personenorientierten Schreibens* ist nicht völlig neu, erinnert sie doch an den alten Besinnungsaufsatz, der aus dem Deutschunterricht verbannt worden ist und nun im Philosophieunterricht wieder auftaucht, weil offenbar das Bedürfnis nach einer derartigen Selbstverständigung und Selbstfindung besteht.

Davon unterscheiden sich Formen des *prozessorientierten Schreibens,* das im Anschluss an Texte organisiert wird.[22] Auf experimentelle und spielerische Weise wird mit der sprachlichen und literarischen Struktur dieser Texte umgegangen. Die Schülerinnen und Schüler produzieren keine eigenen Texte, vielmehr sollen sie bereits vorhandene Texte neu- und umgestalten. So entsteht ein analoges Produkt oder ein Paralleltext. Innerhalb eines abgesteckten Radius eröffnen sich kreative Gestaltungsmöglichkeiten. Denn die Textvorlage enthält handwerkliche Regeln, die zu analysieren und anzuwenden sind. Mit Hilfe der so angewandten Textanalyse sollen neue Texte hergestellt werden. Dieses Verfahren hat etwas Entlastendes, weil nicht das »Genie« der Lernenden gefragt ist, sondern ein reproduzierbares Können. Im Einzelnen lassen sich folgende Techniken auflisten:

Schreiben nach einem Muster: Es werden bestimmte literarische Formen vorgegeben wie beispielsweise das Essay. Hat man im Unterricht Essays von Montaigne gelesen und analysiert, bietet es sich an, diese Textsorte zum Vorbild zu nehmen, nach dem die Schüler eigene Essays schreiben sollen.[23] Dabei wird eine bestimmte Methode des Schreibens festgelegt, die jedoch genügend Spielraum für eigene Gedanken lässt. Als Muster für derartige Schreibübungen

20 Engels, »Plädoyer für das Schreiben von Primärtexten«, a. a. O. (Anm. 5), S. 250 ff.

21 Martina Dege, »Montaignes ›Essais‹ – der Versuch, schreibend die Balance zu halten«, in: *Zeitschrift für Didaktik der Philosophie und Ethik*, 21. Jg. (1999), Heft 2, S. 116 ff.; Caspari, *Kreative Verfahren im fremdsprachlichen Literaturunterricht*, a. a. O. (Anm. 6) S. 176 f.; Renate Fery, »Der freie Text im Französischunterricht der Sekundarstufe I«, in: Helene Decke-Cornill (Hg.), *Begegnung mit Texten*, Pfaffenweiler 1993, S. 123 ff.

22 Haas/Menzel/Spinner, »Handlungs- und produktionsorientierter Literaturunterricht«, a. a. O. (Anm. 6), S. 17 ff.; Caspari, *Kreative Verfahren im fremdsprachlichen Literaturunterricht*, a. a. O. (Anm. 6), S. 188 f.

23 Rohbeck, »Montaigne überschreiben«, a. a. O. (Anm. 7), S. 87.

eignen sich auch andere Gattungen wie der bereits genannte fiktive Dialog oder der Brief.

Umschreiben eines philosophischen Textes: Hier wird den Lernenden vorgeschlagen, schwer verständliche Textstellen aus philosophischen Traktaten in Essays umzuformen, damit sich die Hermetik des Textes in unterschiedliche Perspektiven und in sich wandelnde Fassungen auflöst. Eine solche Methode ist auch auf ein Essay anwendbar, indem eine Sentenz etwa in ein Dilemma, in einen Dialog oder Brief transformiert wird. Zu entscheiden ist, ob die Schülerinnen und Schüler selbst diese Schreiberfahrung machen sollen oder ob der Folgetext vom Lehrer verfasst wird, um das Verständnis zu erleichtern.

Fortschreiben einer Textvorlage: Wie Montaigne häufig von Sentenzen der antiken Philosophie ausgeht, um seine eigenen Reflexionen daran anzuschließen, so können auch Schüler dazu angeregt werden, ausgewählte Zitate nach eigenem Gutdünken fortzuschreiben. Literarische und philosophische Vorlagen werden als Schreibanstöße benutzt. Wie in Heinrich Kleists *Über die allmähliche Verfertigung der Gedanken beim Reden* kann es auch dem Schreibenden ergehen, indem jeder geschriebene Satz sozusagen das Stichwort für den nächsten Satz gibt. Das Schreiben ist ein kreatives Mittel, um zu erfahren, was man denkt.

Textteile rekonstruieren oder Lücken ausfüllen: Im ersten Fall wird ein Text in einzelne Stücke zerschnitten mit der Aufgabe, die Fragmente wieder zusammenzusetzen und so den Zusammenhang zu rekonstruieren. Derartige Experimente mit einem sokratischen Dialog (*Menon*) waren insofern aufschlussreich, als sich mehrere Varianten herausstellten, die im Ergebnis plausibel erschienen. Das liegt zum einen an der häufig austauschbaren Antwort des Menon, zum anderen an der nicht sehr stringenten Argumentation des Sokrates. Überraschend für die Teilnehmer war die Konfrontation mit dem Originaltext, der nun mit anderen Augen gelesen wurde, als wenn man mit der Lektüre des Ganzen begonnen hätte. Manche Rekonstruktion schien »sokratischer« zu sein als das Original. Ähnliche Erfahrungen stellen sich ein, wenn man aus einem Text eine Passage herausschneidet und von den Lernenden ergänzen lässt.

Derartige Experimente lassen sich ohne weiteres fortsetzen. Gleichwohl stellt sich ein gewisser Zweifel ein, ob Verfahren, die in anderen Didaktiken der deutschen und fremdsprachlichen Literatur entwickelt wurden, unmittelbar auf den Philosophie- und Ethikunterricht übertragbar sind. Wendet man diese Schreibtechniken an, besteht die Gefahr des Formalismus, bei dem die spezifisch philosophischen Methoden auf der Strecke bleiben. Aus diesem Grund ist darüber nachzudenken, welche Verfahren sich in besonderer Weise und mit welchen Modifikationen für die Schulfächer Philosophie und Ethik eignen. Zur Beantwortung dieser Frage folgen nun einige Kriterien, die sich zunächst an den allgemeinen Methoden des Philosophierens orientieren:

- Wenn der reflektierte Umgang mit *Begriffen* in der Philosophie besonders wichtig ist, dann bietet es sich an, mit Begriffen zu experimentieren. Die entsprechende Aufgabe könnte darin bestehen, zentrale Begriffe eines vorgegebenen Textes zum Ausgangspunkt eigener Schreibversuche zu machen.[24]
- Ähnliches gilt für das *Argumentieren;* für eine Behauptung lassen sich immer mehrere Gründe anführen, wie umgekehrt aus begründeten Aussagen verschiedene Schlussfolgerungen gezogen werden können. Wenn es eine solche Heteronomie der Argumente gibt, lassen sie sich auch kreativ variieren.
- Und wenn schließlich die *Kritik* ein wesentliches Merkmal des Philosophierens ist, folgt daraus die Aufforderung, zu einem bekannten Text eine Erwiderung zu schreiben. In der alternativen Argumentation entsteht so ein Gegentext.
- Im Ethikunterricht spielt die Fähigkeit eine besondere Rolle, sich in die Situation anderer Menschen hineinversetzen zu können. Ethische Ansätze der Sympathie oder des Mitleids liegen einem solchen *Perspektivwechsel* zu Grunde. Daher lautet hier die Schreibaufgabe, einen bestimmten Sachverhalt von einem anderen Standpunkt aus zu beschreiben und zu beurteilen.

Spätestens an dieser Stelle ist erkennbar, dass die Formen des kreativen Schreibens im Philosophie- und Ethikunterricht auf philosophische Methoden verweisen. Nur in der Kombination mit diesen Methoden kann die drohende Beliebigkeit vermieden und die fachspezifische Umsetzung erreicht werden. Darauf ist jetzt näher einzugehen.

Allgemeine Methoden des Philosophierens

Von den genannten Medien lassen sich *allgemeine Methoden des Philosophierens* unterscheiden, die sowohl beim Textverstehen als auch im Unterrichtsgespräch sowie beim Schreiben eigener Texte praktiziert werden können. Zu diesen sozusagen medial neutralen Methoden gehören u. a.: nicht-empirische Begriffe bilden, diese Begriffe genau definieren und angemessen verwenden, durch Argumente überzeugen, Texte und Sachverhalte interpretieren, philosophische

24 Dazu vgl. Christian Gefert, »Text und Schrift. Dekonstruktivistische Verfahren in philosophischen Bildungsprozessen«, in: *Zeitschrift für Didaktik der Philosophie und Ethik*, 14. Jg. (1992), Heft 2, S. 133 ff.

Probleme formulieren und Lösungen entwickeln, Gedankenexperimente nachvollziehen und selber konstruieren, Kritik üben und Alternativen entwickeln.

Legt man eine allgemeine Definition zugrunde, besteht über die Methode der Philosophie weitgehender Konsens: In der Philosophie wird nach Gründen gesucht, die über die Begründungen der Einzelwissenschaften hinausgehen. In der Didaktik wurde dies als Weiterfragen oder als Letztbegründung bezeichnet.[25] Demnach zeichnet sich die Philosophie durch radikale Voraussetzungslosigkeit oder Fundamentalität aus.[26] Das hängt mit einem besonderen Grad kritischer Reflexivität zusammen, die darin besteht, sich immer des eigenen Denkens bewusst zu sein. Zweifellos treffen diese Selbstbeschreibungen für die Philosophie zu. Sie sind insofern sinnvoll, als sie dazu beitragen, dass sich die Philosophierenden generell über ihr eigenes Tun im Klaren werden.

Umgekehrt verleihen erst diese philosophischen Methoden den medial vermittelten Praktiken ihre fachspezifische Ausprägung. Wie am Beispiel des Schreibens eigener Texte angedeutet, kann die philosophiedidaktische Transformation nur gelingen, wenn die zentralen Methoden der Begriffsbildung, Argumentation und Kritik in kreative Schreibprozesse umgesetzt werden. Daher sollen diese Methoden jetzt thematisiert werden. Da auf diesem Feld die meisten Vorarbeiten existieren, genügen wenige Hinweise. Neu wird hingegen die Kombination der philosophischen Methoden mit den genannten Medien sein, wodurch sich die Unterrichtsverfahren differenzieren. Dieser Schritt ist noch lohnender, wenn er auf dem Niveau der besonderen Methoden philosophischer Richtungen erfolgt.

Begriffe, Metaphern, Modelle verstehen und verwenden

Wie jede andere Wissenschaft hat auch die Philosophie ihre eigene *Fachsprache*, nur tritt dieser Aspekt in philosophischen Texten und Gesprächen nicht so deutlich zum Vorschein. Denn im Unterschied zu den Einzelwissenschaften gebrauchen Philosophen meist Wörter der Alltagssprache, denen sie spezifisch philosophische Bedeutungen geben. Darin liegt ja das Tückische der Philosophensprache: Man hört oder liest bekannte Worte und versteht diese trotzdem nicht, oder man benutzt solche Worte und meint etwas anderes als der übliche Gebrauch vermuten lässt. In keiner anderen Disziplin wird die Terminologie derart verdeckt.[27]

25 Martens, *Dialogisch-pragmatische Philosophiedidaktik*, a. a. O. (Anm. 4) S. 17; Wulff D. Rehfus, *Didatik der Philosophie. Grundlage und Praxis*, Düsseldorf 1980, S. 174 ff.

26 Norbert Diesenberg, »Entwurf für einen Kanon der Vernunft«, in: *Zeitschrift für Didaktik der Philosophie und Ethik*, 19. Jg. (1997), Heft 2, S. 84.

27 Vgl. Karel v. d. Leeuw/Pieter Mosten, *Philosophieren Lehren. Ein Modell für Planung, Analyse*

Wenn beispielsweise Kant vom »Kategorischen Imperativ« spricht, merkt jeder, dass es sich um einen Terminus handelt, den man nur versteht, wenn man auch die darin geronnene philosophische Theorie kennt. Aber wenn Kant über den »an sich guten Willen« redet, glaubt man vielleicht den Sinn spontan verstanden zu haben, muss sich jedoch belehren lassen, wie theoretisch aufgeladen auch dieser Ausdruck ist. Bei späteren Philosophen, die noch intensiver dem gewöhnlichen Wortschatz eine philosophische Bedeutung unterlegt haben wie vor allem Hegel und Heidegger, wird die Diskrepanz von alltäglichen Worten und philosophischem Sinn noch größer, wenn etwa vom Sein, Werden, Dasein, Wesen usw. die Rede ist. Erst im Zusammenhang werden daraus fachspezifische Begriffe. Das bereitet im Unterricht besondere Schwierigkeiten, die durch entsprechend methodische Anstrengungen überwunden werden können.

Wenn es zutrifft, dass *Begriffe* ihre Bedeutung durch ihren Gebrauch in bestimmten Kontexten erlangen, gilt es im Unterricht diesen Zusammenhang zu rekonstruieren. Das geschieht dadurch, dass Begriffe auf andere Begriffe so bezogen werden, dass ein begriffliches Netzwerk entsteht. Mehrere Varianten sind denkbar: Begriffsfelder entwerfen, sinnverwandte Begriffe finden, Gegenbegriffe bilden, Implikationen benennen, über- und untergeordnete Begriffe bestimmen, Stammbäume erstellen usw. Der Prüfstein ist die Anwendung auf besondere Fälle. Das lässt sich sowohl anhand gelesener Texte als auch im textunabhängigen Unterrichtsgespräch üben. Hilfreich sind auch graphische Strukturen, welche die gefundenen Beziehungen sichtbar machen.

Philosophische Begriffe sind auch deshalb so schwer zu verstehen, weil sie sehr allgemein und daher wenig anschaulich sind. Dies stellt besonders hohe Anforderungen an das Abstraktionsvermögen der Lernenden. Daher ist jede Möglichkeit zu nutzen, dem Bedürfnis nach Anschauung entgegenzukommen. In den philosophischen Texten sind das in erster Linie Metaphern und Modelle. Sie sind nicht bloß illustrativ, sondern üben eine konstitutive Funktion für die Theoriebildung aus. Denn durch den Vergleich entstehen neue Ähnlichkeiten und damit neuartige Bedeutungen.[28] Mit ihrer Hilfe können philosophische Theorien rekonstruiert werden. Im Unterschied zur Begriffsanalyse ist dieses Feld didaktisch noch wenig erschlossen.

Dies soll exemplarisch kurz erläutert werden. Das Paradebeispiel der moder-

und Erforschung des einführenden Unterrichts, Delft 1988, S. 67 ff.; zum Begriffsverständnis vgl. auch Helmut Engels, »Zum Ungang mit Begriffen im Philosophieunterricht«, in: *Mitteilungen des Fachverbandes Philosophie* (1984), Heft 25, S. 2 ff.; ders., »Wie man der Mehrdeutigkeit der Sprache im Philosophieunterricht begegnen kann«, in; *Zeitschrift für Didaktik der Philosophie und Ethik,* 14. Jg. (1992), Heft 2, S. 110 ff.

28 Vgl. Rüdiger Zill, »Vom Bildnis zum Modell. Formen ikonischen Denkens«, in: *Zeitschrift für Didaktik der Philosophie und Ethik,* 14. Jg. (1992), Heft 2, S. 71 ff., insbes. S. 75.

nen *Metapherntheorie* ist die Sentenz von Thomas Hobbes: »Der Mensch ist des Menschen Wolf«. Erst aus dem wechselseitigen Vergleich geht ein Wesen hervor, das seiner eigenen Gattung gefährlich werden kann. Dieser neue Sinn lässt sich im Unterricht schrittweise rekonstruieren, um die Kernaussage des *Leviathan* zu verstehen. – Das folgende Beispiel aus der Geschichtsphilosophie stellt eine andere Variante dar. Traditionell wird die Geschichte im Ganzen mit dem Lebenszyklus eines einzelnen Individuums verglichen: Geburt, Kindheit, Jugend, Blüte, Alter und Tod. Dabei wird die Geschichte zum Kreislauf erklärt und die individuelle Lebenszeit historisiert. Der Aufklärer Fontenelle hat diesen Zyklus zum ersten Mal durchbrochen; auf die Blüte soll nicht der Verfall, sondern ein endloser Aufstieg folgen. Turgot formuliert das wenig später so: »Und wenn man die menschliche Gattung von ihren Ursprüngen an betrachtet, so erscheint sie in den Augen eines Philosophen wie ein großes Ganzes, das selbst auch, wie jedes Individuum, seine Kindheit hat und Fortschritte macht.«[29] Den Schülern könnte die Aufgabe gestellt werden, die Konsequenzen einer solchen Übertragung selbständig zu konstruieren. Dann werden auch der Bruch mit der Tradition und das Neuartige der aufklärerischen Geschichtsphilosophie erkennbar.

Mit manchen Begriffen werden nicht nur einfache Bilder in die Philosophie übertragen, sondern *Modelle*, d. h. ganze Handlungsschemata und komplexe kognitive Strukturen, die aus technischen, sozialen, kulturellen oder einzelwissenschaftlichen Zusammenhängen stammen. Ein solches Modell ist z. B. der juristische Vertrag, der im philosophischen Kontext zu einer Theorie des Gesellschaftsvertrags umformuliert worden ist.[30] Für die Schüler wird das Verständnis derartiger Theorien erleichtert, wenn sie sich die Struktur solcher Modelle zuerst aus der Alltagspraxis aneignen und dann im Text wiedererkennen. Auf diese Weise werden solche Vermittlungsglieder geschaffen, die den Übergang von vorphilosophischen Praxisformen zu philosophischen Denkformen nachvollziehbar machen.

Argumentieren lernen

Wie die Begriffsbildung gehört das Argumentieren zum methodischen Kernbestand des Philosophierens. Da die philosophischen Begriffe zum großen Teil nicht-empirischer Art sind, kommt es auf die rationale Verknüpfung an. Metho-

29 Anne Robert Jacques Turgot, *Über die Fortschritte des menschlichen Geistes,* hg. v. Johannes Rohbeck/Lieselotte Steinbrügge, Frankfurt/M. 1990, S. 140.

30 Vgl. Johannes Rohbeck, »Begriff, Beispiel, Modell. Zur Arbeit mit philosophischen Texten anhand des ›Leviathan‹ von Thomas Hobbes«, in: *Zeitschrift für Didaktik der Philosophie*, 7. Jg. (1985), Heft 1, S. 26–42; siehe auch »Proto-Philosophie« in diesem Band, S. 109 f.

disch ist dies in besonderer Weise, weil dafür bestimmte Regeln zur Verfügung stehen, sei es aus der Logik, sei es aus einer speziellen Argumentationstheorie. Im Unterricht lässt sich daher dieser Aspekt philosophischer Tätigkeit präzise vermitteln. Er kann verhältnismäßig klar gelehrt, gelernt und auch überprüft werden. Das Medium ist dabei völlig offen: Argumentationen lassen sich in Texten oder in Gesprächen nachprüfen; sie können auch Thema eigener Schreibversuche sein. Ein weiterer Vorteil solcher Übungen ist es, dass unabhängig von philosophischen Texten konkrete Fallbeispiele zum Ausgangspunkt des selbständigen Argumentierens gewählt werden können.[31] Diese argumentative Kompetenz der Schüler ist schrittweise zu entfalten.

Wenn argumentieren heißt, Behauptungen rational zu begründen, dann ist im ersten Schritt zwischen entsprechenden Gründen zu unterscheiden. Das lässt sich am Beispiel ethischer Situationen rekonstruieren. Wer eine Handlung rechtfertigt, verweist in der Regel auf drei Arten von Gründen: (1) auf einen bestimmten Sachverhalt, d.h. die faktischen Bedingungen des Handelns; (2) auf ein bestimmtes Interesse oder Gefühl, d.h. auf ein individuelles Handlungsmotiv; (3) auf eine bestimmte Norm oder auf einen Wert, d.h. auf eine mehr oder weniger verallgemeinerte Handlungsregel. Diese Ebenen gilt es genau zu unterscheiden, und es kostet erfahrungsgemäß viel Mühe, derartige Differenzierungen anhand konkreter Fälle zu üben. Erst die elementare Unterscheidung zwischen Faktischem und Normativem erlaubt es, den philosophisch-ethischen Begründungstyp zu erarbeiten.

Im zweiten Schritt kann man sich im Philosophie- und Ethikunterricht den Begründungen zuwenden.[32] Der ›klassische‹ Typ ist der von Aristoteles geprägte »praktische Syllogismus«, der aus (1) einer allgemeinen Feststellung, (2) einer Feststellung im Einzelfall und (3) einer entsprechenden Schlussfolgerung besteht. Ein traditionell hilfreiches Mittel ist dabei die graphische Darstellung.[33] Es ist möglich, diese Art theoriebildendes Werkzeug didaktisch zu nutzen und dafür noch zu elaborieren. Wenn etwa Schülerinnen und Schüler zu einem ethischen Fall eine argumentative Lösung geschrieben haben, lässt sich der Text in die genannten Bestandteile zerschneiden und graphisch nach dem syllogistischen Vorbild anordnen. Ausgehend von diesem Zwischenergebnis fällt es dann leichter, die Argumentation in die passende logische Form zu bringen. Dasselbe Verfahren ist auch auf andere argumentative Muster anwendbar, etwa auf das

31 Dazu exemplarisch Volker Pfeifer, *Ethisch argumentieren,* Bühl 1997; Matthias Tichy, *Die Vielfalt des ethischen Urteils,* Bad Heilbrunn 1998.

32 Siehe »Rhetorik und Philosophiedidaktik« in diesem Band, S. 219–221.

33 Wissenschaftshistoriker sprechen neuerdings von »paper tools«, die auch eine didaktische Funktion erfüllen können. – Der folgende Vorschlag orientiert sich an: Charles Grant Luckhardt/ William Bechtel, *How to do things with logic,* Hillsdale 1994, S. 33 ff.

T-Schema, das ebenfalls graphische Lernpotenziale enthält. Mit Hilfe eines Textverarbeitungssystems lassen sich am Computer auch solche komplexeren Anordnungen leicht darstellen.

Wenn sich die Argumentation drittens auf bestimmte Normen und Werte konzentriert, entsteht das Problem, diese normativen Prinzipien in Beziehung zu setzen und dadurch eine Entscheidung vorzubereiten.[34] Meistens geraten die Normen und Werte dabei in Widerspruch, so dass zur Lösung solcher Normenkonflikte wieder neue Regeln erforderlich sind. So unterscheidet man etwa zwischen Regeln der Hierarchie, wenn Normen über- oder untergeordnet werden, des Gegensatzes, wenn sich Normen ausschließen, und der Präferenz, wenn bestimmte Normen anderen Normen vorgezogen werden. Gibt man nun Schülerinnen und Schülern diese Regeln an die Hand, werden sie in die Lage versetzt, ihre ethische Entscheidung argumentativ zu fundieren.

Darüber hinaus gibt es noch typisch philosophische Argumentationsmethoden, die auch im Unterricht zum Verständnis philosophischer Texte wie auch zur eigenen Gesprächsführung angewendet werden sollten. Es sind vor allem der *regressus* oder *progressus in infinitum* und die *Reflexion,* die in der Philosophiegeschichte eine Rolle gespielt haben.[35] Wer beispielsweise verstehen oder selber begreifbar machen will, worin der Selbstzweck einer Handlung besteht, sollte diese beiden Methoden kennen und anwenden: einerseits ist zu zeigen, wie eine Handlung, die nur als Mittel zum Zweck dient, zu einer ebensolchen Handlung führt und so fort; andererseits ist diese endlose Kette nur dadurch abzuschließen, dass ihr ein reflexives Ende gesetzt wird, eben in Gestalt einer Handlung »um ihrer selbst willen«. So argumentiert nicht nur Aristoteles, sondern auch die Zivilisationskritik des 20. Jahrhunderts von Max Horkheimer bis Hannah Arendt. Ähnlich verfährt auch, wer das »letzte« Motiv einer Handlung begründen will; im philosophischen Kontext ist das traditionell ein sich selbst reflektierendes Subjekt. Da diese Denkfiguren hypothetischen Charakter tragen, nähert sich diese Form der Argumentation dem *Gedankenexperiment,* das ebenso einschlägig in der Philosophie ist.[36]

Zur Argumentation gehört schließlich die *Kritik,* durch die erst eigenes Philosophieren möglich wird. Die Aufgabe der Didaktik besteht darin, auch auf diesem Feld lehr- und lernbare methodische Standards zu schaffen. Aus dem

34 Vgl. Thomas Zoglauer, *Normenkonflikte – zur Logik und Rationalität ethischen Argumentierens,* Stuttgart-Bad Cannstatt 1998.

35 Vgl. Norbert Diesenberg, »Begriffslernen – ›poiesis‹ und ›praxis‹ bei Aristoteles«, in: *Zeitschrift für Didaktik der Philosophie,* 12. Jg. (1990), Heft 3, S. 148 ff.

36 Helmut Engels, »Das Gedankenexperiment im Philosophieunterricht«, in: *Philosophie. Anregungen für die Unterrichtspraxis,* 10. Jg. (1988), Heft 16, S. 34 ff.; Hans-Ludwig Freese, *Abenteuer im Kopf. Philosophische Gedankenexperimente,* Weinheim, Berlin 1995.

Unterricht ist die Erfahrung geläufig, dass die Schüler einen philosophischen Text zwar relativ anspruchsvoll interpretieren, aber dann, wenn sie zur eigenen Stellungnahme aufgefordert werden, im argumentativen Niveau plötzlich absinken, indem sie nur noch Meinungen zum besten geben. Um dieses notorische Problem zu überwinden, ist es erforderlich, ihnen auch für die philosophische Kritik fachspezifische Methoden zu vermitteln.

Besondere Methoden philosophischer Denkrichtungen

Die exemplarisch genannten *allgemeinen Methoden des Philosophierens* sind nicht nur in medialer Hinsicht generalisierbar, sie kommen auch in allen Denkrichtungen der Philosophie vor. Sowohl in der analytischen Philosophie als auch in der Hermeneutik oder Phänomenologie will man natürlich präzise Begriffe bilden und verwenden, rational argumentieren, begründet kritisieren usw. Nur geschieht das in solchen Richtungen auf je besondere Art und Weise. Bereits die kurze Skizze war im Grunde auf Anleihen bei diesen Strömungen angewiesen. So wie es nicht die Philosophie gibt, haben wir es mit sehr unterschiedlichen philosophischen Methoden zu tun. Darunter verstehe ich nun die *besonderen Methoden philosophischer Denkrichtungen.*

Zu den Strömungen der Gegenwartsphilosophie gehören: analytische Philosophie, Konstruktivismus, Phänomenologie, Dialektik, Hermeneutik und Dekonstruktion. Natürlich bilden auch die so differenzierten Methoden keine homogenen Blöcke. Vielmehr haben Dialektik, Hermeneutik und Phänomenologie jeweils eine lange Geschichte mit zahlreichen Varianten. Auch jüngere Ansätze wie analytische Philosophie, Konstruktivismus und Dekonstruktion haben sich mittlerweile so ausdifferenziert, dass eigene Schulen entstanden sind.

Aus fachphilosophischer Sicht mag dieses Projekt, die Denkrichtungen der Philosophie in philosophische Methoden des Unterrichts zu transformieren, als verspätet erscheinen. Denn die Didaktiker entdecken die Potenziale der philosophischen Denkrichtungen in einem Augenblick, in dem sich in der Philosophie ein gegenläufiger Konsens durchzusetzen beginnt. Die philosophischen Richtungen werden längst nicht mehr so absolut gesetzt, wie das in den letzten fünfzig Jahren noch die Regel gewesen ist. Dabei haben natürlich auch ideologische Auseinandersetzungen eine Rolle gespielt, die seit der Wende obsolet geworden sind. So ist dem alten Philosophenkrieg die Einsicht gewichen, dass die Unterschiede gar nicht so gravierend sind. Die Didaktik der Philosophie sollte sich indessen von dieser Tendenz keineswegs beirren lassen.

Auf der einen Seite kommt die Didaktik nicht zu spät, wenn sie die philosophischen Richtungen in den unterrichtspraktischen Kontext überträgt. Da es auf diesem Feld eine Entwicklung nachzuholen gilt, sollten in kompensatorischer Absicht zunächst die *Differenzen* im Vordergrund stehen. Ob man bei dieser Transformation idealtypisch, paradigmatisch oder eklektizistisch verfährt, in jedem Fall gilt es das methodologische Bewusstsein zu differenzieren, um die Vielfalt des Philosophie- und Ethikunterrichts zu fördern. An dieser Stelle ist der gewünschte Pluralismus noch ausbaufähig.

Auf der anderen Seite kann der gegenwärtige Diskussionsstand auch als Chance begriffen werden. Für den Unterricht folgt daraus, dass sich die philosophischen Methoden wechselseitig ergänzen und nebeneinander verwendet werden können. Am Ende stellen sich mehr Gemeinsamkeiten heraus, als die anfänglichen Programmatiken vermuten lassen. Auch Kombinationen und Mischformen sind denkbar. Dabei gibt es weder eine zwingende Reihenfolge noch eine taxonomische Ordnung. Vor allem verbietet sich ein einheitliches Metasystem, innerhalb dessen jeder Ansatz in ein gemeinsames Entwicklungsschema gepresst wird. Während die Hochschuldozenten in der Regel nur eine bestimmte, nämlich ihre eigene Richtung vertreten, sollten die Lehrerinnen und Lehrer mit möglichst mannigfaltigen Methoden experimentieren. Vielleicht kann hier der Schulunterricht sogar eine Vorreiterrolle spielen.

Radikalisiert man diese Perspektive, lassen sich ganz elementare Tätigkeiten angeben wie: beobachten und verstehen, analysieren und reflektieren, widersprechen und kritisieren, experimentieren und modifizieren.[37] Diese Methoden gehören zur alltäglichen Praxis in der Lebenswelt und in den Einzelwissenschaften. Sie werden in der Philosophie nur reflektiert und verallgemeinert, was nicht selten zu Verabsolutierungen führt. So kann der Eindruck entstehen, als ob die Verfahrensweisen ausschließlich philosophischer Natur seien. Demgegenüber kommt es darauf an, die philosophischen Denkrichtungen auf bereits geläufige Praktiken zurückzuführen. Das hat weitreichende didaktische Konsequenzen.

Für den Unterricht stellt sich die entscheidende Alternative, ob man bloß *über* die philosophischen Denkrichtungen spricht oder ob man deren Methoden selber *praktiziert.* Wer beispielsweise die *Phänomenologie als Gegenstand* behandelt, wird so schwierige Terme wie »Epoche«, »präreflexive Sinnsedimente«, »Intentionalität«, »Retention und Protention« usw. benutzen und damit weitgehend auf Unverständnis stoßen. Wer stattdessen mit den Schülern *phänomenologische Übungen* durchführt, demonstriert hingegen, dass dieses Verfahren an unser gewöhnliches Wahrnehmen und Handeln anknüpft. Werden diese

37 Thomas Rentsch, »Der Status der Philosophie«, in: Peggy H. Breitenstein/Volker Steenblock/Joachim Siebert (Hg.), *Geschichte – Kultur – Bildung. Philosophische Denkrichtungen*, Hannover 2007; siehe auch Ekkehard Martens, »Fachspezifische Methodik ›Praktische Philosophie‹«, in: *Ethik & Unterricht*, 12. Jg. (2001), Heft 3, S. 7 f.; ders., *Methodik des Philosophie- und Ethikunterrichts. Philosophieren als elementare Kulturtechnik*, Hannover 2003.

Methode wie auch andere Methoden als Kompetenzen vermittelt und angeeignet, tragen sie zur Reflexion der Alltagspraxis und damit zur grundlegenden Orientierung in der Lebenswelt bei. Die besondere Aufgabe des Philosophie- und Ethikunterrichts besteht darin, eine *methodische Kompetenz* der Lernenden zu fördern. Dazu folgt ein einfaches Schema, das später noch erweitert wird.

Kompetenzen und Denkrichtungen im Philosophie- und Ethikunterricht

Kompetenz	Tätigkeit	Denkrichtung
Analyse	Begriffe und Argumentationsregeln analysieren und selbständig verwenden; Fallbeispiele lösen können und dazu eine logische Argumentation aufbauen	analytische Philosophie
Reflexion	Sich über den Sprachgebrauch reflexiv verständigen; Begriffe und Argumente rekonstruieren, d. h. sie auf alltägliche Handlungen zurückführen und Vorannahmen explizieren	Konstruktivismus
Beobachtung	Beobachtungen in der eigenen Lebenswelt und subjektive Bewusstseinszustände beschreiben; dabei verborgene Implikationen aufdecken	Phänomenologie
Kritik	Kritik üben, indem Widersprüche und Defizite des Kritisierten genutzt werden	Dialektik
Verstehen	Texte und Dialogbeiträge im kulturellen Zusammenhang verstehen; Vorverständnis des Lesers und Intention des Autors in einen Sinnzusammenhang bringen	Hermeneutik
Kreativität	Aussagen im Kontext rekonstruieren und im Anschluss daran neue Texte konstruieren, Brüche und Lücken entdecken, kreativ schreiben	Dekonstruktion

Ich breche die Darstellung der spezifisch philosophischen Methoden an dieser Stelle ab, weil diese Methoden das Thema der nächsten Kapitel sind. Indem ich mich von der Grundidee der didaktischen Transformation leiten lasse, nehme ich die Vermittlung zwischen Philosophie und Unterricht von beiden Seiten in Angriff.

In »Didaktische Potenziale philosophischer Denkrichtungen« gehe ich von den wichtigsten Denkrichtungen aus, die sich in der Tradition der akademischen Philosophie herausgebildet haben. Kein Philosophiedidaktiker wird behaupten wollen, er habe diese Richtungen erfunden. Die didaktische Kunst besteht vielmehr darin, die darin enthaltenen Methoden in Verfahren des Unterrichts zu transformieren. Das erfordert sowohl einen experimentellen Umgang mit dem philosophischen Befund als auch eine klare Vorstellung über die unterrichtspraktischen Ziele.

Daher gehe ich in »Philosophische Kompetenzen« ausdrücklich von den Erfahrungen der Schülerinnen und Schüler aus, die sich die philosophischen Methoden aneignen sollen. Dabei spielt eine Rolle, dass die elementaren Formen dieser Methoden, wie erwähnt, in der Lebenswelt und vor allem auch in den übrigen Unterrichtsfächern bereits praktiziert werden. Es kommt also darauf an, diese Verfahrensweisen aufzunehmen und fortzuführen. Zum Beispiel haben die Schüler längst gelernt, sachliche und literarische Texte zu »verstehen«; sie haben dafür (nicht nur) im Deutschunterricht bestimmte Techniken erworben. Die Aufgabe des Philosophieunterrichts besteht nun darin, die Eigenart dieses »Verstehens« zu reflektieren und weiterzuentwickeln. Wichtig ist mir dabei, dass in diesem Lernprozess das Niveau der reflektierten Anwendung tatsächlich gesteigert wird. Das setzt wiederum voraus, dass die »didaktischen Potenziale« so weit wie möglich ausgeschöpft werden.

Genau darum geht es mir in den beiden darauf folgenden Studien zur konstruktivistischen und dialektischen Methode, anhand deren ich zu demonstrieren versuche, wie weit eine derartige Ausschöpfung in didaktischer Perspektive möglich ist. Die Wahl dieser beiden Methoden ist dem biographischen Umstand geschuldet, dass mein eigenes Philosophieren vor allem von der Dialektik geprägt wurde, namentlich von Hegel, dessen Gutachten zum Philosophieunterricht dann noch eine spezielle Untersuchung gewidmet ist. Beispiele für die phänomenologische und dialektische Methode folgen weiterhin in »Philosophische Schreibstile«, während in »Zehn Arten, einen Text zu lesen« eine spezielle Anwendung der Methoden im Zusammenhang präsentiert wird. Mit einem solchen Überblick beginnt denn auch der erste Text dieser Reihe.

Philosophische Methoden

Didaktische Potenziale philosophischer Denkrichtungen

Wer sich mit Philosophie in Lehre und Forschung professionell befasst, weiß aus eigener Erfahrung: *die* Philosophie gibt es nicht, ebenso wenig wie *das* Philosophieren oder *den* Philosophen. Vielmehr bestehen Philosophie und Philosophieren aus einer *Vielzahl von Denkrichtungen* oder *Strömungen*, die sich voneinander unterscheiden und sich teilweise auch widersprechen. In den Wissenschaften ist das zwar nichts Ungewöhnliches, aber in der Philosophie spielt die Verschiedenheit der Richtungen insofern eine Rolle, weil diese Disziplin in größerem Maße von lebensweltlichen, religiösen und weltanschaulichen Orientierungen abhängt. Seit der Antike bis in unsere Gegenwart lebt das Philosophieren vom Streit zwischen gegensätzlichen Denkern und Schulen; nur in schlechten Philosophiegeschichten stellt sich dies als lineare und harmonische Abfolge dar. Vor allem im 20. Jahrhundert sind die verschiedenen Strömungen der Philosophie kultiviert und institutionalisiert worden.[1] Das mag man bedauern und einer scheinbar verloren gegangenen Einigkeit nachtrauern. Doch wird durch diese Vielfalt die Einheit der Philosophie als ganzer nicht in Frage gestellt. Heute bleibt nichts anderes übrig, als sich diesem *Faktum* der philosophischen Vernunft zu stellen.

Einheit und Vielfalt der Didaktik

An den Universitäten und Hochschulen gehört es zur selbstverständlichen Praxis, mit der Pluralität philosophischer Richtungen reflektiert umzugehen. Von jeder Dozentin und von jedem Dozenten ist ja bekannt, aus welchem »Stall« sie kommen und welche theoretischen Präferenzen sie pflegen. Dieser Aspekt zeigt sich in der Wahl der behandelten Autoren wie auch in den bevorzugten philosophischen Methoden. Und die Studierenden spüren, wie sie von solchen

1 Wolfgang Stegmüller, *Hauptströmungen der Gegenwartsphilosophie*, Stuttgart 1987–1989, 4 Bde.; Kurt Wuchterl, *Methoden der Gegenwartsphilosophie*, Bern/Stuttgart/Wien 1999; Ferdinand Fellmann, *Orientierung Philosophie*, Reinbek 1998, S. 81ff.; zur »Einheit« der Didaktik siehe: Matthias Tichy, *Die Vielfalt des ethischen Urteils*, Bad Heilbrunn 1998, S. 220ff.

Denkstilen – manchmal auch unmerklich – geprägt werden. Dies sind das Salz und die besondere Gewürzmischung in der Philosophensuppe.

Diesem Umstand ist in der *Didaktik der Philosophie und Ethik* bisher weniger Rechnung getragen worden. Gewiss gab es dafür eine Reihe guter Gründe. In den Anfängen der Philosophiedidaktik hat man ausdrücklich keine bestimmte philosophische Richtung vertreten, um Offenheit und Pluralismus zu demonstrieren.[2] Das wendete sich sowohl gegen einen im Westen während der Nachkriegszeit am Existentialismus orientierten Philosophieunterricht als auch gegen eine im Osten staatlich verordnete Unterrichtung in Marxismus-Leninismus. Im Gegenzug wurde vor allem die Diskurstheorie aufgeboten, welche die Gewähr dafür bieten sollte, dass sich der Philosophieunterricht für Gesprächspartner mit unterschiedlichen Standpunkten und Argumenten öffnete.[3] Aber dabei darf nicht übersehen werden, dass auch die Kommunikationstheorien von Karl-Otto Apel und Jürgen Habermas nur *eine* Art der Philosophie unter vielen repräsentieren, wie anerkennenswert und konsensfähig sie auch sein mögen. So ist die Anbindung der Philosophiedidaktik an bestimmte Strömungen mehr oder weniger implizit geblieben.

Außerdem waren sicher *bildungspolitische* Gründe dafür maßgebend, den Streit der philosophischen Richtungen aus der Didaktik herauszuhalten. Es versteht sich von selbst, dass weder der Schulunterricht noch die Philosophiedidaktik im Ganzen einseitig sein dürfen. Aber ein einzelner didaktischer Ansatz sollte nicht mit einem ministeriell sanktionierten Lehrplan verwechselt werden. Solange der Pluralismus gewahrt bleibt, spricht nichts dagegen, die verschiedenen Methoden der Philosophie zu Grundlagen besonderer Didaktiken auszuarbeiten. Aus derart spezialisierten Projekten, die miteinander kooperieren, kann sich durchaus ein ausgewogenes Gesamtkonzept ergeben. Analog zur Philosophie gilt, dass die Einheit der Didaktik nicht nur die Vielfalt philosophischer, sondern auch didaktischer Richtungen bedeuten kann. In anderen Fachdidaktiken ist eine solche Spezialisierung längst erreicht worden. Nachdem die Didaktik der Philosophie und Ethik ihren Kinderschuhen entwachsen ist, sollte auch sie diesen Schritt vollziehen. Pluralität setzt Differenzierung voraus.

2 Ekkehard Martens, *Dialogisch-pragmatische Philosophiedidaktik*, Hannover 1979, S. 17; Wulff D. Rehfus, *Didaktik der Philosophie*, Düsseldorf 1980, S. 9.

3 Gisela Raupach-Strey, »Philosophieunterricht als Interaktion«, in: *Aufgaben und Wege des Philosophieunterrichts*, 9. Jg. (1977), Heft 10, S. 1 ff.; Martens, *Dialogisch-pragmatische Philosophiedidaktik*, a. a. O. (Anm. 2), S. 36 ff.

Transformationen

Die leitende Idee besteht darin, die Denkrichtungen der Philosophie in philosophische Methoden des Unterrichts zu transformieren. Zu den Strömungen der Gegenwartsphilosophie gehören: analytische Philosophie, Konstruktivismus, Phänomenologie, Dialektik, Hermeneutik und Dekonstruktion. Transformation bedeutet die Übertragung und Umformung dieser Philosophien in philosophische Praktiken, die von Schülerinnen und Schülern erlernt und selbständig angewendet werden können. Das erfordert eine Auswahl, Modifizierung und Ergänzung derjenigen Möglichkeiten, die sich im didaktischen Kontext besonders gut realisieren lassen. Es ist viel metaphysischer Ballast abzuwerfen, aber zugleich auch theoretische Arbeit zu leisten, um sich auf elementare und konkrete Verfahrensweisen zu konzentrieren. Ziel ist es, dem Philosophie- und Ethikunterricht mehr philosophische Färbungen zu geben und ihn auf diese Weise vielfältiger zu gestalten.

Um Missverständnissen vorzubeugen, sei ausdrücklich vermerkt, was mit diesem Projekt *nicht* beabsichtigt ist. Gemeint ist weder ein bloßes »Abbild« der akademischen Positionen noch eine falsche Didaktisierung. Die Philosophie ist zwar nicht ihre eigene Didaktik, wohl aber enthält sie didaktische Überschusspotenziale, die eine separate Ausarbeitung lohnen. So ist es durchaus beabsichtigt, dass sich die Philosophiedidaktik verstärkt auf die Bestände des eigenen Faches besinnt. Doch deshalb wird die Didaktik von den philosophischen Leitbildern keineswegs determiniert, sondern bleibt nach wie vor frei in ihren Wahlmöglichkeiten.

Die Richtungen der Philosophie werden hier nicht als Gegenstand des Philosophieunterrichts behandelt. Das wäre ja auch nichts Neues. Ebenso wenig soll das didaktische Selbstverständnis der philosophischen Autoren eine Rolle spielen. Wie ein Philosoph selber gelehrt hat, ist zweitrangig, weil es ja denkbar ist, dass er die eigenen didaktischen Möglichkeiten nicht ausgeschöpft hat. Die hier in Frage stehenden philosophischen Methoden sind auch keineswegs nur formal oder bloß technisch zu verstehen, verbinden sich doch mit den erwähnten Strömungen ganz bestimmte *Inhalte* und *Grundeinstellungen* wie (natur)wissenschaftliche Aufklärung, Verständnis für historische Kulturen oder Orientierung an der Lebenswelt. Auf keinen Fall wird bezweckt, den Philosophie- und Ethikunterricht nach einer einzigen Strömung auszurichten. Und während die Hochschuldozenten in der Regel nur eine bestimmte, nämlich ihre eigene Richtung vertreten, sollten die Lehrerinnen und Lehrer diesen Appell beherzigen und möglichst mannigfaltige Methoden praktizieren. Vielleicht kann der Schulunterricht dabei sogar eine Vorreiterrolle spielen. An dieser Stelle ist der gewünschte Pluralismus noch ausbaufähig.

Um die Sache positiv zu wenden, sind einige Kriterien anzugeben, nach denen die didaktische Transformation aus den verschiedenen Philosophien in Methoden des Unterrichts versucht werden soll:

- Die philosophischen Denkrichtungen sind auf geeignete Verfahrensweisen hin zu befragen, die die Schülerinnen und Schüler erlernen und selbständig anwenden können.
- Diese Methoden sollen sich daher in klar verständliche Aufgaben für bestimmte Tätigkeiten umformulieren lassen.
- Alle Methoden beziehen sich sowohl auf die Alltagserfahrung der Schülerinnen und Schüler als auch auf die Lernerfahrung in den anderen Unterrichtsfächern.
- Die Methoden können nebeneinander und gleichwertig praktiziert werden.
- Die Methoden sind in verschiedenen Medien des Unterrichts anwendbar, d. h. im Unterrichtsgespräch, während der Textlektüre und auch beim Schreiben eigener Texte.
- Maßgebend ist die Leistungsfähigkeit dieser Methoden im Hinblick auf bestimmte Unterrichtsziele und zu vermittelnde Kompetenzen.

Im Folgenden möchte ich die Anwendung der genannten philosophischen Methoden im Unterricht erläutern. Außerdem versuche ich eine erste Systematisierung, um die so vervielfältigten Tätigkeitsfelder sichtbar zu machen.

Denkrichtungen der Philosophie und Methoden des Unterrichts

In didaktischer Perspektive sollen folgende Denkrichtungen zur Sprache kommen: In der *analytischen* Philosophie wird auf präzise Begriffe und logische Verknüpfungen Wert gelegt, während man im *Konstruktivismus* die philosophischen Aussagen reflexiv auf umgangssprachliche Handlungen zurückführt. Die Besonderheit der *Phänomenologie* liegt hingegen darin, Alltagserfahrungen möglichst genau zu beschreiben. Die *Dialektik* besteht in einem bestimmten Verfahren der Kritik, in dem Widersprüche und Defizite des Kritisierten genutzt werden. Die *Hermeneutik* dient der Interpretation von Texten, Kunstwerken und Ereignissen, indem das Vorverständnis des Lesers mit der Intention des Autors in einen Sinnzusammenhang gebracht wird. Demgegenüber betont die *Dekonstruktion* die Produktivität des Lesers, der damit größere Deutungsspielräume gewinnt. In diesem Spektrum erhalten allgemeine Merkmale wie Begriff und Argument jeweils spezifische Ausprägungen.

Nun stellt sich bei den so differenzierten Methoden ein ähnliches Problem wie anfangs bei der Philosophie im Ganzen: Auch *die* philosophischen Richtungen gibt es nicht. Vielmehr haben Dialektik, Hermeneutik und Phänomenologie jeweils eine lange Geschichte mit zahlreichen Varianten. Auch jüngere Ansätze wie analytische Philosophie, Konstruktivismus und Dekonstruktion haben sich mittlerweile so ausdifferenziert, dass eigene Schulen entstanden sind.

Angesichts dieser verwirrenden Situation bieten sich drei didaktische Strategien an: Entweder versucht man, die einzelnen philosophischen Methoden auf *idealtypische* Weise zu charakterisieren und für den Unterricht praktikabel zu machen.[4] Oder man wählt *paradigmatisch* aus diesen Richtungen eine spezielle Variante aus, die für den Unterricht erfolgversprechend zu sein scheint.[5] Eine dritte Möglichkeit besteht darin, auf eklektizistische Weise partielle Strategien aus den verschiedenen Gruppierungen herauszulösen und für den Unterricht umzusetzen.[6] Nach meiner Einschätzung kommen alle Strategien in Frage, sofern man sich auf die Suche nach praktizierbaren Verfahren macht. Auf diese Weise werde ich die so verstandenen philosophischen Methoden in didaktischer Perspektive erläutern.

Analytische Philosophie

In kaum einer Richtung kommt der methodische Aspekt des Philosophierens so zum Vorschein wie in der analytischen Philosophie, stellt sie doch ihrem eigenen Anspruch nach klare Regeln der *Begriffsdefinition*, *Argumentation* und *Kritik* auf. Da es Philosophen außerdem mit nicht-empirischen Begriffen zu tun haben, ist deren Explikation ein semantisches Problem, das mit *sprachanalytischen* Mitteln zu lösen versucht wird. Derartige Methoden sind auch im Philosophieunterricht vermittelbar; sie können gelernt und selbständig angewendet werden. Das demonstrieren vor allem im angelsächsischen Bereich die einschlägigen Lehrbücher für Studenten, Schüler und Kinder.[7] Wie in den

4 Dittmar Werner, *Alltag und Lebenswelt*, Dresden 2005.

5 Einen solchen Vorschlag machen Volker Pfeifer (»Analytische Philosophie und ethisches Argumentieren«, S. 94–102), der das Argumentationsschema Toulmins in den Mittelpunkt stellt, Silke M. Kledzik (»Der dialogische Konstruktivismus als Ausgangspunkt und Grundlage methodenbewussten Philosophierens«, S. 103–109), die den »dialogischen Konstruktivismus« favorisiert, und Lothar Ridder (»Textarbeit im Philosophieunterricht aus hermeneutisch-intentionalistischer Sicht«, S. 124–132), der die »intentionalistische Hermeneutik« bevorzugt, in *Zeitschrift für Didaktik der Philosophie und Ethik*, 22. Jg. (2000), Heft 2.

6 Diese Strategie wählt Christian Gefert im Anschluss an die Dekonstruktion: »Text und Schrift. Dekonstruktivistische Verfahren in philosophischen Bildungsprozessen«, in: *Zeitschrift für Didaktik der Philosophie und Ethik*, 22. Jg. (2000), Heft 2.

7 C. Grant Luckhardt/William Bechtel, *How to do things with logic*, Hillsdale 1994; Gareth B.

anderen Richtungen gibt es auch hier vielfältige Varianten, die auszuwählen sind. So stellt Volker Pfeifer das Argumentationsmodell von Stephen Toulmin in den Mittelpunkt; dieses Modell soll dazu dienen, konkrete Fallbeispiele zu analysieren.

Im Anschluss daran ist zu überlegen, welche anderen argumentativen Muster im Unterricht behandelt werden können. Toulmin hat sich an einem juristischen Modell orientiert, um zwischen verschiedenen Ebenen von Urteilen unterscheiden zu können. Entsprechend lernen auch die Schülerinnen und Schüler, differenziert über Sachverhalte, Interessen und Normen zu urteilen sowie eigene Schlussfolgerungen zu ziehen. Für den Philosophieunterricht sind darüber hinaus die spezifisch philosophischen Formen des Argumentierens und Kritisierens in Erwägung zu ziehen. Dazu zählen der *regressus in infinitum,* die *reductio in absurdum,* der *circulus vitiosus* und die *petitio principii.*[8] Diese Denkfiguren lassen sich sowohl in philosophischen Texten auffinden als auch eigenständig konstruieren.

Nicht zuletzt gilt es die didaktischen Potenziale der *sprachanalytischen Methode zu* entfalten. Während die Sprachphilosophie die Sprache zum Thema macht, geht es in diesem Fall um theoretische Hilfsmittel, die bei jedem Philosophieren im Unterricht eingesetzt werden können, um die Bedeutung von Begriffen und Sätzen zu erschließen. Die Methoden können zu folgenden Tätigkeiten anleiten: die logische Struktur und die Funktion von Begriffen analysieren (nach Gottlob Frege), den Bedeutungsumfang und die konstitutive Rolle von Begriffen für andere Begriffe erkennen (nach Rudolf Carnap), den Gebrauch der Worte im praktischen Umfeld von Sprachspiel und Lebensform bestimmen (nach Ludwig Wittgenstein), in den Aussagen verschiedene Sprechakte identifizieren (nach John L. Austin), die Vieldeutigkeit von Begriffen berücksichtigen (nach Willard V. O. Quine), den Kontext und die Komposition der Begriffe untersuchen (nach Donald Davidson). Einiges davon ist bereits philosophiedidaktisch umgesetzt,[9] anderes harrt noch der Ausarbeitung.

Konstruktivismus

Auch die konstruktivistische Methode hat mehrere Facetten, die sich auf unterschiedliche Weise didaktisch nutzen lassen. Eine Variante ist der Dialogische

Matthew, *Philosophische Gespräche mit Kindern,* Berlin 1993.

8 Im Anschluss an Herbert Schnädelbach siehe: Norbert Diesenberg: »Begriffslernen – ›poiesis‹ und ›praxis‹ bei Aristoteles«, in: *Zeitschrift für Didaktik der Philosophie,* 12. Jg. (1990), Heft 3, S. 16ff.

9 Helmut Engels, »Zum Umgang mit Begriffen im Philosophieunterricht«, in: *Mitteilungen des Fachverbandes Philosophie* (1984), Heft 25, S. 2ff.; ders., »Wie man der Mehrdeutigkeit der Sprache im Philosophieunterricht begegnen kann«, in: *Zeitschrift für Didaktik der Philosophie,* 14. Jg. (1992), Heft 2, S. 110ff.; Karel v. d. Leeuw/Peter Mostert, *Philosophieren lernen,* Delft 1988, S. 67ff.

Konstruktivismus, der die Möglichkeit bietet, den Unterricht als einen Prozess der »einführenden Verständigung« zu konzipieren.[10] Dabei bemühen sich die Lehrenden und Lernenden nicht nur um Verständlichkeit und Begründbarkeit ihrer Argumente, sondern sie reflektieren selbst noch einmal die eigene Methode ihres Philosophierens. Das geschieht durch Rekurs auf vor-philosophische Handlungen, entweder auf Sprachhandlungen oder auf nichtsprachliche Praktiken. Der Konstruktivismus besteht daher eher in einer Re-Konstruktion philosophischer Begriffe, Aussagen und Theorien. Es werden nicht fertige Regeln gelernt, die auf Fallbeispiele anzuwenden sind; vielmehr sollen die Regeln selbst aus der Reflexion auf die alltägliche Lebenspraxis gewonnen werden.

Der *genetischen (Re)Konstruktivismus* birgt m. E. noch weitere didaktische Potenziale. In der Erlanger Schule heißen Zwischenstufen, die eine Vermittlung zwischen wissenschaftlichen Theorien und vorwissenschaftlichen Praktiken leisten, bekanntlich *Prototheorien.*[11] Am Anfang stand die Protophysik, durch die eine Verbindung zur Messtechnik hergestellt wurde; inzwischen erstreckt sich das Projekt auf die Chemie, Biologie und auf die Sozialwissenschaften. In analoger Weise wäre darüber nachzudenken, ob nicht auch von einer *Protophilosophie* gesprochen werden könnte. Das würde bedeuten, nach solchen Vermittlungsgliedern zu suchen, die den Übergang von vor-philosophischen Praxisformen zu philosophischen Denkformen nachvollziehbar machen.[12] Ein solches Handlungsmodell ist z. B. der juristische *Vertrag*, der im philosophischen Kontext zu einer *Theorie des Gesellschaftsvertrags* umformuliert worden ist. Für die Schülerinnen und Schüler wird das Verständnis derartiger Theorien erleichtert, wenn sie sich die Struktur solche Modelle zuerst aus der Alltagspraxis aneignen und dann im Text wiedererkennen.

Radikalisiert man den Konstruktivismus, lässt er sich in eine andere Schüleraktivität transformieren. So eignen sich die Lernenden fremde Theorien nicht dadurch an, dass sie diese »abbilden« oder »nachahmen«; vielmehr nehmen sie immer nur vereinzelte Bruchstücke wahr, die sie dann mit Hilfe von *trial and error* zusammensetzten. Das ist im Philosophieunterricht nicht anders; auch dort werden zunächst nur verstreute *Philosopheme* aufgenommen, die eine

10 Silke M. Kledzik unter Berufung auf Kuno Lorenz: »Der dialogische Konstruktivismus als Ausgangspunkt und Grundlage methodenbewussten Philosophierens«, a. a. O. (Anm. 5); vgl. Martens, *Dialogisch-pragmatische Philosophiedidaktik*, a. a. O. (Anm. 2), S. 39 ff.

11 Peter Janich, *Das Maß der Dinge. Protophysik von Raum, Zeit und Materie*, Frankfurt/M. 1997; Eva Jelden (Hg.), *Prototheorien – Praxis und Erkenntnis?*, Leipzig 1995.

12 Einen solchen Vorschlag habe ich bereits formuliert: »Begriff, Beispiel, Modell«, in: *Zeitschrift für Didaktik der Philosophie*, 7. Jg. (1985), Heft 1, S. 26 ff.; ders., »Philosophieunterricht als Problem der Vermittlung«, in: Wulff D. Rehfus/Horst Becker (Hg.), *Handbuch des Philosophie-Unterrichts*, Düsseldorf 1986, S. 114 ff; siehe S. 105–117 in diesem Band.

gedankliche Konstruktion erfordern. Mit Hilfe einer *radikal konstruktivistischen Methode* lässt sich aus dieser Not eine Tugend machen. Die Schülerinnen und Schüler erhalten Bausteine zu einer philosophischen Theorie, die sie selbständig kombinieren sollen.

Phänomenologie

Der Husserl-Schüler Adolf Reinach hat einen Vortrag »Über Phänomenologie« mit der Ankündigung begonnen: »Ich habe mir nicht zur Aufgabe gestellt, Ihnen zu sagen, was Phänomenologie ist; sondern ich möchte versuchen, mit Ihnen phänomenologisch zu denken.«[13]

Nicht anders versteht sich die didaktische Aufgabe, die Phänomenologie in elementare Praktiken des Beobachtens und Beschreibens zu transformieren. Ziel ist es, den Schülerinnen und Schülern zu einem besseren Verständnis ihrer Lebenswelt und zur Reflexion ihres Alltagsbewusstseins zu verhelfen. Dittmar Werner stellt eine ganze Reihe methodischer Schritte vor, die dazu geeignet sind, im Unterricht auf phänomenologische Weise zu philosophieren.

In der Phänomenologie ist diese Transformation besonders schwierig, weil eine große Diskrepanz zwischen theoretischem Überbau und tatsächlich geübter Praxis besteht. Die Begründungen sind für schulische Zwecke nicht nur viel zu aufwendig, sie sind sogar teilweise irreführend. Die bekannte Aufforderung, vom bisher erworbenen Wissen abzusehen und sich die »Sachen selbst« vorzunehmen, gibt keine hinreichende methodische Anleitung an die Hand. Ebenso wenig reichen abstrakte Regeln aus. In Wirklichkeit hat der gelernte Phänomenologe seine Theorie längst im Kopf, bevor er sich den Sachverhalten nähert. Wenn nun die Schülerinnen und Schüler das »Wesen« der Dinge ergründen sollen, muss zugleich mit angegeben werden, in welche Richtung die Reise der Verallgemeinerung gehen soll. Dazu dienen sowohl Beispiele, die wie Leitbilder zur kreativen Fortschreibung anregen, als auch Zielvorgaben, die erkennen lassen, unter welchen generellen Gesichtspunkten die Gegenstände betrachtet werden sollen.

Werden etwa eigene Erfahrungen über die Tätigkeit des »Sammelns« beschrieben,[14] können folgende Hinweise hilfreich sein: Suchen Sie nach einem gemeinsamen Schema des Sammelns (zerstreute Dinge zusammentragen und anschauen). Entwerfen Sie eine Typologie des Sammelns (bewahrend-ästhetisch). Welche Bewegungsformen und Stationen des Herholens gibt es (weggehen und heimkehren)? usw.

13 Adolf Reinach, *Gesammelte Schriften*, Halle/S. 1921, S. 379.

14 Vgl. Manfred Sommer, *Sammeln: ein philosophischer Versuch*, Frankfurt/M. 1999.

Analog zur philosophischen Hermeneutik ist es möglich, mit der *verzögerten Wahrnehmung* zu operieren. Wie Manfred Sommer im »Meisterstück« zu Edmund Husserl zeigt, spielen in der phänomenologischen Praxis »Abschattungen« eine Rolle. Ein Gegenstand wird zuerst nur von einer Seite wahrgenommen, in der Zeitenfolge werden dann andere Seiten sichtbar. Was habe ich bisher wahrgenommen? Was erwarte ich von der folgenden Wahrnehmung? Wie ändert sich die Wahrnehmung, wenn ich mehr über den Gegenstand weiß? Diese Methode lässt sich auch auf den Unterricht übertragen. Es wird etwa nur die Vorderseite eines unbekannten Geldstückes gezeigt: Wie stellen Sie sich die Rückseite vor? Die Schülerinnen und Schüler kennen nur Fotos vom Ziel einer Klassenreise: Formulieren Sie Ihre Hoffnungen, später dann Ihre Bestätigungen oder Enttäuschungen. Wenn Erwartungshorizont und Erfahrungshorizont miteinander konfrontiert werden, stellen sich präzise Aufgaben der Selbstbeobachtung. Derartige *phänomenologische Übungen* bereichern den Philosophie- und Ethikunterricht.

Dialektik

Im Laufe ihrer Geschichte hat die Dialektik vielfältige Wandlungen erfahren, die hier nicht wiederholt zu werden brauchen. In didaktischer Hinsicht sind dabei zwei Bezüge wesentlich. Zum einen hängt die dialektische Methode bekanntlich mit dem *Dialog* zusammen. Wenn sie nicht nur ein Scheingefecht ist, besteht sie seit Platon darin, von den eigenen Behauptungen in Rede und Gegenrede argumentativ Rechenschaft zu geben. Die so stilisierte Methode des philosophischen Gesprächs eignet sich als didaktisches Modell, um den Philosophieunterricht als dialogischen Prozess der Verständigung zu konzipieren.[15] Weniger bekannt ist zum andern der Zusammenhang von Dialektik und *Hermeneutik*, der sich in der »hermeneutischen Wende« der deutschen Romantik herausgebildet hat. Für den Philosophieunterricht ist auch dieser Kontext interessant, weil sich daraus eine bestimmte *Methode der Kritik* ableiten lässt. Im Anschluss an Hegel lässt sich die Lektüre philosophischer Texte als eine Sequenz kritischer Bezugnahmen organisieren. Der jeweils weiterführende Gedanke entwickelt sich aus den Widersprüchen des vorher Gedachten. So entsteht aus dem negativen Mangel die positive Alternative.

Hier fragt sich natürlich, wie die Schülerinnen und Schüler in die Lage versetzt werden können, die dialektische Methode selbständig anzuwenden. Mit der Dialektik erhalten sie ein Muster, das sie in die Lage versetzt, auf ähnliche

15 Martens, *Dialogisch-pragmatische Philosophiedidaktik*, a. a. O. (Anm. 2), S. 75 ff; siehe S. 121–123 in diesem Band.

Weise Kritik zu üben. Demnach suchen sie in Texten nach bestimmten Defiziten, aus denen sich möglichst genau theoretische Alternativen entwickeln lassen. Wenn beispielsweise die Vertragstheorie von Thomas Hobbes bekannt ist, führt die Kritik am Unterwerfungsvertrag zu einem dazu komplementären Vertragsmodell, in dem den Individuen mehr Freiheitsrechte eingeräumt werden. Diese Kritik kann man bei John Locke und bei Jean-Jacques Rousseau nachlesen, sie lässt sich aber auch theoretisch antizipieren. Dazu eignet sich das Medium des Schreibens. Die Aufgabe könnte lauten: Skizzieren Sie im Anschluss an Ihre Kritik einen entsprechenden Gegenentwurf.

Darüber hinaus ist zu überlegen, ob die dialektische Methode auch unabhängig von Textvorlagen praktiziert werden kann. Wiederum hat Hegel dazu ein schlagendes, geradezu didaktisches Beispiel gegeben. In seiner kleinen Schrift »Wer denkt abstrakt?«[16] schildert er eine Situation, in der ein Mörder zum Richtplatz geführt und zum Gegenstand unterschiedlicher Beurteilungen wird: Das gemeine Volk sieht in diesem Mann allein den Mörder, der bestraft werden müsse. Die Damen finden den Mann sogar kräftig und schön. Schließlich sucht der Menschenkenner für dieses Schicksal nach Gründen, die er in einer schlechten Erziehung zu finden glaubt. Die verblüffende Konsequenz lautet: Abstrakt denken die Ungebildeten, weil sie einen Menschen auf das Attribut Mörder reduzieren. Diese Umkehrung des Alltagsverständnisses, das hier schonungslos destruiert wird, lässt sich in ein Unterrichtsprinzip für die freie Problemerörterung transformieren. In der Diskussion können sich viele abstrakte Bestimmungen als einseitig, armselig und gewalttätig erweisen. Die Aufgabe besteht hier darin, solche Abstraktionen unter Verweis auf die wirklichen Lebensumstände schrittweise zu konkretisieren. Allgemein formuliert besteht die dialektische Methode im *Aufsteigen vom Abstrakten zum Konkreten.*

Hermeneutik

Geht man vom Medium des Philosophierens aus, gehört das Lesen philosophischer Texte zu einem unverzichtbaren Teil des Unterrichts. Doch Texte verstehen sich nicht von selbst. Dazu bedarf es einer besonderen Methode, die in der Philosophie entwickelt worden ist und dort *Hermeneutik* heißt. Da es auch in diesem Fall mehrere Varianten gibt, ist genauer zu unterscheiden, welche Methoden auf welche Weise für den Philosophieunterricht geeignet sind. So unterscheidet Lothar Ridder zwischen vier Arten: hermeneutischer Intentionalismus, philosophische Hermeneutik, Strukturalismus und Dekon-

16 Als »Philosophisches Meisterstück« mit einem Kommentar von mir in: *Zeitschrift für Didaktik der Philosophie*, 15. Jg. (1993), Heft 4, S. 268 ff.

struktivismus. Wenn er dabei die hermeneutisch-intentionalistische Methode wählt, bedeutet das für den Unterricht, dass am Text herausgearbeitet werden soll, was der Autor mit seinen Aussagen beabsichtigt hat.

Worin bestehen nun die didaktischen Potenziale der anderen Varianten? *Strukturalismus* und *Dekonstruktivismus* können als eigene Strömungen behandelt werden. Daher beschränke ich mich an dieser Stelle auf die *philosophische Hermeneutik*. Sie enthält Ansätze, die durchaus in die Richtung späterer Entwicklungen verweisen. Das betrifft erstens die Betonung von *Fremdheit* und *Differenz*, ohne die das Verstehen überhaupt nicht zum Problem würde, und zweitens die *aktive*, ja sogar *produktive* Rolle des Lesers. Besonders Hans-Georg Gadamer hat diese beiden Aspekte verstärkt und zu Prinzipien seiner philosophischen Hermeneutik gemacht.[17] Demnach verfügt jeder Leser über ein bestimmtes Vorverständnis, das die Lektüre maßgebend prägt und das sich im Laufe der Arbeit am Text verändert. Ein vertieftes Textverständnis entsteht, wenn die beiden Sinnhorizonte miteinander verschmelzen.

Die »Horizontverschmelzung« lässt sich in eine spezielle Unterrichtsmethode übertragen, indem das *Vorverständnis* der Schülerinnen und Schüler und das später erarbeitete *Textverständnis* explizit gemacht und konfrontiert werden.[18] Für den Philosophieunterricht eignen sich Schlüsselbegriffe, Argumente oder Denkfiguren, um einen spezifisch philosophischen Erwartungshorizont zu schaffen. Die konkrete Schreibaufgabe vor der Lektüre lautet: Formulieren Sie Ihre Erwartungen, die Sie an den vorliegenden Text stellen. Die schriftlich fixierte *Lese-Erwartung* wird sodann mit der *Lese-Erfahrung* verglichen. Die Erwartungen können sich in bestimmten Texten bestätigen, sie können jedoch auch enttäuscht oder übertroffen werden. Wenn beispielsweise das Stichwort »Mitleid« fällt, ist es wahrscheinlich, dass die anschließende Lektüre von Humes »Prinzipien der Moral« im Wesentlichen den Erwartungen entspricht. Aber wenn das Thema »Freundschaft« zur Disposition steht, ist es ebenso wahrscheinlich, dass etwa die Ausführungen in Aristoteles' »Nikomachischer Ethik« von den Erwartungen abweichen, weil man darunter heute keine Zweckbündnisse, politische Beziehungen und Herrschaftsverhältnisse subsumiert. Und wenn schließlich die erwähnte Schrift von Hegel »Wer denkt abstrakt?« gelesen wird, ist es ziemlich sicher, dass sich Erwartung und Textaussage auf höchst reizvolle Weise widersprechen.

Diese Methode der Konfrontation von *Erwartung* und *Lektüre* kann inner-

17 Hans-Georg Gadamer, *Wahrheit und Methode. Grundzüge einer philosophischen Hermeneutik*, Tübingen 1990, S. 270 ff.; in diese Richtung haben schon Friedrich Schleiermacher und Friedrich Schlegel gewiesen.

18 Reinhard Lindenhahn, »Die Leseverzögerung als Methode des Deutschunterrichts«, in: *Der Deutschunterricht*, 33. Jg. (1981), Heft 2, S. 28 ff.

halb desselben Textes wiederholt werden, indem man nach der Lektüre einzelner Abschnitte oder Kapitel erneut fragt, wie es nach den Vermutungen der lesenden Schülerinnen und Schüler weitergeht. Nachdem z. B. die Stufen des Zweifels in Descartes' »Meditationen« nachvollzogen wurden, stellt sich die Frage, wie eine Auflösung des Rätsels zu denken ist. Wer den skeptischen Duktus einfach fortschreibt, wird sich wundern, wie wenig skeptisch das darauf folgende Wissensgebäude errichtet wird. Die Methode des *verzögerten Lesens* dient im hermeneutischen Kontext dazu, eine Spannung von Vorverständnis und Verständnis zu erzeugen und dadurch die Vermittlung beider Seiten zu reflektieren. Erst wenn die divergierenden Horizonte immer wieder zusammengeführt werden, ist das Ziel des Textverständnisses erreicht.

Dekonstruktion

In der dekonstruktivistischen Methode radikalisiert sich die philosophische Hermeneutik. Da die Herstellung eines gemeinsamen Horizonts von Autor und Leser prinzipiell in Frage gestellt wird, gibt es keinen eindeutigen Textsinn mehr. Viele Deutungen sind möglich, sicher sind allein die endlosen Verweisungen der Texte aufeinander. Der Autor war bereits Leser, der Leser wird zum Autor. Es liegt auf der Hand, dass zwischen Dekonstruktion und Schreiben eine besondere Affinität besteht.

Aus meiner Sicht hat sich eine paradoxe didaktische Situation ergeben. Zweifellos vergrößert sich für die Schülerinnen und Schüler der Spielraum möglicher Interpretationen. Doch gleichzeitig sind diese Interpretationen keineswegs beliebig. Denn es sind die Texte, die ihre abweichenden Deutungen herausfordern. Im Grunde folgt daraus: Texte müssen auch im Unterricht noch genauer gelesen werden.[19] Die Lernenden werden dazu aufgefordert, insbesondere nach den *Brüchen, Lücken* und *Rändern,* also nach *verborgenen Aussagen* zu suchen, die in einer zweiten Interpretation expliziert werden sollen. *Dekonstruktion* bedeutet hier im wörtlichen Sinn: etwas im Text *Unsichtbares sichtbar* machen oder ein *Randphänomen ins Zentrum* rücken.

Um noch einmal das viel zitierte Beispiel der »Meditationen« von Descartes zu bemühen: Im Laufe des methodischen Zweifelns erschrickt der Autor vor seinen eigenen Schlussfolgerungen: »Ich müsste mich denn mit ich weiß nicht welchen Wahnsinnigen vergleichen [...] – aber das sind eben Wahnsinnige, und

19 Jürgen Belgrad/Karlheinz Fingerhut (Hg.), *Textnahes Lesen: Annäherungen an Literatur im Unterricht*, Hohengehren 1998.

ich würde ebenso wie sie von Sinnen zu sein scheinen, wenn ich mir sie zum Beispiel nehmen wollte.«[20]

Diese Passage führen Michel Foucault und Jacques Derrida zum Beleg dafür an, dass in der rationalistischen Philosophie andere Formen der Vernunft theoretisch und praktisch ausgeschlossen werden. Ein derartiger Akt der *Um-Zentrierung* kann auch mit Schülerinnen und Schülern versucht werden. Erfahrungsgemäß entdecken sie selber, dass der Autor an der zitierten Stelle nicht argumentiert, sondern mit rhetorischen Mitteln verfügt. Also lautet die Aufgabe: Rücken Sie die Aussage über den »Wahnsinn« ins Zentrum eines philosophischen Essays.

Methoden und Medien des Unterrichts

Eine maßgebende Rolle bei der Transformation philosophischer Methoden spielen die Medien des Unterrichts wie Lesen, Sprechen und Schreiben,[21] weil von ihnen die Aktionsformen abhängen, in denen die Schülerinnen und Schüler die Denkrichtungen praktizieren können. Umgekehrt ändern sich die medial bestimmten Aktionsformen je nach philosophischer Richtung. Es besteht daher ein wesentlicher Unterschied darin, ob z. B. das Schreiben im Rahmen einer sprachanalytischen, phänomenologischen, hermeneutischen oder dekonstruktiven Methode geübt wird. Im ersten Fall wird es eher auf stringentes Argumentieren ankommen, im zweiten auf genaues Beobachten, im dritten und vierten Fall auf das angemessene Kommentieren oder das spielerische Umdeuten von Textvorlagen. Bindet man das »Kreative Schreiben« im Philosophieunterricht an diese Methoden, erschöpft es sich nicht in Formalien, sondern reproduziert veritable philosophische Konzeptionen.

Im Rahmen dieser Einteilungen eröffnet sich ein Horizont von Aktionsmöglichkeiten. Sie werden hier in einem speziellen Schema zusammengefasst – fließende Grenzen und Überschneidungen inbegriffen.

Das Tableau soll nur eine heuristische Funktion erfüllen. In der Vertikalen der Richtungen sind die Unterschiede verhältnismäßig eindeutig zu bestimmen wie Argumentieren, Reflektieren, Beobachten, Kritik üben, Interpretieren oder Umdeuten. In der Horizontalen der Medien bereiten die Unterscheidungen jedoch etwas mehr Schwierigkeiten. Auf der einen Seite stellt sich bei den einzelnen Richtungen eine gewisse Identität der Denkstile heraus. Auf der anderen

20 Descartes, *Meditationen über die Grundlagen der Philosophie*, hg. v. Lüder Gäbe, Hamburg 1960, S. 16. – Zum Folgenden: Michel Foucault, *Wahnsinn und Gesellschaft*, Frankfurt/M. 1960, S. 68 f.; Jacques Derrida, *Die Schrift und die Differenz*, Frankfurt/M. 1972, S. 53 ff.

21 Siehe oben »Methoden des Philosophie- und Ethikunterrichts« in diesem Band, S. 52–62.

Medium / Richtung	Sprechen	Lesen	Schreiben
Analytische Philosophie	Begriffe genau definieren und präzise benutzen, rational argumentieren; Fallbeispiele analysieren und darüber diskutieren	den Argumentationsgang eines philosophischen Textes nachvollziehen; begriffliche Genauigkeit, logische Folgerichtigkeit und Plausibilität prüfen	die Argumentation einer Vorlage vervollständigen und präzisieren; problematische Fälle argumentativ lösen
Konstruktivismus	sich über den eigenen und fremden Sprachgebrauch reflexiv und dialogisch verständigen, dabei auf Handlungen verweisen	die implizit gebliebenen Voraussetzungen philosophischer Aussagen rekonstruieren	handlungs- und produktionsorientiert eigene argumentative Texte herstellen
Phänomenologie	eigene Beobachtungen und Bewusstseinszustände mitteilen, miteinander vergleichen und verallgemeinern	phänomenologische Beispiele lesen, anhand eigener Erfahrung überprüfen und Verallgemeinerungen beurteilen	Essays über alltägliche Erfahrungen schreiben und dabei »wesentliche« Merkmale herausarbeiten
Dialektik	Streitgespräch führen in Rede und Gegenrede; den Alltagsverstand und den einzelwissenschaftlichen Verstand radikal in Frage stellen	Widersprüche und Defizite in philosophischen Texten aufdecken und kritisieren	in kritischer Absicht Gedanken fortentwickeln und theoretische Alternativen entwerfen
Hermeneutik	fremde und eigene Überzeugungen verstehen lernen und wechselseitig anerkennen	philosophische und literarische Texte interpretieren; Vorverständnis klären und Sinn verstehen; verzögertes Lesen	Kommentare zu philosophischen und literarischen Texten oder zu anderen Kunstwerken schreiben
Dekonstruktion	bestimmte Varianten finden zu Begriffen, Argumenten, Thesen, Metaphern und Denkfiguren	Texte in Frage stellen im Hinblick auf ihre Brüche, Lücken, Ränder und verborgenen Aussagen	Texte umschreiben: Lücken füllen, Verborgenes explizieren, Kontexte verändern, neue Zentren konstruieren

Methoden im Philosophie- und Ethikunterricht

Seite lassen sich hinreichend deutliche Differenzen benennen, die durch den Wechsel von einem Medium in ein anderes entstehen. Wenn man das Schreiben als Anschlusshandlung an das Lesen organisiert, wandelt sich die Aktionsform signifikant. So prägt eine bestimmte Methode der Lektüre zwar das anschließende Schreiben, aber das Schreiben ist nicht nur eine andere, sondern auch eine andersartige Reaktion auf den Text. Insgesamt geht es weniger um fertige Lösungen als um künftige Aufgaben.

Fröhlicher Eklektizismus

Zum Schluss stellt sich die Frage, in welche Beziehung die verschiedenen Denkrichtungen und Methoden zu setzen seien. Gewiss verbietet sich heute ein einheitliches Hypersystem, innerhalb dessen jeder Ansatz nach Hegelscher Manier in ein gemeinsames Entwicklungsschema gepresst wird. Es gibt auch keinen eindeutig zu bestimmenden Anfang, weil jede Richtung ihren eigenen Ursprungsmythos pflegt und den anderen streitig macht. In der analytischen Philosophie ist es die Sprache, im Konstruktivismus und Pragmatismus die Handlung, in der Phänomenologie die »Sache selbst«, in der Dialektik der Widerspruch, in der Hermeneutik das dialogische Verstehen und in der Dekonstruktion der Text. Es lassen sich allenfalls unterschiedliche Nähen und Entfernungen sowie Überschneidungen und Übergänge beobachten: Die analytische Philosophie und der Konstruktivismus sind durch die Stringenz der Argumentation verbunden.

In der Sprechakttheorie gehen Linguistik und Phänomenologie eine Synthese ein. Der Dialog als konstitutives Prinzip findet sich sowohl in der Dialektik als auch im Konstruktivismus. Andererseits verweisen der Konstruktivismus wie auch die Phänomenologie auf die Alltagserfahrung, während sich wiederum die Phänomenologie und Hermeneutik gemeinsam vom naturwissenschaftlichen Modell abgrenzen. Schließlich ist die Dekonstruktion aus der Kritik an der Hermeneutik hervorgegangen.

Für den Philosophieunterricht folgt aus solchen vielfältigen und umkehrbaren Denkbewegungen, dass keinerlei Reihenfolge zwingend ist. Man kann mit jeder Richtung anfangen und aufhören. Daher ergibt sich auch keine taxonomische Ordnung. Denn alle Methoden können auf hohem oder niedrigem Lernniveau, komplex oder elementar, schwierig oder leicht praktiziert werden. Zwar bietet beispielsweise die Phänomenologie erste Zugänge zum lebensweltlich bezogenen Philosophieren an, aber im strengen Sinn betrieben gehört sie zu den schwer vermittelbaren Methoden. Und obwohl die Dekonstruktion zweifellos als ein anspruchsvolles Verfahren gilt, vermag sie gleichzeitig Anregungen zu ganz einfachen Schreibaufgaben zu geben.

Die einzelnen Denkstile betonen unterschiedliche Aspekte des Philosophierens und initiieren spezielle Tätigkeiten. Wie die Philosophie im Ganzen didaktische Potenziale enthält, so verweisen die einzelnen Richtungen auf bestimmte unterrichtspraktische Möglichkeiten. Während die Hermeneutik und die Dekonstruktion an Textvorlagen gebunden sind, können die analytische, konstruktivistische und die phänomenologische Methode auch unabhängig von Texten verwendet werden. So gilt die Hermeneutik mehr fachorientiert und die Phänomenologie eher schülerorientiert.

Maßgebend für die Wahl einer Methode ist deren *Leistungsfähigkeit* zur Vermittlung bestimmter *Kompetenzen*, welche die Schülerinnen und Schüler erwerben sollen. Wie dargelegt, besitzt jede der genannten Methoden ihre spezifische Stärke, um ein entsprechendes Unterrichtsziel zu erreichen: argumentative Kompetenz steigern, Sprachgebrauch reflektieren, Wahrnehmung bewusst machen, Kritikfähigkeit entwickeln, Textverständnis vermitteln, Kreativität fördern. Wenn sich die Lehrerin oder der Lehrer darüber im Klaren sind, welche Kompetenz sie jeweils anstreben, werden sie auch eine dafür angemessene Methode finden.

Ob man bei der Transformation philosophischer Methoden in die didaktische Praxis nun auf *idealtypische*, *paradigmatische* oder *eklektizistische* Weise verfährt, in jedem Fall ist es geraten, diese Methoden nebeneinander und gleichberechtigt zu praktizieren. Am Ende mögen sich mehr Gemeinsamkeiten herausstellen, als die anfänglichen Programmatiken vermuten lassen. Auch Kombinationen und Mischformen sind denkbar. Doch in kompensatorischer Absicht sollten zunächst einmal die *Differenzen* im Vordergrund stehen, um das methodologische Bewusstsein zu schärfen und um die Pluralität des Philosophie- und Ethikunterrichts zu fördern. Insgesamt läuft das auf einen *fröhlichen Eklektizismus* hinaus.

Philosophische Kompetenzen

Unter dem Schlagwort »Wissensgesellschaft« werden heute vielfältige Veränderungen gefasst, die auf das Lernen innerhalb und außerhalb der Schule einen tiefgreifenden Einfluss ausüben. Durch die technisch-wissenschaftliche Evolution, besonders durch die neuen Informations- und Kommunikationstechniken, ist die paradoxe Situation entstanden, dass einerseits das neue Wissen exponentiell zunimmt und dass gleichzeitig das tradierte Wissen entsprechend schnell veraltet. Dadurch gerät auch schulisches Wissen in eine Krise. Für die Fachdidaktiken stellt sich daher die Frage: Wie kann trotz der Gewissheit, dass unser Wissen zunehmend problematisch wird, brauchbares Wissen vermittelt und erworben werden? Die Schwierigkeit liegt längst nicht mehr darin, Informationen aufzusuchen und zu archivieren, sondern in deren produktiver Vernetzung.

Angesichts dieser veränderten Situation fordern Bildungsforscher eine neue Lernkultur.[1] Sie besteht darin, das Lernen selbst erlernbar zu machen, indem das Lernen methodisch reflektiert wird. *Methodisches Lernen* soll dazu befähigen, mit dem erworbenen Wissen flexibel und selbständig umzugehen. Das Wissen ist auf gewandelte Kontexte anzuwenden, sei es auf andere wissenschaftliche Disziplinen, sei es auf konkret praktische Situationen. Wer sich technisch übermittelte Informationen als persönliches Wissen aneignen soll, bedarf einer übergreifenden Orientierung, um Wissen gemessen an eigenen Zielen auswählen und bewerten zu können. Diese kulturelle Synthesis heißt traditionell Bildung.[2]

1 Eine Zusammenfassung des Projekts »Wissens-Delphi« im Auftrag des Bundesministeriums für Bildung, Wissenschaft, Forschung und Technologie findet sich in: Bernhard von Rosenblatt (Hg.), *Bildung in der Wissensgesellschaft*, Münster 1999; aus der zahlreichen Literatur seien hier nur die beiden Bände genannt: *Kompetenzentwicklung '99. Aspekte einer neuen Lernkultur*, Münster 1999; *Kompetenzentwicklung 2000. Lernen im Wandel – Wandel durch Lernen*, Münster 2000.

2 Vgl. Ekkehard Martens, »Philosophie als Kulturtechnik humaner Lebensgestaltung«, in: *Zeitschrift für Didaktik der Philosophie und Ethik*,17. Jg. (1995), Heft 1, S. 2ff.; Frank Witzleben, »Wozu Bildungskategorien in der Philosophie?«, in: *Zeitschrift für Didaktik der Philosophie und Ethik*, 19. Jg. (1997), Heft 2, S. 74ff.; Volker Steenblock, *Theorie der kulturellen Bildung. Zur Philosophie und Didaktik der Geisteswissenschaften*, München 1999; ders., »Philosophische Bildung als ›Arbeit am Logos‹«, in: Johannes Rohbeck (Hg.), *Methoden des Philosophierens*, Dresden 2000, S. 13ff.; Gisela Raupach-Strey, »Bildung zwischen Widerspruch und Anspruch«, in: Peggy H. Breitenstein/Volker Steenblock/Joachim Siebert (Hg.), Geschichte – Kultur – Bildung, Hannover 2007, S. 193–205.

Mit dem Begriff *Kompetenz* wird versucht, dieser Entwicklung Rechnung zu tragen. Zunächst unterscheidet er sich vom Begriff der Qualifikation, die noch an lebenslang ausgeübte Berufe gebunden war. Wenn hingegen die beruflichen Tätigkeiten im Laufe eines Lebens zunehmend wechseln, ist die Fähigkeit gefragt, das Wissen auf neue Anwendungsfelder zu übertragen und entsprechend anzupassen. Und wenn der ständige Wechsel zum Normalfall wird, ist das methodische Lernen für ein ganzes Leben zur Gewohnheit zu machen. Mit Kompetenz ist sowohl diese Art Flexibilität gemeint als auch die nötige Habitualisierung. Heute wird der Begriff Kompetenz dem der Fähigkeit vorgezogen, weil es auf das wirkliche *Tun* und geübte *Können* ankommt.[3]

Diese neue Problemlage schlägt sich auch in Vorschlägen nieder, die im Einzelnen benennen, welche Kompetenzen überhaupt vermittelt werden sollen. Als Schlüsselkompetenzen gelten: die kognitive oder *Sachkompetenz*, um neuartige Probleme zu erkennen, immer komplexer werdende Zusammenhänge zu begreifen und auch praktisch zu bewältigen; die soziale oder *Kooperationskompetenz*, um in einer vernetzten Welt teamfähig und kommunikativ zu werden, aber auch die neuen Kooperationsformen normativ zu beurteilen; schließlich die persönliche oder *Selbstkompetenz*, um innerhalb dieses Wandels eine eigene Identität zu finden, die Selbständigkeit, Verantwortung und Kreativität gewährleistet. Grundkompetenzen, die aus der sozial- und geisteswissenschaftlichen Pädagogik stammen, sind: die *kognitive* Kompetenz, die analytische und hermeneutische Komponenten enthält, die *interaktive* Kompetenz, die sich am Paradigma der diskursiven Verständigung orientiert, und die *ästhetische* Kompetenz, die im Kontext der persönlichen Biographie eigene Erfahrungen und Interessen einbezieht.[4]

Vor diesem bildungstheoretischen Hintergrund stellt sich die Frage, welchen spezifischen Beitrag der Philosophie- und Ethikunterricht dazu leisten kann. Davon hängt nicht zuletzt die Bedeutung dieser Fächer in der künftigen Bildungslandschaft ab. Die fachdidaktische Aufgabe besteht darin, eine Vermittlung zwischen den erwünschten Kompetenzen und den spezifischen Methoden des eigenen Faches zu erreichen.

3 Vgl. Ekkehard Martens, *Dialogisch-pragmatische Philosophiedidaktik*, Hannover 1979, S. 25 ff.; Volker Steenblock, *Philosophische Bildung, Einführung in die Philosophiedidaktik und Handbuch: Praktische Philosophie*, Münster 2000, S. 89 ff.; ebenso die neue Schulbuchreihe *Philosophieren können*, Bayerischer Schulbuchverlag, hg. v. Ekkehard Martens/Volker Steenblock.

4 Jürgen Kreft, *Grundprobleme der Literaturdidaktik*, Heidelberg 1977. – Julia Dietrich orientiert sich in »Wissenschaftsethische Probleme erkennen und strukturieren – wie geht das eigentlich«, in: *Zeitschrift für Didaktik der Philosophie und Ethik*, 23. Jg. (2001), Heft 2, S. 147–157. an folgenden Kompetenzen: sensibilisieren, motivieren, orientieren, argumentieren, entscheiden, handeln.

Kompetenzen durch Philosophieren

Der Philosophieunterricht vermag sich den neuen Herausforderungen in besonderer Weise zu stellen, weil bei ihm die *Reflexion* auf das Denken und Lernen zur Profession gehört. Philosophie kann geradezu als Reflexionswissenschaft bezeichnet werden.[5] Schlüsselt man diese *philosophische Grundkompetenz* im einzelnen auf, lassen sich folgende *methodische Kompetenzen* unterscheiden: das Sich-Wundern als Voraussetzung des eigenen Philosophierens, philosophische Probleme formulieren und Lösungen entwickeln, dazu nicht-empirische Begriffe bilden, diese Begriffe genau definieren und angemessen verwenden, möglichst logisch und stringent argumentieren, Texte und Sachverhalte interpretieren, Kritik üben und Alternativen entwickeln, begründete Urteile fällen.

Über diese *allgemeinen Methoden* besteht weitgehender Konsens. Doch in der konkreten Durchführung zeigt sich, dass sie im Kontext *besonderer Denkrichtungen* einen je spezifischen Charakter erhalten. Wie es natürlich nicht *die* Philosophie gibt, so werden die Methoden von unterschiedlichen Strömungen geprägt. Dazu gehören u. a.: Analytische Philosophie, Konstruktivismus, Phänomenologie, Dialektik, Hermeneutik und Dekonstruktion. Im vorhergehenden Kapitel stellte sich die didaktische Aufgabe, die besonderen Methoden philosophischer Denkrichtungen in praktizierbare Verfahren zu transformieren.

In diesem Kapitel wechselt jedoch die Perspektive. Während bisher die philosophischen Methoden in didaktischer Absicht expliziert wurden, bilden jetzt die *Kompetenzen*, die Schülerinnen und Schüler erwerben sollen, den Ausgangspunkt der Überlegungen. Jede Denkrichtung der Philosophie hat ihre besonderen Stärken, um entsprechende Unterrichtsziele zu erreichen. Und jede Richtung betont spezifische Aspekte des Philosophierens, die bestimmte Tätigkeiten und damit auch Kompetenzen ermöglichen. Wie die Philosophie im Ganzen didaktische Potenziale enthält, so verweisen die einzelnen Strömungen auf verschiedene unterrichtspraktische Möglichkeiten. Wenn sich die Lehrerin oder der Lehrer darüber im Klaren sind, welche Kompetenz jeweils angestrebt wird, werden sie die dafür angemessene Methode finden.

Aus dem Programm und aus den Durchführungen ist erkennbar, dass unter Methoden keine bloß formalen Verfahren, ebenso wenig Unterrichtsmethoden im technischen Sinne verstanden werden. Im Gegenteil, die Methoden philosophischer Denkrichtungen sind inhaltlich gemeint, verbinden sich doch mit den genannten Strömungen ganz bestimmte Grundeinstellungen des Phi-

5 Vgl. Martens, *Dialogisch-pragmatische Philosophiedidaktik*, a. a. O. (Anm. 3), S. 17; Wulff D. Rehfus, *Didaktik der Philosophie*, Düsseldorf 1980, S. 9; Norbert Diesenberg, »Entwurf für einen Kanon der Vernunft«, in: *Zeitschrift für Didaktik der Philosophie und Ethik*, 19. Jg. (1997), Heft 2; S. 174 ff.

losophierens. Der Konstruktivismus, der sich an der Logik, an den exakten Wissenschaften und damit an der analytischen Philosophie orientiert, bezweckt ausdrücklich, den Sprachgebrauch und die Argumentationsweise zu reflektieren, um in das Denken, Sprechen und Kommunizieren möglichst viel Klarheit zu bringen. Dahinter steht ein aufklärerischer Impuls, weil mit einer undeutlichen Sprache auch Herrschaft ausgeübt werden kann und weil ein rationaler Diskurs ein Bestandteil der Demokratie ist. Die Phänomenologie wiederum, welche sich gegen die Dominanz der Naturwissenschaften und gegen eine technisch beherrschte Welt wendet, eröffnet zugleich den alternativen Themenbereich der Lebenswelt. Sie verfolgt die Absicht, die je eigene Wahrnehmung und subjektive Erfahrung freizulegen. Der methodisch geregelte Versuch, von theoretischen Vorverständnissen erst einmal abzusehen, hat von vornherein eine emanzipatorische Stoßrichtung. Derartige methodische Kompetenzen hängen also mit bestimmten Inhalten und Zielen zusammen.

Didaktische Differenz

Im Grunde handelt es sich um *elementare Kompetenzen*, die längst zur lebensweltlichen und einzelwissenschaftlichen Praxis gehören: beobachten und verstehen, analysieren und reflektieren, widersprechen und kritisieren, experimentieren und modifizieren. Sie lassen sich auf geläufige Verfahren zurückführen – also auf Methoden, die auch den Schülerinnen und Schülern aus dem Alltag und aus den Unterrichtsfächern bekannt sind. Daran kann der Philosophie- und Ethikunterricht anknüpfen, indem er das gewöhnliche Wahrnehmen, Denken und Handeln thematisiert.

In philosophischen Texten lässt sich dann studieren, wie die elementaren Methoden verallgemeinert, systematisiert und reflektiert worden sind. Auch auf dieser Ebene lässt sich beobachten, dass einzelne Philosophen ganz unterschiedliche Methoden in ihrem Denken zu vereinigen suchen.[6] Beispielsweise gilt Hegel zwar als Vertreter der Dialektik, aber er hat auch eine »Phänomenologie des Geistes« geschrieben, die mit der »sinnlichen Gewissheit« einsetzt; und seine »Logik« bezieht sich recht präzise auf die Analysis, die er radikal kritisiert; wenn er ferner als erster den Begriff »Geschichtlichkeit« prägt, hat er ein genuin hermeneutisches Prinzip ausgesprochen. Auf ähnliche Weise verfahren wohl die meisten Philosophen bis in die Gegenwart. Denn wer wollte

6 Im Anschluss an Otfried Höffe zu Aristoteles vgl. Ekkehard Martens: »›Praktische Philosophie‹ aus fachdidaktischer Perspektive – Schwerpunkt: Methodik«, in: *Philosophieunterricht in Nordrhein-Westfalen* (2000), Heft 34, S. 21 ff.

für sich nicht beanspruchen, Texte genau zu interpretieren, klar verständliche Begriff zu verwenden, rational zu argumentieren, dabei eigene Erfahrungen zu berücksichtigen, Kritik zu üben und Textvorlagen kreativ umzuschreiben?

Es versteht sich daher von selbst, dass solche Methoden unverzichtbare Elemente des Philosophie- und Ethikunterrichts sein sollten. Genauer: In derart allgemeiner Form sind diese Methoden immer schon praktiziert worden. Auch die Didaktik der Philosophie und Ethik hat von Anfang an damit operiert. Wenn etwa in einem schülerorientierten Unterricht die Lebenswelt der Lernenden berücksichtigt wird, so mag das als »phänomenologisch« gelten. Und wenn Texte interpretiert, Aussagen geprüft und Behauptungen kritisiert werden, tragen diese Tätigkeiten sicherlich »hermeneutische«, »analytische« und »dialektische« Züge.

Doch hier geht es um etwas anderes. In den *besonderen Denkrichtungen* der Philosophie werden die genannten Methoden noch einmal in einer Weise ausgearbeitet, die sowohl über das alltägliche als auch über das allgemeinphilosophische Verständnis hinausgeht. Diese spezifischen Potenziale gilt es in den didaktischen Kontext zu übertragen und entsprechend zu modifizieren. Das bedeutet keine Abbildung des Faches, sondern die fachdidaktische *Transformation* dieser Richtungen in philosophische Praktiken, die Schülerinnen und Schüler erlernen und selbständig anwenden können. Leitend für die Auswahl, Modifizierung und Ergänzung dieser Potenziale sind die philosophischen Kompetenzen, die den Lernenden dabei vermittelt werden sollen.

Für diese Transformation aus dem fachphilosophischen in den unterrichtspraktischen Kontext gibt es ein Kriterium, das ich die *didaktische Differenz* nennen möchte. Die Methoden der Analyse, Interpretation oder Kritik erstarren in den philosophischen Systemen zu »Letztbegründungen«, indem sie zur jeweils konstituierenden Basis erklärt werden. Sie werden so in einer häufig abgehobenen und abschreckenden Metasprache zu Konstitutionstheorien stilisiert.[7] Die Philosophiegeschichte ist der Ort, an dem solche Geltungsansprüche erhoben und gegenseitig streitig gemacht werden. Dagegen ist es möglich, den lebendigen Vollzug eines methodisch geleiteten Philosophierens herauszulösen und in vermittelbare Kompetenzen zu überführen. Didaktische Differenz bedeutet daher, zwischen *Konstitution* und *Verfahren* zu unterscheiden.

Die Ironie besteht darin, dass viele Philosophen nicht einmal ihre eigenen methodischen Potenziale ausgeschöpft haben. Von Hegel ist bekannt, wie er seinen Schülern der »Mittel- und Oberklasse« das eigene philosophische System in

7 Thomas Rentsch, »Der Status der Philosophie«, in: Peggy H. Breitenstein/Volker Steenblock/Joachim Siebert (Hg.), *Geschichte – Kultur – Bildung. Philosophische Denkrichtungen*, Hannover 2007, S. 221–231.

die Hefte diktiert hat, obwohl seine Philosophie vielfältige Ansätze für kritische Reflexionen bietet. Und Kants Motto des »Denke selbst!« darf nicht darüber hinwegtäuschen, dass auch er das »Selberdenken« vom Katheder herab doziert hat. Auch in Husserls Phänomenologie finden sich meist fundamentalphilosophische Ausführungen, während das eigene phänomenologische Verfahren selten an Beispielen demonstriert wird. Wenn also mit dem Übergang von der gelehrten »Philosophie« zum »Philosopieren« Lernen Ernst gemacht werden soll, bedarf es didaktischer Anstrengungen, die über die Theorie und Praxis der Vorbilder hinausgehen. Die didaktische Differenz zielt in erster Linie auf praktizierbare Verfahren. Für die erforderliche Transformation hat das weitreichende Konsequenzen.

Denkrichtungen transdisziplinär

Das Projekt, die Denkrichtungen der Philosophie in philosophische Methoden des Unterrichts und entsprechende Kompetenzen zu transformieren, mag aus fachphilosophischer Sicht als verspätet erscheinen. Denn die Didaktiker entdecken die Potenziale der philosophischen Denkrichtungen in einem Augenblick, in dem sich in der Philosophie eine gegenläufige Tendenz durchzusetzen beginnt. Die Richtungen werden längst nicht mehr so absolut gesetzt, wie das in den letzten fünfzig Jahren noch die Regel gewesen ist. Dabei haben natürlich auch ideologische Auseinandersetzungen eine Rolle gespielt, die seit der Wende obsolet geworden sind. So ist den alten Grabenkämpfen die Einsicht gewichen, dass die Unterschiede gar nicht so gravierend sind und dass sich die Richtungen gegenseitig ergänzen.

Trotzdem kommt die Didaktik nicht zu spät, wenn sie die philosophischen Richtungen in den unterrichtspraktischen Kontext zu übertragen versucht. Da es auf diesem Feld eine Entwicklung nachzuholen gilt, sollten in kompensatorischer Absicht die Besonderheiten erst einmal ausgearbeitet werden, um die Vielfalt des Philosophie- und Ethikunterrichts zu fördern. An dieser Stelle ist der gewünschte Pluralismus noch ausbaufähig.

Darüber hinaus kann sich die Didaktik der gegenwärtigen Tendenz anschließen, indem sie mit Überschneidungen, Vermischungen und Kombinationen operiert. Denn nicht nur einzelne Philosophen praktizieren jeweils unterschiedliche Methoden, ebenso enthalten ganze philosophische Denkrichtungen mehrere Methoden gleichzeitig. Philosophiegeschichtlich gesehen ist jede Denkrichtung aus mehreren Strömungen hervorgegangen und insofern selber schon eine Hybridenbildung. Daher lassen sich die zu transformierenden Methoden in verschiedenen Denkrichtungen finden, wobei die konkreten Ausprägungen variieren können. In einigen Fällen überwiegen die Abgrenzungen, in anderen Fällen die Grenzüberschreitungen. Häufig ergeben sich wechselseitige Korrekturen. Das soll an wenigen beliebigen Beispielen erläutert werden.

Analytische Philosophie und Konstruktivismus

Eine größere Nähe ist bei solchen Denkrichtungen zu beobachten, die historisch auseinander hervorgegangen sind wie der Konstruktivismus aus der analytischen Philosophie. Gemeinsam ist das Bemühen um eine möglichst eindeutige Sprache; dazu dient die Reflexion auf die verwendeten Begriffe und Argumentationsweisen.[8] Im Unterschied dazu werden im Konstruktivismus die Herkunft der Argumente aus praktischen Handlungen der Lebenswelt und der Dialog zwischen den Argumentierenden betont. Aus diesen Methodenangeboten gilt es bestimmte Verfahren herauszufiltern, welche die Argumentationskompetenz der Schülerinnen und Schüler erweitern. Die Aufgabe lautet: Bestimmen Sie Begriffe mit den Methoden der intensionalen und extensionalen Definition, der Relationsbestimmung, der Suche nach Äquivokationen usw.[9] – Entsprechend: Bauen Sie eine Argumentation etwa nach dem Toulmin-Schema auf.[10]

Sofern man den Konstruktivismus als eine Korrektur der analytischen Philosophie auffasst, wird die Hermetik des logischen Systems durchbrochen und versucht, beim alltäglichen Sprechen und vor allem auch Handeln anzusetzen. Die alternative Aufgabe lautet: Analysieren Sie die argumentative Struktur einer moralischen Rechtfertigung in einer konkreten Lebenssituation.

Eine Verbindung zwischen analytischen, hermeneutischen und diskursiven

8 Siehe zu diesen Richtungen die Beiträge von Silke Kledzik »Der dialogische Konstruktivismus als Ausgangspunkt und Grundlage methodenbewussten Philosophierens«, (S. 103–109), und Volker Pfeifer »Analytische Philosophie und ethisches Argumentieren«, (S. 94–102) in der *Zeitschrift für Didaktik der Philosophie und Ethik*, 22. Jg. (2000), Heft 2, von Helmut Engels »Sprachanalytische Methoden im Philosophieunterricht: Mittel der Kritik, Hilfe beim Verstehen und Erkennen, Schutz vor den Fallstricken der Sprache« (S. 35–80) und Volker Pfeifer »Kohärentismus und ethisches Argumentieren«, (S. 11–34) in: Johannes Rohbeck (Hg.), *Philosophische Denkrichtungen*, Dresden 2001.

9 Vgl. Helmut Engels, »Wie man der Mehrdeutigkeit der Sprache im Philosophieunterricht begegnen kann«, in: *Zeitschrift für Didaktik der Philosophie und Ethik*, 14. Jg. (1992), Heft 2, S. 110 ff.; ders., »Sprachanalytische Methoden im Philosophieunterricht. Mittel der Kritik, Hilfe beim Verstehen und Erkennen, Schutz vor Fallstricken der Sprache«, in: *Philosophische Denkrichtungen*, a.a.O. (Anm. 9), S. 35 ff.

10 Vgl. Volker Pfeifer, *Was ist richtig, was ist falsch? – Ethisches Argumentieren anhand von aktuellen Fällen*, Bühl 1998; ders., »Analytische Philosophie und ethisches Argumentieren« in: *Zeitschrift für Didaktik der Philosophie und Ethik*, 22. Jg. (2000), Heft 2, S. 94 ff.; ders., »Kohärentismus und ethisches Argumentieren« a.a.O. (Anm. 9), S. 11 ff.

Methoden kann hergestellt werden, indem die »Unbestimmtheitsstelle« eines zentralen Begriffs wie Menschenwürde in produktionsorientierten und diskursiven Verfahren ausgefüllt wird. Ebenso dienen analytische und konstruktivistische wie auch andere Methoden zur Förderung ethischer Urteilskompetenz.

Hermeneutik und Dekonstruktion

Ähnlich verhält es sich bei Hermeneutik und Dekonstruktion, deren Geschichte – je nach Perspektive – entweder als Kontinuität oder als Bruch angesehen werden kann.[11] Im didaktischen Kontext ist die sich überschneidende Einsicht wichtig, dass der »Sinn« eines Textes vom Leser produktiv erzeugt werden muss. Das maßgebende Vorverständnis lässt sich in das unterrichtspraktische Verfahren des »verzögerten Lesens« übertragen. Die Aufgabe lautet: Formulieren Sie zu einem unvollständigen Text die eigene Leseerwartung, um sie dann mit der eigenen Lektüre zu konfrontieren. In der dekonstruktivistischen Variante lautet die Aufgabe: Schreiben Sie ein eigenes Essay, indem Sie einen scheinbar nebensächlichen Aspekt des Textes ins Zentrum rücken.

Aus dem heutigen Abstand betrachtet, sind die Richtungen Hermeneutik und Dekonstruktion weder identisch noch schließen sie sich gegenseitig aus, wohl aber handelt es sich um eine wichtige Akzentverschiebung, die zur wechselseitigen Erhellung beitragen kann. Während die traditionelle Hermeneutik Gefahr läuft, den »objektiven Sinn« und die »Intention des Autors« zu verabsolutieren, benötigt auch die Dekonstruktion die Schreibintention als regulative Idee, um den Eigensinn von Texten zu erschließen.

Hermeneutik und Phänomenologie

Auch Hermeneutik und Phänomenologie stehen in einem Zusammenhang, geht es doch um das geisteswissenschaftliche Anliegen, Prozesse des Verstehens und Deutens transparent zu machen. In der Hermeneutik sind es traditionell

11 Siehe hierzu die Beiträge von Lothar Ridder, »Textarbeit im Philosophieunterricht aus hermeneutisch-intentionalistischer Sicht« (S. 124–132), Christian Gefert, »Text und Schrift. Dekonstruktivistische Verfahren in philosophischen Bildungsprozessen« (S. 133–139) und Torsten Hiß, »Vom Lesen zum Schreiben – vom Schreiben zum Lesen. Strukturalistische und dekonstruktivistische Tätigkeiten im Philosophieunterricht«, (S. 140–148) in der *Zeitschrift für Didaktik der Philosophie und Ethik*, 22. Jg. (2000), Heft 2 sowie von Lothar Ridder » Methoden der Interpretation im Philosophieunterricht« (S. 116–143) und Volker Steenblock » Hermes und die Eule der Minerva. Zur Rolle der Hermeneutik in philosophischen Bildungsprozessen« (S. 81–115) in: Rohbeck (Hg.), *Philosophische Denkrichtungen*, a. a. O. (Anm. 9), S. 116 ff. und 81 ff.

Texte, deren Interpretation methodisch reflektiert wird, in der Phänomenologie primär Sachverhalte und menschliche Handlungen, deren Bedeutung nach bestimmten Regeln erkannt werden soll. Dabei ergeben sich wechselseitige Ergänzungen und Korrekturen. Folgt etwa die hermeneutische Methode der phänomenologischen Betrachtungsweise, lassen sich nicht nur Texte, sondern auch Gegenstände im Hinblick auf subjektive Bedeutungen interpretieren. Die Aufgabe lautet: Beschreiben Sie einen Gegenstand, indem Sie dessen Bedeutung in einer konkreten Situation explizieren.

Dialektik und Phänomenologie

Diese Richtungen scheinen weiter voneinander entfernt zu liegen, weil sich die Phänomenologie gegen die wissenschaftlich verstandene Dialektik des 19. Jahrhunderts wendet. Trotzdem gibt es Gemeinsamkeiten, wo man sie nicht ohne weiteres erwartet. Wenn es in der Phänomenologie um die Rettung der Phänomene geht, lässt sich eine Parallele zum ›klassischen‹ Reflexionsverhältnis »Sein und Schein« der Dialektik ziehen. Auch dort wird versucht, den »Schein« nicht als bloße Täuschung misszuverstehen, sondern als Moment der Lebenswirklichkeit aufzuwerten. Ziel ist es etwa, die »scheinbaren« Selbstverständlichkeiten der alltäglichen Wahrnehmung aufzudecken. Die Aufgabe lautet: Beschreiben Sie eine Wahrnehmung mit den Methoden des Perspektivwechsels.

Auch in diesem Fall dient die Kombination dazu, theoretische Schwächen und Einseitigkeiten zu vermeiden. Das phänomenologische Motto »zu den Sachen selbst« ist insofern irreführend, als es die Illusion einer »unmittelbaren« Wahrnehmung erzeugt. Sie wird von der Einsicht korrigiert, dass jede Wahrnehmung bereits höchst voraussetzungsvoll ist und von Gedanken, Gefühlen und Urteilen vorgezeichnet wird. Die Aufgabe lautet: Explizieren Sie die stillschweigenden Voraussetzungen eines eigenen Erlebnisses.

Im übertragenen Sinn könnte man derartige Kombinationen als *transdisziplinär* kennzeichnen. Interdisziplinarität setzt ja die einzelnen Wissensbereiche voraus, die sich dann aufeinander beziehen. In unserem Fall würde das nur die philosophischen Denkrichtungen als starre Blöcke bestätigen. Werden hingegen Querverbindungen zwischen den Richtungen hergestellt, um gemeinsame Verfahren didaktisch umzusetzen, zeigt sich ein doppelter Vorteil. Zum einen fördert die Herauslösung der Methoden aus den philosophischen Systemen die Konzentration auf die didaktisch relevanten Verfahren. Zum andern lassen sich die Methoden korrigieren, indem man sie der wechselseitigen Kritik durch die Denkrichtungen aussetzt.

Denkrichtungen und Kompetenzen

Wenn die Grenzüberschreitungen sowohl in fachlicher als auch in didaktischer Hinsicht eine Rolle spielen, lassen sich daraus Schlussfolgerungen für die Bestimmung derjenigen philosophischen Kompetenzen ziehen, die die Schülerinnen und Schüler erwerben sollen. Denkrichtungen und Kompetenzen bilden keine 1:1-Korrelation in dem Sinne, dass eine bestimmte Kompetenz ausschließlich einer bestimmten Richtung zuzuordnen wäre. Diesen Umstand sollte auch die Didaktik der Philosophie und Ethik berücksichtigen. Um diese Mehrdimensionalität zu dokumentieren, folgt ein heuristisches Schema.[12]

Erstens zeigen sich darin Überschneidungen, die – wie dargelegt – systematische Gründe haben und zur Eigenart des Philosophierens gehören. Trotzdem läuft das nicht auf Indifferenz hinaus, weil die sukzessiven Akzentverschiebungen wie in einem Farbspektrum von sehr ähnlichen bis zu extrem verschiedenen Tätigkeiten reichen und so deutliche Differenzen aufweisen. Außerdem lassen sich in den Schnittfeldern bestimmte Korrelationen (graue Felder) markieren, in denen Kompetenz und Denkrichtung einen besonders engen Zusammenhang bilden.

Zweitens kann jede Denkrichtung dazu beitragen, verschiedene Kompetenzen zu erwerben. Jede Strömung nimmt für sich in Anspruch, die Methoden der Begriffsanalyse, Argumentation, Interpretation, Reflexion, Kritik usw. anzuwenden. Nur geschieht dies in den Ausrichtungen auf je spezifische Art und Weise. Wie etwa die analytische Philosophie nicht auf Analyse zu reduzieren ist, so wird man ihr Reflexion, Kritik und Kreativität wohl nicht absprechen können.

Drittens folgt daraus umgekehrt, dass jede philosophische Grundkompetenz im Kontext unterschiedlicher Denkrichtungen erworben werden kann und dort eine spezifische Färbung erlangt. Die Kritik beispielsweise bezieht sich in der analytischen Philosophie vor allem auf den Sprachgebrauch und die Argumentation,[13] in der Dialektik auf den Alltagsverstand und in der Phänomenologie auf theoretische Einstellungen, die das eigene Wahrnehmen blockieren.

Mit den Eintragungen im Schema ist kein Pensum gemeint, das man etwa der Reihe nach abarbeiten müsste. Vielmehr soll dadurch nicht mehr und nicht weniger bezweckt werden, als den Horizont möglicher Handlungsspielräume im Unterricht zu erweitern und das Spektrum philosophischer Methoden und

12 Damit erweitere ich das Schema aus »Methoden des Philosophie- und Ethikunterrichts«, in diesem Band, S. 70.

13 Vgl. aus analytischer Sicht Norbert Diesenberg, »Formen der philosophischen Kritik oder ›Stimmt das eigentlich, was da im Text behauptet wird?‹ Zur Schulung der kritischen Urteilskompetenz im Philosophieunterricht«, in: *Methoden des Philosophierens*, a. a. O. (Anm. 2), S. 76 ff.

Richtung / Kompetenz	Analytische Philosophie	Konstruktivismus	Phänomenologie	Dialektik	Hermeneutik	Dekonstruktion
Analyse	Begriffe und Argumente analysieren und korrekt verwenden	Begriffe und Argumente auf praktische Handlungen zurückführen	Bewusstseinszustände analysieren	Polare Gegensätze und deren Begrenztheit erkennen	Den Sinn von Texten, Kunstwerken und Handlungen analysieren	Textstrukturen analysieren, dabei auf Brüche, Lücken und Ränder achten
Reflexion	Sprachgebrauch reflektieren und überprüfen	Sprachliches Handeln im Kontext der Lebenswelt rekonstruieren	Eigene Wahrnehmungen und subjektive Erfahrungen reflektieren	Durch Perspektivwechsel einen übergreifenden Zusammenhang finden	Das Vorverständnis und Leseverständnis reflektieren	Die Eigenart von Texten begreifen lernen
Wahrnehmung	Die Sprache von Beobachtungssätzen analysieren	Die impliziten Regeln im Handeln und Sprechen erschließen	Lebenswelt beschreiben: äußere Dinge, den eigenen Leib, Ereignisse	Scheinbare Selbstverständlichkeiten beobachten und hinterfragen	Das eigene Leseerlebnis wahrnehmen und beschreiben	Die Wirkung eines Textes auf den Leser beobachten
Kritik	Kritik am ungenauen Sprachgebrauch üben	Ungerechtfertigte Vorannahmen explizieren und kritisieren	Von theoretischen Einstellungen absehen	Die Gewissheiten des Alltagsverstandes in Frage stellen	Kritik an kulturell tradierten Überzeugungen üben	Die Intention des Autors relativieren
Verstehen	Schlüsse und Urteile logisch nachvollziehen	Aussagen im dialogischen Prozess rationaler Argumentation verstehen	Die Bedeutung von Gegenständen und Ereignissen verstehen	Das Für und Wider von Argumenten verstehen und beurteilen	Texte und Dialogbeiträge im kulturellen Kontext verstehen und tolerieren	Die nicht intendierten Effekte von Texten erschließen
Kreativität	Nach alternativen Begriffen und Argumenten suchen	Alternative Regeln konstruieren und so zu eigenen Urteilen gelangen	Phänomene aus unterschiedlichen Perspektiven umdeuten	Spielerisch mit Gegensätzen und Widersprüchen umgehen	Sich in die Lage eines Autors hineinversetzen: Was wäre, wenn?	Texte kreativ weiter- und umschreiben; Randaussagen ins Zentrum rücken

Denkrichtungen und Kompetenzen im Philosophie- und Ethikunterricht

Kompetenzen zu vergrößern. Das Tableau ist daher relativ komplex, im Einzelnen zugleich auch recht grobmaschig. Die philosophischen Tätigkeitsfelder sollen lediglich neue Unterrichtsideen anregen. Entscheidend ist die konkrete Ausarbeitung der angezeigten Optionen für die Unterrichtspraxis.

Schritte in der Unterrichtspraxis

In welchen Schritten können die philosophischen Kompetenzen im Philosophie- und Ethikunterricht vermittelt werden? In den bisher erschienenen Praxisberichten und Grundsatzartikeln dürfte deutlich geworden sein, wie sich die Methoden der Denkrichtungen in einzelne Aufgaben übersetzen lassen. Offen geblieben ist noch die Frage, wie sich diese Aufgaben in laufende Unterrichtssequenzen integrieren lassen.

Für den Unterricht stellt sich die entscheidende Alternative, ob man bloß *über* philosophische Denkrichtungen spricht oder ob man deren Methoden selber praktiziert und anwendet. Zur bloßen Kommentierung von Textvorlagen bietet das produktionsorientierte Verfahren eine sinnvolle Ergänzung.[14] Um diese Art Methodenkompetenz zu vermitteln, sind eigenständige *Übungen* erforderlich. Man kann mit jeder Übung anfangen und jede andere Übung daran anschließen, ohne eine bestimmte Reihenfolge festlegen zu müssen. Folgende Schritte haben sich in der Praxis bewährt.

Erster Schritt

Die Schülerinnen und Schüler erhalten methodische Aufgaben, die sich zwar im Rahmen einer bestimmten Denkrichtung bewegen, aber noch nicht theoretisch erläutert sind. Im Hinblick auf eine phänomenologische Übung sollen z. B. Gegenstände, Farben oder Lebensräume beschrieben werden.[15] Eine Aufgabe

14 Dieses Verfahren steht im Mittelpunkt des Beitrags von Christa Runtenberg »Bioethik und Produktionsorientierung«, in: *Zeitschrift für Didaktik der Philosophie und Ethik*, 23. Jg. (2001), Heft 2, S. 122–129; vgl. schon Helmut Engels, »Plädoyer für das Schreiben von Primärtexten«, in: *Zeitschrift für Didaktik der Philosophie und Ethik*, 15. Jg. (1993), Heft 4, S. 250 ff.; siehe auch die spezifischen Korrelationen von »Schreiben« und »Richtungen« bei Rohbeck, »Didaktische Potenziale philosophischer Denkrichtungen«, in diesem Band, S. 87 sf.

15 So die Unterrichtsbeispiele von Philipp Thomas, »Habe Mut, dich deiner eigenen Anschauung zu bedienen«, in: *Zeitschrift für Didaktik der Philosophie und Ethik*, 23. Jh. (2001), S. 104–112.; vgl. Dittmar Werner, »Alltag und Lebenswelt. Perspektiven einer didaktischen Phänomenologie«, in: *Zeitschrift für Didaktik der Philosophie und Ethik*, 22. Jg. (2000), Heft 2, S. 110 ff.; ders., »Didaktische und methodische Grundfiguren für einen phänomenologisch ausgerichteten Philosophieunterricht«, in: *Philosophische Denkrichtungen*, a. a. O. (Anm. 9), S. 165 ff.

im Sinne der analytischen Philosophie besteht darin, bestimmte Begriffe zu definieren oder die formale Struktur eines Arguments zu rekonstruieren. Auf diese Weise werden erste Erfahrungen mit der methodischen Problemstellung gewonnen.

Zweiter Schritt

Nun geht es um die Erarbeitung eines methodischen Ansatzes. Auch in dieser Phase bilden nicht etwa die Denkrichtungen den Unterrichtsgegenstand. Vielmehr sollen bestimmte Methoden vom theoretischen Überbau der Philosophie befreit und in praktikable Verfahren überführt werden. Dazu eignen sich am besten Beispiele, in denen die Autoren selber ihre Methoden demonstrieren. Nicht selten hat man es bereits mit Überschneidungen und Mischformen zu tun, wie etwa in der Synthese von Dialektik und Phänomenologie bei Sartre.

Entscheidend ist es in dieser Phase, ein methodisches Muster zu finden, an dem sich die eigenen Schreibversuche der Schülerinnen und Schüler orientieren können. Natürlich lässt sich ein solches Muster aus den anfänglichen Versuchen auch induktiv gewinnen. Doch in jedem Fall ist dieser Zwischenschritt unverzichtbar, damit man tatsächlich eine neue Methode kennenlernt, übt und am Ende auch kann. Ohne reflektierende Einführungen bleiben die Chancen dieser Art methodischen Lernens im Philosophie- und Ethikunterricht ungenutzt.

Dritter Schritt

Nachdem die Methode einer philosophischen Denkrichtung exemplifiziert worden ist, erhalten die Schülerinnen und Schüler die Aufgabe, das kennengelernte Verfahren selbständig anzuwenden, indem sie nach dieser Vorlage eigene Essays schreiben. Dadurch erhält das »Kreative Schreiben« eine fachspezifische Färbung.

Einerseits eröffnen sich innerhalb dieses Rahmens kreative Gestaltungsmöglichkeiten. Erfahrungen mit phänomenologischen Übungen haben gezeigt, dass der Authentizität des Erlebnisses und der Phantasie der Darstellung keine Grenzen gesetzt sind. So wurden beispielsweise folgende Themen gewählt: Beschreibung eines Sturzes mit dem Fahrrad oder winterlichen Eisbadens, eine gemeinsame Spielsituation oder »Ich merke, dass ich in den falschen Bus eingestiegen bin«.

Andererseits wirkt die methodische Vorgabe nicht nur einschränkend, sie hat auch etwas Entlastendes, weil nicht das »Genie« der Lernenden gefragt ist, sondern ein reproduzierbares Können. Es gibt handwerkliche Regeln, die im eigenen Fallbeispiel angewendet werden sollen. Nicht zuletzt hat die Imitation von Denkstilen auch ein mimetisches Moment.

Vierter Schritt

Daraufhin werden die selbst verfassten Texte im Unterricht gelesen und kommentiert. Bei der Beurteilung leitet wiederum das Kriterium der methodischen Stringenz. Zwar spielen Originalität und Kreativität eine große Rolle, aber eben auch die handwerkliche Präzision bei der Anwendung vorgegebener Methoden. Das erleichtert schließlich die Leistungsbewertung. Auf diese Weise wird das Methodenlernen zu einem nicht ungewöhnlichen Bestandteil des Philosophie- und Ethikunterrichts.

Wenn einmal methodische Grundfertigkeiten vorliegen, können die Segmente in jede beliebige Unterrichtsreihe integriert werden. Umgekehrt lassen sich solche speziellen Übungen auch im Rahmen laufender Sequenzen durchführen. Das methodisch angeleitete Schreiben erweist sich als Bestätigung des alten Grundsatzes, dass der Mensch das am besten einsieht, was er selber tätig zustandebringt.

Proto-Philosophie

Konstruktivistische Methoden – didaktisch angewendet

»Denn sie wissen nicht, was sie tun ...« – so lautet der deutsche Titel eines bekannten amerikanischen Spielfilms aus dem Jahre 1955. Dass man die Voraussetzungen des eigenen Tuns nicht reflektiert, ist indessen auch in theoretischer Praxis möglich. Jedenfalls ist es mir so ergangen, als ich einen Vorschlag zum Vermittlungsproblem im Philosophieunterricht gemacht habe.[1] Damals war mir nicht bewusst, in welchem Umfang mein Lösungsversuch vom Konstruktivismus beeinflusst war; genauer: wie kompatibel mein ursprünglich an Hegels Dialektik orientierter Ansatz mit der konstruktivistischen Methode war. Nun erlaube ich mir eine methodisch re-formulierte und erweiterte Fassung: Proto-Philosophie in didaktischer Perspektive.

Dialektik der Vermittlung und genetischer Konstruktivismus

Als Ende der sechziger Jahre Studenten an einigen Universitäten forderten, die Philosophie möge aus ihrem »Elfenbeinturm« heraustreten und endlich »praktisch« werden, war damit zugleich auch ein wissenschaftliches Programm intendiert, das eine entgegengesetzte Stoßrichtung enthielt: Bei näherem Zusehen stellte sich heraus, dass die Philosophie – auch und gerade dort, wo sie es verleugnete – immer schon in einer bestimmten Form gesellschaftlicher *Praxis* bestand. Aus dieser Überzeugung erwuchs die Aufgabe, die vermeintliche Immanenz des Fachs zu verlassen und die sozialen und einzelwissenschaftlichen Bedingungen von Philosophie zu thematisieren.

Freilich erwiesen sich die ersten Anläufe als nicht ganz unproblematisch, wie beispielsweise die damals verbreitete Ideologiekritik: sei es als Aufdeckung gesellschaftlicher Interessen und Machtverhältnisse, die sich hinter philosophischen Theorien verbergen, sei es als Analyse eines verkehrten Bewusstseins bzw.

1 Johannes Rohbeck, »Begriff, Beispiel, Modell. Zur Arbeit mit philosophischen Texten anhand des ›Leviathan‹ von Thomas Hobbes«, in: *Zeitschrift für Didaktik der Philosophie*, 6. Jg. (1985), Heft l, S. 26–42; vgl. ders., »Philosophieunterricht als Problem der Vermittlung«, in: Wulff D. Rehfus / Horst Becker (Hg.), *Handbuch des Philosophie-Unterrichts*, Düsseldorf 1986, S. 114 ff.; siehe auch »Philosophiegeschichte als didaktische Herausforderung« in diesem Band, S. 47 f.

eines adäquaten Bewusstseins verkehrter gesellschaftlicher Verhältnisse. Dabei haben bekanntlich Marx, Freud und Nietzsche Pate gestanden – ein Verfahren, das übrigens bis zur Kritischen Theorie Horkheimers und Adornos und bis zu Foucault aktuell geblieben ist.

An der rein ideologiekritischen Methode ist jedoch das Defizit unübersehbar, dass sie der philosophischen Theorie letztlich nur *äußerlich* ist und den Geltungsanspruch der entsprechenden Philosophen nicht ernst genug nimmt. Die Ideologiekritik bestreitet die Wahrheit einer verdächtigen Theorie, indem sie lediglich deren Unwahrheit enthüllt. Und trotzdem mag ich mich von einer Bedingungsanalyse philosophischer Theorien nicht völlig verabschieden. Diese Methode lässt sich auch auf die eigenen Versuche zu philosophieren rückbeziehen, weil unter der genannten Voraussetzung auch der heute Philosophierende sein Selbstverständnis über die eigene geschichtliche Lage prüfen sollte.

Das schließt keineswegs die Möglichkeit aus, das so gestellte Vermittlungsproblem mit philosophischen Mitteln in Angriff zu nehmen. So bietet es sich an, zunächst einmal in der Geschichte der Philosophie zu untersuchen, wie es Philosophen gelungen ist, an die Lebenswelt anzuknüpfen und die dort gewonnenen Erfahrungen in die eigene Systembildung zu transformieren. Ich lasse mich dabei von der Überlegung leiten, ob nicht diejenigen Momente, die bei der Herausbildung philosophischer Theorien eine Rolle gespielt haben, zugleich auch zur Aneignung dieser Theorie im heutigen Unterricht herangezogen werden können.

Um jedoch das bloß negative Resultat der Ideologiekritik zu vermeiden und gleichzeitig der Voraussetzungshaftigkeit der Philosophie Rechnung zu tragen, schlage ich vor, nach solchen spezifischen Bedingungen zu suchen, die der Philosophie zwar vorausgehen, aber in eigene Momente des philosophischen Diskurses überführt werden und dort eine relative Autonomie erlangen. Es geht also um die Transformation vormals externer Voraussetzungen in interne Faktoren der Theorie. Für diesen Transfer suche ich nach *Zwischen- und Mittelgliedern*, die überhaupt transformierbar sind und dadurch die Vermittlung der beiden Extreme bewerkstelligen.

Diese Vermittlungsglieder dürfen also nicht rein philosophischer Art sein, weil dann ein Anknüpfungspunkt an alltägliche und einzelwissenschaftliche Vorstellungen vorhanden wäre. Sie dürfen aber auch nicht bloß sozial- oder wissenschaftsgeschichtlicher Natur sein, weil sich daraus die philosophische Theorie nicht ableiten ließe. Vielmehr sollten die Vermittlungsglieder außerhalb und innerhalb der Philosophie zugleich eine Rolle spielen, um den gewünschten Übergang zu ermöglichen. Dabei gehe ich von der Grundannahme aus, dass uns die Realität, auf die sich Philosophie schon immer bezieht, bereits in jeweils strukturierter oder formierter Gestalt begegnet. Es sind vor allem die

Einzelwissenschaften, die das philosophische Material bilden. Aber auch die vor- oder nicht-wissenschaftliche Praxis enthält strukturierte Einheiten, die von den Philosophen aufgegriffen werden und die ihr Denken in diesem Sinne präfiguriert.

Vergleicht man diese Vermittlungs-Dialektik mit der *genetischen* Variante des Konstruktivismus, so fällt die gemeinsame Grundidee auf. Demnach reflektieren die Lehrenden und Lernenden die eigene Methode ihres Philosophierens, indem sie auf vor-philosophische Handlungen, entweder auf Sprachhandlungen oder auf nicht-sprachliche Praktiken rekurrieren. Der Konstruktivismus besteht also in einer Rekonstruktion philosophischer Begriffe, Aussagen und Theorien. Das hat für den Unterricht weitreichende Konsequenzen: Es werden nicht fertige Regeln gelernt, die auf Fallbeispiele anzuwenden sind; vielmehr sollen die Regeln selbst aus der Reflexion auf die alltägliche Lebenspraxis gewonnen werden. Zwischenstufen, die eine Vermittlung zwischen wissenschaftlichen Theorien und vor-wissenschaftlichen Praktiken leisten, heißen bekanntlich »Prototheorien«.[2] In analoger Weise ist darüber nachzudenken, ob nicht auch von einer *Proto-Philosophie* gesprochen werden kann.

Modelltransfer

Für diese Art Rekonstruktion lege ich bestimmte *Handlungs-* und *Denkstrukturen* oder auch Schemata zugrunde, die ich hier vorläufig Modelle nennen möchte.[3] Diese zeichnen sich dadurch aus, dass sie sowohl in der alltäglichen und wissenschaftlichen Erfahrung auffindbar sind als auch grundlegende Elemente der Philosophie bilden. Unter Modellen werden hier also strukturierte Realitätsausschnitte verstanden, die in die Philosophie übertragen werden und dort bestimmte theoretische Leistungen vollbringen. Die Übertragung hat den Sinn, mit Hilfe des bekannten ein bisher noch unbekanntes Gebiet zu erschließen.

Nicht gemeint sind dabei jedoch Typen von »Weltanschauungen« oder »Denkformen«.[4] Ebenso grenze ich mich gegen einen Modellbegriff ab, demzufolge Modelle nur zur Verdeutlichung von Theorien entworfen werden,

2 Vgl. Peter Janich, *Das Maß der Dinge. Protophysik von Raum, Zeit und Materie*, Frankfurt/M. 1997; Eva Jelden (Hg.), *Prototheorien – Praxis und Erkenntnis*, Leipzig 1995.

3 Rohbeck, »Begriff, Beispiel, Modell«, a. a. O. (Anm. 1), S. 28 f.; vgl. auch Rüdiger Zill, »Vom Bildnis zum Modell. Formen ikonischen Denkens«, in: *Zeitschrift für Didaktik der Philosophie*, 14. Jg. (1992), Heft 2, S. 71 ff.

4 Karl Jaspers, *Psychologie der Weltanschauungen*, Berlin 1919; Hans Leisegang, *Denkformen*, Leipzig 1928; Wilhelm Dilthey, *Gesammelte Schriften*, Bd. 8, Leipzig 1939; Max Scheler, *Philosophische Weltanschauung*, Bern 1954.

also über den heuristischen Zweck hinaus keinen Realitätsgehalt besitzen.[5] Meine Perspektive ist die umgekehrte: Ich gehe von »realen« Modellen aus, d. h. von Gegenständen oder Handlungsschemata, die aus der sozialen, technischen und wissenschaftlichen Praxis stammen, also dort zunächst ganz anderen praktischen oder einzelwissenschaftlichen Zwecken dienen und erst im Kontext der philosophischen Theorie zu Repräsentanten allgemeiner Strukturen werden. Es geht mir um die Entwicklung dieser Modelle, die, bereits vorgefunden, zur Lösung philosophischer Probleme herangezogen werden und nach ihrer Integration in die Philosophie zugleich auch neue Problemstellungen evozieren.

Und sofern man Modelle als *Mittel* menschlicher Erkenntnis auffasst, dann gelten für sie ganz allgemeine Merkmale des Mittelgebrauchs: Auch theoretische Mittel erschöpfen sich nicht darin, vorgegebene Zwecke zu realisieren, sondern sie offenbaren nach ihrer Übertragung in andere Kontexte immer mehr Möglichkeiten, als bisher erkennbar waren. Es ist dieser potenzielle Überschuss, der von den Mitteln repräsentiert wird und den Horizont absteckt, innerhalb dessen Probleme und ihre Lösungen sich bewegen und verändern können. Die spezifische Tätigkeit des Philosophen besteht hier darin, gewissermaßen die *spekulativen Möglichkeiten* von Modellen auszuschöpfen und zu realisieren.

Mit dem Ausdruck *Realisierung spekulativer Möglichkeiten* ist folglich zweierlei gemeint: Zum einen eröffnen diese Modelle neue *Denkmöglichkeiten*, die vor der Existenz oder Übernahme solcher Modelle noch nicht denkbar waren. Zum ändern setzen solche Modelle *Grenzen*, die nur durch andere Modelle überwunden werden können. Die Gedanken sind zwar frei; aber dennoch ist nicht zu allen Zeiten alles denkbar, weil nicht immer die entsprechenden Mittel zur Verfügung stehen. Die Erkenntnismittel bedeuten Erweiterung und Begrenzung zugleich.

Entscheidend ist also die folgende Alternative: Entweder üben die Modelle eine bloß illustrierende Funktion aus, indem sie eine schon ausgearbeitete Theorie nur noch nachträglich veranschaulichen. Oder aber diese Modelle – und darin besteht meine zentrale These – tragen selbst zur philosophischen Theoriebildung bei, sind daher in diesem Sinn für das Philosophieren *konstitutiv*.

5 Kritisch gegenüber diesem Modellbegriff: Max Black, *Models and Metaphors*, Ithaca 1962; Max Jammer, »Die Entwicklung des Modellbegriffs in den physikalischen Wissenschaften«, in: *Studium Generale*, 18. Jg. (1965), Heft 3, S. 166 ff.

Theorien des Gesellschaftsvertrags

Ich möchte mein Konzept einer Vermittlung von Philosophie und Lebenswelt mittels Modellen an einem Beispiel erläutern. In der philosophischen Theorie des Gesellschaftsvertrags stellt der *Vertrag* den von mir beschriebenen Modelltyp dar. Denn was tun Vertragstheoretiker des siebzehnten und achtzehnten Jahrhunderts wie Grotius, Hobbes, Locke, Pufendorf oder Rousseau? Sie greifen aus ihrer Erfahrungswelt ein bestimmtes Handlungsmuster auf, das sie in ihrer jeweiligen historischen Situation als wesentlich betrachten, und machen es zum Ausgangspunkt eines systematischen sozialphilosophischen Entwurfs. Bis heute spielt das Modell des Vertrags in der Sozialphilosophie eine Rolle und gewinnt neuerdings auch in der Ethik – etwa bei John Rawls – eine zunehmende Bedeutung.[6]

Der Vertrag erfüllt die Voraussetzungen für den Gebrauch in philosophischer Absicht, weil er gleichsam einen Kristallisationskern gesellschaftlicher Praxis bildet, indem er eine bestimmte Form der Vergesellschaftung repräsentiert. Außerdem wird die komplexe Struktur des Vertrags in einer Einzelwissenschaft, in diesem Fall in der Jurisprudenz, expliziert und so verarbeitet, dass er als eine bereits reflektierte Grundstruktur für Sozialphilosophien dienen kann.

Gerade im siebzehnten und achtzehnten Jahrhundert hat das Privatrecht eine tiefgreifende Wandlung erfahren, die den Vertrag für die neuzeitliche Philosophie überhaupt erst hinreichend theoriefähig machte. Während in früheren Rechtskommentaren Verträge bloß kasuistisch und topisch formuliert wurden, begann nun die Konstruktion des Vertrags nach dem methodischen Vorbild der Mathematik und Naturwissenschaften.[7]

Und es waren nicht zuletzt Philosophen, die sich selbst – im Rahmen des Naturrechts – an den juristischen Systematisierungen beteiligten. So leitete Hugo Grotius den Vertrag sowohl aus dem »Erwerb persönlicher Rechte« gegenüber Personen als auch aus dem »Erwerb des Eigentums« an Sachen ab.[8] Indem er diese unterschiedlichen Arten von Verträgen miteinander verglich, gelangte er zu einem neuen verallgemeinerten Vertragsbegriff: »Alle Handlungen, welche einem anderen nützlich sind, werden, mit Ausnahme der wohltätigen, mit dem Namen Vertrag belegt.«[9] Damit verbanden sich die Forderungen nach Gleichheit und Willensfreiheit der Vertragspartner.

Später gelang es Samuel Pufendorf, der bereits von Hobbes beeinflusst wurde, Verträge *more geometrico* zu konstruieren, wobei er anders als Grotius vom

6 John Rawls, *Eine Theorie der Gerechtigkeit*, Frankfurt/M. 1975.

7 Ulrich Wesel, *Juristische Weltkunde*, Frankfurt/M. 1984, S. 97 ff.

8 Hugo Grotius, *Drei Bücher vom Recht des Kriegs und des Friedens,* hg. v. Walter Schätzet, Tübingen, 1950 S. 174 ff.

9 Ebd., S. 247.

Recht auf Sachen zu den Rechten gegenüber Personen überging. Schließlich versuchte er, aus dem privatrechtlichen Vertrag den Staatsvertrag zu deduzieren.[10] In dieser Phase der Rechtsgeschichte trat sogar der umgekehrte Fall ein, dass die Entwicklung des Staatsrechts auf die Ausarbeitung des Privatrechts zurückwirkte. Auf diese Weise entstand eine spezielle Privatrechts-Philosophie.

Vor diesem juristisch-philosophischen Hintergrund lassen sich folgende generelle Merkmale des Vertrags auflisten:

1. Definition: gegenseitige Übertragung von Rechten.
2. Das setzt voraus: Wechselseitigkeit der Interessen; jeder Vertragspartner erwartet einen Vorteil aus den Leistungen und Gegenleistungen.
3. Jeder handelt interessengeleitet und zweckrational.
4. Der Vertrag abstrahiert von den jeweiligen Inhalten der Vereinbarung, er besteht in einer formellen Übereinkunft zur gegenseitigem Anerkennung inhaltlich beliebiger Interessen.
5. Die Rechtsgleichheit der Vertragspartner wird vorausgesetzt.
6. Vertragsfreiheit und Privatautonomie: der Vertragsabschluss gilt also als freier Willensakt.
7. Schließlich muss die Vertragssicherheit gewährleistet sein; bei Nichterfüllung bedarf es Sanktionen der staatlichen Gewalt.

So weit die privatrechtlichen Voraussetzungen des Vertragsmodells. Wenn praktisch Verträge abgeschlossen werden, verwirklichen sie nur ganz bestimmte einzelne Zwecke. Erst der Rechtswissenschaftler bzw. Rechtsphilosoph, der die verschiedenen Vertragstypen systematisiert, schöpft die Struktur des Vertrags theoretisch aus.

Aber auf welche Weise wird aus diesem Handlungsschema und aus dessen einzelwissenschaftlicher Reflexion eine philosophische Theorie des Gesellschaftsvertrags? Diese Frage ist erst durch eine genaue *Rekonstruktion* der Übertragung des Vertragsmodells aus der Rechtstheorie in die politische Philosophie zu beantworten.

Stufen der Übertragung

Den Prozess der Modellübertragung möchte ich nun in folgende Einzelschritte zerlegen und etwas detaillierter erläutern.

10 Erik Wolf, *Grotius, Pufendorf, Thomasius. Drei Kapitel zur Gestaltgeschichte der Rechtswissenschaft*, Tübingen 1927.

Selektion des Modells

Der erste Schritt besteht in der *Selektion des Modells*, genauer in der Selektion derjenigen Vorlage, die überhaupt einmal zum Modell avancieren und das heißt übertragen werden soll. Dazu ist es erforderlich, jetzt umgekehrt von den theoretischen Bedürfnissen der Philosophen auszugehen. Denn es ist wesentlich der *Kontext der Philosophie*, der rückwirkend bestimmt, welcher Realitätsausschnitt als künftiges Modell anvisiert wird, um die gewünschten Erklärungsleistungen zu erbringen.

Nachdem das antike Polismodell und der christliche Gottesstaat als soziales Band zerrissen waren, standen die Philosophen der Neuzeit vor dem Phänomen einer sich herausbildenden bürgerlichen Gesellschaft, die sich selbst als Agglomerat atomisierter Individuen verstand. Dieser bekannte Befund ist hier insofern von Bedeutung, als der Vertrag das daraus resultierende Problem zu lösen verspricht. Einerseits bleibt der soziale Atomismus als unhintergehbares Faktum anerkannt, indem sich die Individuen in erster Linie als Privatpersonen begegnen. Andererseits ist der Vertrag in der Lage, die so entstandene Lücke zu schließen, weil die Individuen dadurch imstande sind, zumindest ein Minimum an Verbindlichkeit zu erzeugen.

Genau von dieser Problemlage wie auch vom vorhandenen Lösungsangebot geht etwa Thomas Hobbes aus, der ja sowohl seine historische Situation mit ihrer eigentümlichen Mischung aus Parteienstreit der Englischen Revolution und beginnender Marktgesellschaft konkret beschreibt als auch seiner politischen Philosophie eine entsprechend atomistische Anthropologie zugrunde legt. Privatrechtliche Verträge gab es schon lange vor der Antike und bis in unsere Gegenwart. Aber in der frühen Neuzeit erhält der Vertrag sozusagen die einmalige Chance einer juristischen und philosophischen Karriere. Und erst durch das Zusammenspiel von verfügbarem Aktionsmuster und theoretischem System gewinnt der zum Modell erhobene Vertrag seine damals bahnbrechende Plausibilität. Die eigentliche Übertragung ist also keine einseitige Bewegung, sondern besteht in der Wechselbeziehung zwischen Vorbild und Kontext.

Selektion von Merkmalen

Darüber hinaus *selektieren* Philosophen *bestimmte Merkmale* eines Schemas, die sein Modell charakterisieren sollen. Diese Art Selektion lässt sich wiederum bei Hobbes exemplarisch nachvollziehen. Im *Leviathan* tauchen die aufgezählten Definitionen und Implikationen vollständig wieder auf. Hobbes definiert den Vertrag allgemein als die »wechselseitige Übertragung von Recht« und erwähnt dabei die elementare Form des Kaufvertrags.[11] Ferner unterstellt er interessengeleitete, freie und auf gegenseitigen Vorteil bedachte Vertragspartner. Ebenso spielen Rechtssicherheit und Vertragssicherheit eine zentrale Rolle. Kurz gesagt, es fehlt eigentlich nichts, was nicht durch die juristische Form präjudiziert wurde. Umgekehrt wählt Hobbes ziemlich einseitig die Rechtsform des Abtretungsvertrags zugunsten eines Dritten aus und stellt diese besondere Variante geradezu als Norm hin. Auf beide Aspekte werde ich noch näher eingehen.

Ich behaupte daher, Philosophen wie Hobbes haben solche Strukturmerkmale nicht erfunden, sondern aus ihrer Modellvorlage herausgelesen, wie sich am Text bis in Details nachweisen lässt. Folglich hat das Modell des Vertrags die philosophische Theorie des Gesellschaftsvertrags an dieser Stelle weitgehend vorstrukturiert. Aber um Missverständnissen vorzubeugen, behaupte ich damit gerade *nicht,* dass Modelle das Philosophieren determinieren. Allein die Auswahl des Modells und seiner Merkmale stellt ja eine eigenwillige Entscheidung dar. Und es wird ja keineswegs der Vertrag selbst in konkreter Gestalt übertragen, sondern ausgewählte Aspekte, die sich zu einem Idealbild zusammenfügen. In jedem Fall handelt es sich um eine bestimmte Interpretation.

Wie selbständig und kreativ Philosophen mit ihren Modellen umgehen, zeigt sich vor allem in der innovativen Arbeit, die im Anschluss an die ersten beiden Selektionen einsetzt. Dann wird das hier behandelte Modell auf eine Art modifiziert, die im Vertrag selbst in keiner Weise angelegt ist und diesem Modell sogar – wie wir sehen werden – zuwiderlaufen kann.

Philosophische Universalisierung

Damit beginnt drittens die wesentliche Erweiterung des Vertragsmodells zu einer *spezifisch philosophischen Universalisierung.* Philosophen erheben klassischerweise den Anspruch auf möglichst universelle und prinzipielle Begründungen, auf deren Problematik noch einzugehen sein wird. In diesem Sinn verwendet auch Hobbes das von ihm gewählte Modell: Er verallgemeinert den Vertrag zu einer umfassenden Grundlage staatlicher Gemeinschaft – und zwar in doppelter Weise: Zum einen legt er nahe, dass *alle* Menschen eines Gemeinwesens einen Vertrag miteinander geschlossen haben bzw. geschlossen haben könnten, zum anderen bildet für ihn der Vertrag die *einzige* Form von Vergesellschaftung überhaupt. Es leuchtet ein, dass dieser Totalitätsanspruch durch den juristischen Vertrag keineswegs abgedeckt ist und er dadurch in seiner Erklärungsleistung *über*anspruchtwird.

11 Thomas Hobbes, *Leviathan*, hg. v. Iring Fetscher, Neuwied, Berlin 1966, S. 102; vgl. ders., *Vom Menschen. Vom Bürger*, hg. v. Günter Gawlick, Hamburg, 1959, S. 128.

Methodische Umformung

Diese Art Universalisierung ist jedoch nur durch eine *methodologische Umformung* möglich. Hobbes ist wie auch andere Vertragstheoretiker nicht so naiv anzunehmen, die Menschen hätten den Staatsvertrag tatsächlich wie in Schillers Rütlischwur vereinbart – eine Distanzierung, die übrigens Rousseau sehr scharfsinnig reflektiert. Vielmehr handelt es sich bekanntlich um eine *hypothetische Konstruktion*: Die Staatsbürger leben so zusammen, *als ob* sie in einen gemeinsamen Vertrag eingewilligt *hätten*. Dieser Gedanke ist außer Reichweite juristischen Selbstverständnisses und allein der Übertragung des Modells geschuldet.

Kant hat dann das Vertragsmodell von allen (empirischen) anthropologischen Voraussetzungen gereinigt. Später wird in John Rawls' verallgemeinerter Vertragstheorie nur noch das methodologische Surrogat übrig bleiben.[12]

Aporie der Letztbegründung

Fünftens hängt die Universalisierung mit einer bestimmten Art der sozialphilosophischen Begründung – um nicht zu sagen: *Letztbegründung* – zusammen, für die Hobbes folgendermaßen argumentiert: Verträge können nur unter bestimmten Bedingungen geschlossen und gehalten werden, die Vertragssicherheit ist nur unter der Voraussetzung des Staates gewährleistet. Der Gesellschaftsvertrag hingegen soll seine eigenen Bedingungen selber schaffen; aus ihm selbst soll die Voraussetzung des Staates hervorgehen. Dieser Schwierigkeit ist sich Hobbes durchaus bewusst: Während in den Worten an sich nicht die Kraft liege, so argumentiert er, die Menschen zur Erfüllung ihrer Abkommen zu bewegen, bestehe in einem Staat kein Zweifel an der Vertragstreue, weil die Menschen dazu durch staatliche Gewalt gezwungen werden können.[13] Und während sich Hobbes' Argumentation bis hierher noch im Rahmen der bloßen Explikation des Vertragsmodells bewegt, sieht er nun in der Voraussetzungshaftigkeit des Vertrags das eigentliche philosophische Problem. Wenn die staatliche Gewalt nicht vorgegeben ist, muss der Staat selbst durch einen Vertrag gebildet werden.

Dies kann als eine *Aporie* bezeichnet werden, die an die Vertragstheorie bestimmte Anforderungen stellt, nämlich einen solchen Vertrag zu finden, durch den eine für alle Glieder des zu stiftenden Gemeinwesens verbindliche, zwingende Gewalt entsteht. Konstruiert wird jetzt ein solcher Vertrag, der seine Voraussetzungen allererst setzt. Der Vertrag soll sich im Grunde selbst

12 Immanuel Kant, *Metaphysik der Sitten*, in: Ders., *Werkausgabe in 12 Bänden*, Bd. 8, hg. v. Wilhelm Weischedel Frankfurt/M. 1977, §§ 18–21, S. 382–388; Rawls, *Eine Theorie der Gerechtigkeit*, a.a.O. (Anm. 6), S. 27 ff.

13 Hobbes, *Leviathan*, a.a.O. (Anm. 11), S. 124–127.

konstituieren. Hiermit befinden wir uns am Ende eines reflexiven und letztlich zirkulären Diskurses, der mir typisch für philosophisches Argumentieren zu sein scheint. Das Ausgangsmodell erfährt einen grundlegenden Funktionswandel, der es an den Rand seiner Tragfähigkeit bringt.

Aufhebung des Modells

Schließlich zeigt sechstens ein Blick auf die spätere *Geschichte* der Vertragstheorie, wie Modelle bis zu ihrer eigenen *Aufhebung* überfrachtet werden.

Da Hobbes das Interessenkalkül der Individuen und die Notwendigkeit einer Furcht einflößenden Staatsmacht hervorhebt, legt er das Vertragsmodell eher in herrschaftsermächtigender und unterwerfender Weise aus. In anderen Vertragstheorien – etwa von Locke und Rousseau – werden mehr die Selbstbestimmung der Individuen und der Bündnischarakter des Vertrags betont.[14] Eines der Argumente Rousseaus gegen Hobbes besteht gerade darin, dass dieser keinen gleichberechtigten Vertrag zwischen den Mitgliedern einer staatlichen Gemeinschaft zulasse: »Es wäre ein nichtiger und widersprüchlicher Vertrag, wollte man für die eine Seite eine absolute Herrschaft und für die andere einen grenzenlosen Gehorsam setzen«.[15] An solchen Punkten wird einerseits wiederum deutlich, wie sehr sich die philosophische Argumentation auch im Detail am Leitbild ihres Modells orientieren kann. Andererseits zeigen solche Interpretationen, wie innerhalb derselben Modellkonzeption vielfältige Varianten der Auslegung möglich sind.

Zugleich führt insbesondere Rousseau vor, wie ein bestimmter Modellrahmen gesprengt wird. Im »volonté générale« sind die Individuen im strikten liberalen Sinn gar keine Privatpersonen und damit gar keine Vertragspartner mehr. Denn die Einzelwillen sollen ja zu einem identischen Allgemeinwillen verschmelzen. Wenn nun Rousseau trotzdem vom »contrat social« spricht, bleibt vom Vertrag nur eine leere Hülse übrig, in die längst ein anderer und widersprechender Inhalt eingearbeitet ist. Er gibt zwar vor, den Vertrag getreuer als Hobbes auszulegen, in Wirklichkeit höhlt er das Modell jedoch aus. Das Vertragsmodell hebt sich damit selbst auf.

Hegel hat dies klar gesehen, indem er seine Idee staatlicher Allgemeinheit zum Teil an Rousseau orientiert und damit zugleich das Vertragsmodell radikal verabschiedet. Bereits ansatzweise Locke und vor allem die schottische Moralphilosophie haben die Frage nach den Voraussetzungen der wirklichen

14 John Locke, *Zwei Abhandlungen über die Regierung*, hg. v. Walter Euchner, Frankfurt/M. 1967, S. 256; Jean-Jacques Rousseau, *Vom Gesellschaftsvertrag*, hg. v. Ludwig Schmidts, Paderborn 1977, S. 73f.

15 Rousseau, *Vom Gesellschaftsvertrag*, a.a.O. (Anm. 14), S. 67.

Vergesellschaftung der Individuen gestellt und damit auf ökonomische und spezifisch soziale Erfahrungen verwiesen. Denn es fragt sich, unter welchen Bedingungen die Menschen überhaupt fähig werden, Verträge zu schließen und einzuhalten. In diesem Zusammenhang führt die *modell-immanente* Analyse zu *modell-überschreitenden* Elementen, deren Ausarbeitung die *Kritik* an solchen Modellkonstruktionen und die Formulierung von *Alternativen* erfordert. Die zuletzt aktuell gewordene Alternative zum liberalistischen Vertragsmodell dürfte das Ideal einer unmittelbaren Gemeinschaftlichkeit im sogenannten Kommunitarismus sein.

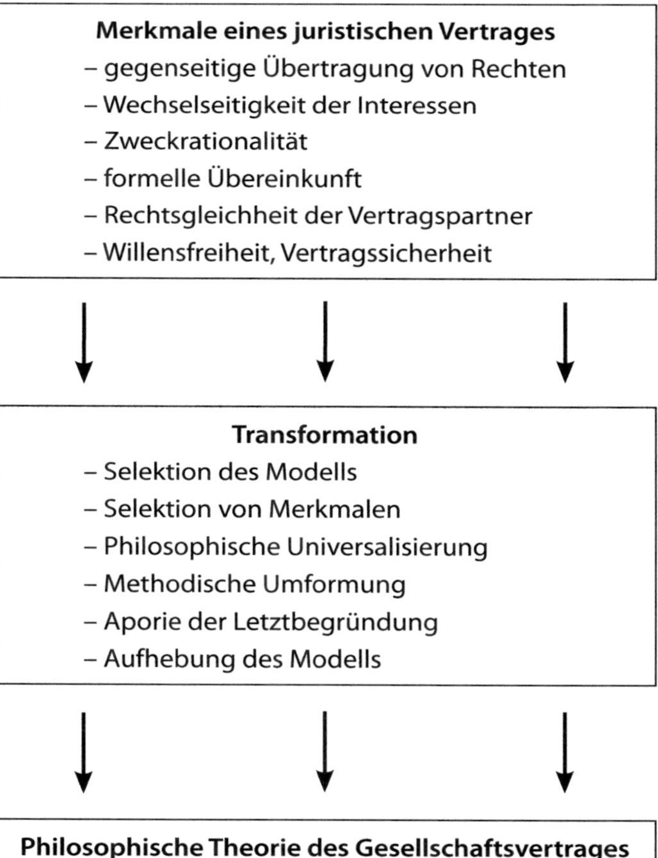

Transformation eines Modells

Verfahren im Unterricht

Schon am Beispiel eines alltäglichen Kaufvertrags lassen sich bestimmte Implikationen und Voraussetzungen der philosophischen Theorie des Gesellschaftsvertrags ermitteln. Das Thema Vertrag bietet reichlich Gelegenheit, eigene – teilweise auch praktische – Erfahrungen der Schüler aufzunehmen. So lassen sich die genannten Strukturmerkmale in eigenständiger Arbeit (und mit Hilfe eines Jugendlexikons) festhalten. Im Unterschied zur Textinterpretation und eben auch zur freien Diskussion eröffnet dieses Verfahren gerade den sprachlich schwächeren Schülern die Chance, sich der Struktur des Modells schon vor der begrifflichen Bestimmung anzunähern.

Für die nachfolgende Textlektüre ist entscheidend, dass mit Hilfe der Modelle die Struktur der Argumentation schon vorbereitet ist. Sind die Merkmale erarbeitet, können sie von den Schülern in den philosophischen Texten aufgefunden werden. Derartige Vorgaben schränken die Kreativität nicht ein. Vielmehr wird damit die Möglichkeit geschaffen, über einen längeren Zeitraum unabhängig vom Text selbständig zu philosophieren. Die Schüler erhalten Mittel an die Hand, mit denen sie sich einen eigenen Zugang zur philosophischen Theoriebildung erarbeiten können.

Im Anschluss an die Wiedererkennung des erarbeiteten Modells in einem philosophischen Text ist die Transformation des Modells aus dem alltäglichen bzw. einzelwissenschaftlichen Kontext in den philosophischen Kontext zu rekonstruieren. Dabei können die beschriebenen Schritte – von der Selektion des Modells und dessen Merkmalen zur philosophischen Universalisierung, methodischen Umformung, aporetischen Letztbegründung und schließlich zur Aufhebung – orientieren.

Die Reichweite von Modellen

Zum Schluss möchte ich nach der Berechtigung von Modellübertragungen fragen und damit die anfängliche Frage nach einem legitimen Philosophieverständnis aufgreifen, auch wenn ich natürlich nur einen kleinen Ausschnitt behandeln konnte. Ich glaube, Philosophen befinden sich hier in einem Dilemma, das sich nicht ohne weiteres auflösen lässt und dem sie sich durchaus stellen sollten.

Auf der einen Seite fällt der Stoff der Philosophie nicht vom Himmel und begnügt sich auch nicht mit unmittelbarer Erfahrung, sondern ist auf vorfabrizierte Strukturelemente angewiesen, die dann als mögliche Modelle für die philosophische Theoriebildung eine konstitutive Rolle spielen. Sie werden im Rahmen des vorgegebenen Spielraums theoretisch ausgeschöpft, innovativ umgeformt und bis an ihre Grenzen oder gar darüber hinaus weiterentwickelt.

Auf der anderen Seite birgt dieses Vorgehen Gefahren, die ja bereits zum Vorschein kamen, wie etwa ungerechtfertigte Universalisierungen und Reduktionismen. Ein unzulässiger Modelltransfer liegt dann vor, wenn Modelle aus Einzelwissenschaften das Ganze einer gesellschaftlichen Totalität erklären sollen. Dies ist in den klassischen Vertragstheorien zweifellos der Fall; Ökonomismus, Psychologismus, Biologismus und übrigens auch die Verabsolutierung des Kommunikationsmodells zur universellen Gesellschaftstheorie oder Ethik sind andere bekannte Beispiele.

Gleichwohl plädiere ich für eine *rettende Kritik* des Modellgebrauchs. Freilich nur unter zwei Bedingungen: Zunächst ist der begrenzte Anwendungshorizont von Modellen zu beachten. Ferner kommt es darauf an, vielfältige Modelle nebeneinander zuzulassen und ins Verhältnis zu setzen. Aristoteles mit seinen mannigfachen Praxis- und Sozialformen und Hegel mit seinem Integrationsversuch von Recht, Moral, Familie, bürgerlicher Gesellschaft und Staat sind für mich in dieser Hinsicht vorbildliche Beispiele aus der Philosophiegeschichte, wie gelungen man auch immer die jeweiligen Synthesen beurteilen mag. Die neuere Sozialphilosophie neigt glücklicherweise ohnehin dazu, traditionelle Alternativen wie »Aristoteles oder Kant« bzw. »Kant oder Hegel« aufzubrechen und zu pluralen Konzepten zusammenzufügen. Darin hätte dann auch das Vertragsmodell überall dort, wo juristische Verhältnisse das Zusammenleben der Menschen regeln, seinen legitimen und deutlich eingeschränkten Platz.

Vor dem Hintergrund einer auf diese Weise differenzierten Modelltheorie möchte ich auf entsprechend moderate Universalisierungen nicht verzichten. Trotz postmoderner Verdächtigungen bleiben Einheit und Vielheit aufeinander verwiesen, so dass sich der Singular nicht einfach in Plural auflösen lässt. Ich scheue auch nicht vor dem Risiko eines spekulativen Überschusses zurück; denn wie anders sollen Philosophen der Zersplitterung unseres Wissens begegnen und zur allgemeinen Orientierung in unserer Lebenswelt beitragen.

Verkehrte Welt

Dialektik als Methode der Kritik

> Dialektische Philosophie »ist der zum Bewußtsein erhobene Widerstand gegen alle Klischees«.
> Theodor W. Adorno[1]

Von »verkehrter Welt« sprechen wir in Situationen, in denen wir unsere Umgebung nicht mehr verstehen. Das Bekannte ist auf einmal fremd geworden; wir haben die Orientierung verloren. Doch hat der Sinnverlust auch System. Eigentlich ist die Welt geblieben, wie sie war, sie hat sich nur »verkehrt«. Gewohnte Positionen haben ihre Plätze vertauscht: positiv und negativ, oben und unten, links und rechts. Man stelle sich vor: Der Lehrer lernt von den Schülern, die Schüler werden zu Lehrenden. Oder: Der beste Lehrer ist derjenige, der sich überflüssig macht. Der unmittelbare Anschein hat seine Plausibilität eingebüßt. Wir sehen die Welt in einem negativen Spiegelbild.[2] Es leuchtet ein, dass in dieser Art Negation kritische Potenziale stecken, die in den Philosophie- und Ethikunterricht übertragbar sind.

Die Dialektik in den Kanon der philosophischen Denkrichtungen aufzunehmen, ist freilich nicht ganz unproblematisch. Gehörte diese Richtung doch bislang zu den umstrittensten Methoden der Philosophie. Auf der einen Seite standen die Befürworter, die in der Dialektik Grundgesetze von Denken und Wirklichkeit oder das letzte Refugium der Kritik sahen.[3] Auf der anderen Seite standen die Gegner der Dialektik, die ihr einen totalitären Anspruch vorwarfen, hinter dem sich »logische Falschmünzerei« oder nichts als »Leerformeln« verbergen.[4] So wurde die Dialektik in den sechziger und siebziger Jahren des vergangenen Jahrhunderts zu einem ideologisch belasteten Reizwort. Doch nach dem Zusammenbruch des

1 Theodor W. Adorno, *Philosophische Terminologie*, Bd. 1, Frankfurt/M. 1973, S. 132.

2 Die Formulierung »verkehrte Welt« stammt von Georg Wilhelm Friedrich Hegel, *Wissenschaft der Logik II*, in: Ders., *Werke in zwanzig Bänden*, Bd. 6, Red. Eva Moldenhauer/Karl Markus Michel, Frankfurt/M. 1969, S. 161 ff.

3 Vgl. Georg Klaus/Manfred Buhr (Hg.), *Philosophisches Wörterbuch*, Bd. 1, Leipzig 1974, S. 269 ff. – Theodor W. Adorno, *Negative Dialektik*, Frankfurt/M. 1997.

4 Werner Becker und Ernst Topitsch; zitiert nach: Alwin Diemer, *Elementarkurs Philosophie. Dialektik*, Düsseldorf, Wien 1976, S. 9.

staatlich verordneten Marxismus ist eine sachliche Bestandsaufnahme möglich geworden. Dabei zeigen sich mehr Berührungspunkte zu anderen Richtungen, als die alten Grabenkämpfe vermuten ließen.[5] Vor diesem Hintergrund kann auch die didaktische Perspektive der Dialektik neu ins Auge gefasst werden. Hierzu ist es erforderlich, sowohl den Totalitätsanspruch aufzugeben als auch den metaphysischen Ballast abzuwerfen, um sich auf die methodischen Eigenarten und deren vielfältige Anwendungsmöglichkeiten zu konzentrieren.

Es ist an dieser Stelle natürlich nicht möglich und sinnvoll, eine Einführung in Systematik und Geschichte der Dialektik zu versuchen.[6] Ebenso wenig hilfreich ist eine Aufzählung starrer Merkmale, die der Dialektik sogar zuwider liefen.[7] Wohl aber lassen sich diejenigen Aspekte beleuchten, die für den Unterricht relevant werden können. Dazu gehören die Funktionen der dialektischen Methode im Unterrichtsgespräch (1), beim Schreiben argumentativer Essays (2), bei der Lektüre philosophischer Texte (3) sowie bei der kritischen Auseinandersetzung mit der Lebenswelt (4). Dabei werden Verbindungslinien zu weiteren philosophischen Denkrichtungen sichtbar wie etwa zum Konstruktivismus, zur Hermeneutik oder zur Phänomenologie. Auf diese Weise soll die Dialektik aus ihrer vermeintlichen Isolation herausgeholt und mit anderen Methoden anschlussfähig gemacht werden.

Im Kontext dieses Bandes geht es ausdrücklich *nicht* um eine »dialektisch« begründete allgemeine Fachdidaktik Philosophie[8]; eine derartige Konstitutionstheorie halte ich aus guten Gründen für entbehrlich. Das hier anvisierte und bescheidenere Ziel besteht vielmehr darin, die dialektische Methode in konkrete Verfahrensweisen zu transformieren, die Schülerinnen und Schüler im Philosophie- und Ethikunterricht praktizieren können.

5 Das zeigen Arbeiten, in denen Analytik und Dialektik miteinander verbunden werden, z. B. Rainer Hegselmann, *Formale Dialektik*, Hamburg 1985; Pirmin Stekeler-Weithofer, *Hegels analytische Philosophie. Die Wissenschaft der Logik als kritische Theorie der Bedeutung*, Paderborn 1992.

6 Derartige Einführungen sind z. B. Diemer, *Elementarkurs Philosophie. Dialektik*, a. a. O. (Anm. 4); Jürgen Ritsert, *Kleines Lehrbuch der Dialektik*, Darmstadt 1997; Kurt Wuchterl, *Methoden der Gegenwartsphilosophie*, München 1999, S. 101–154. – Vgl. den Artikel »Dialektik« in: *Historisches Wörterbuch der Philosophie*, Bd. 2; Wolfgang Röd, *Dialektische Philosophie der Neuzeit*, Bd. 1: *Von Kant bis Hegel*, Bd. 2: *Von Marx bis zur Gegenwart*, München 1974; Joachim Israel, *Der Begriff der Dialektik. Erkenntnistheorie, Sprache und dialektische Gesellschaftswissenschaft*, Reinbek 1979.

7 Adorno, *Philosophische Terminologie*, Bd. 1, a. a. O. (Anm. 1), S. 7 ff.

8 Vgl. hierzu: Theodor Litt, *Führen oder Wachsenlassen*, Stuttgart 1927; Erika Hoffmann, *Das dialektische Denken in der Pädagogik*, Langensalza 1929; Wolfgang Klafki, »Dialektisches Denken in der Pädagogik«, in: Josef Derbolav/Friedhelm Nicolin (Hg.), *Geist und Erziehung*, Bonn 1955; Josef Derbolav, *Systematische Perspektiven der Pädagogik*, Heidelberg 1971; Wolfdietrich Schmied-Kowarzik, *Dialektische Pädagogik*, München 1974; Helmut Danner, *Methoden geisteswissenschaftlicher Pädagogik – Einführung in Hermeneutik, Phänomenologie und Dialektik*, München 1989, S. 170 ff.

Dialektik und Dialog

Die Dialektik hängt nicht nur historisch mit dem Dialog zusammen, sondern verleiht dem Unterrichtsgespräch intellektuelle Schärfe. Indem ein Problem von möglichst vielen Seiten in Rede und Gegenrede untersucht wird, vollzieht sich ein tendenziell offener Erkenntnisprozess. Der sokratische Dialog hat dazu bestimmte Methoden der Kritik bereitgestellt.[9] Außerdem gibt es im modernen Konstruktivismus Ansätze für spezifisch dialektische Argumentationsweisen. Auch mit einem moralischen Dilemma kann man dialektisch verfahren. Geht man von einer Parallele zwischen »äußerem« und »innerem« Dialog aus, so lässt sich daraus eine anspruchsvollere Konzeption des »dialektischen« Aufsatzes entwickeln, als dies im Deutschunterricht üblich ist.

Sokratischer Dialog

Das Wort Dialektik stammt aus dem Altgriechischen *dia-legesthai*, was *sich unterhalten* heißt wie *dia-logos* allgemein *Gespräch*. Das Wort setzt sich zusammen aus dem Verb *legein* (sprechen) und der Vorsilbe *dia*, die zum einen »zwischen« oder »hindurch«, zum anderen »zu-etwas-hin« bedeutet. Der philosophische Dialog wird seit Platon methodisch so stilisiert, dass sich zwei Gesprächspartner durch Rede (These) und Gegenrede (Antithese) der verborgenen Wahrheit annähern.[10] Motor des Dialogs ist grundsätzlich der Fragende, also Sokrates; er repräsentiert das negative Moment, während sich das positive Resultat, wenn überhaupt, nur durch dieses Hin und Her der Gedanken einstellt. Indem die Einwände des Gesprächspartners ernst genommen werden, sollen am Ende möglichst erschöpfend alle Gesichtspunkte, Denkmöglichkeiten und Lösungsvorschläge des behandelten Problems zur Sprache kommen. Dementsprechend bezeichnet *Dialektik* (*techne dialektike*) die Kunst der Gesprächsführung oder *Dialogik* die Lehre von der Gedankenführung. Betont man mehr die Antithetik, so wird daraus eine *Streit-Kunst* bis hin zur Spiegelfechterei – eine spätere Polemik, die sich schon bei Aristoteles ankündigt. Die Methode des sokratischen Dialogs eignet sich als didaktisches Modell, um

9 Siehe oben »Methoden des Philosophie- und Ethikunterrichts« in diesem Band, dort auch weitere Dialogformen wie die Debatte oder das Rollengespräch, S. 57.

10 Vgl. Platons 7. Brief, in: ders., *Briefe*, hg. v. Ernst Howald, Zürich 1923. – Vgl. Rüdiger Bubner, *Zur Sache der Dialektik*, Stuttgart 1980, S. 124 ff.; ders., *Dialektik als Topik*, Frankfurt/M. 1990, S. 9 ff.; Diemer, *Elementarkurs Philosophie. Dialektik*, a. a. O. (Anm. 4), S. 19 ff.; Wuchterl, *Methoden der Gegenwartsphilosophie*, a. a. O. (Anm. 6), S. 106 f.; Danner, *Methoden geisteswissenschaftlicher Pädagogik*, a. a. O. (Anm. 8), S. 172 f.

den Philosophieunterricht als dialogischen Prozess der Verständigung und des Rechenschaftsgebens zu konzipieren.[11]

Die *dialektische Methode* dieses Gesprächstyps lässt sich demnach mit zwei generellen Eigenarten charakterisieren, die sich auch in späteren und anderen Varianten fortsetzen werden: *Erstens* bedeutet die dialektische Methode das *integrative Denken in größeren Zusammenhängen*. Während einzelne Aussagen nur Teilaspekte betreffen, werden im philosophischen Gespräch viele Einzelerkenntnisse als Momente des Ganzen zusammengetragen. Nur dieses Ganze ist die Wahrheit, die sich im konkreten Prozess kritischen Philosophierens herausbildet. Daher gibt es keine Aussagen, die als letzte hingenommen werden; der Prozess der Wahrheitsfindung bleibt offen.

Zweitens bedeutet die dialektische Methode die *positive Funktion des Widerspruchs*. Geht man vom Gesprächsmodell aus, bezieht sich der Widerspruch auf Aussagen im Sinne von *wider-sprechen*. Widerspruch bedeutet dann das Setzen eines *Gegen-Satzes*. Zum einen handelt es sich dabei um einen kontradiktorischen Widerspruch, wenn B die aussagenlogische Negation von A und A die aussagenlogische Negation von B ist. Zum andern lässt sich der Widerspruch als Gegensatz so fassen, dass Begriffe bzw. deren Inhalte unverträglich miteinander sind. Hier geht es um die interne Stimmigkeit philosophischer Aussagen und Systeme, die einer immanenten Kritik unterzogen werden.

Für das Unterrichtsgespräch hat die so vorläufig bestimmte dialektische Methode erste Konsequenzen. Das besondere Interesse gilt den Widersprüchen, die durch Kritik erkennbar werden. Die dafür typischen Methoden der Kritik sind:

- *Wechsel der Perspektive*, und zwar so, dass die wechselnden Standpunkte einerseits auf Relativierung drängen, andererseits ihre relative Berechtigung als Teilaspekte behalten;
- eine Aussage *ad absurdum* führen, indem das Argument im Sinne eines

11 Ekkehard Martens, *Dialogisch-pragmatische Philosophiedidaktik*, Hannover 1979, S. 75ff. u. 36ff.; Gisela Raupach-Strey, »Philosophieunterricht als Interaktion«, in: *Aufgabe und Wege des Philosophieunterrichts*, 8. Jg. (1977), Heft 10, S. 1ff. – Zum sokratischen Dialog vgl. Leonard Nelson, »Die sokratische Methode«, in: Ders., *Gesammelte Schriften*, Bd. 1, Hamburg 1970, S. 271ff.; Gustav Heckmann, *Das sokratische Gespräch. Erfahrungen in philosophischen Hochschulseminaren*, Hannover 1981; Jürgen Mittelstraß, »Das philosophische Lehrgespräch«, in: Wulff D. Rehfus/ Horst Becker (Hg.), *Handbuch des Philosophie-Unterrichts*, Düsseldorf 1986, S. 242ff.; Gisela Raupach-Strey, »Werkstatt-Reflexion aus Leiterin-Perspektive zu einem unvollendeten Sokratischen Gespräch«, in: *Zeitschrift für Didaktik der Philosophie*, 11. Jg. (1989), Heft 1, S. 32ff.; Detlef Horster, *Das Sokratische Gespräch in Theorie und Praxis*, Opladen 1994; Ute Siebert, *Das sokratische Gespräch. Darstellung seiner Geschichte und Methode*, Kassel 1996.

unendlichen Regresses fortgesetzt wird (Beispiel: das Ziel einer Handlung wird zum Mittel für ein anderes Ziel usw.);
– eine Aussage *ad absurdum* führen durch Verallgemeinerung (Beispiel: Was wäre, wenn das jeder tun würde? d. h. wenn eine bestimmte moralische Regel von allen Menschen befolgt würde).

In jedem Fall besteht das Ziel darin, das gewöhnliche Wissen oder den Alltagsverstand in Frage zu stellen. Dialektik setzt dort ein, wo vorhandenes Wissen nicht weiterkommt. So sehr besonders der sokratische Dialog imstande ist, unmittelbar an die Lebenserfahrungen der Schülerinnen und Schüler anzuknüpfen, so liegt zugleich seine spezifisch dialektische Stärke darin, diese Erfahrungen erst einmal zu destruieren. In diese Negation liegen die Chancen für solche philosophischen Erkenntnisse, die den anfänglichen Horizont der Schüler überschreiten.

Dialogischer Konstruktivismus

Auch der moderne Konstruktivismus enthält *dialogische* Züge.[12] Demnach bemühen sich die Dialogpartner nicht nur um Verständlichkeit und Begründbarkeit ihrer Argumente, sondern sie reflektieren selbst noch einmal die eigene Methode ihres Philosophierens. Das geschieht durch Rekurs auf vor-philosophische Handlungen, entweder auf Sprachhandlungen oder auf nicht-sprachliche Praktiken. Der Konstruktivismus besteht daher eher in einer Rekonstruktion philosophischer Begriffe, Aussagen und Theorien. Das hat für den Unterricht weitreichende Konsequenzen: Es werden nicht fertige Regeln gelernt, die auf Fallbeispiele anzuwenden sind; vielmehr sollen die Regeln selbst aus der Reflexion auf die alltägliche Lebenspraxis gewonnen werden.

Dabei spitzt sich der *dialektische* Charakter des Dialogs insofern zu, als mit den Mitteln moderner Logik und Spieltheorie der Streit der Argumente formalisiert wird.[13] Die Regeln des Dialogspiels zwischen Opponent und Proponent

12 Kuno Lorenz, »Dialogischer Konstruktivismus«, in: Kurt Salamun (Hg.), *Was ist Philosophie?*, Tübingen 1986, S. 335 ff.; vgl. Christian Tiel, »Konstruktivismus«, in: Jürgen Mittelstraß (Hg.), *Enzyklopädie Philosophie und Wissenschaftstheorie*, Bd. 2, Mannheim 1980, S. 449 ff. – Zur Didaktik: Martens, *Dialogisch-pragmatische Philosophiedidaktik*, a. a. O. (Anm. 11), S. 39 ff.; Silke M. Kledzik, »Der dialogische Konstruktivismus als Ausgangspunkt und Grundlage methodenbewussten Philosophierens«, in: *Zeitschrift für Didaktik der Philosophie und Ethik*, 22. Jg. (2000), Heft 2, S. 103 ff.; Heinz-Albert Veraart, »Konstruktivismus als methodische Reflexion«, in: *Zeitschrift für Didaktik der Philosophie und Ethik*, 23. Jg. (2001), Heft 2, S. 113 ff.

13 Diemer, *Elementarkurs Philosophie. Dialektik*, a. a. O. (Anm. 4), S. 124; vgl. Wilhelm Kamlah/ Paul Lorenzen, *Logische Propädeutik. Vorschule des vernünftigen Redens*, Mannheim 1967; Paul Lorenzen/Kuno Lorenz, *Dialogische Logik*, Darmstadt 1978.

lauten: Der Proponent beginnt das Spiel mit dem Setzen einer These. Danach ziehen die Spieler abwechselnd – und jeder Spieler darf nur eine der vom Gegner gesetzten Aussagen angreifen oder sich gegen einen Angriff des Gegners verteidigen. Der Proponent hat nur dann gewonnen, wenn der Opponent nicht mehr ziehen kann. Derart strenge Spielregeln lassen sich auch für bestimmte Streitgespräche im Unterricht vereinbaren.

Der Streit der Argumente hat auf dem Gebiet des *ethischen Argumentierens* besondere Brisanz und Aktualität. Berücksichtigt man entsprechende Didaktiken, gibt es sowohl konstruktivistische als auch dialektische Methoden, die im Unterricht benutzt werden können. *Konstruktivistisch* ist bekanntlich die Entwicklungspsychologie von Jean Piaget bis zu Lawrence Kohlberg und seiner Schule.[14] Moralische Urteile enthalten bestimmte kognitive Strukturen, die von den Individuen schrittweise aufgebaut werden. *Dialektisch* ist dieses Verfahren, weil eine *Entwicklung* vorausgesetzt wird und weil die Übergänge von einer Stufe zur anderen durch *Widersprüche* provoziert werden sollen. Bereits ein moralisches Dilemma, das sich ja für den Einstieg bewährt, enthält einen Widerstreit zwischen unterschiedlichen Normen, den es aufzulösen gilt. Doch es reicht nicht aus, die widerstreitenden Normen gegeneinander auszuspielen. Das Ziel besteht vielmehr darin, die moralische Urteilskompetenz der Schülerinnen und Schüler so zu fördern, dass sie auf einem nächsthöheren Niveau (+1 Stufe) argumentieren lernen.

Um den Übergang zu stimulieren, ist das vorhandene Urteil zu verunsichern und an seine Grenzen zu führen. Dies geschieht dadurch, dass der Lehrer auf bestimmte *Mängel* der Argumentation hinweist. Wenn beispielsweise im bekannten Heinz-Dilemma ein Schüler seine Entscheidung, Heinz solle das Medikament zur Rettung seiner Frau stehlen, damit begründet, dass er seine Frau liebe, so wird die Irritation mit der Frage eingeleitet: Und wenn Heinz seine Frau nicht liebt? Der so initiierte Widerspruch besteht darin, dass die persönliche Liebe als moralisches Prinzip nicht verallgemeinerbar ist. Das zeigt die Grenze des Urteils auf der Stufe einer interpersonalen Beziehung und zwingt zu dem verallgemeinernden Urteil, es gehe generell um den Wertekonflikt Menschenleben versus Eigentumsrecht. Indem ethische Argumente in Widersprüche und Perspektivwechsel verwickelt werden, lösen sich alte Schemata auf und ermöglichen neue Urteilsformen.

14 Jean Piaget, *Das moralische Urteil beim Kinde*, Frankfurt/M. 1973; Lawrence Kohlberg, *Moralische Entwicklung und demokratische Erziehung*, Weinheim, Basel 1987; vgl. Fritz Oser/Wolfgang Althoff, *Moralische Selbstbestimmung. Modelle der Entwicklung und Erziehung im Wertebereich*, Stuttgart 1992.

Dialektische Texte schreiben

Der dialektisch orientierte Dialog lässt sich verinnerlichen, indem die widersprüchlichen Argumente von einem einzelnen Individuum reflektiert werden. Im fiktiven Dialog wird die Dialektik zu einer Darstellungskunst. Das Individuum entzweit sich und wird sein eigener Gesprächspartner. Der »äußere« und »innere« Dialog folgt damit derselben Logik der Gedankenführung.[15] So wie sich Rede und Gegenrede in einen Prozess der Reflexion übersetzen lassen, so können bestimmte Reflexionsformen auf dialogische Prinzipien zurückgeführt werden. Derartige Reflexionen eignen sich für selbständige Schreibversuche.[16] In diesem Fall sollen die Schüler solche Essays nach der dialektischen Methode schreiben lernen. Unterschiedliche Formen und Schreibanlässe sind denkbar: der dialektische Aufsatz oder das Schreiben im Anschluss an literarische Geschichten und logische Paradoxien.

Der dialektische Aufsatz

Im Deutschunterricht ist der »dialektische Aufsatz« für manche Schüler und Lehrer zum Alptraum geworden ist.[17] Überspitzt formuliert: Eine Option steht zur Debatte, indem zuerst die Vorteile und dann die Nachteile aufgezählt werden, um dann zum faulen Kompromiss zu gelangen. Beispiel: Ist die antiautoritäre Erziehung heute noch zeitgemäß? Vorteil: Förderung von Mündigkeit; Nachteil: zu wenig Erziehung; Synthese: ein bisschen autoritär und ein bisschen antiautoritär darf es schon sein, sozusagen der goldene Mittelweg.

Für den Philosophieunterricht kommt es hingegen darauf an, den dialektischen Aufsatz so zu konzipieren, dass er seinem Namen gerecht wird. Einerseits sind höhere Ansprüche zu stellen als die zitierte Trivialisierung, andererseits ist die Methode zu elementarisieren, um für Schülerinnen und Schüler anwendbar zu bleiben. Das größte Problem besteht weniger in der Formulierung von These und Antithese als in der Überwindung des Alltagsverstandes, damit die Synthese auf ein philosophisches Niveau gehoben werden kann. Das metho-

15 Bubner, *Dialektik als Topik*, a. a. O. (Anm. 10), S. 15.

16 Dies hat schon vor längerer Zeit Helmut Engels gefordert: »Plädoyer für das Schreiben von Primärtexten«, in: *Zeitschrift für Didaktik der Philosophie und Ethik*, 15 Jg. (1993), Heft 4, S. 250 ff.

17 Inzwischen wird das Wort »dialektisch« vermieden und von einer »Pro-und-Kontra-Erörterung« gesprochen: Ulf Abraham/Ortwin Beisbart/Gerhard Koß/Dieter Marenbach, *Praxis des Deutschunterrichts*, Donauwörth 1998, S. 97 ff.; Jürgen Baurmann/Otto Ludwig, »Die Erörterung – oder: ein Problem schreibend erörtern? Versuch einer Neubestimmung«, in: *Praxis Deutsch*, 17. Jahrgang (1990), S. 16 ff.; Eva-Maria Kabisch, *Aufsatz 9/10 kurzgefaßt*, Stuttgart 1990, S. 11; siehe auch »Rhetorik und Philosophiedidaktik« in diesem Band, S. 225–227.

dische Instrumentarium zur Lösung dieses Problems liefert die Kategorie des *Widerspruchs*, mit deren Hilfe vor allem Hegel seine eigene Methode expliziert.[18] Diese Methode vollzieht sich in den folgenden drei Schritten:

Erster Schritt: Zunächst besteht die Schwierigkeit jeden menschlichen Denkens darin, überhaupt einen Anfang zu finden, weil ja bekanntlich alles mit allem zusammenhängt. Es bleibt nichts anderes übrig, als mit etwas Bestimmtem zu beginnen. Natürlich sind wir uns darüber im klaren, dass dieses Bestimmte von anderem unterschieden ist. Doch auf diese Offenlegung der Voraussetzungen wird erst einmal verzichtet; Unterschiede werden gerade nicht thematisiert. Der Verstand beschränkt sich darauf, eine Position festzulegen, etwas zu fixieren oder zu identifizieren. Diesem alltäglichen Verfahren entspricht die Kategorie der *Identität*.

Zweiter Schritt: An dieser Stelle beginnt die dialektische Bewegung. Die Fixierungen des Verstandes werden überwunden, indem man erkennt, dass jede Bestimmung nur von der Unterscheidung lebt. Wenn man »rot« sagt, meint man nicht »gelb« (konträrer Gegensatz). Das gilt besonders für polare Gegensätze: Positives und Negatives, Gutes und Böses, Krieg und Frieden usw. Offensichtlich handelt es sich dabei um Relationsbegriffe. Die Voraussetzungen der anfänglichen Setzungen werden jetzt deutlich. Dieser Reflexionssphäre der »verkehrten Welt« von Argument und Gegenargument entsprechen die Kategorien *Unterschied* und *Gegensatz*.

Dritter Schritt: Doch die dialektische Wendung geschieht erst durch eine überraschende Umkehrung der Perspektive. Das dauernde Hin und Her der Gegensätze stellt sich als defizitär heraus; auch ein bloßer Kompromiss bliebe theoretisch unbefriedigend. Der entscheidende *Umschlag* besteht darin, dass sich der Betrachter noch einmal ins Verhältnis zum reflektierten Verhältnis setzt. Entscheidend ist also die *Reflexion auf die Reflexion*. Dadurch erkennt man den übergreifenden Zusammenhang, der das Wechselspiel der Oppositionen regiert. Genau dieser Kontext ist mit der Kategorie des *Widerspruchs* gemeint. Hegel spricht dabei auch von »aufheben« in der dreifachen Bedeutung von ergreifen, negieren und bewahren. Inhaltlich kommt in solcher Bewegung ein Mehrwissen, ein Wissen über das Wissen ins Spiel.

18 Hegel, *Wissenschaft der Logik II*, a. a. O. (Anm. 2), S. 13 ff.; vgl. ders., *Enzyklopädie der philosophischen Wissenschaften I*, in: Ders., *Werke in zwanzig Bänden*, Bd. 8, Red. Eva Moldenhauer/Karl Markus Michel, Frankfurt/M. 1969, §§ 112 ff., S. 231 ff. – Dieter Henrich, *Hegel im Kontext*, Frankfurt/M. 1967; Andreas Arndt, *Dialektik und Reflexion. Zur Rekonstruktion des Vernunftbegriffs*, Hamburg 1994.

Dieser schrittweise Prozess der Reflexion soll nun an drei »klassischen« Beispielen erläutert werden, wobei ich mit allgemeinen Themen beginne, um diese dann zu konkretisieren.

Beim Begriff *Identität* wird die dialektische Methode sogar auf sich selber angewendet. Denn wer diesen Begriff benutzt, meint damit in der Regel etwas Bestimmtes, das er gedanklich fixieren zu können glaubt.[19] Bei näherer Betrachtung zeigt sich jedoch, dass ein so bestimmtes Identisches nur in der Entgegensetzung zum Unterschiedenen Bestand hat. Der dialektische Umschlag besteht schließlich darin, dass auch die Identität nur ein Unterschiedenes ist, solange es vom Unterschied getrennt bleibt. Die wahre Identität übergreift daher sowohl das Identische als auch das Unterschiedene.

Ebenso verhält es sich mit dem Begriff des *Unendlichen*.[20] Darunter kann man sich etwas Bestimmtes vorstellen, etwa Gott oder ein geistiges Absolutes. Aber auch in diesem Fall erweist sich das Unendliche als Gegensatz zum Endlichen, ohne das es gar nicht denkbar wäre, also letztlich auch nur als ein Endliches. Wiederum besteht das übergreifende Unendliche im Zusammenhang von Endlichem und Unendlichem. Diese Dialektik hat konkrete Konsequenzen für theologische Themen, wenn etwa die Beziehung der endlichen Welt zu einem Transzendenten erörtert wird.

Praktischer wird es beim Begriff der *Freiheit*, welcher Ausgangspunkt des Ethikunterrichts sein kann. Auch die Freiheit kann zunächst als fester Wert fixiert werden, mit dem man konkrete Vorstellungen verbindet. Doch wird die vertiefende Reflexion zum Ergebnis führen, dass auch Freiheit im Sinne »frei von Zwängen« nicht ohne Determination zu denken ist. An dieser Stelle besteht die erwähnte Gefahr, dass der Dialog oder der Aufsatz in ein oberflächliches Sowohl-als-auch abgleitet nach dem Motto: so viel Freiheit wie möglich, so viel Zwang wie nötig. Demgegenüber gilt es, eine dialektische Wendung herbeizuführen, indem Freiheit und Notwendigkeit im übergreifenden Zusammenhang betrachtet werden. Zwischen Hegels Formel »Freiheit als Einsicht in die Notwendigkeit« bis zur Ethik der Verantwortung eröffnen sich dafür mannigfache Spielräume.

Mit derartigen Erläuterungen und Beispielen kann der Lehrer seinen Schülern ein Modell in die Hand geben, das es erlaubt, nach der dialektischen Methode Essays zu schreiben. Als weitere Themen bieten sich an:

19 Hegel, *Wissenschaft der Logik II*, a. a. O. (Anm. 2), S. 35 ff.; vgl. ders., *Enzyklopädie der philosophischen Wissenschaften I*, a. a. O. (Anm. 18), §§ 115 f., S. 236 ff.

20 Hegel, *Wissenschaft der Logik I*, in: Ders., *Werke in zwanzig Bänden*, Bd. 5, Red. Eva Moldenhauer/Karl Markus Michel, Frankfurt/M. 1969, S. 148 ff.; vgl. ders., *Enzyklopädie der philosophischen Wissenschaften I*, a. a. O. (Anm. 18) §§ 94 f., S. 199 ff.

- Wahrheit und Irrtum in der menschlichen Erkenntnis,
- Theorie und Praxis,
- Gutes und Böses im Handeln der Menschen,
- Pflicht und Neigung,
- Körper und Geist,
- Vernunft und Gefühl,
- Männliches und Weibliches,
- Natur und Kultur,
- Fortschritt und Katastrophe in der Geschichte.

Literarische Geschichten

Der Umgang mit Widersprüchen lässt sich auch anhand literarischer Texte erproben. Dazu eignen sich kurze Geschichten von Karl Valentin und von Bertolt Brecht, etwa die *Geschichten vom Herrn Keuner* oder *Me-ti – Buch der Wendungen*.[21] Die Pointen bestehen häufig darin, dass auf eine verblüffende Art Gewissheiten des Alltagsverstandes in Frage gestellt werden. Was auf den ersten Blick paradox klingt, stellt sich nach einem Perspektivwechsel als »wahr« heraus.

Brechts Prosa eignet sich hier besonders, hat er sich doch ausdrücklich die Dialektik zum Vorbild genommen.[22] Die Keuner-Geschichten sind aus Brechts »Lehrstücken« hervorgegangen, die er auch einmal als »dialektisches Theater« bezeichnet hat. Anstelle von Unterhaltung und Anteilnahme soll beim Zuschauer und Leser eine kritische Haltung erzeugt werden. Die abstrakte Figur des Herrn Keuner steht für den *Denkenden*, der durch Erzählungen und Kommentare festgefahrene Gewohnheiten aufbricht und neuartige Reflexionen auslöst. Brecht zitiert hier Hegel: »Das Bekannte überhaupt ist darum, weil es *bekannt* ist, nicht *erkannt*.« Und leitet daraus sein literarisches Stilmittel der *Verfremdung* ab, durch welches das Bekannte »fremd« gemacht wird. Das Selbstverständliche und unmittelbar Einleuchtende wird Irritationen ausgesetzt, so dass Staunen und Neugier entstehen können. Als Beispiel soll folgende bekannte Keuner-Geschichte dienen:

21 Bertolt Brecht, »Geschichten vom Herrn Keuner«, in: Ders., *Gesammelte Werke, Prosa 2*, Bd. 12, Frankfurt/M. 1967, S. 373 ff.; ders. »Me-ti – Buch der Wendungen«, in: *Ebd.*, S. 417 ff. – Anregungen für den Deutschunterricht mit weiterer Literatur und Sachinformationen in: Dieter Wöhrle, *Brecht. Geschichten vom Herrn Keuner*, Frankfurt/M. 1989; Peter Bekes, *Verfremdungen. Parabeln von Brecht*, Stuttgart 1995, S. 27 ff.; siehe »Literarische Formen des Philosophierens im Unterricht« in diesem Band, S. 206–209.

22 Diese pathetisch genannte »Große Methode« lehrt »Fragen zu stellen, welche das Handeln ermöglichen«. Brecht, *Gesammelte Werke*, Bd. 12, a. a. O. (Anm. 21), S. 475.

Das Wiedersehen
Ein Mann, der Herrn K. lange nicht gesehen hatte, begrüßte ihn mit den Worten: ›Sie haben sich gar nicht verändert.‹ ›Oh!‹ sagte Herr K. und erbleichte.[23]

Die höfliche und zugleich formelhafte Anrede folgt einem gängigen Sozialmuster, das im Unterricht durch Rollenspiele vergegenwärtigt werden kann. Die Unsicherheit der erneuten Begegnung und die erste Verlegenheit des Wiedersehens werden überwunden, indem der Mann wieder dort anknüpft, wo die Bekanntschaft vor einiger Zeit aufgehört hat. Wenn der Gesprächspartner identisch geblieben ist, kann sich ein herkömmliches Erwartungsmuster einstellen. Ein solcher ritualisierter Gestus stabilisiert die soziale Interaktion. – Um so befremdender mutet die Reaktion Keuners an. Sein Erbleichen wirkt auf den ersten Blick unverständlich, weil es an die eröffnete kommunikative Situation nicht anschließt. Mit seiner negativen Reaktion bricht Keuner die Banalität des Alltags auf und entzaubert die nachlässig gebrauchte Sozialgeste. Was aus der Sicht des Mannes durchaus als Kompliment gemeint war, empfindet Keuner als eine Entlarvung. Der Perspektivwechsel besteht darin, dass Keuner den Augenschein eines unveränderlichen Wesens in den Kontext politischer und sozialer Veränderungen überträgt. Unveränderlichkeit bedeutet jetzt, gegenüber historischen Erfahrungen, sozialen Problemen und menschlichem Leiden unempfindlich zu sein. So zielt die in der Pointe gipfelnde Dialektik auf ein Umdenken des Lesers.

Auf ähnliche Weise lässt sich mit anderen Geschichten verfahren. Sie können kommentiert, weitergeschrieben und zum Muster für eigene Schreibversuche genommen werden.

Spiel mit Paradoxien

Logisch betrachtet enthalten derartige Pointen die Form von *Paradoxien*. Sie bedeuten zunächst Behauptungen, welche Verblüffung erregen, weil sie den selbstverständlichen Annahmen unseres Alltagsverstandes widersprechen. Sie enthalten Sinn, der wider den gewohnten Sinn gerichtet zu sein scheint – Widersinn. Paradox sind auch Handlungsfolgen, wobei genau das Gegenteil herauskommt, was vorher überlegt und geplant war – eben eine »verkehrte Welt«. Doch Widersinn ist nicht gleich Unsinn. Etwas kann sich als widersinnig erweisen und dennoch wahr sein. Extreme Paradoxien bedeuten eine logische

23 Brecht, »Geschichten vom Herrn Keuner«, in: Ders., *Gesammelte Werke*, a. a. O. (Anm. 21); ich folge dem Kommentar von Bekes, *Verfremdungen. Parabeln von Brecht*, a. a. O. (Anm. 21), S. 27 f.

Verschärfung des Widersinnigen.[24] Bereits in ihren alltagssprachlichen Fassungen weisen sie zwei Merkmale auf:

- Paradoxien enthalten einen *inneren Widerspruch*. Die gleiche Aussage enthält eine *Setzung* (bejahende Behauptung) und gleichzeitig eine *Entgegensetzung* (negierende Gegenbehauptung). Beispiel: »Dieser Satz ist gelogen!«
- Paradoxien enthalten eine *Selbstbezüglichkeit*: In der zitierten Lügnerparadoxie wird der Bezug der Aussage auf sich selbst durch das Demonstrativpronomen ausgesprochen.

Ein anderes Standardbeispiel mit einer analogen Struktur ist das Barbier-Paradoxon: Ein glatt barbierter Dorfbarbier rasiert alle und nur all diejenigen Männer des Dorfes, die sich nicht selbst rasieren. Rasiert er sich nun selbst oder nicht? Wenn er selbst seine Stoppeln einebnet, widerspricht dies der Voraussetzung, dass er alle Männer im Dorf rasiert, die sich *nicht* selbst rasieren. Lässt er sich die Stoppeln von anderen planieren, dann widerspricht dies der Voraussetzung, dass er *alle* Männer im Dorf rasiert, die sich nicht selbst rasieren. Wie ist er unter diesen Bedingungen seinen Bart losgeworden?

Von derartigen Paradoxien, die man auch als *formale Antinomien* bezeichnen kann, unterscheiden sich *nomologische Antinomien*, die keineswegs eine ausschließende Disjunktion enthalten. Es handelt sich um kein strenges Entweder-Oder von der Art: Entweder stimmt die These oder die Antithese. Es existieren im Gegenteil gute Gründe für die Annahme beider Aussagen. Solche Antinomien veranlassen keine Mängelrügen, sondern zeigen die Gleichzeitigkeit von Einschluss und Ausschluss zweier Momente an. Als Spannungsverhältnis können sie die Gedanken und Handlungen weitertreiben.

Paradoxien sind nicht allein logischer Art, sondern können auch *existentielle Erfahrungen* ausdrücken. Jeder Mensch stößt immer wieder an die Tatsache, dass seine Pläne, Wünsche, Vorstellungen durchkreuzt werden von Begrenzungen, die von außen kommen, von anderen Menschen, von lebensnotwendigen Verpflichtungen, aber auch von der eigenen physischen und psychischen Unfähigkeit, sie zu verwirklichen. Wir erfahren diese Widersprüche mitunter schmerzlich.

Historisch gesehen war es eine Reaktion auf das spekulative System Hegels, als Kierkegaard eine derartige *Dialektik der existentiellen Erfahrung* ansetzte. Ein wichtiges Werk von ihm heißt *Entweder – Oder*; mit diesem Titel wird bereits angedeutet, dass die Erfahrung des *Paradoxon* für Kierkegaard zentral ist. So

24 Vgl. Wuchterl, *Methoden der Gegenwartsphilosophie*, a. a. O. (Anm. 6), S. 109 ff.; Ritsert, *Kleines Lehrbuch der Dialektik*, a. a. O. (Anm. 6), S. 74 ff.

heißt es: »Heirate, Du wirst es bereuen, heirate nicht, Du wirst es auch bereuen, heirate oder heirate nicht, Du wirst beides bereuen. […] Hänge dich, Du wirst es auch bereuen, hänge Dich nicht, Du wirst auch bereuen, häng dich doch, häng Dich nicht, Du wirst beides bereuen«.[25]

Kritische Hermeneutik

Die dialektische Methode lässt sich auch bei der Lektüre philosophischer Texte im Unterricht anwenden. Dazu ist es erforderlich, die häufig hermetisch erscheinenden Schriften in einen Prozess der Kritik und Gegenkritik zu verwandeln. Das geschieht zum einen durch die Rekonstruktion philosophischer Kontroversen, deren Polarität zur eigenen Auseinandersetzung motiviert. Zum andern kann die Geschichte der Philosophie als eine Sequenz kritischer Bezugnahmen vorgestellt werden. Hegels Methode, aus dem »Mangel« einer Theorie die eigene Alternative zu entwickeln, dient schließlich als methodisches Modell zur Förderung des kritischen Urteilsvermögens bei Schülern.

Dialektik und Hermeneutik

Weniger bekannt als die ursprüngliche Beziehung zwischen Dialektik und Dialog ist die Verbindung zur *Hermeneutik*, die für die Dialektik einmal ebenso konstitutiv gewesen ist. Es war der romantische Philosoph Friedrich Schleiermacher, der das Gespräch als hermeneutische Situation betrachtet hat.[26] Denn im Wechselspiel von Frage und Antwort, Rede und Gegenrede begegnen sich Ausdruck und Verstehen. Ein Dialog ist nur möglich, wenn die Äußerungen des Gegenüber auch verstanden werden. Schleiermacher arbeitet dafür nicht nur eine eigene Methode aus, sondern überträgt sie auf das Verständnis von Texten. Autor und Leser sind in diesem Sinne Dialogpartner. Der Autor will mit seinem Text eine bestimmte Aussage mitteilen; der Leser hat den Autor verstanden, wenn er aus dem Text dessen kommunikative Absicht zu erschließen vermag.[27] Die »hermeneutische Operation« ist daher wesentlich dialogisch verfasst. Und

25 Søren Kierkegaard, *Entweder – Oder*, Bd. 1, Leipzig 1922, S. 34; vgl. Danner, *Methoden geisteswissenschaftlicher Pädagogik*, a. a. O. (Anm. 8), S. 178.
26 Friedrich Schleiermacher, *Hermeneutik und Kritik*, Frankfurt/M. 1977, S. 75; vgl. Danner, *Methoden geisteswissenschaftlicher Pädagogik*, a. a. O. (Anm. 8), S. 192 ff.
27 Vgl. Lothar Ridder, »Textarbeit im Philosophieunterricht aus hermeneutisch-intentionalistischer Sicht«, in: *Zeitschrift für Didaktik der Philosophie und Ethik*, 22 Jg. (2000), Heft 2, S. 124 ff.; ders., »Methoden der Interpretation im Philosophieunterricht«, in: Johannes Rohbeck (Hg.), *Philosophische Denkrichtungen*, Dresden 2001, S. 116 ff.

sie ist dialektisch, indem der Leser aus dem diffusen Konglomerat einander widerstreitender Meinungen zu verallgemeinerbaren Resultaten gelangt.

Freilich verläuft diese Art der Kommunikation nur in eine Richtung: Allein der Autor spricht, während der Leser keine Gelegenheit hat, dessen Fragen direkt zu beantworten, Kritik zu üben oder eigene Fragen zu stellen. Diese Asymmetrie verschwindet, wenn die Dialogsituation im historischen Kontext betrachtet wird. Dann wird der Leser zum potenziellen Autor und produziert Texte für künftige Leser. Überschaut man eine solche Kette in der Generationenfolge, kann die Summe der lesenden und schreibenden Philosophen als eine Dialoggemeinschaft gelten. Die Geschichte der Philosophie ist der Ort, an dem dieser Dialog stattfindet.

Auf diese Weise ist auch das *dialektische* Moment wiedergewonnen. Denn nun vollzieht sich der Dialog im Medium von These und Antithese. Friedrich Schlegel hat dem Verhältnis von Dialektik und Dialog diese geschichtsphilosophische Dimension verliehen, indem er die Philosophiegeschichte als einen fortschreitenden Bildungsprozess charakterisierte.[28] Übrigens hat er dabei einen Aspekt betont, der für die moderne Hermeneutik bis hin zur Dekonstruktion wichtig wurde: Indem der Leser einen Text versteht, produziert er selber einen eigenen Sinn; nicht selten ist er klüger als der Autor und setzt etwas Neues hinzu. So stellt sich die Geschichte der Philosophie als eine innovative Fortschreibung der Tradition dar.

Philosophiegeschichte im Unterricht

Insbesondere Hegel hat eine derartige Konzeption der Philosophiegeschichte ausgearbeitet. In der Einleitung seiner *Vorlesungen über die Geschichte der Philosophie* kritisiert er die geläufige Auffassung, Philosophiegeschichte sei ein bloßer Vorrat gelehrter Kenntnisse und wechselnder Meinungen. Stattdessen betrachtet er das Verhältnis von Philosophie und Geschichte als Entwicklung.[29] So wie die Aufeinanderfolge der philosophischen Systeme in der Geschichte anzutreffen sei, so finde man umgekehrt in den geschichtlichen Erscheinungen den systematischen Fortgang: »So ist Philosophie System in der Entwicklung.« Auf diese Weise behandelt Hegel die *Philosophiegeschichte als Philosophie*.

28 Friedrich Schlegel, *Werke. Kritische Ausgabe*, Bd. 12 u. 18, hg. v. Ernst Behler unter Mitwirkung von Jean-Jacques Anstett und Hans Eichner, Paderborn, München, Wien 1958 ff.; vgl. Andreas Arndt, »Dialektik und Hermeneutik«, in: Thomas Rentsch (Hg.), *Philosophie – Geschichte und Reflexion*, Dresden 2002.

29 Hegel, *Vorlesungen über die Geschichte der Philosophie*, in: *Werke in 20 Bänden*, Bd. 18, Red. Eva Moldenhauer/Karl Markus Michel, Frankfurt/M. 1969, S. 39; siehe »Philosophiegeschichte als didaktische Herausforderung« in diesem Band, S. 42 f.

Dieser Zusammenhang von Philosophie und Geschichte hatte für den Philosophieunterricht erhebliche Konsequenzen. So ist in Italien dieser Unterricht historiographisch ausgerichtet, wie in zahllosen Handbüchern zur Geschichte der Philosophie nachzulesen ist. Dahinter steht der italienische Neo-Hegelianismus, in dem die zitierte Umkehrung in den Vordergrund gerückt ist. In feinem Unterschied zu Hegel schreibt Giovanni Gentile: »Die historische Abfolge ist die Entwicklung des Gedankens selber.«[30] Das Programm lautet jetzt: *Philosophie als Philosophiegeschichte*, oder polemisch formuliert: die Geschichte der Philosophie als Philosophie-Ersatz.

Selbstverständlich kommt die Unterrichtung der Philosophiegeschichte als solcher aus fachlichen und didaktischen Gründen nicht in Frage. Zum einen ist uns heute der Glaube an ein verbindliches System und an einen kontinuierlichen Fortschritt verloren gegangen. Zum andern sollen sich die Schüler ja nicht tote Philosophie aneignen, sondern selber philosophieren lernen. Daher ist nach Wegen zu suchen, um die kritischen Potenziale der Hegelschen Dialektik zu retten und für den Unterricht fruchtbar zu machen. In einer zeitgemäßen Didaktik kann dies nur fragmentarisch geschehen: zunächst auf einer *synchronen*, sodann auf einer *diachronen* Ebene.

Philosophische Kontroversen

Nur in schlechten Philosophiegeschichten erscheint die philosophische Tradition wie eine Perlenkette, auf welcher sich die Lehrmeinungen brav aneinanderreihen und ihr Wissen fortschreitend akkumulieren. In Wirklichkeit waren die meisten Philosophen schon zu Lebzeiten in stürmische Debatten verwickelt; philosophische Theorien waren von Anfang an heftig umstritten. Nur ist dies an den überlieferten Texten nicht immer erkennbar, wodurch der archivarische Anschein entsteht. Es ist daher Aufgabe der Didaktik, die Texte als *synchrone* Beiträge zu zeitgenössischen *Kontroversen* wieder lebendig zu machen. Dabei können Positionen und Oppositionen, Thesen und Antithesen, Kritiken und Gegenkritiken sichtbar gemacht werden.

In der Geschichte der Philosophie gibt es zahlreiche Kontroversen, die sich auch im Unterricht thematisieren lassen. Als Debatte namentlich bekannt geworden ist der *Streit zwischen den Altertumsfreunden und den Modernen* am Ende des 17. Jahrhunderts, als sich die Idee des Fortschritt herauszubilden begann.[31] Im 18. Jahrhundert ist Jean-Jacques Rousseau ein solcher Streitfall:

30 Giovanni Gentile, »Il concetto della storia della filisofia«, in: *La riforma della didattica hegeliana e altri scritti*, Messina 1924, S. 147 (Übersetzung, J. R.); vgl. Wilhelm Windelband, *Lehrbuch der Geschichte der Philosophie*, Tübingen 1919, S. 7ff.

31 Hans Robert Jauß, *Ästhetische Normen und geschichtliche Reflexion in der ›Querelle des Anciens*

Wenn man seine *Abhandlung über die Ungleichheit* mit den optimistischen Geschichtsphilosophien der Zeit konfrontiert, entpuppen sich die Texte als spannende Auseinandersetzung um den Preis der modernen Zivilisation.[32] Im 19. Jahrhundert ist in unserem Zusammenhang die »Kritik der Hegelschen Dialektik und Philosophie überhaupt« von Karl Marx ein Thema.[33]

Für den Unterricht eignen sich besonders Streitgespräche und Kontroversen der Philosophie des 20. Jahrhunderts.[34] Es handelt sich dabei um direkte Konfrontationen philosophischer Standpunkte, die zu den Höhepunkten lebendigen Philosophierens gehören und über Jahrzehnte hinweg Nachfolge-Debatten ausgelöst haben. Zu den bedeutenden und heute noch aktuellen Debatten gehören:

- *Die Diskussion um die so genannte Wertfreiheit von Wissenschaft und Technik.* Nach den Erschütterungen des fortschrittsgläubigen Weltbildes zu Beginn des zwanzigsten Jahrhunderts entbrannte um den Soziologen Max Weber der »Werturteilsstreit«. Dabei ging es um die brisante Frage, ob sozialwissenschaftliche Probleme »objektiv« behandelt werden können, obwohl doch alle Erfahrungen in diesem Bereich von versteckten Interessen und Wertungen durchsetzt sind.
- *Der Streit um die Zwei Kulturen zwischen Natur- und Geisteswissenschaft.* Die Debatte wurde ausgelöst von Charles Percy Snow, der behauptete, die Welt der Naturwissenschaftler und die Welt der Literaten hätten sich völlig entfremdet und stünden sich feindlich gegenüber. Er betrachtete diesen Zwist als eine Wurzel für viele schwerwiegende Probleme seiner Zeit.
- *Die Euthanasie-Kontroverse in der Singer-Affäre.* Darunter versteht man den Eklat, der die Auftritte des australischen Philosophen Peter Singer in Deutschland begleitet hat, als dieser so brisante Themen wie Euthanasie, Abtreibung und Tötung von Behinderten, Säuglingen und Tieren unter dezidiert utilitaristischen Prinzipien behandelte. Hier prallten säkulare

et des Modernes‹, München 1964.

32 Jean Jacques Rousseau, *Abhandlung über den Ursprung und die Grundlagen der Ungleichheit unter den Menschen*, hg. v. Philipp Rippel, Stuttgart 1998; Anne Robert Jacques Turgot, *Über die Fortschritte des menschlichen Geistes*, hg. v. Johannes Rohbeck/Liselotte Steinbrücke, Frankfurt/M. 1990; vgl. Johannes Rohbeck und Gerhard Voigt (Hg.), *Nachdenken über die Geschichte. Texte und Fragen zur Geschichtsphilosophie*, Hannover 1984, S. 49 ff.

33 Karl Marx, »Kritik der Hegelschen Dialektik und Philosophie überhaupt«, in: *Marx-Engels-Werke*, Ergänzungsband, erster Teil, Berlin 1968, S. 568 ff.

34 Kurt Wuchterl, *Streitgespräche und Kontroversen in der Philosophie des 20. Jahrhunderts*, Bern 1997; diesem Buch sind auch die folgenden Beispiele entnommen.

Ideen auf traditionelle Wertvorstellungen. Die Folge-Diskussion reicht bis in die Gegenwart.

Der Vorteil, derartige Kontroversen im Philosophie- und Ethikunterricht zu thematisieren, besteht darin, dass die Argumente und Gegenargumente ausformuliert und prozesshaft vorliegen. Die Schüler müssen also nicht erst nach Einwänden gegen einen einzelnen Autor suchen, was häufig schwer fällt, sondern können direkt zu den Gegensätzen Stellung nehmen. Die Polarität erleichtert den Einstieg in die eigene Diskussion und hebt diese von Anfang an auf ein höheres Niveau. Darüber hinaus bildet der distanzierte Blick auf eine bereits entfaltete Debatte eine gute Voraussetzung für den *dialektischen Umschlag*: Die Schüler werden aufgefordert, im Hin und Her der Argumente nach einem *übergreifenden Zusammenhang* zu fragen, der eine Synthese im Sinne der oben erläuterten Kategorie des Widerspruchs ermöglicht.

Kritik der Kritik

In *diachroner* Perspektive stellt sich die Geschichte der Philosophie als eine Folge von Problemlösungen dar, die in Frage gestellt werden, um neue Lösungen zu formulieren, die ihrerseits wieder verworfen werden. Philosophie wird zur *perennierenden Kritik* – zu einer Kritik, die sich nicht zuletzt als Modell für einen problemorientierten Philosophieunterricht eignet.

Bei Hegel lässt sich die Methode eines solchen Kritiktyps studieren. In seinem »System in der Entwicklung« setzt die Kritik jeweils am bestimmten »Mangel« einer philosophischen Theorie ein. Wie am Beispiel eines moralischen Dilemmas gezeigt, wird die alternative Konzeption durch *bestimmte Negation* entwickelt. So erkennt Hegel in Kants Ethik den »Mangel«, dass die allgemeine Vernunftregel des kategorischen Imperativs erstens nur abstrakt und formal sei, also keine inhaltlichen und konkreten Bestimmungen enthalte, an denen man sich orientieren könne, und dass zweitens die Pflicht, durch die das Prinzip der reinen praktischen Vernunft ja anerkannt werden soll, kein Handlungsmotiv hergebe.[35] Aus genau dieser »negativen« Kritik leitet Hegel »positiv« seine eigene ethische Theorie ab: An die Stelle der Kantischen »Moralität« tritt die Hegelsche »Sittlichkeit«, in welcher die praktische Lebenswirklichkeit mit den Sphären Familie, bürgerliche Gesellschaft und Staat zu Grunde gelegt wird.

Im Anschluss an Hegel lässt sich die Lektüre philosophischer Texte als eine

35 Hegel, *Grundlinien der Philosophie des Rechts*, in: *Werke in 20 Bänden*, Bd. 7, Red. Eva Moldenhauer/Karl Markus Michel, Frankfurt/M. 1969, S. 252 f.

Sequenz kritischer Bezugnahmen organisieren.[36] Der jeweils weiterführende Gedanke entwickelt sich aus den Mängeln des vorher Gedachten. So folgt auf die rationalistische Moralphilosophie Spinozas in kritischer Abgrenzung die Gefühlsmoral von Hume, die wiederum in Kants *Grundlegung zur Metaphysik der Sitten* kritisiert wird mit den genannten Defiziten und so fort.

Schließlich fragt es sich, wie die Schülerinnen und Schüler in die Lage versetzt werden können, die dialektische Methode selbständig anzuwenden. Mit der Dialektik erhalten sie ein Muster, das dazu dient, auf ähnliche Weise Kritik zu üben. Demnach suchen sie in Texten nach bestimmten Defiziten, aus denen sich möglichst genau theoretische Alternativen entwickeln lassen. Wenn beispielsweise die Vertragstheorie von Thomas Hobbes bekannt ist, führt die Kritik am Unterwerfungsvertrag zu einem dazu komplementären Vertragsmodell, in welchem den Individuen mehr Freiheitsrechte eingeräumt werden. Diese Kritik kann man bei John Locke und bei Jean-Jacques Rousseau nachlesen, sie lässt sich aber auch theoretisch antizipieren. Dazu eignet sich das Medium des Schreibens.

Ein solches Verfahren der Kritik hat mehrere didaktische Vorteile. Zum einen trägt die Kenntnis späterer Kritiken zum vertieften Verständnis der vorhergehenden Theorie bei. Nicht alle Kritiken können von den Schülern selber entwickelt werden, so dass auf diesem Umweg neue Gesichtspunkte in den Unterricht einfließen. Zum andern wird die Kritik auf ein höheres Niveau gehoben. Denn die kritische Stellungnahme kommt nicht von außen als bloße Meinung, sondern wird von innen her entwickelt. Auf diese Weise verbindet sich die *immanente Kritik* mit einer *transzendierenden Kritik*, die zu alternativen Entwürfen führt.

Kritik an der Lebenswelt

Um der dogmatischen Gefahr der Dialektik zu entgehen, schlage ich eine phänomenologische Lesart vor, die sich auf die unmittelbare Lebenswelt und auf das alltägliche Bewusstsein der Menschen bezieht. Kritisch bleibt diese Methode zum einen, indem scheinbare Selbstverständlichkeiten in Frage gestellt werden. Dabei geht es um die anfangs zitierte »verkehrte Welt«, indem Erfahrungen der Verkehrung, Entfremdung und Verdinglichung in der modernen Zivilisation

36 Vgl. Roland W. Henke, »Dialektik als didaktisches Prinzip«, in: *Zeitschrift für Didaktik der Philosophie und Ethik*, 22. Jg. (2000), Heft 2, S. 117 ff.; zum folgenden Thema der Kritik vgl. Norbert Diesenberg, »Formen der philosophischen Kritik oder ›Stimmt das eigentlich, was da im Text behauptet wird?‹. Zur Schulung der kritischen Urteilskompetenz im Philosophieunterricht«, in: Johannes Rohbeck (Hg.), *Methoden des Philosophierens*, Dresden 2000, 76 ff.

rekonstruiert und zum Ausgangspunkt eigener Schreibversuche gemacht werden. Zum andern zielt die dialektische Methode auf eine Kritik an ungerechtfertigten Abstraktionen, die nicht nur intellektuell beschränkt sind, sondern auch Herrschaft auf unser Denken und Handeln ausüben. Damit erhält die Dialektik eine gesellschafts- und sprachkritische Wendung.

Hegels Realdialektik – phänomenologisch gelesen

Mit Hegel vollzieht die Dialektik eine so tiefgreifende wie umstrittene Wendung. Die zentrale Kategorie des Widerspruchs bezieht sich nicht mehr auf Aussagen, sondern auf die Realität. Es geht nicht mehr um das *Wider-sprechen* in einer dialogischen oder hermeneutischen Situation; vielmehr sollen die in der Lebenswirklichkeit vorhandenen *Widersprüche* aufgedeckt werden: im Wesen des Menschen, in der Gesellschaft und sogar in der Natur.[37] Bereits Kant hatte den Widerspruch von subjektiver Willkür befreit und in seiner »transzendentalen Dialektik« zu zeigen versucht, dass sich die menschliche Vernunft zwangsläufig in Widersprüche verwickelt, wenn sie die Grenzen der Erfahrung überschreitet. Das führt in sogenannte Antinomien, die keine rationale Auflösung erlauben, z. B. in die Antinomie von Kausalität und Freiheit.[38] Indem jedoch Hegel diese Notwendigkeit von der menschlichen Vernunft in die Wirklichkeit verlagert, objektiviert und ontologisiert er die Dialektik.

Im nachmetaphysischen Zeitalter der Gegenwart ist eine derartige Realdialektik natürlich nicht mehr akzeptabel. Auch im Philosophieunterricht würden Dogmatisierung und Überfrachtung drohen. Um hingegen die didaktischen Möglichkeiten der Hegelschen Dialektik zu bergen, vollziehe ich zwei Transformationen: Zunächst suche ich nach Hegels *Methode*; sodann schlage ich vor, Hegels Dialektik auf *phänomenologische* Weise zu lesen.[39] Beide Lesarten hängen miteinander zusammen.

Hegel hat das Verhältnis von *Sein und Schein* in *seiner Lehre vom Wesen* expliziert, indem er es nach der oben erwähnten Reflexionsmethode entfaltet.[40] Das naive Bewusstsein stellt sich vor, »hinter dem Schein« verberge sich das ver-

37 Einen Überblick über das Gesamtsystem bietet: Hegel, *Enzyklopädie der philosophischen Wissenschaften*, in: Ders., *Werke in 20 Bänden*, Bde. 8–10, Red. Eva Moldenhauer/Karl Markus Michel, Frankfurt/M. 1969.

38 Immanuel Kant, *Kritik der reinen Vernunft*, »Die Transzendentale Dialektik«, in: Ders., *Werke in 12 Bänden*, Bd. III, hg. v. Wilhelm Weischedel, Frankfurt/M. 1977, S. 340 ff.

39 Vgl. Danner, *Methoden geisteswissenschaftlicher Pädagogik*, a. a. O. (Anm. 8), S. 192 ff.

40 Hegel, *Wissenschaft der Logik II*, a. a. O. (Anm. 2), S. 13 ff.; vgl. ders., *Enzyklopädie der philosophischen Wissenschaften I*, a. a. O. (Anm. 18) §§ 112 ff., S. 231 ff. – Michael Theunissen, *Sein und Schein. Die kritische Funktion der Hegelschen Logik*, Frankfurt/M. 1978.

meintlich »wahre Sein« oder »Wesen«. Hegels Grundgedanke besteht hingegen darin, dass Sein und Schein in einem wechselseitigen Verhältnis stehen. So wie im Schein nichts anderes als das Wesen erscheint, so ist der Schein die reflexive Bewegung des Wesens selbst. In der Kategorie des Widerspruchs vereinigt sich dieser übergreifende Zusammenhang. Der Schein ist daher kein subjektiver Irrtum, sondern objektiv und notwendig.

Mit diesem methodischen Zugriff auf die Dialektik ist bereits deren Parallele zur *Phänomenologie* angesprochen.[41] Beiden Richtungen geht es um die Rettung der Phänomene; diese werden nicht als bloße Täuschungen abgewertet, sondern als Momente der Lebenswirklichkeit begriffen. So versteht sich mein Vorschlag, die Methode der Dialektik auf phänomenologische Weise anzuwenden. Die dialektische Kritik bezieht sich dann auf die unmittelbare *Lebenswelt* und auf entsprechende *Bewusstseinszustände*. Der theoretische Gewinn besteht in der Kombination einer *phänomenologischen Dialektik* oder *dialektischen Phänomenologie*. Das soll nun an Beispielen für den Unterricht erläutert werden.

Kritik an scheinbaren Selbstverständlichkeiten

Ein einfaches und zugleich klassisches Beispiel stammt aus der Astronomie: Wenn die Menschen Jahrtausende lang glaubten, die Sonne drehe sich um die Erde, so haben sie sich nicht einfach nur geirrt; dieser Anschein ist vielmehr im Planetensystem selber und durch den vorgegebenen Standpunkt der Betrachtung begründet. Die kopernikanische Wende bestand in einem Perspektivwechsel, der erst im Zuge der modernen Raumfahrt sinnfällig geworden ist.

Eine dialektisch-phänomenologische Reflexion auf die Raumfahrt verdanken wir Günther Anders. Wichtiger als die Mondlandung selbst war für ihn der dadurch möglich gewordene rückwärts gewandte »Blick vom Mond« auf die Erde. Die These lautet, dass die Raumflüge nicht nur der Erkundung ferner Regionen dienten, sondern dazu, dass die Erde zum ersten Mal die Chance hat, sich selbst zu sehen: »Das große Erlebnis auf dieser Mondfahrt war nicht das Ziel, sondern der Ausgangspunkt; nicht das Unbekannte, sondern das Bekannte; nicht das Fremde, sondern das Verfremdete; nicht der Mond, sondern die Erde.«[42] Das ursprüngliche Ziel hat sich umgekehrt, diesmal durch eine technisch produzierte Umkehrung der Blickrichtung.

41 Schließlich heißt Hegels eigenes frühes Hauptwerk *Phänomenologie des Geistes*, in: *Werke in 20 Bänden*, Bd. 3, Red. Eva Moldenhauer/Karl Markus Michel, Frankfurt/M. 1969.

42 Günther Anders, *Der Blick vom Mond*, München 1970, S. 12, S. 89; vgl. Hans Blumenberg, *Die Genesis der kopernikanischen Welt*, Frankfurt/M. 1975, S. 786.

In Hegels *Phänomenologie des Geistes* findet sich ein sozialphilosophisches Beispiel: die wechselseitige Anerkennung im Verhältnis von »Herrschaft und Knechtschaft«.[43] Vom Standpunkt des Herrn erscheint dieser als frei und selbständig, während der Knecht offensichtlich von ihm abhängt. Doch aus der Sicht des Knechtes stellt sich das Verhältnis umgekehrt dar. Weil der Knecht die Lebensmittel erarbeitet, die der Herr nur konsumiert, ist es in Wahrheit der Knecht, der Selbständigkeit gewinnt und den Herrn von sich abhängig macht. In diesem Fall hat der Perspektivwechsel sozialkritische Motive.

In seiner *Kritik der politischen Ökonomie* hat Karl Marx dasselbe dialektische Verfahren verwendet.[44] Demnach »erscheinen« auf dem Markt der bürgerlichen Gesellschaft nicht die sozialen Beziehungen der Privatpersonen, sondern nur die Verhältnisse der Dinge wie Ware und Geld. Der so genannte »Fetisch der Ware« potenziert sich noch einmal beim Geld und Kapital, die wie scheinbar selbständige Subjekte agieren. Der »notwendige Schein« entsteht nicht erst in den Köpfen der Menschen, sondern besteht in einer verkehrten Praxis, die ein entsprechend falsches Bewusstsein erzeugt. Erst der kritische Standpunkt erlaubt es, diesen Schein aufzudecken.

In dieser Tradition ist später bei Horkheimer und Adorno explizit von »Verkehrung«, »Entfremdung« und »Verdinglichung« die Rede.[45] In radikalisierter Form lassen sich in der gesamten modernen Zivilisation Phänomene der Entfremdung und Instrumentalisierung beobachten. Im Bereich der Technik glauben wir, Herr über unsere technischen Geräte zu sein, während diese uns beherrschen, indem sie unsere Handlungen determinieren. In der Bürokratie verkehrt sich das Mittel Verwaltung zum Selbstzweck. Schließlich hat die Wissenschaft die Aufgabe, die Menschen aufzuklären und zu befreien, während Expertenwissen und Pseudowissenschaft neue Sachzwänge etablieren. Insgesamt ist hier die vielzitierte »Dialektik der Aufklärung« am Werke.

Die dialektisch-phänomenologische Methode eignet sich schließlich auch für die Beobachtung von Alltagsphänomenen, wie Jean-Paul Sartre demonstriert: »Betrachten wir diesen Kaffeehauskellner. Er hat rasche und sichere Bewegungen, ein wenig allzu bestimmte und ein wenig allzu schnelle, er kommt ein wenig zu rasch auf die Gäste zu, er verbeugt sich mit ein wenig zuviel Beflissenheit, seine Stimme und seine Blicke drücken eine Interessiertheit aus, die ein wenig zu sehr von Besorgnis um die Bestellung des Kunden in Anspruch genommen ist; […] Man braucht ihn nicht lange zu beobachten, um sich dar-

43 Hegel, *Phänomenologie des Geistes*, a.a.O. (Anm. 41), S. 145ff.

44 Karl Marx, *Das Kapital*, Erster Band, in: *Marx-Engels-Werke*, Bd. 23, Berlin 1956, S. 85ff.

45 Max Horkheimer/Theodor W. Adorno, »Dialektik der Aufklärung«, in: Max Horkheimer, *Gesammelte Schriften*, Bd. 5, Frankfurt/M. 1987; Max Horkheimer, »Zur Kritik der instrumentellen Vernunft«, in: Max Horkheimer, *Gesammelte Schriften*, Bd. 6, Frankfurt/M. 1987, S. 136ff.

über klar zu werden: er spielt, Kaffeehauskellner *zu sein.*«[46] Sein und Schein erhalten hier eine überraschende Wendung, indem sich die vermeintlich bloße Erscheinung als wahres Wesen einer bestimmten Handlungsweise erweist.

Derartige Beispiele eignen sich als Modelle für eigene Schreibversuche. Ausgangspunkte könnten eigene Entfremdungserfahrungen sein, die nach dem Modus der Verkehrung zu rekonstruieren sind. Ziel ist es, die »scheinbaren« Selbstverständlichkeiten der alltäglichen Wahrnehmung aufzudecken.

Kritik am Alltagsverstand

Hegels didaktisches Prinzip besteht darin, den Philosophieunterricht mit dem *Abstrakten* beginnen zu lassen: »Was den Vortrag der Philosophie auf Gymnasien betrifft, so ist erstens die *abstrakte* Form zunächst die Hauptsache. Der Jugend muss zuerst das Sehen und Hören vergehen, sie muss vom konkreten Vorstellen abgezogen, in die innere Nacht der Seele zurückgezogen werden, auf diesem Boden sehen, Bestimmungen festhalten und unterscheiden lernen.«[47] Ein solches Verfahren scheint allen pädagogischen Grundsätzen zu widersprechen – seit Pestalozzi bis zur gegenwärtigen Philosophiedidaktik, derzufolge von den konkreten Erfahrungen und Interessen der Schüler ausgegangen werden soll.

Doch die Irritation löst sich auf, wenn man genauer betrachtet, was Hegel unter Abstraktion versteht. Er meint damit gerade nichts Höheres, Theoretisches und Schwieriges, sondern im Gegenteil die *elementaren und gewöhnlichen Begriffe des Alltagsverstandes.* Diese Begriffe sind, wie anfangs gezeigt, erste Versuche der Identifizierung eines Sachverhaltes. So stellt Hegel ganz praktische Bestimmungen an den Anfang des Unterrichts wie z. B. Freiheit, Recht, Eigentum usw. Derartige Begriffe bezeichnet er als »abstrakt«, weil sie noch nicht mit konkreten Vorstellungen gefüllt sind und weil sie noch isoliert nebeneinander stehen.

Es ist daher Aufgabe des Philosophieunterrichts, die genannten Defizite zu überwinden, indem der konkrete Zusammenhang schrittweise entwickelt wird. Hegel nennt diese Methode *Aufsteigen vom Abstrakten zum Konkreten.* Was heißt es konkret, in einer bestimmten Gesellschaft in Freiheit zu leben? Nichts anderes tun heutige Philosophielehrer, wenn sie einen solchen Begriff an die

46 Jean-Paul Sartre, *Das Sein und das Nichts. Versuch einer ontologischen Phänomenologie*, Hamburg 1962, S. 106.

47 Georg Wilhelm Friedrich Hegel, »Über den Vortrag der philosophischen Vorbereitungs-Wissenschaften auf Gymnasien. Aus einem Brief vom 23. Oktober 1812 an den Königl. Bayerischen Oberschulrat Immanuel Niethammer«, in: Georg Wilhelm Friedrich Hegel, *Sämtliche Werke* (Jubiläumsausgabe), Band 3, hg. v. Hermann Glockner, Stuttgart 1949, S. 413.

Tafel schreiben, durch mind-mapping Assoziationen sammeln und dann in systematischer Arbeit konkretisieren.

Hegel hat für diese Methode ein prägnantes Beispiel gegeben. In seiner kleinen Schrift »Wer denkt abstrakt?«[48] schildert er eine Situation, in der ein Mörder auf den Richtplatz geführt und zum Gegenstand unterschiedlicher Beurteilungen wird: Das gemeine Volk sieht in diesem Mann allein den Mörder, der bestraft werden müsse. Die Damen finden den Mann sogar kräftig und schön. Der Menschenkenner sucht für dieses Schicksal nach Gründen, die er in einer schlechten Erziehung zu finden glaubt. Die verblüffende Konsequenz lautet: Abstrakt denken die Ungebildeten, weil sie einen Menschen auf das Attribut Mörder reduzieren. Diese Umkehrung des Alltagsverständnisses, das hier schonungslos destruiert wird, lässt sich in den Unterricht transformieren. In der Diskussion können sich viele abstrakte Bestimmungen als einseitig, armselig und gewalttätig erweisen wie »Fremde«, »Ausländer« usw. Die Aufgabe lautet, solche Abstraktionen unter Verweis auf die wirklichen Lebensumstände zu konkretisieren.

Die Kritik an falschen Abstraktionen wird von Adorno fortgesetzt und radikalisiert, indem jedes identifizierende Denken unter Ideologieverdacht fällt; er hält es für dogmatisch und aggressiv. Das gilt auch für eine bestimmte Didaktik: »alle philosophische Terminologie hat ein Moment des Didaktischen. […] Die Terminologie, der die Schüler dabei unterworfen wurden, hatte von vornherein ein disziplinäres Element, durch das sie diesem Denken und keinem anderen verschwistert und unterworfen wurden. Darin liegt nun jene eigentümliche Tendenz der verfestigten philosophischen Terminologie zu Herrschaftsansprüchen der verschiedensten Art und schließlich auch zur rhetorischen Autorität«.[49] Gegen diese Art Didaktik bietet Adorno seine eigene *Philosophische Terminologie* auf, in der eindeutige Definitionen, starre begriffliche Fixierungen und abstrakte Alternativen überwunden werden sollen. In diesem didaktischen Konzept erhält die Dialektik eine gesellschafts- und sprachkritische Wendung.

Die Schreibaufgabe könnte darin bestehen, im alltäglichen Sprachgebrauch nach derartigen Abstraktionen zu suchen, die sowohl theoretisch »falsch« als auch praktisch unsozial, undemokratisch, disziplinierend oder gar gewalttätig sind.

48 Als »Philosophisches Meisterstück« mit einem Kommentar von mir in: *Zeitschrift für Didaktik der Philosophie*, 15. Jg. (1993), Heft 4, S. 268 ff.

49 Adorno, *Philosophische Terminologie*, Bd. 1, a. a. O. (Anm. 1), S. 62 f.

Unterrichtsverfahren

Zum Schuss möchte ich die didaktischen Möglichkeiten der Dialektik zusammenfassen, indem ich bestimmte Verfahren nenne, mit deren Hilfe Schülerinnen und Schüler »dialektisch« philosophieren lernen können. Eine solche methodische Anleitung ist unverzichtbar, weil von den Lernenden nicht erwartet werden kann, die dialektische Methode selber zu erfinden. Hält sich doch gerade die Dialektik etwas darauf zugute, den gewöhnlichen Alltagsverstand zu irritieren und zu überwinden. Es genügt daher, wenn die Lernenden in die Lage versetzt werden, die dialektische Methode selbständig anzuwenden. Zur Vermittlung bieten sich drei Verfahrensweisen an:

Erläuterung der dialektischen Methode

Ein relativ aufwendiges Verfahren besteht darin, die dialektische Methode erst zu *erläutern* und dann anwenden zu lassen. Wenn etwa der »dialektische Aufsatz« geübt werden soll, wäre der oben dargelegte Dreischritt der Argumentation zu explizieren.

Beispiele als Modelle der Anwendung

Da derartige Erläuterungen am besten exemplarisch sind, können die *Beispiele* selber zum Ausgangspunkt gewählt werden. Der Lehrende demonstriert Dialektik etwa am Beispiel von »Herr und Knecht« und lässt im Anschluss daran Essays schreiben. Ein solches Beispiel fungiert wie ein Modell, das zum Vorbild für eigene Schreibversuche dient.

Aufgaben

Wer dies alles für zu schwierig und für unzumutbar hält, kann den Lernprozess vereinfachen und verkürzen, indem er bestimmte *Aufgaben* formuliert, welche die dialektische Methode erkennen lassen. Dieses Verfahren soll am Leitfaden der soeben ausgeführten Unterrichtsvorschläge resümierend demonstriert werden.

Sokratischer Dialog
Führen Sie eine bestimmte Argumentation des Dialogpartners ad absurdum, indem Sie deren Verallgemeinerbarkeit prüfen.

Dialogischer Konstruktivismus
Führen Sie eine argumentative Diskussion nach dem Modell Ponent – Opponent.

Ethisches Argumentieren mit einem Dilemma (nach Kohlberg)
Analysieren Sie die Widersprüche und Defizite eines moralischen Urteils, um eine allgemeinere Stufe der Argumentation vorzubereiten.

Dialektischer Aufsatz
Schreiben Sie eine Pro- und Kontra-Erörterung.
Versuchen Sie dabei, nicht nur These und Antithese zuzuspitzen, sondern vor allem auch, eine übergreifende Synthese zu formulieren.

Dialektische Geschichten
Analysieren Sie dialektische Geschichten wie die von Bertolt Brecht. Versuchen Sie, im Anschluss daran ähnliche Geschichten zu schreiben.

Philosophische Kontroversen
Wählen Sie bekannte Kontroversen der Gegenwartsphilosophie zum Anknüpfungspunkt eigener Überlegungen.

Kritische Hermeneutik
Kritisieren Sie eine bestimmte Position aus der Philosophiegeschichte, indem Sie deren Widersprüche und Defizite herausarbeiten. Skizzieren Sie im Anschluss an Ihre Kritik einen entsprechenden Gegenentwurf.

Kritik am alltäglichen Schein
Beschreiben Sie eine alltägliche Wahrnehmung, indem Sie daran Verkehrungen, Entfremdungen und Verdinglichungen aufdecken.
Benutzen Sie dabei die Methode des Perspektivwechsels.

Kritik am Alltagsverstand
Suchen Sie im alltäglichen Sprachgebrauch nach sowohl theoretisch als auch praktisch »falschen« Abstraktionen. Kritisieren Sie diese Abstraktionen, indem Sie auf konkrete Kontexte verweisen.

Selbstverständlich bedürfen auch derartige Aufgaben einer Erläuterung. Es hängt von den Lehrenden und Lernenden ab, wie ausführlich und intensiv das methodische Basiswissen vermittelt wird. Wer zu viel erläutert, droht die Schülerinnen und Schüler zu überfordern. Wer hingegen völlig voraussetzungslos beginnt, verschenkt die didaktischen Potenziale der dialektischen Methode.

Dialektisches Philosophieren nach Hegel

Mit Hegel liegt der seltene Fall eines Philosophen vor, der sowohl an einem Gymnasium gelehrt als auch didaktische Reflexionen ausformuliert hat.[1] Grund genug für einen Versuch, Hegels Didaktik der Philosophie nachträglich genauer zu untersuchen. Zwar ist es berüchtigt, wie Hegel am Nürnberger Gymnasium sein eigenes philosophisches System den Schülern in die Hefte diktiert hat, aber dies schließt ja nicht aus, dass seine dialektische Methode didaktische Potenziale enthält, die von ihm selber nicht realisiert worden sind. Gleichwohl lassen sich aus seinen Gutachten zum Philosophieunterricht und aus seinen Reden als Direktor eines Gymnasiums wichtige Anhaltspunkt gewinnen, die noch heute von prinzipieller Bedeutung sind.

Hegels Grundsatz lautet: Philosophie ist Denkarbeit, die den Schülern nicht erspart werden kann – auch nicht durch eine noch so gut gemeinte Pädagogik. Die Anstrengung des Begriffs hat über die Anschauung hinauszugehen; die Anschauung kann das Denken sogar verhindern. Sicherlich schießt Hegel mit seiner Kritik an der damals in den Anfängen steckenden Reformpädagogik über das Ziel hinaus. Doch angesichts der gegenwärtigen Bilderflut, die sich nicht zuletzt in den Schulbüchern ausgebreitet hat, dürfte diese Warnung unerwartete Aktualität gewinnen.

Der Unterrichtsstil

Die Art, in der Hegel als Gymnasialdirektor in Nürnberg seine Schüler in »Philosophischer Propädeutik« unterrichtete, dürfte bei heutigen Philosophielehrern kaum mehr Verwunderung hervorrufen. Ein Blick in die Nürnberger Schriften zeigt, dass Hegel sein eigenes philosophisches System mehr oder weniger einfach in Kurzfassung vortrug, in dem er es in eine – wie er sagt – »populärere und herablassendere Form«[2] gebracht hatte. Wie diese Lektionen praktisch vonstatten gingen, wird uns von einem Schüler Hegels berichtet:

1 Vgl. Roland Henke, Hegels Philosophieunterricht, Würzburg 1989, 128 ff.

2 Georg Wilhelm Friedrich Hegel, *Briefe von und an Hegel*, hg. v. Johannes Hoffmeister, Bd. 1, Hamburg 1953, S. 390.

> Nach einigen einleitenden Worten diktierte er über den jeweiligen Gegenstand einen Paragraphen, ließ denselben von einem Schüler vorlesen und erläuterte ihn […] Hierauf ließ der die Hauptstücke der Erläuterungen niederschreiben. Das Niedergeschriebene musste dann zu Hause ins Reine geschrieben werden […] in Zusammenhang gebracht werden. Am Anfang der nächsten Stunde ließ er einen Schüler seine Reinschrift vorlesen und berichtigte sie nötigenfalls, woran sich meistens von seiner Seite weitere Erläuterungen und Beantwortungen von Fragen anschlossen.[3]

Und in einem Brief »Über den Vortrag der philosophischen Vorbereitungs-Wissenschaften auf Gymnasien«, den er bereits 1812 an den bayerischen Zentralschulrat Niethammer geschrieben hatte, sagt Hegel ausdrücklich:

> Das Verfahren im Bekanntwerden mit einer inhaltsvollen Philosophie ist nun kein anderes als das Lernen. Die Philosophie muss gelehrt und gelernt werden, so gut als jede andere Wissenschaft […] Der Lehrer besitzt ihn (sc. den Inhalt); er denkt ihn vor, die Schüler denken ihn nach.[4]

Hegel behandelt die Philosophie in der Schule offenbar als einen abstrakten Unterrichtsstoff, der zuerst einmal ins Gedächtnis zu bringen ist. Unbegreiflich bleibt dabei, wie ein Philosoph, der doch gerade erst das Lebendige, Entwickelnde und Selbsttätige des Geistes herausgearbeitet hat, seinen Gegenstand im Schulunterricht ohne genetische Zusammenhänge vorzutragen imstande ist. Vor allem aber steht Hegels Unterrichtsverfahren quer zu neueren philosophiedidaktischen Grundsätzen. So herrscht weitgehende Einigkeit darüber, dass im Philosophieunterricht keine fertige Lehre vorgetragen wird, sondern dass die Schüler für das Fach zunächst interessiert und zu möglichst selbständigem Denken angeleitet werden sollen, indem sie Probleme formulieren lernen und im gemeinsamen Gespräch Lösungsmöglichkeiten diskutieren.[5] Angesichts

3 Zimmermann, »Erinnerungen an Hegels Wirksamkeit als Lehrer der Philosophie an der Studienanstalt zu Nürnberg«, in: *Blätter für das bayerische Gymnasialschulwesen*, Bd. 7, München 1871, S. 25 ff. – vgl. Gustav Thalow, *Hegel's Ansichten über Erziehung und Unterricht. Als Fermente für wissenschaftliche Pädagogik*, Kiel 1853, S. 173; Roland Henke, *Hegels Philosophieunterricht*, Würzburg 1989.

4 Georg Wilhelm Friedrich Hegel, »Über den Vortrag der philosophischen Vorbereitungs-Wissenschaften auf Gymnasien. Aus einem Brief vom 23. Oktober 1812 an den Königl. Bayerischen Oberschulrat Immanuel Niethammer«, in: Ders., *Sämtliche Werke* (Jubiläumsausgabe), hg. v. Hermann Glockner, Bd. III, Stuttgart 1949, S. 311 f.

5 In Klemms Geschichte des Philosophieunterrichts wird die Tendenz sehr deutlich (Günther Klemm, »Geschichte des deutschen Philosophie-Unterrichts«, in: Eduard Fey (Hg.), *Beiträge zum Philosophie-Unterricht in europäischen Ländern*, Münster 1978, S. 84 ff.). – Vgl. die Zusam-

solcher Kriterien erscheint die Hegelsche »Philosophische Propädeutik« geradezu als Anti-Didaktik.

Nun wäre Hegels Philosophieunterricht wohl kaum kommentierenswert, wenn sich behaupten ließe, dass ein derartiger Unterrichtsstil eben zur damaligen Zeit üblich gewesen sei und dass Hegel selbst für didaktische Fragen ohnehin kein Interesse gehabt habe. Es ist ja bekannt, wie Hegel sich noch als Rektor intensiv um einen Universitätsstuhl bemühte, so dass er den Schulunterricht zum bloßen Anlass genommen haben könnte, seine eigenen philosophischen Studien voranzutreiben. Für diese Vermutung spricht nicht zuletzt, dass das Hegelsche Gesamtsystem in der Nürnberger Zeit wesentliche Veränderungen erfahren hat, die sich auf Umordnungen des Lehrstoffs zurückführen lassen.[6]

Beide Behauptungen sind jedoch falsch. Bekanntlich hat sich im Deutschland des ausgehenden 18. Jahrhunderts eine tiefgreifende Umwälzung der Pädagogik vollzogen, die auch zu neuen Unterrichtsmethoden führte. Und Hegel hat diese Zeitströmung keineswegs ignoriert, er hat sich mit der – wie es bei ihm heißt – »modernen Sucht, besonders der Pädagogik«[7], explizit auseinandergesetzt. Es dürfte daher interessant sein, aus welchen Gründen Hegel die neuen Lehrverfahren für den Philosophieunterricht so entschieden ablehnte. Ist aus dieser Gegnerschaft zu den zeitgenössischen Pädagogen, die gegen die traditionellen Latein- und Gelehrtenschulen zu Felde gezogen waren, zu schließen, dass Hegel wieder ein Verfechter des alten Paukstudiums ist?

Um diese Frage zu prüfen, wollen wir uns die von Hegel kritisierte Pädagogik kurz vergegenwärtigen. Bei der Beurteilung der Hegelschen Kritik wird zu beachten sein, dass bestimmte philosophische Theoreme, die die Schüler Hegels lernen sollen, selbst das Lernen bzw. die Bewusstseinsbildung zum Gegenstand haben. Das hat einige Interpreten dazu veranlasst, Hegels Bildungstheorie und Didaktik mit Hilfe der »Phänomenologie des Geistes« oder der »Logik« zu kommentieren, ein Verfahren, das sich meist in der bloßen Wiederholung der Hegelschen Philosophie erschöpft, ohne zum Problem ihrer didaktischen Vermittlung wirklich etwas beizutragen.[8] Ich konzentriere mich daher auf solche

menfassung von Peter Vogel in seinem »Bibliographischem Handbuch«: Die Entwicklung der Diskussion zum Philosophieunterricht von 1945–1979 (Peter Vogel/Ingrid Stiegler, *Bibliographisches Handbuch zum Philosophieunterricht. Einführung in die philosophiedidaktische Diskussion und systematischer Literaturnachweis 1800–1979*, Duisburg 1980, S. 154ff.).

6 Johannes Hoffmeister, *Vorwort zu G. W. F. Hegel. Nürnberger Schriften*, Leipzig 1938, S. XII–XXVI.

7 Hegel, »Über den Vortrag der philosophischen Vorbereitungs-Wissenschaften auf Gymnasien«, a. a. O. (Anm. 4), S. 310.

8 In dieser Weise verfahren Ehlert (Paul Ehlert, *Hegels Pädagogik. Dargestellt im Anschluss an sein Philosophisches System*, Berlin 1912.), Heydorn (Hans-Joachim Heydorn, »Bildungstheorie

Schriften, in denen Hegel pädagogische und didaktische Fragen expliziert wie im Briefwechsel von Niethammer, in Gutachten zum Philosophieunterricht oder in seinen Gymnasialreden.

Hegel und die zeitgenössische Pädagogik

Das Hauptgutachten zum Philosophieunterricht hat Hegel – wie erwähnt – für Niethammer geschrieben, mit dem er freundschaftlich verbunden war und der als Verfasser eines neuen bayrischen Lehrplans Hegel dazu aufgefordert hatte, seine Philosophie für den Gymnasialunterricht zu bearbeiten[9]. Niethammer hatte sich über die Grenzen Bayerns hinaus einen Namen gemacht, indem er mit seiner programmatischen Schrift »Der Streit des Philantropismus und Humanismus in der Theorie des Erziehungsunterrichts unserer Zeit« (1808) in die Auseinandersetzung um eine neue Pädagogik eingegriffen hatte.

Der Philanthropismus kann als Versuch angesehen werden, die Ideen der Aufklärung, wenn auch nicht unmittelbar im politischen Bereich, so doch zumindest auf dem Wege der Erziehung in Deutschland zu verwirklichen. Getragen vom Bürgertum gipfelte diese Bewegung schließlich in den Plänen zu einer *Nationalerziehung*, die die Einigung eines selbständigen und antifeudalen Staates herbeiführen sollte.[10] Vorerst hatten die Philanthropen ganz handfeste praktische Ziele. Die Kinder sollten zur Ausübung bürgerlicher Berufe in Handel und Industrie ausgebildet werden und benötigten dafür nicht so sehr Latein und Griechisch als die Kenntnisse so genannter Realien wie Naturwis-

Hegels«, in: Hans-Joachim Heydorn/Gernot Koneffke (Hg.), *Studien zur Sozialgeschichte und Philosophie der Bildung. II Aspekte des 19. Jahrhunderts in Deutschland*, München 1973.), Nicolin (Friedhelm Nicolin, *Hegels Bildungstheorie. Grundlinien geisteswissenschaftlicher Pädagogik in seiner Philosophie*, Bonn 1955.) und Thalow a. a. O. (Anm. 1). Beyer (Wilhelm Raimund Beyer, »Hegel als Nürnberger Lokal-Schulrat«, in: Manfred Buhr (Hg.), *Denken und Bedenken. Hegel-Aufsätze*. Berlin 1977.) kritisiert zu recht solche Versuche, aus der Hegelschen Philosophie eine eigenständige Pädagogik herauszupräperieren (157). Schmidts »Hegel in Nürnberg« (Gerhart Schmidt, *Hegel in Nürnberg*, Tübingen 1960) erschöpft sich bei der »Philosophischen Propädeutik« in der Darstellung des philosophischen Systems von Hegel – auch wenn dies größtenteils anhand der Nürnberger Vorlesungen demonstriert wird. Seine Behandlung des Philosophieunterrichts berücksichtigt leider nicht den dafür aufschlussreichen Briefwechsel mit Niethammer, wie überhaupt Bezüge zur zeitgenössischen Bildungspolitik und Pädagogik weitgehend fehlen.

9 Georg Wilhelm Friedrich Hegel, »Briefe von und an Hegel«, a. a. O. (Anm. 2), S. 176, S. 228.

10 Helmut König, *Zur Geschichte der bürgerlichen Nationalerziehung in Deutschland zwischen 1807 und 1815. Teil 1*, Berlin 1972, S. 128 ff. – Siegfried Jäger/Irmengard Staeuble, *Die gesellschaftliche Genese der Psychologie*. Frankfurt/M., New York 1978, S. 99 ff.

senschaften, Mathematik und moderne Sprachen, die man in neu geschaffenen Realinstituten wie auch in Armenschulen verstärkt zu unterrichten begann.

In Bayern versuchte man erst relativ spät, diese Vorstellung in Schulreformen und Einheitslehrplänen zu realisieren. Niethammers Kampfschrift stand wohl in diesem Zusammenhang und half vermutlich die eigene Schulreform von 1808 vorzubereiten. Er verstand sich dabei als Vertreter der *Neuhumanisten*, die das Gymnasium vor allem zur Ausbildung von Beamten und Universitätslehrern bestimmt wissen wollten und sich auch den späteren Nationalerziehungsplänen anschlossen. Niethammer war daher kein pauschaler Gegner der Philanthropen, wie es für viele den Anschein hatte, sondern bemühte sich, die zunächst gegensätzlichen Positionen zu verbinden.[11] Zwar trat er für eine Differenzierung des Bildungssystems und für mehr Unterricht in den alten Sprachen ein, versuchte aber auf der anderen Seite, den modernen Sachunterricht zu fördern. In diesen schulpolitischen Fragen war Hegel mit Niethammer einer Meinung. Auch er trat für die Beibehaltung des altsprachlichen Gymnasiums ein und betrachtete das neue Realinstitut in Nürnberg mit Argwohn, unterstützte jedoch im Rahmen getrennter Bildungswege im eigenen Gymnasium ebenso mathematische und naturwissenschaftliche Studien – z. B. den physikalischen Experimentierunterricht.[12]

Vor diesem bildungspolitischen Hintergrund wird Hegels Stellung zu den modernen Unterrichtsmethoden seiner Zeit erst verständlich. Wenn Hegel im Gutachten für Niethammer seinen Philosophieunterricht erläutert, wendet er sich auch gegen die Philanthropen, namentlich gegen »Kampe's Psychologie für Kinder«[13]. Diese Schrift war für diese pädagogische Richtung insofern repräsentativ, als die Psychologie hier Lehrgegenstand des Unterrichts und zugleich methodische Grundlage ihrer Unterrichtung wurde.[14] Ausgehend von der Vermögenspsychologie Wolfs und der Erfahrungspsychologie Lockes forderte Campe, dass der Erzieher die eigenen Seelenkräfte bzw. Verstandeskräfte

11 Friedrich Immanuel Niethammer, *Philantropinismus – Humanismus. Texte zur Schulreform*, hg. v. Werner Hillebrecht, Weinheim, Berlin, Basel 1968, insbes. S. 152 ff. – Vgl. Ernst Hojer, *Die Bildungstheorie F. I. Niethammers*, Frankfurt/M. 1965, S. 40 ff., 81 ff. und die Einleitung von Hillebrecht, S. 16 ff.

12 Hegel, *Briefe von und an Hegel*, a. a. O. (Anm. 2), S. 270 ff.; Hegel, »Gymniasalreden«, a. a. O. (Anm. 4), S. 235 ff. – Beyer, a. a. O. (Anm. 8) macht darauf aufmerksam, dass Hegel in seiner Funktion als Stadt-Schulrat keineswegs bloß mit »Philosophischer Propädeutik« und seinem Gymnasium beschäftigt war, sondern dass seine Berufsarbeit *alle* Lehranstalten in Nürnberg, also auch die Armenschulen und das Real-Institut wie deren Unterrichtspraxis mit einschloss (S. 135 ff.).

13 Hegel, »Über den Vortrag der philosophischen Vorbereitungs-Wissenschaften auf Gymnasien«, a. a. O. (Anm. 4), S. 305.

14 Campe war der führende theoretische und organisatorische Kopf der neuen Pädagogik. – Jäger/Staeuble, a. a. O. (Anm. 10), S. 120 ff.

der Kinder wecken und sie zum Selbstdenken anregen soll. Auf diese Weise verfuhr er exemplarisch in der von Hegel zitierten »Kleinen Seelenlehre für Kinder« (1786)[15], worin Erzählungen und Abbildungen den Anfang machen, und worin die Kinder mit Hilfe von Dialogen dazu aufgefordert werden, selbständige Schlüsse zu ziehen. Über die Vorteile dieses Verfahrens waren sich die meisten Pädagogen der Zeit einig, ob Campe in Braunschweig oder Pestalozzi in der Schweiz, ob Basedow als Begründer der berühmten Experimentalschule in Dessau oder ob in Bayern der von Hegel wenig gelittene Schulrat Stephani.[16] Auch Hegels Freund Niethammer erhob die Anschauung und das selbsttätige Denken zu seinen didaktischen Prinzipien.[17]

Philosophie oder philosophieren lernen?

Die Einführung neuer Unterrichtsmethoden machte nicht einmal vor dem Philosophieunterricht halt, der doch am ehesten im traditionellen Gelehrtenstudium befangen schien. Die damals gebräuchlichen Lehrbücher, die von Hegel erwähnt werden, können das belegen, wie das »System der Logik: Ein Handbuch für Lehrer« von Fries, die »Logik und Metaphysik« von Feder oder das von Niethammer empfohlene »Lehrbuch der Psychologie« von Carus.[18] So können wir beispielsweise bei Fries über das Unterrichtsverfahren lesen: »Es wird also die Grundregel alles philosophischen Unterrichts, dass nicht die Philosophie, sondern nur das Philosophieren gelehrt werden könne, dass nur eine Anweisung an den selbst denkenden Verstand stattfinde, wie er sich die Philosophie selbst am bequemsten nachempfinden könne.«[19] Fries beruft sich dabei auf Kant, der in einer »Nachricht von der Einrichtung seiner Vorlesungen in dem Winterhalbjahre von 1765–1766« geschrieben hatte: »Der den Schulunterweisungen entlassene Jüngling war gewohnt zu lernen. Nunmehr denkt er, er

15 Joachim Heinrich Campe, *Kleine Seelenlehre für Kinder*, Wolfenbüttel 1786.

16 Stephani wandte sich gegen den alten Gedächtnisdrill und propagierte stattdessen eine so genannte bildende Lehrart, deren Grundsatz lautete: »Behandle jeden Lehrgegenstand als einen Stoff, an welchen sich die Denkkraft deiner Schüler selbsttätig entwickeln soll.« (Heinrich Stephani, *Zur Schulpolitik und Pädagogik*, hg. v. Günter Ullbricht, Berlin 1961, S. 206).

17 Niethammer, *Philantropinismus – Humanismus. Texte zur Schulreform,* a. a. O. (Anm. 11), S. 384 ff. – Vgl. Hojer, *Die Bildungstheorie F. I. Niethammers*, a. a. O. (Anm. 11), S. 119 ff.

18 Hegel, »Über den Vortrag der philosophischen Vorbereitungs-Wissenschaften auf Gymnasien«, a. a. O. (Anm. 4), S. 305; ders., *Briefe von und an Hegel*, a. a. O. (Anm. 2), S. 272 u. 388 ff. – Zu Niethammer: »Allgemeines Normativ der Einrichtung der öffentlichen Unterrichtsanstalten in dem Königreiche (1808)«, in: Niethammer, a. a. O. (Anm. 11), S. 66.

19 Jakob Friedrich Fries, *System der Logik. Ein Handbuch für Lehrer und zum Selbstgebrauch*, Heidelberg 1837, S. 449.

werde Philosophie lernen, welches aber unmöglich ist, denn er soll jetzt philosophieren lernen.«[20] Diese vielzitierte Äußerung, die sich auch am Ende der Kritik der reinen Vernunft findet, richtet sich gegen die traditionelle Wolffsche Schulphilosophie und damit zugleich gegen die Art ihrer Unterrichtung in Preußen. Sie ist nicht loszulösen von Kants allgemeinen pädagogischen Ansichten, war doch Kant ein begeisterter Anhänger der Basedowschen Experimentierschule und hatte in seinen pädagogischen Vorlesungen das Verfahren des *sokratischen* Gesprächs vorgeschlagen, mit Hilfe dessen man Erkenntnisse aus der Vernunft der Kinder hervorziehen könne: »Doch muß man überhaupt dahin sehen, daß man nicht Vernunfterkenntnisse in sie hineintrage, sondern dieselben aus ihnen heraushole.«[21] Kants Nachfolger auf dem Königsberger Lehrstuhl, der einflussreiche Pädagoge und Philosoph Hebart[22], der genannte Fries wie auch Niethammer vertreten in dieser Hinsicht auch für den Philosophieunterricht ähnliche Auffassungen. So hatte Niethammer für seinen Lehrplan im Kantischen Sinne angeordnet, dass die wesentliche Aufgabe des philosophischen Unterrichts darin zu bestehen habe, »die Schüler zum spekulativen Denken anzuleiten«.[23] Hegel, obwohl er seine generelle Übereinstimmung mit dem Lehrplan bekundet hatte[24], nimmt an der Forderung Niethammers Anstoß: »Unter praktischer Übung im speculativen weiß ich nichts zu verstehen, als wirkliche, reine Begriffe in ihrer speculativen Form zu behandeln.«[25] In dieser Kritik wird deutlich, dass damit nicht allein Niethammer gemeint ist. Schon in der Jenenser Zeit bemerkte Hegel gegen Kant: »Kant wird mit Bewunderung angeführt, daß er

20 Immanuel Kant, »Nachricht von der Einrichtung seiner Vorlesungen in dem Winterhalbjahre von 1765–1766«, in: *Kants Werke. Akademie Textausgabe,* Bd. II, Berlin 1968, S. 306.

21 Immanuel Kant, »Über Pädagogik«, in: *Kants Werke. Akademie Textausgabe,* Bd. IX, Berlin 1968, S. 477.

22 In »Kurze Darstellung eines Plans zu philosophischen Vorlesungen« vertritt Herbart die Auffassung, dass »auf diejenige freye Bewegung des Geistes, die nur das Gespräch, nicht der Vortrag, mittheilen kann, unendlich viel ankommt; ja daß den Anfängern eine einzige solche Stunde, wo sie sich selbst äußern, selbst miteinander und mit dem Lehrer sich versuchen können, eben so viel werth seyn sollte, als die in dem Heft niedergelegte Erndte der ganzen Woche; die, wenn sie Gedächtniskram wird, sicher nicht Philosophie ist!« (Johann Friedrich Herbart, *Kurze Darstellung eines Planes zu philosophischen Vorlesungen*, Göttingen 1791, S. 23) – Fries, *System der Logik. Ein Handbuch für Lehrer und zum Selbstgebrauch*, a. a. O. (Anm. 19), S. 436.

23 Niethammer, *Philantropinismus – Humanismus. Texte zur Schulreform,* a. a. O. (Anm. 11), S. 65. – Darin unterscheidet sich Niethammer auch nicht wesentlich vom bayerischen Lehrplan des Vorgängers Wismayr, der das Philosophielehrbuch des Philanthropen Weiller zu Grunde gelegt hatte. Auch Weiller hat die »Überprüfung der Denkkraft« zum Ziel gesetzt. – Eduard von Perger, *Geschichte des Philosophieunterrichts und der philosophischen Lehramtsprüfung im neunzehnten und beginnenden zwanzigsten Jahrhundert in Bayern und Preußen.* Phil. Diss., München 1959, S. 8 ff.

24 Vgl. Hegel, *Briefe von und an Hegel,* a. a. O. (Anm. 2), S. 427.

25 Ebd., S. 397.

Philosophieren, nicht Philosophie lehre; als ob jemand das Tischlein lehrte, aber nicht einen Tisch, Stühle, Türe, Schrank usf. zu machen.«[26] Gegen Kants Popularisatoren richtet sich schließlich Hegels Polemik im Nürnberger Gutachten: »Nach der modernen Sucht, besonders der Pädagogik, soll man nicht sowohl in dem Inhalt der Philosophie unterrichtet werden, als dass man ohne Inhalt philosophiren lernen soll; das heißt ungefähr: man soll reisen und immer reisen, ohne die Städte, Flüsse, Länder, Menschen u. s. f. kennen zu lernen.«[27] Und hatte Kant gefordert, der Student solle »nicht Gedanken, sondern denken lernen«[28], so schreibt Hegel an Niethammer: »Man kann nicht Denken ohne Gedanken, nicht begreifen ohne Begriffe. Denken lernt man dadurch, dass man Gedanken in den Kopf bekommt, begreifen dadurch, daß man Begriffe. – Gedanken und Begriffe müssen … gelernt werden«[29].

Wer hat nun recht, Kant oder Hegel? In dieser Weise, ohne die historische Situation zu berücksichtigen, ist immer wieder die Entscheidungsfrage gestellt worden, und meist ist das Urteil von vornherein zugunsten Kants ausgefallen. Das schien umso leichter, als dafür ausschließlich philosophieimmanente Gründe ins Feld geführt wurden. Seit Kants Kritik, so lautet die einhellige Argumentation, sei die Philosophie nicht mehr lehrbar, da sie doch jetzt nur noch als *Vermögen* und *Tätigkeit* existiere. In der Tat hat Kant für seine Position den Mangel einer allgemeinen gültigen Philosophie in Form eines verbindlichen Lehrbuchs verantwortlich gemacht[30], womit er auf den Verfall der Wolffschen Philosophie anspielte. Da liegt die Schlussfolgerung nahe, dass Hegel mit seinem Diktum von der Lehrbarkeit der Philosophie nichts anderes im Sinne hatte, als sein eigenes philosophisches System als neue Schulphilosophie einzusetzen. In einer der neuesten Untersuchungen zur Geschichte des Philosophieunterrichts heißt es demgemäß: »An die Stelle der früher gelehrten aristotelischen oder Leibniz-Wolffschen Systemvorstellung setzte Hegel bereits in Nürnberg sein eigenes System. Wie ehedem wurde trotz Kants bedeutender Einsichten Philosophie als fertige Lehre vorgetragen … Von der Einführung ins ›Philosophieren‹ war nicht mehr die Rede. Was Kant als große neue Möglichkeit des Philosophieunterrichts freigelegt hatte, war vorerst verschüttet.«[31] Offenbar

26 Johannes Hoffmeister (Hg.), *Dokumente zu Hegels Entwicklung*, Stuttgart 1936, S. 377.

27 Hegel, »Über den Vortrag der philosophischen Vorbereitungs-Wissenschaften auf Gymnasien«, a. a. O. (Anm. 4), S. 310.

28 Kant, »Nachricht von der Einrichtung seiner Vorlesungen in dem Winterhalbjahre von 1765–1766« a. a. O. (Anm. 20), S. 306.

29 Hegel, *Briefe von und an Hegel*, a. a. O. (Anm. 2), S. 398.

30 Kant, »Nachricht von der Einrichtung seiner Vorlesungen in dem Winterhalbjahre von 1765–1766« a. a. O. (Anm. 19), S. 307.

31 Klemm, »Geschichte des deutschen Philosophie-Unterrichts«, a. a. O. (Anm. 5), S. 66. – Ähn-

wird hier eher die Problematik heutiger Philosophiedidaktik in der Bundesrepublik projiziert, statt sich um eine Interpretation der historischen Situation zu bemühen. Kant wird eine skeptische Selbstbeschränkung unterstellt, die heutzutage verbreitet ist, von Kant selbst aber nicht auferlegt wurde.

Ein derart einfacher Gegensatz hat zwischen Kant und Hegel nie bestanden. Weder für Kant, der sich auch von seinem Ansatz der Kritik nicht davon abbringen ließ, Vorlesungen über Logik, Anthropologie, Recht und Moral zu halten, in denen er sehr wohl ein Lehrgebäude systematisch vortrug. Hierin besteht keinerlei Unterschied zu Hegel. Und Kants Nachfolger haben sich auch nicht gescheut – wie das Beispiel Fries zeigt –, die Kantische Philosophie im Zusammenhang zu lehren, ohne dadurch den Standpunkt der Kritik aufgeben zu müssen. Ob Philosophie in der Schule gelehrt wird oder nicht, hängt daher eher von den bildungspolitischen Bedingungen ab als allein von philosophieimmanenten Motiven.

Ebenso wenig wird man Hegels Position verstehen können, wenn man sie als einfache Entgegensetzung zu Kant hinstellt. Vielmehr lässt sich nachweisen, dass Hegel letztlich dasselbe Ziel wie Kant vor Augen hatte. »Speculativ denken lernen …«, schreibt er an Niethammer, »ist daher gewiß als das nothwenidge Ziel anzusehen«[32]. Und in einer Gymnasialrede forderte er zu mehr eigenständiger Arbeit auf, »damit die Jugend vom bloßen Auffassen zur selbstthätigen Beschäftigung, zur eigenen Bemühung übergeleitet werde. Denn das Lernen als bloßes Empfangen und Gedächtnis-Sache ist eine höchst unvollständige Seite des Unterrichts.«[33] Die Behauptung, Kant habe sich vor lauter Zurückhaltung aufs Philosophieren-Lernen beschränken wollen, während Hegel selbstgefällig den Weltgeist vom Katheder dozierte, lässt sich daher nicht aufrecht erhalten.

Hegels Kritik bezieht sich nicht auf das gemeinsame Ziel, die Schüler zu selbständigem Denken hinzuführen, er kritisiert vielmehr die Methode, durch die ein solches Ziel erreicht werden kann. Er macht deutlich, dass er dieses Ziel *nicht*

lich argumentieren schon Friedrich Paulsen, *Geschichte des gelehrten Unterrichts*, Berlin, Leipzig 1921, S. 515 ff. – Vgl. ebenso Perger, *Geschichte des Philosophieunterrichts und der philosophischen Lehramtsprüfung im neunzehnten und beginnenden zwanzigsten Jahrhundert in Bayern und Preußen* a. a. O. (Anm. 23), S. 6 u. 23, Karl Püllen, *Die Problematik des Philosophieunterrichts an höheren Schulen*, Düsseldorf 1957, S. 31 ff., Schmidt, *Hegel in Nürnberg*, a. a. O. (Anm. 8), S. 109 ff. und Rudolf Lassahn, »Zum Problem der Lehrbarkeit der Philosophie«, in: *Rassegna di Pedagogia*, 36 Jg. (1978), S. 32.; Vogel macht darauf aufmerksam, dass die Geschichte des Philosophieunterrichts als Institution nicht allein von solchen philosophieimmanenten Argumenten bestimmt werde (Peter Vogel, »Die Geschichte des gymnasialen Philosophieunterrichts in Deutschland: Bemerkungen zum Forschungsstand, in: *Zeitschrift für Didaktik der Philosophie*, 2. Jg. (1980), Heft 4, S. 254 f.); auf das Problem der Lehrbarkeit von Philosophie geht er allerdings nicht ein.

32 Hegel, »Über den Vortrag der philosophischen Vorbereitungs-Wissenschaften auf Gymnasien«, a. a. O. (Anm. 4), S. 316.

33 Hegel, »Gymnasialreden«, a. a. O. (Anm. 4), S. 251.

auf unmittelbarem Weg für realisierbar hält. Sonst bleibt von der Philosophie eine bloße formelle Tätigkeit übrig, eine Tätigkeit ohne Inhalt und Sache[34]. Was ist damit gemeint? Nicht viel mehr, als dass jede Tätigkeit wie auch das Philosophieren, sofern es als Arbeit ernst genommen wird, bestimmter Voraussetzungen bedarf, Voraussetzungen, die dem Philosophieren einen Gegenstand oder Inhalt verschaffen. Dieser Inhalt besteht fürs Denken – wie oben vermerkt – in Gedanken und Begriffen. Wie die materielle Arbeit so braucht auch das Denken einen Gegenstand, ein Produkt und bestimmte Hilfsmittel. Das kam in der von Hegel benutzten Metapher »Tischlein« treffend zum Ausdruck: Das unmittelbare Philosophieren ist wie eine reine Tätigkeit ohne Gegenstand, die folglich auch zu keinem Resultat gelangen kann. In einer seiner Gymnasialreden versucht Hegel darüber hinaus, die gelernten *Gedanken als Erkenntnismittel* des Denkens zu charakterisieren. Gelehrt werden müsse vornehmlich »eine Reihe von Regeln, allgemeinen Bestimmungen, Gedanken und Gesetzen. In diesen erhält die Jugend sogleich etwas, das sie anwenden kann; so wie fortdauernd Stoff, worauf sie es anwenden kann; Werkzeuge und Waffen, sich an dem Einzelnen zu versuchen, eine Macht, mit demselben fertig zu werden.«[35] Denken ist nicht möglich ohne Denkwerkzeuge; und die Aufgabe der Schule, in diesem Fall des Philosophieunterrichts, besteht darin, solche Arbeitsmittel des Kopfes weiterzugeben. Dabei werden keineswegs bloß fertige Ergebnisse gelernt, sondern die Denkmittel schließen ihren *Gebrauch* mit ein. Der Schüler kann sich diese Mittel nur aneignen, wenn er dabei zugleich lernt, die erworbenen Instrumente selbständig anzuwenden. Wenn also Hegel das Philosophieren auf diese Weise mit Voraussetzungen ausstattet, will er nicht das selbständige Philosophieren verhindern, sondern vor einem Rückfall in die reine Reflexionsphilosophie bewahren.

Dabei mag es verwundern, dass ein Idealist wie Hegel, demzufolge sich der Verstand nur selbst kennenzulernen braucht, die Verstandesbestimmungen als äußeren Stoff zu lehren genötigt sieht. Gerade er könnte doch versucht sein, das Verständige bei den Kindern einfach zu erfragen, wie etwa Kant und Campe sich darauf beschränken wollten, die Verstandeskräfte mit Hilfe des sokratischen Dialogs zu wecken. Aber für Hegel sind Gedanken und Begriffe nicht in den Kindern angelegt, sie sind vielmehr in Jahrhunderten erarbeitet worden und insofern *historisch* entstanden. Sollen diese Denkvoraussetzungen nutzbar gemacht werden, so muss man sie auf dem geschichtlichen Stand, den sie inzwischen erreicht haben, von einer Generation zur anderen weitergeben. Dahinter gibt es kein Zurück.

34 Vgl. Hegel, *Briefe von und an Hegel*, a. a. O. (Anm. 2), S. 398; vgl. ders., »Über den Vortrag der philosophischen Vorbereitungs-Wissenschaften auf Gymnasien«, a. a. O. (Anm. 4), S. 310; vgl. ders., »Über den Vortrag der Philosophie auf Universitäten«, a. a. O. (Anm. 4), S. 321.

35 Hegel, »Gymnasialreden«, a. a. O. (Anm. 4), S. 252.

Hierin scheint mir eine wichtige Konsequenz der Hegelschen Didaktik zu liegen. Wie Hegel das »bloße Auffassen« für unvollständig hält, so wendet er sich auf der anderen Seite gegen Versuche, die Schüler alles selbst originell denken und produzieren zu lassen[36]. Was in langer Zeit geschaffen wurde, kann nicht in einem spontanen Akt der Selbstschöpfung hervorgebracht werden. Darauf liefe nach Hegel ein unmittelbarer Anfang mit dem Philosophieren oder spekulativ Denken hinaus, das gezwungen wäre, sich selbst Gegenstand und Mittel bereitzustellen. Ebensowenig stehen die Erkenntnismittel der Philosophie zur Disposition eines rein kommunikativen Prozesses. Das Gespräch ist zwar wesentlich für den Unterricht, stellt aber das philosophische Denken nicht erst her, sondern dient zunächst der Tradierung bisheriger Denkleistungen. Zum Philosophieren bedarf es der Philosophie; umgekehrt lernt der Schüler mit der Philosophie schon philosophieren, mehr noch: »So, indem man den Inhalt der Philosophie kennen lernt, lernt man nicht nur das Philosophiren, sondern philosophirt auch schon wirklich.«[37] Wie ist das zu verstehen?

Ein zeitliches Nacheinander scheint dabei unvermeidlich. Zunächst werden formale Denkbestimmungen gelernt, dann erst folgt die eigentliche Philosophie. Hegel möchte die Schüler stufenweise an dieses Ziel heranführen: Vom Verständigen, das nur die Unterschiede festhält, zum Dialektischen, in dem die Verstandesbestimmungen in Bewegung kommen, bis schließlich zum Spekulativen, das positiv Vernünftige und im engeren Sinne Philosophische[38]. Dass dieses Programm im Widerspruch zur anfänglichen Forderung steht, gleich mit inhaltsvoller Philosophie zu beginnen, hat Hegel selbst als »Pfahl im Fleische«[39] seines Philosophieunterrichts gespürt. Obwohl die Schüler mit der spekulativen Philosophie überfordert sind, weiß doch Hegel nicht ohne das Spekulative auszukommen. Einen anderen Anfang als mit der Sache selbst gibt es allerdings nicht, »so wenig ich einen Begriff habe, zur Geometrie einzuleiten, ohne sie selbst vorzutragen«[40].

Nicht zuletzt wegen des Dilemmas ist Hegel hier mit sich selbst unschlüssig. Bereits im Gutachten für Niethammer bemerkt er selbstkritisch, dass vielleicht aller philosophischer Unterricht auf Gymnasien überflüssig scheinen könnte[41],

36 Vgl. Hegel, »Über den Vortrag der philosophischen Vorbereitungs-Wissenschaften auf Gymnasien«, a. a. O. (Anm. 4), S. 311; vgl. ders., »Über den Vortrag der Philosophie auf Universitäten«, a. a. O. (Anm. 4), S. 332; vgl. ders., »Gymnasialreden«, a. a. O. (Anm. 4), S. 251.

37 Hegel, »Über den Vortrag der philosophischen Vorbereitungs-Wissenschaften auf Gymnasien«, a. a. O. (Anm. 4), S. 310.

38 Ebd., S. 312 ff.

39 Hegel, *Briefe von und an Hegel*, a. a. O. (Anm. 2), S. 428.

40 Ebd., S. 397.

41 Vgl. Hegel, »Über den Vortrag der philosophischen Vorbereitungs-Wissenschaften auf Gymnasien«, a. a. O. (Anm. 4), S. 302.

setzt sich jedoch – um sich auch selbst nicht »Brod und Wasser abgraben« – schließlich über diese Zweifel hinweg. Gut zehn Jahre später, im Gutachten an das preußische Ministerium, schränkt Hegel den Umfang der Lehrgegenstände für das Fach Philosophie ein. Er empfiehlt, im Gymnasium nur noch empirische Psychologie und formale Logik zu lehren und den übrigen Unterrichtsstoff, den er noch in Nürnberg seinen Schülern vorgetragen hatte, der Universität vorzubehalten.[42] Zugleich hält Hegel jedoch an allen wesentlichen Grundsätzen seiner Philosophiedidaktik fest, insbesondere an der Einsicht, dass die Bekanntschaft mit »förmlichen Gedanken« dem eigenständigen Philosophieren vorausgehen muss.[43] Wie ist dann aber der Übergang von den verständigen Denkbestimmungen zur spekulativen Philosophie, die die Einheit von Philosophie und Philosophieren herstellt, zu leisten?

Hegels Antwort auf diese Frage erscheint zunächst verblüffend einfach. Sind erst einmal die notwendigen Gedanken und Begriffe gelernt, folgen die weiteren Schritte von selbst: »Das Dialektische führt sich von selbst herbei, und darin liegt dann das Spekulative, insofern das Positive des Dialektischen aufgefasst wird.«[44] Hegel versteht darunter ein Verfahren, durch das die Schüler dazu angeleitet werden, die Übergänge – soweit möglich – selbständig zu entwickeln. Ansatzpunkte für das Dialektische sieht er in der Mangelhaftigkeit einer Denkbestimmung. Indem er die Schüler auf solche Mängel hinweist, regt er sie zu eigener Denkaktivität an.

Diese Unterrichtsmethode lässt sich noch weiter fassen. Wenn Hegel etwa in der Nürnberger Logik das Gerüst fester Gedankenbestimmungen vorstellt, ist darin zugleich auch schon deren Entwicklung enthalten. Denn jede Bestimmung ist nur als Verhältnis bzw. als Moment einer weiteren Bestimmung darstellbar; bereits in Definitionen lässt sich der Bezug zum Ganzen nicht ausklammern. Die abstrakte Form dieser Logik zerstört daher keinesfalls die dialektische Struktur; in ihr ist der innere Zusammenhang von den Schülern durchaus eigenständig auffindbar. Für Hegel geht es also um die Einheit von Rezeptivität und Spontaneität, die er nicht als einander ausschließend verstanden wissen will:

42 Vgl. Hegel, »Über den Unterricht in der Philosophie auf Gymnasien«, a.a.O. (Anm. 4), S. 327f. – Dieses Gutachten wird meist für die beklagenswerte Entwicklung des Philosophieunterrichts in Preußen verantwortlich gemacht, als ob dafür nicht auch andere Faktoren maßgeblicher waren. Siehe dazu Perger, *Geschichte des Philosophieunterrichts und der philosophischen Lehramtsprüfung im neunzehnten und beginnenden zwanzigsten Jahrhundert in Bayern und Preußen* a.a.O. (Anm. 23), S. 30 und 36ff., Püllen, *Die Problematik des Philosophieunterrichts an höheren Schulen* a.a.O. (Anm. 31), S. 34. f.

43 Vgl. Hegel, »Über den Unterricht in der Philosophie auf Gymnasien«, a.a.O. (Anm. 4), S. 330.

44 Hegel, *Briefe von und an Hegel*, a.a.O. (Anm. 2), S. 398.

> Es ist ein Vorurtheil nicht allein des philosophischen Studiums, sondern auch der Pädagogik, … als ob das Lernen dem Selbstdenken entgegengesetzt sey, da in der Tat das Denken sich nur an einem solche Material üben kann, das keine Geburt und Zusammenstellung der Phantasie, […] sondern ein Gedanke ist, und ferner ein Gedanke nicht anders gelernt werden kann, als dadurch, daß er selbst gedacht wird.[45]

Gedanken und Begriffe sind nicht einfache Daten, die vom Lehrer direkt an die Schüler weitergegeben und von diesen in fertiger Form erworben werden können oder – nach Hegel – wie Steine in das Denken geworfen werden.[46] Die Vermittlung wissenschaftlicher Begriffe im Unterricht erfordert – wie der Psychologe Wygotsky zeigt[47] – vom Kind einen *eigenen echten Denkakt.* Erst durch das Nach-Denken gelernter Gedanken bildet sich das eigenständige Denken heraus. Die Aneignung neuer Begriffe ist daher nicht Abschluss, sondern der Ausgangspunkt für die weitere Entwicklung der bereits erworbenen Begriffe.

Für Hegel entwickelt sich das philosophische Denken erst durch das Lernen philosophischer Begriffe – »als ob, wenn ich, was Substanz, Ursache oder was es sey, lerne, – ich nicht selbst dächte, als ob ich diese Bestimmungen nicht selbst in meinem Denken producirte«[48]. Das belegt m. E., dass der anfängliche Gegensatz zwischen Kant und Hegel, zwischen selbsttätigem Philosophieren und passivem Philosophie-Lernen, nie bestanden hat.[49] Hegel geht es vielmehr darum, zwischen Philosophie und Philosophieren zu vermitteln in dem Sinn, dass die Schüler auf dem erreichten wissenschaftlichen Niveau der Zeit mit den bis dahin erarbeiteten Voraussetzungen und Hilfsmitteln philosophieren lernen.

45 Hegel, »Über den Vortrag der Philosophie auf Universitäten«, a. a. O. (Anm. 4), S. 321. – Vgl. ders., »Über den Vortrag der philosophischen Vorbereitungs-Wissenschaften auf Gymnasien«, a. a. O. (Anm. 4), S. 312; vgl. ders., »Über den Unterricht in der Philosophie auf Gymnasien«, a. a. O. (Anm. 4), S. 332.

46 Vgl. Hegel, »Über den Vortrag der philosophischen Vorbereitungs-Wissenschaften auf Gymnasien«, a. a. O. (Anm. 4), S. 311.

47 Lew Semjonowitsch Wygotski, *Denken und Sprechen*, Frankfurt/M. 1977, S. 167 ff.

48 Hegel, »Über den Vortrag der philosophischen Vorbereitungs-Wissenschaften auf Gymnasien«, a. a. O. (Anm. 4), S. 31.

49 Martens, der die Gemeinsamkeit ebenfalls hervorhebt, kritisiert hier jedoch Hegel. Zwar sei Hegel darin zuzustimmen, dass Nachvollzug und Selbstdenken keine Gegensätze seien, aber darum bilden sie noch *keine selbstverständliche Einheit.* Damit der Nachvollzug auch zum faktischen Lernen führt, bedarf es nach Martens zusätzlich einer angemessenen Methode und Legitimierung des Inhalts, der die Interessen der Schüler mehr berücksichtigen soll (Ekkehard Martens, *Dialogisch – pragmatische Philosophiedidaktik*, Hannover 1979.)

Der Anfang mit dem Abstrakten

Den Philosophieunterricht mit den einfachen Verstandesbestimmungen beginnen zu lassen, hat einen nicht zu übersehenden Nachteil: Dieser Anfang ist *abstrakt*. Und Hegel hält einen solchen Anfang für unvermeidlich. »Was den Vortrag der Philosophie auf Gymnasien betrifft, so ist erstens die abstracte Form zunächst die Hauptsache. Der Jugend muß zuerst das Sehen und Hören vergehen, sie muß vom konkreten Vorstellen abgezogen, in die innere Nacht der Seele zurückgezogen werden, auf diesem Boden sehen, Bestimmungen festhalten und unterscheiden lernen.«[50] Eine derartige Philosophiedidaktik steht wiederum in völligem Gegensatz zu den zeitgenössischen Pädagogen, die sich zumindest darin einig waren, an den Beginn eines jeden Unterrichts die *sinnliche Anschauung* zu stellen. Hegel ist daher immer wieder der Vorwurf gemacht worden, er orientierte seinen Unterricht allein an *sachlogischen* Gesichtspunkten und vernachlässigte dabei psychologische Rücksichten.[51]

Aber solche Einwände treffen Hegels Absicht nicht. Denn er begründet den abstrakten Anfang nicht bloß mit dem fachphilosophischen Argument, dass das Abstrakte das Einfache und Elementare sei. Er behauptet sogar, dass das Abstrakte auch für den Schüler leichter zu lernen sei. »Weil das Abstracte das Einfachere ist, ist es leichter aufzufassen.«[52] Nun hat der Begriff abstrakt bei Hegel bekanntlich nicht nur die Bedeutung von unsinnlich, sondern meint vor allem, dass die Verstandesbestimmungen noch isoliert festgehalten werden, sich noch nicht bewegen und entwickeln. Insofern sind solche festen, starren Bestimmungen tatsächlich leichter zu lernen als die gesamte Entwicklung.

Interessant ist, dass Hegel die Abstraktionsfähigkeit seiner Schüler sogar mehr berücksichtigt als sein Freund Niethammer, der den Philanthropen folgend die Anschauung zur Richtschnur des Schulunterrichts erklärt hatte. Niethammers Philosophie-Lehrplan hat schon für die unteren Klassen formelle Logik vorgesehen und erst später Kosmologie, Psychologie, sowie Religion, Ethik und Recht unterrichten lassen[53]. Von diesem Plan weicht Hegel ausdrücklich ab und stellt stattdessen Dinge an den Anfang wie Recht, Moral und Religion:

50 Hegel, »Über den Vortrag der philosophischen Vorbereitungs-Wissenschaften auf Gymnasien«, a. a. O. (Anm. 4), S. 313; ders., »Über den Unterricht in der Philosophie auf Gymnasien«, a. a. O. (Anm. 4), S. 334.

51 B. Bosch, »Hegel im ersten Schuljahr«, in: *Pädagogische Rundschau*, 6. Jg. (1951/52), S. 322.

52 Hegel, »Über den Vortrag der philosophischen Vorbereitungs-Wissenschaften auf Gymnasien«, a. a. O. (Anm. 4), S. 314.

53 Vgl. Niethammer, *Philantropismus – Humanismus. Texte zur Schulreform*, a. a. O. (Anm. 11), S. 65 f.

> Die Begriffe dieser Lehren sind einfach, und haben zugleich eine Bestimmtheit, die sie für das Alter dieser Klasse ganz zugänglich macht, ihr Inhalt ist durch das natürliche Gefühl der Schüler unterstützt, er hat eine Wirklichkeit im Inneren derselben … Ich ziehe daher diesen Lehrgegenstand für diese Klasse der Logik weit vor, weil diese einen abstracteren und vornehmlich einen von jener unmittelbaren Wirklichkeit des Innern entfernteren, nur theoretischen Inhalt hat. Freiheit, Recht, Eigentum u. s. f. sind praktische Bestimmungen, mit denen wir täglich umgehen und die, außer jener unmittelbaren auch eine sanktionierte Existenz und reale Gültigkeit haben.[54]

In ähnlicher Weise verfährt Hegel auf der nächsten Klassenstufe, indem er wiederum die empirische Psychologie der Logik vorangehen lässt.[55] Sogar innerhalb der Logik beginnt Hegel mit einer eher psychologischen Einleitung, bevor er das reine Denken behandelt.[56]

Der Grundsatz, Philosophieunterricht mit dem Abstrakten zu beginnen, wird mit dieser Umgruppierung des Stoffs nicht verlassen. Denn innerhalb der einzelnen Gegenstandsgebiete soll nach wie vor der Anfang mit dem jeweils Abstrakten gemacht werden. Hegel schlägt vor, anstelle der Religion, wie Niethammer verordnet hatte, mit dem Recht, »der einfachsten und abstractesten Folge der Freiheit«[57] anzufangen. Und an Campes oder Carus' Psychologie bemängelt er die zu anschaulichen Herangehensweise.[58]

Das Problem, das mir hinter Hegels Forderung eines abstrakten Anfangs zu liegen scheint, besteht darin, dass die tradierten Denkbestimmungen, die als Erkenntnismittel fungieren, abstrakt sind und *nur als solche abstrakte Bestimmungen vermittelt* werden können. Sonst geht der wissenschaftliche Charakter der genannten Regeln, Gedanken, Gesetze, die den Schüler als Denkwerkzeuge weitergegeben werden sollen, verloren. Das meint Hegel, wenn er den Weg vom Sinnlich-Konkreten zum Abstrakten, den die Philanthropen in empiristischer Tradition vorgeschlagen hatten, zwar als »naturgemäßen«, aber darum als den

54 Hegel, »Über den Vortrag der philosophischen Vorbereitungs-Wissenschaften auf Gymnasien«, a. a. O. (Anm. 4), S. 304.

55 Hegel, *Briefe von und an Hegel*, a. a. O. (Anm. 2), S. 398; ders., »Über den Vortrag der philosophischen Vorbereitungs-Wissenschaften auf Gymnasien«, a. a. O. (Anm. 4), S. 305. – In einer Gymnasialrede tritt Hegel deshalb für das Studium der antiken Klassiker ein, weil dort das Abstrakte noch in konkreter Gestalt vorfindbar und darum für die Kinder leichter aufzufassen sei. – Vgl. Schmidt, *Hegel in Nürnberg*, a. a. O. (Anm. 8), S. 39.

56 Georg Wilhelm Friedrich Hegel, »Philosophische Propädeutik«, in: Ders., *Sämtliche Werke* (Jubiläumsausgabe), Bd. 3, hg. v. Hermann Glockner, Stuttgart 1949, S. 113.

57 Hegel, »Über den Vortrag der philosophischen Vorbereitungs-Wissenschaften auf Gymnasien«, a. a. O. (Anm. 4), S. 304.

58 Vgl. ebd., S. 305.

»unwissenschaftlichen Weg«[59] kennzeichnet. So werde in der Geometrie die Kenntnis eines Kreises nicht durch Analyse empirisch vorgefundener Kreisbilder vermittelt, sondern gleich mit Hilfe eines Zirkels ein abstrakter Kreis konstruiert. Richtig an dieser Feststellung ist, dass die Aneignungsweise von wissenschaftlichen Begriffen und Alltagsbegriffen nicht identisch ist.[60] Abstrakte Begriffe der Wissenschaften können nicht spontan erlebt oder unmittelbar sinnlich wahrgenommen werden, so wenig das Denken außerhalb des Denkens gelernt werden kann. Wissenschaftliche und vor allem auch philosophische Begriffe können nur als Abstraktion übermittelt werden.

Hier sind jedoch zugleich auch Grenzen der Hegelschen Didaktik zu sehen. Wie berechtigt die grundsätzliche Trennung zwischen Alltagserfahrung und wissenschaftlicher Erkenntnis ist, so problematisch erweist sich, dass Hegel keinerlei Übergänge zwischen diesen Bereichen zulässt. Besteht die Aufgabe des Schulunterrichts doch darin, an die Erfahrungsbegriffe der Kinder anzuknüpfen und diese Begriffe durch die Einführung neuer, abstrakterer Begriffe weiterzuentwickeln. Darin besteht gerade die Kunst des Lehrers.

Dass nun Hegel die Spezifik philosophischer Gedanken im Sinne eines völlig autonomen »Reichs der Gedanken« versteht und dieses Verständnis zum höchsten Lernziel des Unterrichts erklärt[61], hängt offenbar mit der Systematik seiner eigenen Philosophie zusammen, in der davon abstrahiert wird, dass die sich entwickelnde Abstraktion das Resultat von praktischen und theoretischen Abstraktionsprozessen sind. Ein Philosophieunterricht, der solche Prozesse nicht ausklammern will, wird zwar – mit Hegel – die Entwicklung von Allgemeinbegriffen behandeln, diese Entwicklung aber nicht bloß in ihrer Immanenz, sondern im Zusammenhang mit der Geschichte der menschlichen Arbeit und Wissenschaft zu vermitteln suchen.

Es kann daher nicht Absicht sein, das Hegelsche Unterrichtskonzept zur zeitlosen Maxime zu erheben. Dazu waren die Adressatenkreise wie auch der Lehrgegenstand Hegels viel zu beschränkt. Ohne Zweifel hatten die Philanthropen mit ihren Unterrichtsverfahren mehr Erfolg, wenn es darum ging, Bauern- und Arbeiterkindern Elementarkenntnisse beizubringen. Umgekehrt darf ein solches Faktum jedoch nicht dazu verleiten, diese Methoden auf die Vermittlung wissenschaftlicher oder gar philosophischer Begriffe einfach zu übertragen. Der hier dargestellte Gegensatz zwischen Hegel und den zeitgenössischen Pädagogen sollte daher nicht ohne Berücksichtigung des historischen Zusammenhanges und der spezifischen Gegenstände beurteilt werden.

59 Ebd., S. 313.

60 Wygotski, *Denken und Sprechen,* a. a. O. (Anm. 47), S. 175 f.

61 Vgl. Hegel, »Über den Unterricht in der Philosophie auf Gymnasien«, a. a. O. (Anm. 4), S. 332; vgl. ders., »Philosophische Propädeutik«, a. a. O. (Anm. 4), S. 113.

Experimentelle Philosophie in didaktischer Absicht

Seit einigen Jahren beginnt sich eine philosophische Denkrichtung zu etablieren, die sich *Experimentelle Philosophie* nennt. Darin werden Inhalte und Methoden der Sozialwissenschaften und Psychologie einbezogen, um bestimmte philosophische Probleme zu lösen. Experimente sollen dazu dienen, philosophische Intuitionen besser zu verstehen.

Im Anschluss daran stelle ich die Frage, ob sich auch diese Art zu philosophieren in den Philosophieunterricht transformieren lässt. Die Grundidee besteht darin, die faktisch vorhandenen Vorstellungen der Schülerinnen und Schüler mit Hilfe der experimentellen Philosophie zu erfassen. Auf dieser Basis ist es dann leichter, diese bereits theoretisch analysierten Vorstellungen mit einer Philosophie in Verbindung zu bringen, die ebenfalls empirisches Material verwendet. Dabei wird ausdrücklich nicht beabsichtigt, die Experimentelle Philosophie als Gegenstand des Unterrichts einzuführen. Stattdessen geht es um die praktische Anwendung der entsprechenden Methoden im Unterricht.

Experimentelle Philosophie

Folgt man einer verbreiteten Auffassung, ist die Philosophie keine empirische Wissenschaft. Wenn das zutrifft, tut sich zwischen philosophischer Lehre und empirischem Lernbefund eine Kluft auf. Kein Wunder, dass gerade in der Philosophiedidaktik so viel Skepsis gegenüber der empirischen Unterrichtsforschung herrscht.[1] Gleichwohl ich die Trennung zwischen Philosophie und Empirie für grundfalsch halte. Und zwar aus zwei Gründen.

Erstens stimmt diese Auffassung mit Blick auf die Geschichte der Philosophie nicht. Vielmehr handelt es sich um eine nachträgliche Stilisierung der

1 Zu dieser Debatte siehe Markus Tiedemann, »Möglichkeiten und Grenzen. Zum Verhältnis von Philosophiedidaktik und empirischer Bildungsforschung«, in: *Zeitschrift für Didaktik der Philosophie und Ethik*, 2, 2001, S. 96 ff.; vgl. Vanessa Albus, »Ist philosophische Bildung messbar? Überlegungen zum Verhältnis von Philosophiedidaktik und empirischer Bildungsforschung«, in: *Zeitschrift für Didaktik der Philosophie und Ethik*, 4, 2012, S. 336 ff.

Philosophiegeschichte aus einer verengten analytischen Perspektive.[2] So waren Platons Ethik und Ideenlehre mit einer Psychologie der Seele verbunden. Noch stärker wird der empirische Aspekt bei Aristoteles, der ja bekanntlich Naturforscher, Anthropologe und Soziologie in einer Person war. Besonders hervorheben möchte ich noch David Hume, der ausdrücklich das Programm formulierte, die experimentelle Methode von Isaac Newton auf das Gebiet der Moral zu übertragen. Diese Serie ließe sich leicht fortführen.

Der zweite Grund, der gegen die Auffassung spricht, die Philosophie sei ihrem Wesen nach eine nicht-empirische Wissenschaft, hat mit der jüngsten Entwicklung in der Philosophie zu tun. Denn seit einigen Jahren ist eine neue philosophische Strömung entstanden, die ausdrücklich den Anschluss an die empirischen Wissenschaften sucht. Das ist die bereits erwähnte *Experimentelle Philosophie* oder *Philosophische Psychologie*.

Moralische Intuitionen

Wie der Begriff andeutet, handelt es sich um empirische Experimente, die zu Themen der Philosophie durchgeführt werden. Dabei spielen auch psychologische Faktoren eine Rolle, so dass sich die Forschungen im Grenzbereich zwischen Philosophie und Psychologie bewegen. Gegenstand derartiger Untersuchungen sind Intuitionen, worunter spontane Urteile zu verstehen sind.

Formal sind Urteile spontan, wenn den an einem Experiment Beteiligten nur wenig Zeit zum Überlegen eingeräumt wird. Hier lässt sich der Grad der Spontaneität durch die Veränderung der Rahmenbedingungen bestimmten.

Inhaltlich bestehen Intuitionen aus bestimmten Meinungen oder Einstellungen von Personen. Diese Urteile können durch eine bestimmte Situation bedingt sein. Sie können aber auch in der betreffenden Person tief verwurzelt sein, also eine Haltung oder einen Charakter zum Ausdruck bringen. Sofern es sich um kollektive Meinungen handelt, kann man auch von kollektiven Vorurteilen, Paradigmen, Ideologien, Weltbildern oder Weltanschauungen sprechen.[3]

Intuitionen zeichnen sich ferner dadurch aus, dass sie sowohl deskriptiv als auch normativ sind. Sie beschreiben nicht nur einen bestimmten Sachverhalt, sondern bewerten ihn zugleich. In diesem Kontext geht es vor allem um die moralische Qualität von Intuitionen. Die normative Dimension ist in der Expe-

2 Kwame Anthony Appiah, *Ethische Experimente. Übungen zum guten Leben*, München 2009, S. 13 ff.

3 Siehe dazu Donat Schmidt, »Vorurteile und ihre Bedeutungen für die Entwicklung ethischer Urteilsfähigkeit«, in: *Zeitschrift für Didaktik der Philosophie und Ethik*, 2, 2006 (zum Thema »Vor-Urteile«), S. 90 ff.

rimentellen Philosophie präsent, weil ja ständig Urteile abgegeben werden, die einen ethischen Maßstab erfordern. Darin liegt auch der Grund, dass dieser Ansatz für eine Anwendung auf das Fach Philosophie und in besonderer Weise auf den Ethikunterricht geeignet ist.

Man kann die so bestimmten Intuitionen als die »Substanz« der Experimente bezeichnen. Davon unterscheidet sich die akzidentelle Ebene, auf der die Intuitionen einer experimentellen Situation ausgesetzt werden. Die Experimente dienen dazu, die Intuitionen verschiedenartigen Einflüssen auszusetzen, um zu prüfen, unter welchen äußeren Bedingungen sie sich verändern können. Das Experiment hat also die Aufgabe, die Faktoren zu analysieren, unter denen bestimmte Intuitionen zustande kommen. Konkret zeigt sich dabei, wie sich Probanden ablenken und irritieren lassen, auf Unwichtiges und Falsches achten oder Wesentliches übersehen. Dabei spielt nicht nur die Konstruktion des Fallbeispiels eine Rolle, sondern auch die Art der Darstellung wie Reihenfolge, Erzählung oder Wortwahl. Nicht zuletzt ist von Bedeutung, wie sich die Probanden selbst darstellen und in welchem Licht sie erscheinen möchten.

Experimente

Aus der Fülle des vorliegenden Materials wähle ich einige Beispiele ethischer Experimente aus. In allen Fällen geht es darum, welche Faktoren die Intuitionen beeinflussen. Meine Auswahl betrifft 1. den Rahmen der Darstellung, 2. den sozialen Faktor, 3. die beabsichtigte Folge, 4. das Verhältnis von Intention und Fähigkeit, 5. das Verhältnis von Intention und moralischer Qualität der Handlung sowie 6. die Zuschreibung von Bewusstsein.

Der Rahmen der Darstellung

Die Probanden werden in zwei Gruppen eingeteilt.[4] Die Aufgabe besteht darin, eine Wahl zwischen zwei Maßnahmenbündeln zu treffen, die der Vorbereitung auf einen drohenden Ausbruch der Asiatischen Grippe dienen. Gruppe 1 kann zwischen zwei Maßnahmenbündeln A und B wählen, die sich folgendermaßen beschreiben lässt. Maßnahmenbündel A wird 200 Menschen das Leben retten, die ansonsten sterben müssten. Maßnahmenbündel B rettet mit einer Wahrscheinlichkeit von einem Drittel 600 Menschen das Leben, wobei eine

4 Diese Darstellung folgt fast wörtlich Appiah, *Ethische Experimente*, a. a. O. (s. Anm. 2), S. 90 ff.

Wahrscheinlichkeit von einem Drittel besteht, dass gar kein Menschenleben dadurch gerettet wird.

Gruppe 1 hat also folgende Optionen:

a) 200 Menschen werden gerettet.
b) Chance 1 zu 3, dass 600 Menschen gerettet werden.
   Chance 2 zu 3, dass niemand dadurch gerettet wird.

Gruppe 2 erhält gleichfalls zwei Optionen, Maßnahmenbündel C und D, die folgendermaßen beschrieben werden:

c) 400 Menschen werden gerettet.
d) Chancen 1 zu 3, dass niemand stirbt.
   Chance 2 zu 3, dass 600 Menschen sterben.

Wie man sogleich bemerkt, stellen A und C vor dem Hintergrund der Annahme, dass 600 Menschen sterben werden, falls nichts geschieht, dieselben Maßnahmebündel dar. Auch B und D stellen dasselbe Bündel dar, weil in diesem Kontext »600 Menschen werden gerettet« und »niemand stirbt an der Grippe« sowie »niemand wird gerettet« und »600 Menschen sterben an der Grippe« jeweils dasselbe bedeuten. Es handelt sich um dieselben Optionen, die nur anders beschrieben werden. Die Entscheidung hängt daher vom »Rahmen« (Framing-Effect) ab, in dem eine Option präsentiert wird, selbst wenn die Beschreibungen, rational besehen, äquivalent sind.

Untersucht man dieses Verhalten näher, so ist zu beobachten, dass sich die Menschen risikoscheu verhalten, wenn sie über mögliche Gewinne nachdenken. Sie sind bereit, Risiken einzugehen, wenn sie mit möglichen Verlusten konfrontiert werden. Daher sind sie eher darauf bedacht, Verluste zu vermeiden, als äquivalente Gewinne zu realisieren.

Erklärt wird dieses Phänomen durch die »Prospect-Theorie«: Wenn wir sagen, wir retten 200 Menschenleben, gehen wir davon aus, dass 600 Menschen sterben können. Deshalb erscheinen uns die 200 geretteten Menschen als Gewinn, obwohl 400 immer noch sterben müssen. Da wir im Blick auf Gewinne risikoscheu sind, ziehen wir A gegenüber B vor, weil B die Rettung von 200 Menschen aufs Spiel setzt. Denken wir dagegen daran, dass 400 Menschen sterben werden, nehmen wir als Ausgangspunkt, dass niemand stirbt. Nun erscheinen 400 Tote als Verlust. Und da wir bereit sind, Risiken einzugehen, um Verluste abzuwenden, ziehen wir D gegenüber C vor, weil bei D die Möglichkeit besteht, dass niemand stirbt. Wenn man Menschen dazu bringt, die Aufmerksamkeit auf den schlimmsten Fall zu konzentrieren (dass nämlich trotz aller Bemühungen 600 Menschen sterben), entscheiden sie sich für die

Garantie, dass wenigstens 200 gerettet werden. Lenkt man ihre Aufmerksamkeit dagegen auf den günstigsten Fall (dass niemand stirbt), entscheiden sie sich für die Option, obwohl die zugehörige Eintrittswahrscheinlichkeit geringer ist.

Aus diesen Beobachtungen lässt sich folgern, dass die Menschen auf etwas reagieren, was gar keine Rolle spielt. Die Intuitionen lassen sich von irrelevanten Faktoren leiten.

Der soziale Faktor

In diesem Experiment fragt man nach der Meinung zu einer Steuerpolitik, die wohlhabenden Eltern eine größere Steuerentlastung zubilligt als ärmeren Eltern.[5] Wie man erwarten durfte, halten die Studenten diese Regelung für nicht gerecht.

Dann ändert man die Beschreibung der Situation. Die Studenten sollen nun annehmen, dass Steuerrecht gehe als Normalfall von einem Ehepaar mit Kindern aus und sehe für Kinderlose gleichsam als Strafe einen erhöhten Steuersatz vor. Man fragt, ob wohlhabende Kinderlose einen höheren Zuschlag zahlen sollen als arme Kinderlose. Das halten die meisten Studenten für gerecht.

Aber wenn arme Eltern eine geringere Steuerentlastung erhalten als wohlhabende, dann ist dies dasselbe, als zahlten arme Kinderlose einen geringeren Zuschlag als wohlhabende Kinderlose. Dennoch erscheint die erste Lösung den meisten als ungerecht, die zweite dagegen als gerecht. Die Lastenverteilung ist aber in beiden Fällen dieselbe. Wie beim Fall der Asiatischen Grippe hängen unsere Intuitionen offenbar davon ab, was als Verlust und was als Gewinn gilt.

Die beabsichtigte Folge

In einem Szenario rollt eine Straßenbahn führerlos die Schienen entlang und wird auf ihrem weiteren Weg unvermeidlich fünf Menschen töten.[6] Den Probanden wird mitgeteilt: Sie können diese fünf Menschen retten, indem Sie eine Weiche umstellen, so dass die Straßenbahn auf ein Nebengleis rollt, wo sie allerdings einen Menschen töten wird. Sollten Sie das tun? Philosophen sagen in der Regel ja. Und wie neuere Forschungen ergeben haben, wird diese Intuition zu 80 bis 90 % geteilt.

In einem zweiten Szenario rollt die Straßenbahn ebenfalls auf fünf Men-

5 Thomas C. Schellin, »Economic Reasoning and the Ethics of Policy«, in: *Public Interest* 63, 1981, 37–61; zit. nach Appiah, *Ethische Experimente*, a. a. O. (s. Anm. 2), S. 93.

6 Ebenso zit. Appiah, *Ethische Experimente*, a. a. O. (s. Anm. 2), S. 97 f.; siehe dasselbe Beispiel bei Martin Grajner in diesem Band.

schen zu. Diesmal befinden Sie sich auf einer Fußgängerbrücke über den Schienen, und neben Ihnen steht ein Drei-Zentner-Mann. Die einzige Möglichkeit, die fünf Menschen zu retten, besteht darin, den Mann von der Brücke auf die Schienen zu stoßen. Mit seiner Masse wird er die Straßenbahn zum Stillstand bringen, aber dabei selbst ums Leben kommen. Sollten Sie das tun? Die meisten von uns, Theoretiker und Normalbürger gleichermaßen, sagen nein.

Hinter diesem Urteil verbirgt sich der Unterschied, ob man etwas tut, das eine schlechte und vorhersehbare, aber nicht beabsichtigte Folge hat, oder ob man absichtlich etwas Schlechtes tut, selbst wenn das Gesamtergebnis in beiden Fällen dasselbe wäre.

Das Verhältnis von Intention und Fähigkeit

In anderen Experimenten geht es um das Verhältnis von Intention einer Handlung und der Fähigkeit, diese Handlung auch tatsächlich auszuführen.[7] Probanden charakterisieren eine Handlung eher als »intentional«, wenn der Handelnde erfolgreich ist und wenn er dazu über die entsprechende Fähigkeit verfügt. Wenn hingegen die Handlung aus Zufall gelingt, wird keine Intention unterstellt. In diesem Fall spielt der instrumentelle Aspekt die entscheidende Rolle. Das Können bildet den moralischen Maßstab.

Die entsprechenden Fallbeispiele sind recht einfach. Eine fiktive Person hat die Absicht, eine andere Person mit einem Gewehr zu töten. In dem einen Fall ist der Mörder ein guter Schütze und trifft das Opfer dank seiner Zielsicherheit. In dem anderen Fall ist der Mörder ungeübt und trifft das Opfer aus purem Zufall. Obwohl in beiden Fällen Absicht und Ergebnis dasselbe sind, schreiben die Probanden dem guten Schützen einen höheren Grad an Intention und damit mehr Schuld zu. Daraus folgt, dass eine unmoralische Handlung, die ohne Fähigkeit ausgeführt wird, als nicht intentional gilt.

Um dieses Phänomen zu erklären, bedient man sich der Theorie der Dissoziation. Damit beschreibt man moralische Urteile, in denen die Handlung von ihrer moralischen Qualität getrennt wird. Dabei ist auch der umgekehrte Fall möglich, dass eine moralische Intention mit oder ohne Fähigkeit zum Erfolg führt. So wird eine Handlung eher als gut bewertet, wenn sie aus einer entsprechenden Fähigkeit resultiert. In beiden Fällen wird das moralische Urteil vom instrumentellen Aspekt beherrscht.

7 Joshua Knobe, »Intentional action in folk psychology: an experimental investigation«, in: *Philosophical Psychology*, 16, 2, 2003, S. 310 ff.

Das Verhältnis von Intention und moralischer Qualität der Handlung

In einem weiteren Experiment geht es um das Verhältnis zwischen der Intention und der moralischen Qualität der Handlung.[8] Dabei kommen zwei Szenarien ins Spiel:

Im ersten Szenario wird dem Geschäftsführer eines Unternehmens ein neues Programm vorgelegt, das sowohl den Gewinn erhöhen als auch der Umwelt helfen wird. »Die Umwelt ist mir völlig gleichgültig«, erwidert der Geschäftsführer. »Ich möchte nur so viel Gewinn wie möglich machen. Also starten wir das neue Programm.« Das Programm wird realisiert und die Umwelt hat ihren Nutzen davon. Das zweite Szenario ist fast dasselbe, nur wird das Programm diesmal der Umwelt schaden. Wieder zeigt sich der Geschäftsführer der Umwelt gegenüber gleichgültig. Das Programm wird eingeführt, um den Gewinn zu steigern – mit den erwarteten Umweltschäden.

In einem kontrollierten Experiment präsentierte Knobe diese beiden Szenarien verschiedenen Gruppen von Versuchspersonen. Wenn das Programm *auch* der Umwelt half, waren nur 23 Prozent der Probanden der Ansicht, der Geschäftsführer habe »der Umwelt mit Absicht geholfen«. Aber wenn das Programm der Umwelt schadete, äußerten 82 Prozent die Ansicht, der Geschäftsführer habe »der Umwelt mit Absicht geschadet«.

Aus diesem Experiment kann man den folgenden Schluss ziehen: Bei der Beurteilung intentionaler Handlungen orientieren sich die getesteten Intuitionen an den »psychologischen Eigenschaften, die für positive oder negative Urteile besondere Bedeutung besitzen«. Aus diesem Grund werden andere Merkmale relevant, »je nachdem, ob die Handlung selbst gut oder böse ist« oder ob die gerade nicht intendierten Handlungsfolgen gut oder schlecht sind. Man kann sagen, die moralische Beurteilung der Handlung überformt das Urteil über die Intention. Die Probanden befürchten offenbar, dass sie eine schlechte Handlung moralisch billigen, wenn sie ihr keine Absicht unterstellen. Folglich sehen sie sich genötigt, ihr negatives Werturteil mit der Unterstellung einer entsprechenden Intention zum Ausdruck zu bringen.

Zuschreibung von Bewusstsein

Intentionen sind Bewusstseinszustände. Wird daher einer Person intentionales Handeln zugeschrieben, setzt man gleichzeitig voraus, dass sie Bewusstsein hat.

8 Joshua Knobe, »The Concept of Intentional Action: A Case Study in the Uses of Folk Psychology«, in: *Philosophical Studies* 130, 2, 2006, S. 203 ff.; fast wörtlich zit. nach Appiah, *Ethische Experimente*, a. a. O. (s. Anm. 2), S. 112 f. – Siehe die Darstellung desselben Experiments in den Beiträgen von Markus Bohlmann und Martin Grajner in diesem Band.

Selbstverständlich gilt das für natürliche Personen. Zum Problem wird dieser Zusammenhang, wenn es sich um soziale Gruppen oder Institutionen handelt. Die entsprechenden Experimente zielen auf die Frage, unter welchen Bedingungen Menschen bestimmten Personen oder Institutionen eine bestimmte Absicht und damit ein bestimmtes Bewusstsein zuschreiben.[9] Diese Problematik lässt sich sogar in dem Sinne erweitern, dass gefragt wird, ob Menschen unter gewissen Umständen nicht auch in bestimmte Gegenstände ein Bewusstsein projizieren.

Die meisten Menschen verfügen über ein implizites Konzept von Bewusstsein. Informationen über die physische Verfassung spielen unterschiedliche Rollen bei unterschiedlichen Arten mentaler Zustandsbeschreibungen. In Experimenten lässt sich nun nachweisen, dass Menschen bestimmten Unternehmen Bewusstsein zuschreiben. Zum Beispiel ist davon die Rede, dass etwa die Firma Microsoft liebt, hasst oder deprimiert sei. Von einer anderen Korporation wird angenommen, dass sie fühle, denke, entscheide oder verärgert über eine Entscheidung des Gerichts sei. Probanden berichten, dass sie auch Mitleid mit einem Unternehmen empfinden.

Auf diese Weise können Gruppen Intentionen aufweisen, obwohl die Teilmengen keine Absichten aufweisen. Demnach haben Unternehmen buchstäblich Intentionen. Von der Unterstellung einer gemeinsamen Absicht hängt dann die Beantwortung der ethischen Frage ab, ob diesen sozialen Entitäten auch eine kollektive Verantwortung zugeschrieben wird. So hängen moralische Urteile letztlich davon ab, inwieweit ein Bewusstsein bei sozialen Gruppen anerkannt wird.

Darüber hinaus gibt es auch Experimente, die danach fragen, ob nicht auch Gegenstände ein Bewusstsein haben könnten. Viele Probanden bejahen diese Frage, indem sie etwa bei einem Stuhl oder einem Kuscheltier ein Bewusstsein für möglich halten. Diese Ergebnisse verweisen in das Umfeld des magischen Denkens. Sie sind besonders für das Philosophieren mit Kindern interessant. Aber auch bei Erwachsenen geht es nicht allein um Magie, sondern um eine Art symbolisches Denken. Die Tatsache, dass bei bestimmten Gegenständen ein Bewusstsein angenommen wird, bedeutet lediglich, dass diese Gegenstände für den Besitzer eine bestimmte Bedeutung haben, die einen entsprechenden Umgang mit diesem Gegenstand zu Folge hat.

9 Joshua Knobe, Jesse Prinz, »Intuitions about Consciousness: Experimental Studies«, in: *Phenomenology and Cognitive Science* 7, 1, S. 67 ff.

Didaktische Konsequenzen

Aus einem derartigen Experiment ziehe ich nun die beiden folgenden didaktischen Konsequenzen:

Erstens: Vom Standpunkt einer intentionalistischen Ethik sind die soeben referierten Intuitionen einfach »falsch«. Sie vermischen in unzulässiger Weise Intention und Folge einer Handlung. Das heißt, Intuitionen können trügen.[10] Intuitionen sind meistens unzuverlässig und widersprüchlich. Man kann das mit einer optischen Täuschung vergleichen: So wie sich das Auge beim Anblick von Linien täuschen kann, so werden die Menschen beim Hören oder Lesen moralischer Fälle getäuscht.

Dazu gehört *zweitens*: Diese Art Täuschung wird nicht nur festgestellt und theoretisch begründet. Noch wichtiger ist es, dass zusätzlich *erklärt* werden kann, wie es zu diesen Irrtümern gekommen ist, also aus welchen psychologischen Gründen sich die Probanden getäuscht haben. Das erinnert an die philosophische Tradition der *Ideologiekritik*, wie sie seit Bacons Idolenlehre, während der gesamten Aufklärung bis Marx, Freud und der Frankfurter Schule praktiziert worden ist. Demnach bestreitet man nicht nur den Wahrheitsanspruch des Kritisierten, sondern versucht auch noch zu erklären, unter welchen subjektiven und objektiven Bedingungen der Erkenntnisgenese die Wahrheit (vielleicht sogar »notwendigerweise«) verfehlt wird.

In unserem Fall der Experimentellen Philosophie kann ich derartige Gründe nur andeuten. Die speziell psychologischen Gründe sind teils kognitiver, teils emotionaler Art. Im vorliegenden Fall besteht offenbar das Bedürfnis, die negative Bewertung mitzuteilen. Um derartige Ergebnisse richtig einzuschätzen, ist nicht zuletzt auch auf die Art und Weise der Darstellung eines Szenarios zu achten. Hier spielt etwa die Reihenfolge eine Rolle, ob etwa zuerst die »gute« oder die »böse« Variante präsentiert wird; wie die fiktive Geschichte sprachlich vermittelt wird, wie die Ereignisse miteinander verknüpft werden usw. Weil also die Art der Erzählung eine nicht zu unterschätzende Bedeutung hat, sehe ich mich in meinem Verweis auf den narrativen Aspekt bestätigt.

Aus den genannten Gründen halte ich die Experimentelle Philosophie für hilfreich, um die Urteile von Schülerinnen und Schülern zu erfassen. Ich sehe darin ein methodisches Instrument bei der empirischen Unterrichtsforschung. Es ist nützlich, weil es mit fachspezifischen Mitteln das empirische Material nicht nur zu beschreiben vermag, sondern in der Lage ist, es zu analysieren und zu erklären, d. h. die psychologischen und kulturellen Motive zu erkunden. Diese Leistung scheint mir unbestreitbar zu sein.

10 Appiah, Ethische Experimente, a. a. O. (s. Anm. 2), S. 95, 110.

Anwendung im Unterricht

Doch zum Schluss möchte ich die Frage stellen, welche Konsequenzen die Anwendung der Experimentellen Philosophie für die Fächer Philosophie und Ethik hat. Um diese Frage zu beantworten, sehe ich drei idealtypische Möglichkeiten.

Die *erste radikale Reaktion* auf die Experimentelle Philosophie könnte darin bestehen, Philosophie und Ethik zu verabschieden nach dem Motto: Die psychologischen Befunde demonstrieren, dass die Menschen »in Wirklichkeit« ganz anders urteilen als uns diese Theorien glauben machen wollen. In der Tat lässt sich eine derartige Polemik in manchen Publikationen herauslesen. Deshalb ist die Experimentelle Philosophie alles andere als unstrittig. Natürlich gibt es Philosophen, die dagegen Sturm laufen. Aber nach meinem Eindruck ist diese Abwehr übertrieben, weil das Verhältnis zwischen traditioneller und experimenteller Philosophie sehr viel differenzierter ist, wie der von mir erwähnte Autor Appiah zeigt. Einerseits hält er die Theorie der Tugend bei Aristoteles für »widerlegt«, weil sich das Konstrukt eines einheitlichen und stabilen »Charakters« empirisch nicht nachweisen lasse; an dieser Stelle schwingt durchaus Kritik an der alteuropäischen Philosophie mit. Doch andererseits hält er an der aristotelischen Tugendlehre fest, indem er sie in kritischer Absicht reformuliert und damit die Ethik insgesamt rehabilitiert.[11] Es gibt für uns daher keinen Grund, sich von der Experimentellen Philosophie einschüchtern zu lassen.

Die *zweite Reaktion* besteht darin, die traditionelle Philosophie und Ethik unverändert zu Grunde zu legen. Im Unterricht kann man dann trotzdem die geschilderten Experimente durchführen. Wenn man die beschreibend und erklärend ausgewertet hat, stellt sich die Aufgabe, die nachgewiesen »falschen« Intuitionen zu korrigieren. In genannten Fall folgt dann eben eine ethische Unterweisung über den wesentlichen Unterschied zwischen Intention und Folge einer Handlung. Und danach könnte man dann wieder messen, ob ein solcher Unterricht gefruchtet hat.

Aber es gibt noch einen *dritten Weg*, der darin besteht, Philosophie und Ethik nicht als Gegenbastion zur Psychologie in Anschlag zu bringen. Vielmehr besteht auch die Möglichkeit, die philosophische Ethik den empirischen Ergebnissen anzupassen oder sie mit diesen zu vermitteln.

Im Fall des Verhältnisses von Intention und Handlung könnte das so aussehen, dass man die Position des Intentionalismus weniger dogmatisch vertritt und damit die spontanen Intuitionen etwas gutwilliger auswertet. Bringt man nämlich die Ethik der Verantwortung ins Spiel, wird sofort klar, dass Personen

11 Ebd., S. 40 ff., insbes. S. 76 ff.

auch für nicht intendierte Folgen ihres Handelns verantwortlich gemacht werden können und sollen. Gerade in der ökologischen Ethik ist das ein aktuelles und großes Thema. Unter dieser Voraussetzung ist es gar nicht mehr so »falsch«, dem umweltschädlichen Projekt eine Absicht zu unterstellen – nicht etwa, weil diese Absicht wirklich existiert hat (darin liegt ja der Trugschluss), wohl aber, weil der Geschäftsführer für die Effekte seines Handelns trotzdem zur Rechenschaft gezogen werden kann. Er hat eben die Umweltschäden billigend in Kauf genommen, was auch juristisch als indirekte Intention (Fahrlässigkeit) gelten kann. In jedem Fall ist es hilfreich, nicht nur die logischen, sondern auch die psychologischen Gründe für derart vielfältige Schlussfolgerungen zu kennen.

Ethische Module

Diesen dritten Weg möchte ich schließlich noch weiter treiben und auf eine völlig andere Art Ethik hinweisen, die gegenwärtig nicht nur innerhalb der Experimentellen Philosophie ausgearbeitet wird. Ich meine damit die Konzeption, die Ethik als eine *Heuristik* aufzufassen, mit deren Hilfe moralische Intuitionen zustande kommen.[12] Dahinter steht die Überzeugung, dass sich moralische Urteile aus *Modellen* oder *Modulen* zusammensetzen. Diese werden auch als *Prototypen* moralischen Urteilens bezeichnet, woran der konstruktivistische Ansatz erkennbar ist.[13] An dieser Stelle könnte man auch von einer *Proto-Ethik* sprechen.[14] Das sind gewissermaßen die Bausteine, die eine Moral und sogar die Ethik konstituieren.[15]

Folgt man dieser Konzeption,[16] lassen sich die folgenden »Module« feststellen:

1. Das erste und offenkundige Moralmodul ist das *Mitgefühl.* Als Impuls dienen Darstellungen von Leid; die Reaktion besteht in Empfindungen, die

12 Im Anschluss ebd., S. 57 ff., 133 ff.

13 Bohlmann spricht in diesem Band von »Präkonzepten«.

14 Zur Proto-Philosophie vgl. Johannes Rohbeck, *Didaktik der Philosophie und Ethik*, Dresden 2010, S. 107.

15 Hier könnte man auch von weltanschaulichen Elementen oder elementaren Deutungsmustern sprechen. Vgl. Gisela Raupach-Strey, Johannes Rohbeck (Hrsg.), *Philosophie und Weltanschauung*, Dresden 2011.

16 Jonathan Haidt, Craig Joseph, »Intuitive Ethics: How Innately Prepared Intuitions Generate Culturally Variable Virtues«, in: *Deadalus*, 2004, S. 55 ff.; Jonathan Haidt, Frederik Björklund, »Social Intuitionists Answer Six Questions about Moral Psychology«, in: Walter Sinnott-Amstrong (Hrsg.), Moral Psychology, Bd. 3: *The Neuroscience of Morality: Emotion, Brain Disorders, and Development*, Cambridge 2008, S. 181–217.

altruistische Urteile und Handlungen zu motivieren vermögen. Zugleich findet sich das Prinzip des Mitleids in zahlreichen Moralphilosophien wie bei Hutcheson, Hume, Smith und Schopenhauer. Man kann also das Mitleid als einen moralischen Prototyp bezeichnen, der dann von bestimmten Philosophen aufgegriffen und theoretisch elaboriert wird. In den entsprechenden Ethiken entstehen dann Folgeprobleme, die einer philosophischen Bearbeitung bedürfen wie das Verhältnis von egoistischem und altruistischem Gefühl oder das grundsätzliche Verhältnis von Gefühl und Verstand.

2. Ein weiterer Kandidat für die Modularität der Moral ist die *Gegenseitigkeit*. Dieses Modul hängt mit Fragen der Gerechtigkeit, der Fairness und der Bestrafung zusammen. Es geht auch um Schuld und die Pflicht zur Wiedergutmachung. Dieses Prinzip findet sich vor allem in der bindenden Regel bei Kant. Auch er beabsichtigt nichts anderes als die alltägliche Moral (Goldene Regel) theoretisch verarbeitet zu haben (Kategorischer Imperativ). Wiederum wird ein alltäglicher Prototyp in die philosophische Theorie transformiert, wobei sich die Kongruenz von experimenteller und traditioneller Philosophie zeigt.
3. Ein drittes Modul bezieht sich auf *soziale Hierarchien*, was auf Respekt und Verachtung verweist. Eine solche Sensibilität bezieht sich auf die Idee der Ehre, aber auch auf Beleidigung und Verletzung der Würde. Dieses Modul wirkt erst einmal befremdend, weil es eher auf die Antike und das Mittelalter zu rekurrieren scheint, während doch die moderne Ethik die Gleichheit aller Menschen postuliert. Doch wird dieses Prinzip keineswegs verletzt, weil es zur Ethik der Verantwortung mit funktionalen und differenzierten Zuschreibungen passt.
4. Auf die Vorstellung von *Reinheit* verweist ein viertes Modul. Den Gegensatz bildet die Fähigkeit, »Verschmutzung« zu erkennen und dabei Abscheu und Ekel zu empfinden. Damit hängen auch die Ideale der Bescheidenheit und Keuschheit zusammen. Gemeint sind Tabus, die nicht argumentativ eingeholt werden können. Auch dieses Modul wirkt befremdend, steht es doch der Religionssoziologie näher als der Moralphilosophie. Doch diese Tabus sind nicht nur faktisch wirksam, sondern in vielen Fällen auch moralisch gerechtfertigt.
5. Ein fünftes Modul hat mit der *Unterscheidung zwischen eigener und fremder Gruppe* zu tun. Obwohl wiederum die Nähe zur Religion auffällt, ist auch dieser Prototyp mit der traditionellen Moralphilosophie vereinbar. Wenn wir unterstellen, dass Menschen ihre soziale Identität in bestimmten sozialen Gruppen (Familie, Freundeskreis, Schule) herausbilden, liegt hier

die Basis für die moralische Intuition, erst einmal die eigene Gruppe zu bevorzugen.

Es versteht sich von selbst, dass auch andere Gefühls- und Handlungsmuster denkbar sind. Ebenso ist klar, dass diese Deutungsmuster nicht isoliert auftreten. Sie bilden die Elemente für spontane Intuitionen wie auch für komplexe Moralvorstellungen.[17] Aus diesen Elementen bestehen schließlich auch ethische Theorien. Dabei lässt sich eine unterschiedliche Nähe und Ferne zur philosophischen Ethik beobachten. Nur einige Module tauchen in philosophischer Ethik auf, während andere Module nicht mehr vorkommen.

Wie erwähnt, sind die ersten beiden Module mit philosophischen Ethiken kompatibel. So entspricht das Modul des Mitleids der Mitleidsethik von David Hume oder Arthur Schopenhauer. Das zweite Modul der Gegenseitigkeit könnte man mit der Goldenen Regel in Einklang bringen und in der Pflichtenethik von Immanuel Kant finden. In diesen beiden Fällen kann man insofern von Proto-Ethik sprechen, weil die Module sozusagen wie Vor-Formen einer ausformulierten Ethik verstanden werden können. Sie können als die noch vortheoretischen Muster einer elaborierten Theorie gelten. In diesem Sinn bilden diese Module eine direkte Linie von Protoethik zur Ethik.

Doch die anderen Module weisen einen eher anthropologischen und archaischen Charakter auf. Sie fehlen in säkularen und aufgeklärten Ethiken und sind mit diesen nicht kompatibel. Hier stellt sich die Frage, wie man mit diesen Modulen im Philosophie- und Ethikunterricht umgehen kann. Denkbar ist ein offener und flexibler Umgang, der auch andere Kombinationen ermöglicht. In jedem Fall eröffnet sich mit der Experimentellen Philosophie für die Didaktik der Philosophie und Ethik ein neues und interessantes Forschungsfeld.

17 Offen lasse ich die Frage, worin diese Schemata ihre Ursprünge haben. Manche Psychologen versuchen, die genannten Prototypen in Verbindung mit der Neurobiologie zu begründen, was die Gefahr einer naturalistischen Reduktion birgt. – Joshua Alexander, *Experimental Philosophy*, Cambridge 2012, S. 7, 9; Paul M.Churchland, »Toward a Cognitive Neurobiology oft he Moral Virtues«, in: *Topoi. An International Review of Philosophy*, 17, 1998, S. 83ff.; ders.: *Die Seelenmaschine. Eine philosophische Reise ins Gehirn*, Heidelberg, Berlin 2001.

Texte lesen und Essays schreiben

Zehn Arten, einen Text zu lesen

Texte verstehen sich nicht von selbst. Zum Textverständnis gehört vielmehr ein aktiver Leser, der sich fremdes Wissen selbständig aneignet. Die minimale Anforderung an den Leser besteht darin, die Gedanken eines Autors nachzuvollziehen, was jedoch ohne eigenes Denken gar nicht möglich wäre, die maximale darin, sich den Sinn eines Textes nicht vorgeben zu lassen, sondern ihn selber zu erzeugen. Dazwischen gibt es eine ganze Bandbreite von Möglichkeiten, die eines gemeinsam haben: Sie erfordern jeweils bestimmte *Methoden* der Interpretation.

Nun befinden sich die Philosophie und deren Didaktik in der komfortablen Lage, über eine eigene Theorie des Verstehens zu verfügen – über die *Hermeneutik*. Die Philosophiedidaktiker sind gut beraten, diese hausgemachten Ressourcen für die Lektüre im Unterricht zu nutzen. Doch reicht ein solcher Rückbezug nicht aus. Denn die Hermeneutik stellt keine einheitliche Formation dar, sondern fächert sich historisch und systematisch in mehrere Richtungen auf: Sie versteht sich 1. als ›objektive‹ Interpretation, 2. als Suche nach der Intention des Autors, 3. als Deutung im kulturellen Kontext oder 4. als philosophische Hermeneutik bis hin zur Grenze 5. der Dekonstruktion. In diesen hermeneutischen Varianten liegen je spezifische didaktische Potenziale.

Außer der Hermeneutik gibt es bekanntlich noch weitere *Denkrichtungen*: 6. die Phänomenologie, 7. die analytische Philosophie, 8. die Dialektik, 9. den Konstruktivismus und 10. den Strukturalismus. Es wäre absurd, diesen Richtungen das Verständnis philosophischer Texte absprechen zu wollen. Im Gegenteil, jede Strömung hat eigene Deutungstheorien ausgearbeitet. Zwar bildet die Hermeneutik in puncto Interpretation das methodische Zentrum, aber selbstverständlich werden auch an der Peripherie Texte interpretiert. Nur geschieht dies eben auf sehr unterschiedliche Art und Weise.

Ziel dieses Unterrichtsvorschlags ist es, die Methoden der verschiedenen Denkrichtungen bei der Textlektüre zur Geltung zu bringen.[1] Die Schülerinnen und Schüler sollen befähigt werden, diese Methoden zur Interpretation philosophischer Texte selbständig anzuwenden.

Wie lässt sich diese methodische Kompetenz vermitteln? Dazu eignen sich präzise gestellte *Aufgaben*. Natürlich steht es den Lehrenden frei, die metho-

1 Siehe »Didaktische Potenziale philosophischer Denkrichtungen« in diesem Band. S. 78 f.

Aristoteles: Nikomachische Ethik

BUCH I

Jedes praktische Können und jede wissenschaftliche Untersuchung, ebenso alles Handeln und Wählen strebt nach einem Gut, wie allgemein angenommen wird. Daher die richtige Bestimmung von »Gut« als »das Ziel, zu dem alles strebt«. Dabei zeigt sich aber ein Unterschied zwischen Ziel und Ziel: das eine Mal ist es das reine Tätig-sein, das andere Mal darüber hinaus das Ergebnis des Tätig-seins: das Werk. Wo es Ziele über das Tätig-sein hinaus gibt, da ist das Ergebnis naturgemäß wertvoller als das bloße Tätig-sein. Da es aber viele Formen des Handelns, des praktischen Könnens und des Wissens gibt, ergibt sich auch eine Vielzahl von Zielen: Ziel der Heilkunst ist die Gesundheit, der Schiffsbaukunst das Schiff, das Ziel der Kriegskunst: Sieg, der Wirtschaftsführung: Wohlstand. Überall nun, wo solche »Künste« einem bestimmten Bereich untergeordnet sind – so ist z. B. der Reitkunst untergeordnet das Sattlerhandwerk und andere Handwerke, die Reitzeug herstellen, während die Reitkunst ihrerseits, wie das gesamte Kriegswesen, unter der Feldherrnkunst steht, und was dergleichen Unterordnungen mehr sind –, da ist durchweg das Ziel der übergeordneten Kunst höheren Ranges als das der untergeordneten: um des ersteren willen wird ja das letztere verfolgt. Hierbei ist es gleichgültig, ob das Tätig-sein selber Ziel des Handelns ist oder etwas darüber hinaus wie bei den eben aufgezählten Künsten.

Wenn es nun wirklich für die verschiedenen Formen des Handelns ein Endziel gibt, das wir um seiner selbst willen erstreben, während das übrige nur in Richtung auf dieses Endziel gewollt wird, und wir nicht jede Wahl im Hinblick auf ein weiteres Ziel treffen – das gibt nämlich ein Schreiten ins Endlose, somit ein leeres und sinnloses Streben –, dann ist offenbar dieses Endziel »das Gut« und zwar das oberste Gut. [...]

(1094a; übersetzt und kommentiert von Franz Dirlmeier, Reclam Stuttgart 1969, S. 5 f.)

dischen Hintergründe zu erläutern. Doch die didaktische Kunst besteht darin, dass es auch ohne Exkurse geht. Die Aufgaben sind so zu formulieren, dass jeweils eine bestimmte methodische Ausrichtung erkennbar und praktizierbar wird.

Dieses Unterrichtsverfahren soll nun an einem Beispiel demonstriert werden. Einen einzigen Text zugrunde zu legen, hat den Vorteil, dass die Unterschiede der Methoden, deren Leistungen und Grenzen deutlich werden. Der Text selbst sollte bekannt sein, damit man sich auf Methodenfragen konzentrieren kann.[2]

2 Dabei setze ich generelle und elementare Verfahren der Texterschließung voraus (schwierige Satzkonstruktionen erschließen, Fremdwörter klären, Sinneinheiten erkennen usw.); ausführlich dazu: Jürgen Grzesik, *Textverstehen lernen und lehren. Geistige Operationen im Prozeß des Textverstehens und typische Methoden für die Schulung zum kompetenten Leser*, Stuttgart 1990, insbes. S. 169 ff.

Und er sollte hinreichend dicht sein, damit sich der methodische Aufwand lohnt. Die Textpassage, die ich hierzu ausgewählt habe, erfüllt diese Kriterien in besonderem Maße: Es handelt sich um den Anfang der *Nikomachischen Ethik*, wo Aristoteles erklärt, was er unter Glück versteht, indem er zwischen den Tätigkeitsarten Herstellen (poiesis) und Handeln (praxis) unterscheidet. Dieser »Klassiker« hat seit rund 2000 Jahren so viele Interpretationen über sich ergehen lassen, dass sich meine Proben auf zahlreiche Vorarbeiten stützen können. Die folgende Demonstration bezieht sich auf die erwähnten zehn Denkrichtungen und deren Methoden.

Hermeneutik als ›objektive‹ Interpretation

Die Annahme, ein Text enthalte einen bestimmten Sinn, stellt sozusagen die ›natürliche‹ Einstellung des Lesers zu seinem Gegenstand dar. Die provokative Bezeichnung ›objektiv‹ meint zweierlei: Zum einen bezieht sie sich auf einen vorgegebenen Inhalt, der zu entdecken ist; zum andern bedeutet ›objektiv‹ die intersubjektive Verständigung auf eine konsensfähige Interpretation.

Um einen so betrachteten Text zu interpretieren, haben sich im Unterricht einige methodische Schritte bewährt:

- das behandelte Problem erkennen,
- die verwendeten Begriffe klären,
- die Argumentation rekonstruieren,
- Kritik üben und eigenes Urteil bilden.[3]

Erst wenn die eigentliche Textarbeit getan ist, werden die Schülerinnen und Schüler dazu aufgefordert, subjektiv Stellung zu nehmen – also unter der prinzipiellen Voraussetzung der Trennung von Textinhalt und Leserurteil.

Man mag diese Methode für antiquiert halten – sogar für autoritär, weil ja im Zweifelsfall der Lehrer bestimmt, was im Text steht, indem er beispielsweise (wie in der folgenden Interpretation) andere nur ihm bekannte Textstellen heranzieht. Er fungiert wie ein allwissender Erzähler, als Sachwalter eines tra-

3 Wulff D. Rehfus, *Der Philosophieunterricht. Kritik der Kommunikationsdidaktik und unterrichtspraktischer Leitfaden*, Stuttgart-Bad Cannstatt 1986, S. 121–138; Gewährsmann ist: Reinhardt Brandt, *Die Interpretation philosophischer Werke*, Stuttgart-Bad Cannstatt 1984. – Vgl. Helmut Engels, »Zum Umgang mit Texten im Philosophieunterricht«, in: *Philosophie. Anregungen für die Unterrichtspraxis*, 2. Jg. (1980), S. 16; Klaus Langebeck unterscheidet zwischen lehrer- und schülerorientierten Methoden: »Verfahren der Texterschließung im Philosophieunterricht«, in: *Zeitschrift für Didaktik der Philosophie*, 6. Jg. (1985) Heft 1, S. 5 ff.

dierten Bildungsgutes. Doch hat das Verfahren auch seine Berechtigung. Denn es ist handwerklich solide und seit Generationen erprobt. Außerdem haben die Schüler ein Anrecht darauf, einen gewissen Standard der Interpretation kennenzulernen. Die entsprechende Aufgabe lautet:

Geben Sie den Inhalt des Textes wieder.
Unterstellt wird bei den Menschen (wie bei den Lebewesen) das Streben nach einem Gut, das zum Ziel erklärt wird. Ausgangspunkt der Ethik ist daher ein solches Tätigsein. Hier unterscheidet Aristoteles zwischen zwei Arten, und zwar ausdrücklich nach Art der Ziele: die erste Art Tätigsein hat ihr Ziel außer sich als Werk (z. B. ein Schiff), die zweite Art ist hingegen reines Tätigsein, sie hat ihr Ziel in sich selbst. An anderer Stelle bezeichnet Aristoteles diese beiden Typen als Hervorbringen bzw. Herstellen (poiesis) und als Handeln (praxis): »Hervorbringen und Handeln sind zwei verschiedene Tätigkeiten – […] Denn das Hervorbringen hat ein Endziel außerhalb seiner selbst, beim Handeln aber kann dies nicht so sein, denn wertvolles Handeln ist selbst Endziel.« (Buch IV: Kap. 4, 1140a; Kap. 5, 1140b; a. a. O., S. 157/159) Das so bestimmte Handeln wird höher bewertet als das Herstellen.

Intentionalistische Hermeneutik

In dieser Methode wird nach der *Intention* des Autors gefragt. Dabei setzt man voraus, dass der Autor seinen Text in der Absicht geschrieben hat, eigene Gedanken anderen mitzuteilen, und dass der Leser grundsätzlich imstande ist, diese Schreibabsicht zu erschließen.[4] Zwar ähneln die methodischen Schritte denjenigen der ›objektiven‹ Interpretation, aber sie zielen jetzt mehr auf die *Strategie* und beabsichtigte *Wirkung* der Argumentation.

Auch dieser Ansatz scheint mir sinnvoll zu sein. Denn selbst ein Befürworter der Dekonstruktion, in der sich die Autorenschaft verflüchtigt, wird zugestehen, dass die Intention auch dann noch als regulative Idee dient, wenn unbeabsichtigte Effekte des Textes beschrieben werden sollen. Im Übrigen gebietet es das hermeneutische Prinzip der Gutwilligkeit, den Autor an seinen eigenen Ansprüchen zu messen. Didaktisch wichtig ist diese Variante, weil sie es erlaubt, sich in die Situation eines Autors zu versetzen. Das eröffnet die Suche nach alternativen Denkmöglichkeiten. Die Aufgabe lautet:

4 Lothar Ridder, »Textarbeit im Philosophieunterricht aus hermeneutisch-intentionalistischer Sicht«, in: *Zeitschrift für Didaktik der Philosophie und Ethik*, 22. Jg. (2000), Heft 2, S. 124 ff.; ders., »Methoden der Interpretation im Philosophieunterricht«, in: *Philosophische Denkrichtungen*, a. a. O. (Anm. 1), S. 116 ff.; er beruft sich auf: Axel Bühler, »Hermeneutischer Intentionalismus und die Interpretation philosophischer Texte«, in: *Logos N. F.* 2/1 (1995), S. 1 ff.

Erschließen Sie die Schreibabsicht des Autors.

Es stellt sich also die Frage, was Aristoteles mit seiner Unterscheidung zwischen Herstellen und Handeln bezweckt. Offensichtlich verfolgt er die Absicht, das Glück philosophisch zu begründen – und zwar nicht nur allgemein als Tätigkeit, sondern als einen besonderen Typ selbstzweckhafter Handlung. Dieser formalen Bestimmung entspricht die spätere inhaltliche Auszeichnung des politischen Handelns, das auf diese Weise ethisch legitimiert wird (1094a, a. a. O., S. 6). Gemeint ist damit die ehrenvolle Tätigkeit des Polisbürgers, die aufgewertet werden soll. Zugleich wertet Aristoteles die herstellende Tätigkeit, also die materielle Arbeit ab und schließt damit Handwerker und Sklaven aus der Politik aus.

Hermeneutik und kultureller Kontext

Die Schreibabsicht zu erschließen, erweist sich als umso schwieriger, je größer der zeitliche Abstand zum Autor ist. Das trifft besonders für Aristoteles zu. Er ist gerade *nicht* unser Dialogpartner und hat in einem völlig anderen Kontext philosophiert. Unter der Voraussetzung dieser *Alterität* ist eine Aktualisierung erst sinnvoll. Um die historische Differenz zu überbrücken, empfiehlt es sich, den *kulturellen Kontext* zu erläutern: Biographie, Sozialgeschichte und Politik, Kunst, Wissenschafts- und Philosophiegeschichte.[5] Die Interpretation wird dadurch letztlich erleichtert, obwohl das Verfahren natürlich aufwendiger ist. Die Aufgabe lautet:

Erläutern Sie die Aussagen im kulturellen Kontext.
Politische und ethische Tugend wird meist erst zum Thema, wenn sie in Gefahr gerät. So ist auch über die Zeit des Aristoteles zu berichten, dass sich der Stadtstaat Athen in einer politischen Krise befand. Die Bürger nahmen ihre Pflichten weniger wahr, Gruppeninteressen begannen zu dominieren, vor allem die Interessen der emporgekommenen Reichen. Generell geht es um Idee und Wirklichkeit der antiken Polis. Die Kehrseite ist der politische Ausschluss von Sklaven, Barbaren und Frauen. – Ebenso hilfreich für das Verständnis der zitierten Textpassage sind auch Hinweise auf den wissenschaftsgeschichtlichen Kontext: Das anfangs unterstellte Streben (orexis) wird in der aristotelischen Natur- und Seelenkunde expliziert (Über die Bewegung der Tiere, Über die Seele).

5 Johannes Rohbeck, »Begriff, Beispiel, Modell«, in: *Zeitschrift für Didaktik der Philosophie*, 7. Jg. (1985), Heft 1, S. 26 ff.; vgl. »Philosophiegeschichte als didaktische Herausforderung«, in diesem Band, S 46 f.

Philosophische Hermeneutik

Worin bestehen nun die didaktischen Potenziale der philosophischen Hermeneutik?[6] Sie enthält Ansätze, die durchaus in die Richtung späterer Entwicklungen der Rezeptionsästhetik und Dekonstruktion verweisen. Das betrifft erstens die Betonung von *Fremdheit* und *Differenz*, die das Verstehen überhaupt zum Problem werden lassen; und zweitens die aktive, ja sogar *produktive* Rolle des Lesers. Demnach verfügt jeder Leser über ein bestimmtes Vorverständnis, das die Lektüre maßgebend prägt und das sich im Laufe der Textarbeit verändert. Ein vertieftes Verständnis entsteht, wenn die beiden Sinnhorizonte miteinander verschmelzen.

Die »Horizontverschmelzung« lässt sich in eine spezielle Unterrichtsmethode übertragen, indem das Vorverständnis der Lernenden und das später erarbeitete Textverständnis explizit gemacht und miteinander konfrontiert werden. Diese Methode des *verzögernden Lesens* dient dazu, eine Spannung von Vorverständnis und Verständnis zu erzeugen und dadurch die Vermittlung beider Seiten zu reflektieren. Für den Philosophieunterricht eignen sich Schlüsselbegriffe, Argumente und Denkfiguren, um einen spezifisch philosophischen Erwartungshorizont zu schaffen. Dieses Verfahren ist didaktisch wichtig, weil die Schüler als autonome Leser ernst genommen werden. Die konkrete Schreibaufgabe *vor* der Lektüre lautet:

Formulieren Sie vor der Lektüre Ihre Erwartungen an den Text und konfrontieren Sie dieses Vorverständnis mit dem folgenden Textverständnis.
Die Schülerinnen und Schüler schreiben ihre Vorstellungen auf, die Sie mit dem Begriff Glück oder mit einer Tätigkeit, die glücklich macht, verbinden. Die schriftlich fixierte Lese-Erwartung wird sodann mit der Lese-Erfahrung verglichen. Die Erwartungen können sich bestätigen, sie können jedoch auch enttäuscht oder übertroffen werden.

Dekonstruktion

Aus dem heutigen Abstand betrachtet sind Hermeneutik und Dekonstruktion weder identisch, noch schließen sie sich gegenseitig aus, wohl aber handelt

6 Volker Steenblock, »Hermes und die Eule der Minerva. Zur Rolle der Hermeneutik in philosophischen Bildungsprozessen«, in: *Philosophische Denkrichtungen*, a. a. O. (Anm. 1), S. 81 ff.; ders., *Philosophische Bildung. Einführung in die Philosophiedidaktik und Handbuch: Praktische Philosophie*, Münster 2000, insbes. S. 100 ff. – Vgl. Hans-Georg Gadamer, *Wahrheit und Methode. Grundzüge einer philosophischen Hermeneutik*, Tübingen 1960; Jean Grondin, *Einführung in die philosophische Hermeneutik*, Darmstadt 1991; Hans Ineichen, *Philosophische Hermeneutik*, Freiburg 1991.

es sich um eine wichtige Akzentverschiebung. In der dekonstruktivistischen Methode radikalisiert sich die Hermeneutik.[7] Da die Herstellung eines gemeinsamen Horizonts von Autor und Leser prinzipiell in Frage gestellt wird, gibt es keinen eindeutigen Textsinn mehr. Viele Deutungen sind möglich, sicher sind allein die endlosen Verweisungen der Texte aufeinander. Der Autor war bereits Leser, der Leser wird zum Autor. Die Lernenden werden dazu aufgefordert, insbesondere nach *Brüchen*, *Lücken* und *Rändern*, also nach *verborgenen Aussagen* zu suchen. Dekonstruktion bedeutet hier im wörtlichen Sinn: etwas im Text Unsichtbares sichtbar machen oder ein Randphänomen ins Zentrum rücken. Die Aufgabe lautet etwa:

Formulieren Sie, was nicht im Text steht.
Hier könnte beispielsweise das Schweigen über die Handwerker und Sklaven zur Sprache kommen. Die Schülerinnen und Schüler schreiben einen Essay, in dem sie diesen sozialen Gruppen eine Stimme verleihen. Sie kehren die Rangfolge von Herstellen und Handeln um und stellen das Thema vom Standpunkt einer höher bewerteten poiesis dar.

Phänomenologie

Diese Denkrichtung passt hier nicht so recht, weil in ihr weniger Texte als unmittelbare Wahrnehmungen im Vordergrund stehen.[8] Gleichwohl können auch bei der Textlektüre Methoden der Phänomenologie zum Zuge kommen. Ich beziehe mich dabei auf die *phänomenologische Leseforschung*, in der ebenfalls Bewusstseinszustände zum Thema gemacht werden.[9] Auf diese Weise setzt man

7 Christian Gefert, »Text und Schrift. Dekonstruktivistische Verfahren in philosophischen Bildungsprozessen«, in: *Zeitschrift für Didaktik der Philosophie und Ethik*, 22. Jg. (2000), Heft 2, S. 133 ff.; ders.: »Die Arbeit am Text – das Schweigen der Schrift und Strategien der Texteröffnung«, in: *Philosophische Denkrichtungen*, a. a. O. (Anm. 1), S. 144 ff.; Torsten Hiß, »Vom Lesen zum Schreiben – vom Schreiben zum Lesen. Strukturalistische und dekonstruktivistische Tätigkeiten im Philosophieunterricht«, in: *Zeitschrift für Didaktik der Philosophie und Ethik*, 22. Jg. (2000), Heft 2, S. 140 ff. – Vgl. Peter V. Zima, *Die Dekonstruktion. Einführung und Kritik*, Tübingen, Basel 1994.

8 Dittmar Werner, »Alltag und Lebenswelt: Perspektiven einer didaktischen Phänomenologie«, in: *Zeitschrift für Didaktik der Philosophie und Ethik*, 22. Jg. (2000), Heft 2, S. 110 ff.; ders., »Didaktische und methodische Grundfiguren für einen phänomenologisch ausgerichteten Philosophieunterricht«, in: *Philosophische Denkrichtungen*, a. a. O. (Anm. 1), S. 165 ff.; Philipp Thomas, »Habe Mut, dich deiner eigenen Anschauung zu bedienen«, in: *Zeitschrift für Didaktik der Philosophie und Ethik*, 23. Jg. (2001), Heft 2, S. 114 ff.

9 Im Anschluß an die Rezeptionsästhetik: Roman Ingarden, *Das literarische Kunstwerk*, Halle 1931; Wolfgang Iser, *Der Akt des Lesens – Theorie ästhetischer Wirkung*, München 1976; vgl. Paul Ricœur, *Zeit und Erzählung*, Bd. III, München 1991, S. 270 ff.

Ansätze der philosophischen Hermeneutik und der Rezeptionsästhetik fort. Wurden dort die persönlichen Lese-Erwartungen thematisiert, wird jetzt die individuelle Lese-Erfahrung reflektiert. Die Aufgabe lautet:

Beschreiben Sie Ihre eigenen Gedanken und Empfindungen bei der Lektüre des Textes.
Dies könnte etwa in Form eines fiktiven Briefes geschehen, der sich für die Mitteilung subjektiver Befindlichkeiten besonders gut eignet. Mögliche Leitfragen sind: Welchen Eindruck übt der Text auf Sie aus? Welche Verständnisschwierigkeiten fallen auf? Was assoziieren Sie bei den Aussagen: »Streben nach einem Gut« oder »leeres und sinnloses Streben«? Welche Gefühle verbinden sie damit?

Analytische Philosophie

In kaum einer Denkrichtung kommt der methodische Aspekt so zum Vorschein wie in der analytischen Philosophie, stellt sie doch verhältnismäßig klare Regeln der Begriffsdefinition und Argumentation auf.[10] Damit verlagert sich das Interesse vom historischen Kontext zur systematischen Geltungsfrage. Derartige theoretische Hilfsmittel lassen sich bei jedem Thema im Philosophieunterricht einsetzen; sie können gelernt und selbständig angewendet werden.

Zunächst können mit Hilfe dieser Methode philosophische *Begriffe* geklärt werden.[11] In unserem Fall wähle ich die zentralen Begriffe Herstellen und Handeln aus, die in einer bestimmten Relation zueinander stehen. Darüber hinaus bedarf es einer Analyse der *Argumentation,*[12] weil diese Begriffe ja keine Tätigkeiten empirisch abbilden, sondern ihre Bedeutung allein aus dem

10 Vgl. Hans-Ulrich Hoche / Werner Strube, *Analytische Philosophie*, Freiburg, München 1985; Edmund Runggaldier, *Analytische Sprachphilosophie*, Stuttgart, Berlin, Köln 1990; Thomas Blume / Christoph Demmerling, *Grundprobleme der analytischen Sprachphilosophie*, Paderborn 1998.

11 Helmut Engels, »Zum Umgang mit Begriffen im Philosophieunterricht«, in: *Mitteilungen des Fachverbandes Philosophie* (1984), Heft 25, S. 2 ff.; ders.: »Wie man der Mehrdeutigkeit der Sprache im Philosophieunterricht begegnen kann«, in: *Zeitschrift für Didaktik der Philosophie*,14. Jg. (1992), Heft 2, S. 110 ff.; ders., »Sprachanalytische Methoden im Philosophieunterricht: Mittel der Kritik, Hilfe beim Verstehen und Erkennen, Schutz vor den Fallstricken der Sprache«, in: *Philosophische Denkrichtungen*, a. a. O. (Anm. 1), S. 35 ff.; Karel van der Leeuw / Pieter Mostert, *Philosophieren lernen*, Delft 1988, insbes. S. 67 ff. – Vgl. John Wilson, *Begriffsanalyse*, Stuttgart 1984; Jürgen Grzesik, *Begriffe lernen und lehren*, Stuttgart 1988.

12 Norbert Diesenberg, »Begriffslernen«, in: *Zeitschrift für Didaktik der Philosophie*, 12. Jg. (1990), Heft 3, S. 16 ff.; im Anschluß an: Herbert Schnädelbach, »Philosophische Argumentation«, in: *Philosophie. Ein Grundkurs*, Bd. 2, Reinbek bei Hamburg 1985, S. 683 ff.

gedanklichen Kontext erlangen. Es kommt darauf an, die formale Struktur eines bestimmten Typus von Tätigkeit (poiesis) zu analysieren, die wir heute als zweckrationales oder instrumentelles Handeln bezeichnen. Diese Begriffe werden also verstanden, wenn das entsprechende Handlungsschema begriffen ist. Die Aufgabe lautet:

Bestimmen Sie die Begriffe Herstellen (poiesis) und Handeln (praxis).

Offensichtlich liegen hier Relationsbegriffe vor, deren Gegensätze zu fixieren sind. Die Begriffe erhalten ihre Bedeutung aus den negativen Spiegelungen.

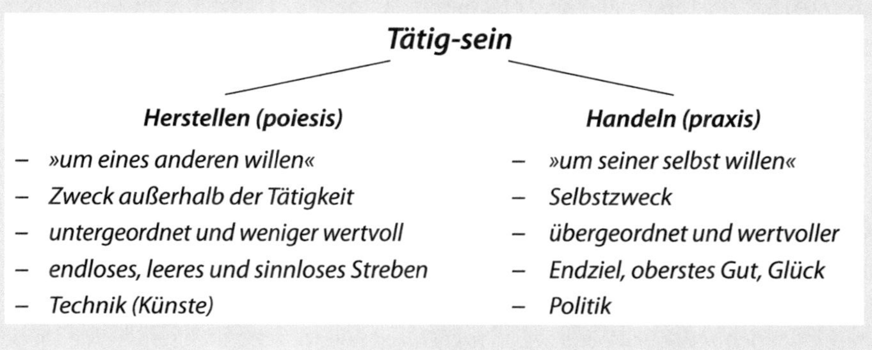

Analysieren Sie die Argumentation, indem Sie ein entsprechendes Handlungsschema entwerfen.

Anhand eines von Aristoteles selbst gewählten Beispiels lässt sich die Handlungskette des »Herstellens« rekonstruieren. Dabei verwandelt sich jeder Zweck einer Handlung in das Mittel für einen nächstfolgenden, höheren Zweck und so fort. Erst in der »Handlung« wird diese endlose Kette dreifach abgeschlossen: als Ende, höchste Stufe und Selbstreflexion.

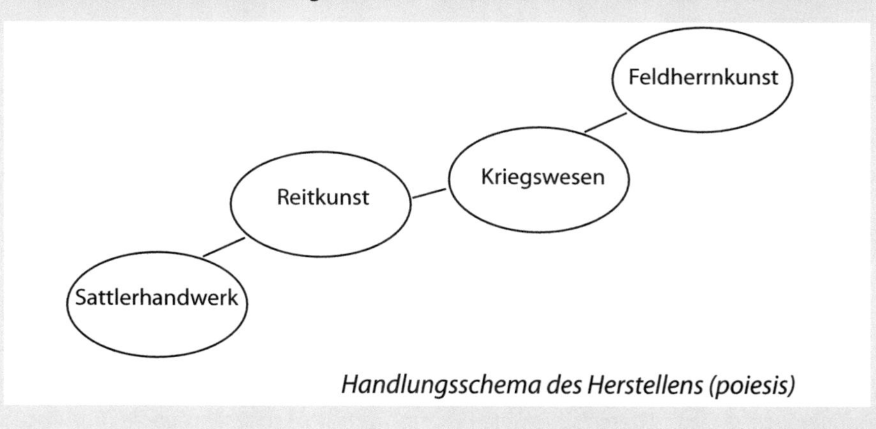

Handlungsschema des Herstellens (poiesis)

Dialektik

Analytik und Dialektik werden heute längst nicht mehr als einander ausschließende Richtungen behandelt, wie dies noch vor einem Jahrzehnt üblich gewesen ist. Die Dialektik ergibt sich aus einer konsequenten Analyse, die bis an die Grenze getrieben wird. Die Argumente verwickeln sich in Widersprüche und setzen sich einer grundsätzlichen Kritik aus. Die Geltungsfrage spitzt sich zu. Das eröffnet die Perspektive für alternative Problemlösungen. Für die Lernenden bieten sich dabei zusätzliche Möglichkeiten, ihr kritisches Urteilsvermögen zu schärfen und nach eigenen Lösungen zu suchen. Die dafür angemessenen Aufgaben lauten:

Überprüfen Sie die Unterscheidung zwischen Herstellen (poiesis) und Handeln (praxis) mit Hilfe aristotelischer und eigener Beispiele. Formulieren Sie eine Kritik, indem sie diese Unterscheidung ad absurdum führen. Entwickeln Sie daraus eine eigene Problemlösung.

Nimmt man Aristoteles beim Wort und betrachtet die Politik ganz konsequent als Praxis, dann zeigt sich, wie wenig selbstzweckhaft das politische Handeln letztlich ist, weil es natürlich auch Zwecke außerhalb seiner selbst hat: günstigenfalls das Wohl des Gemeinwesens, andernfalls nur Machtstreben und Ehrgeiz, wenn nicht noch schlimmer. Umgekehrt lässt sich feststellen: Beim Herstellen ist es keineswegs ausgeschlossen, dass dieser Handlungstyp nicht auch »um seiner selbst willen« Freude bereitet. Das kann jeder an eigenen Beispielen überprüfen.

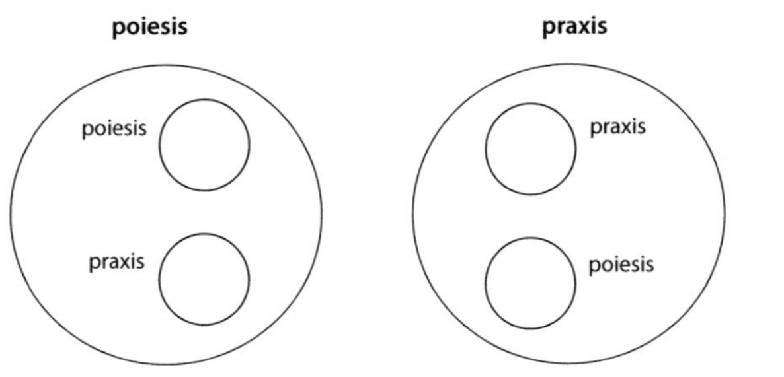

Der kategoriale Fehler liegt darin, dass Herstellen und Handeln als Klassen betrachtet werden. Denn es findet sich keine bestimmte Tätigkeit, die ausschließlich unter einem der beiden Begriffe subsumierbar wäre. Daher verbietet sich der einfache Gegensatz. Jedes finale Handeln ist auch instrumentell, wie jedes instrumentelle Handeln auch final ist. Hier liegt eine typisch dialektische Denkfigur vor: Jedes Extrem zweier Pole enthält selbst noch einmal beide Pole. Deutet man daher die Begriffe poiesis und praxis als unterschiedliche Aspekte menschlichen Handelns, können sie bis heute Geltung beanspruchen. Dann gibt es Handlungen, die in konkreten Situationen eher instrumentelle oder eher finale Züge tragen.

Konstruktivismus

Diese Richtung knüpft zwar an die analytische Philosophie an, indem ebenfalls der Sprachgebrauch reflektiert wird, aber sie wendet sich zugleich gegen die Hermetik der logischen Argumentation. Stattdessen verweist man auf alltägliche und wissenschaftliche Praxis, aus der die formalen Strukturen hervorgegangen sind. Wie von Proto-Physik läßt sich hier von *Proto-Philosophie* sprechen.[13] In einem solchen genetischen Sinn besteht der Konstruktivismus in der *Rekonstruktion* philosophischer Begriffe, Aussagen und Theorien. Diese Methode hat für den Unterricht weitreichende Konsequenzen: Es werden nicht nur fertige Regeln gelernt, die auf Fallbeispiele anzuwenden sind; vielmehr sollen die Regeln selbst aus der Reflexion auf die alltägliche Lebenspraxis gewonnen werden. Das berührt sich mit der Phänomenologie, die hier noch einmal auf andere Weise zum Einsatz kommen könnte. Die didaktische Pointe liegt darin, dass an die Alltagserfahrung der Schülerinnen und Schüler angeknüpft wird. Die Aufgabe lautet:

Rekonstruieren Sie das Handlungsschema des technischen Herstellens und des selbstzweckhaften Handelns aus Ihrer alltäglichen Erfahrung.
Am besten beginnt man mit einer Sammlung von Tätigkeiten, die sich unter die beiden Begriffe einordnen lassen. Als Beispiele für das Herstellen bieten sich Basteln, Schreiben, Zeichnen an. Beispiele für selbstzweckhaftes Handeln sind Sport treiben, Spielen, sich Unterhalten. Wenn die Strukturen dieser Handlungstypen rekonstruiert sind, ergibt sich bei der folgenden Lektüre des Textes von Aristoteles ein Wiedererkennungs-Effekt. Das Textverständnis wird auf diese Weise vorbereitet und erleichtert. Die genauere Reflexion der eigenen Beispiele zeigt dann, dass sich die Merkmale »um eines anderen willen« und »um seiner selbst willen« nicht eindeutig zuordnen lassen. Dies schließt an die Ergebnisse der analytischen und dialektischen Kritik an.

Strukturalismus

Nach dieser Methode bewegt man sich an der Oberfläche des Textes und versucht, dessen Strukturen zu analysieren. Wie bei der Dekonstruktion steht der Text als Text im Vordergrund. Es geht also um die Art und Weise der *Darstellung*.[14] Gegenstand der Untersuchung sind vor allem literarische Formen; in

13 Peter Janich, *Das Maß der Dinge. Protophysik von Raum, Zeit und Materie*, Frankfurt/M. 1997; Eva Jelden (Hg.), *Prototheorien – Praxis und Erkenntnis*, Leipzig 1995; vgl. »Proto-Philosophie« in diesem Band, S. 105–113.

14 Vgl. Michael Bogdal (Hg.), *Neue Literaturtheorien. Eine Einführung*, Opladen 1990; Jürgen

unserem Fall konzentriere ich mich auf die Struktur der *Erzählung*. Die Aufgabe lautet:

Untersuchen Sie die literarische Form der Erzählung. Schreiben Sie den Text in eine andersartige Erzählung um.

Im vorliegenden Fall eignen sich wieder die Relationsbegriffe Herstellen und Handeln, die den Text durchgehend strukturieren. Von dort richtet sich der Blick auf die narrative Struktur: Welche Geschichte erzählt Aristoteles? Welches Drama wird aufgeführt? Es beginnt mit einer Verheißung: Alle Menschen streben nach dem Guten, das Glück ist uns sicher, dank menschlicher Praxis. Wir leben im Paradies der Polisbürger. – Doch dann folgt die Bedrohung: Handwerker und Sklaven, ja Banausen machen sich breit mit ihren niederen Arbeiten. Schlimmer noch: Das technische Herstellen, die poiesis, führt auch uns in einen Progress, aus dem es kein Entrinnen zu geben scheint: »Das gibt nämlich ein Schreiten ins Endlose, somit ein leeres und sinnloses Streben«. Wir befinden uns in der existentiellen Gefahr einer Sinnkrise. – Zum Schluss kommt die Lösung und wohl auch Erlösung: Wir können die endlose Handlungskette schließen zur selbstbestimmten Praxis. Die heile Welt des guten Lebens ist wiedererlangt. Das Abenteuer ist bestanden, der Feind besiegt, und wir kehren beruhigt an den Ausgangspunkt zurück.

Das liest sich wie ein Rührstück mit Happy-End. Wie sähe eine Erzählung mit tragischem Ende aus?

Am Ende dieser Demonstration stellt sich die Frage nach dem Zusammenhang der Denkrichtungen. Die zehn Methoden sind natürlich so nicht zwingend. Andere Einteilungen sind denkbar. Wie vielfach angedeutet, ergeben sich außerdem Übergänge, Überschneidungen und Mischformen: nicht nur innerhalb der hermeneutischen Richtungen, sondern auch zwischen Hermeneutik und Phänomenologie, analytischer Philosophie und Dialektik, Analytik und Konstruktivismus usw.

Für die Reihenfolge waren drei Tendenzen maßgebend: erstens vom ›objektiven‹ Textinhalt zur subjektiven Interpretation, zweitens von der historischen Bedeutung zur systematischen Geltung und drittens von der rezeptiven Haltung zur kreativen Produktion. So bewegten sich die Methoden von traditionellen zu innovativen Aktionsformen, vom lehrer- zum schülerorientierten Unterricht. Entscheidend für die Auswahl und Kombination ist allein, welche Kompetenzen mit Hilfe dieser Methoden gefördert werden sollen.

Belgrad/Karlheinz Fingerhut (Hg.), *Textnahes Lesen. Annäherungen an Literatur im Unterricht*, Hohengehren 1998. – Ich habe mich anregen lassen durch den Romanisten Victor Klemperer, der das philosophische Werk »Vom Geist der Gesetze« von Montesquieu als eine Tragödie interpretiert hat: *Montesquieu*, 2 Bde., Heidelberg 1914/15; siehe z. B. auch Hayden White, *Metahistory. Die historische Einbildungskraft im 19. Jahrhundert in Europa*, Frankfurt / M. 1991.

Philosophische Schreibstile

Im Lateinischen bezeichnet *stilus* den Schreibgriffel, mit dessen spitzem Ende die Buchstaben ins Wachs gekratzt und mit dessen flachem Ende das Wachs geglättet und die Schriftzeichen gelöscht werden. Im metaphorisch gebrauchten Stilbegriff wird das Wort fürs Schreibgerät auf die Machart geschriebener Texte übertragen.[1] In ihm manifestiert sich die antike Suche nach Standards der Verschriftlichung und nach Regeln der Textproduktion für eine sich entwickelnde Schreibkunst. Doch seit der Aufklärung verbindet sich der Begriff des Stils mit der Individualität und Originalität eines Sprachgebrauchs, der gerade nicht mehr normativen Vorgaben folgen will. In der Gegenwart meinen wir mit »Stil« zunehmend auch Handlungen und Gesten sowie individuelle Lebensformen, so dass man von einer Stilisierung des Alltags sprechen kann. Zunächst auf Kunst begrenzt, entsteht eine zweite metaphorische Bedeutung, die mit der aktuellen Entgrenzung von Kunst, Wissenschaft und Lebenswelt zusammenhängt. Auch die Philosophie wird von der ästhetisch stilisierten »Lebenskunst« erfasst.[2]

Denkstil und Schreibstil

Der Titel *philosophische Schreibstile* spielt auf diesen Hintergrund an. Es geht hier nicht um starre Regeln oder bloß technische Methoden. Vielmehr zielt der Stilbegriff auf die Integration von Argumentationsweise, sprachlichem Ausdruck und persönlicher Überzeugung – auf einen Zusammenhang, den man auch als philosophischen *Denkstil* bezeichnen kann. Die so verstandenen Denkstile repräsentieren Grundeinstellungen des Philosophierens. Vor allem stehen Denkstile nicht im leeren Raum, sondern gehen aus bestimmten biographischen und historischen Kontexten hervor. Die Art und Weise, in der ein Mensch philosophiert, hängt mit seiner eigenen Lebenspraxis zusammen. Sie ist konstitutiv für philosophische Gedanken – schon vor der begrifflichen und

1 Hans Ulrich Gumbrecht, »Schwindende Stabilität der Wirklichkeit. Eine Geschichte des Stilbegriffs«, in: Hans Ulrich Gumbrecht (Hg.), *Stil*, Frankfurt/M. 1986, S. 726ff.

2 Wilhelm Schmid, *Philosophie der Lebenskunst*, Frankfurt/M. 1998; Lutz von Werder, *Einführung in die philosophische Lebenskunst*, Berlin 2000.

argumentativen Fixierung. Der Begriff des *Denk- und Schreibstils* soll diesen Bezug zur gelebten Philosophie signalisieren.[3]

Wenn Schülerinnen und Schüler dazu angeleitet werden, eigene philosophische Texte zu schreiben, geht es nicht zuletzt um diesen individuellen und lebenspraktischen Aspekt. Zunächst werde ich im fachdidaktischen Feld das Schreiben auf die anderen medialen Aktionsformen Textlektüre und Dialog beziehen. Aus den Kombinationen von *Textlektüre, Dialog* und *Schreibarbeit* ergeben sich unterschiedliche Arten und Weisen des Schreibens, die für den Philosophie- und Ethikunterricht innovativ sind. Dabei zeigt sich, wie hinter den verschiedenen Techniken jeweils bestimmte Auffassungen vom Text und vom Schreiben überhaupt stehen, die wiederum philosophischen Ursprungs sind. Im Anschluss daran werde ich fragen, worin die spezifisch philosophische Art der Textproduktion besteht. Mein eigener Unterrichtsvorschlag zielt auf das Schreiben von Essays, die nach bestimmten *Denkrichtungen der Philosophie* oder eben in *philosophischen Schreibstilen* verfasst werden.

Textlektüre, Dialog und Schreibarbeit

Die Didaktik der Philosophie und Ethik hat die Tätigkeit des Schreibens mit einiger Verzögerung entdeckt. Traditionell stand der gedruckte Text eines »Klassikers« im Mittelpunkt des Unterrichts. Dagegen wurde später das text-unabhängige Gespräch ins Zentrum gerückt, um den Lernenden mehr Freiraum für eigene Fragen und Antworten zu gewähren. Seit einigen Jahren ist das Schreiben hinzugekommen, sei es das Verfassen eigener Primärtexte, sei es das Fort- und Umschreiben vorhandener Texte.[4] Diese wichtige Ergänzung führt in der Philosophiedidaktik zu einer bemerkenswerten Akzentverschiebung. Geht man

3 Ferdinand Fellmann, »Stile gelebter Philosophie und ihre Geschichte«, in: *Stil,* a. a. O. (Anm. 1), S. 574 ff. – Vgl. Johannes Rohbeck (Hg.), *Denkstile der Philosophie,* Dresden 2002.

4 Helmut Engels, »Plädoyer für das Schreiben von Primärtexten«, in: *Zeitschrift für Didaktik der Philosophie und Ethik,* 15. Jg. (1993), Heft 4, S. 250 ff.; Martina Dege, »Selbstbestimmung – Denkversuche als Schreibversuche«, in: *Zeitschrift für Didaktik der Philosophie und Ethik,* 17. Jg. (1995), Heft 1, S. 27 ff.; Jens Soentgen, »Wie man schwierige Texte liest«, in: *Zeitschrift für Diaktik der Philosophie und Ethik,* 20. Jg. (1998), Heft 3, S. 173 ff.; vgl. das von mir herausgegebene Themenheft »Montaigne« der *Zeitschrift für Didaktik der Philosophie und Ethik,* 21. Jg. (1999), Heft 2. – Lutz von Werder, *Lehrbuch des kreativen Schreibens,* Berlin 1996; Volker Steenblock, *Philosophische Bildung. Einführung in die Philosophiedidaktik und Handbuch: Praktische Philosophie,* Münster 2000, S. 133 ff.; Christa Runtenberg, *Didaktische Ansätze einer Ethik der Gentechnik. Produktionsorientierte Verfahren im Philosophieunterricht,* Freiburg i. Br. 2001; Christian Gefert, *Didaktik des theatralen Philosophierens,* Dresden 2002, S. 140 ff.

von der aristotelischen Unterscheidung zwischen *poiesis* und *praxis* aus,[5] dann hat sich der dialogisch konzipierte Philosophieunterricht die Praxis im Sinne einer um Verständigung bemühten Kommunikation zum Vorbild genommen. Versteht man hingegen das Schreiben als einen produktiven Akt, kommt nun auch das *poietische* Tun zur Geltung.

Durch die Produktion eigener Texte werden die Textlektüre und das Unterrichtsgespräch nicht nur ergänzt, sondern selbst noch einmal verändert. Einerseits führt der Weg sowohl vom Lesen zum kreativen Schreiben als auch umgekehrt vom Schreiben zu einem sich dabei wandelnden Verständnis des Gelesenen.[6] Andererseits werden durch die Verbindung von Dialog und Textproduktion neue Wege des kommunikativen Schreibens eröffnet. Textlektüre, Dialog und Schreiben bilden längst keine Gegensätze mehr, sondern neuartige Synthesen.

Textlektüre und Dialog

In den Anfängen der Philosophiedidaktik sah man Text und Dialog als die beiden Pole des Unterrichts an – ein Verhältnis, das sich bekanntlich nach zwei Seiten auflösen lässt: Steht der tradierte *Text* im Vordergrund, dient das Unterrichtsgespräch dem besseren Verständnis der Lektüre.[7] Stellt man hingegen den *Dialog* in den Mittelpunkt, fungieren die Autoren der gelesenen Texte als »Dialogpartner«, mit deren Hilfe sich die Schüler über selbst gestellte Probleme und eigene Lösungsmöglichkeiten verständigen.[8]

Beide Verfahren können sich auf die Tradition der *philosophischen Hermeneutik* berufen,[9] denn auch die dialogische Unterrichtsmethode folgt hermeneutischen Grundsätzen. Demnach versucht der Leser, die Schreibabsicht des Autors zu verstehen, um durch die Aufnahme fremder Ideen die eigene Urteilsfindung zu fördern. Die Asymmetrie dieser Art Kommunikation verschwindet, sobald der Leser selbst zum Autor wird und Texte für andere Leser produziert.

In diesem hermeneutisch-dialogischen Sinn ist im Philosophieunterricht natürlich schon immer geschrieben worden. Die entsprechende Gattung ist der *Kommentar*. Er ist weder bloß rezeptiv oder gar »instrumentell«, vielmehr erfordert er die tätige, produktive und wertende Auseinandersetzung. Bereits

5 Siehe »Methoden des Philosophie- und Ethikunterrichts« in diesem Band, S. 59.

6 Darauf hat Torsten Hiß aufmerksam gemacht: »Vom Lesen zum Schreiben – Vom Schreiben zum Lesen«, in: *Zeitschrift für Didaktik der Philosophie und Ethik*, 20. Jg. (2000), Heft 2, S. 140 ff.

7 Wulff D. Rehfus, *Der Philosophieunterricht*, Stuttgart-Bad Cannstatt 1986, S. 121 ff.

8 Ekkehard Martens, *Dialogisch-pragmatische Philosophiedidaktik*, Hannover 1979, S. 140 ff.

9 Siehe das von Volker Steenblock herausgegebene Heft 4 (2001) »Hermeneutik« der *Zeitschrift für Didaktik der Philosophie und Ethik*, 23. Jg.

die Aneignung fremder Gedanken ist ohne Selbstdenken nicht möglich, so wie in jede Textinterpretation der eigene Erfahrungshorizont des Lesers eingeht.

Freilich bleibt dieses traditionelle Verfahren auf eine bestimmte Weise am Text fixiert, wird doch eine Autor-Intention und eine im Text vorhandene Bedeutung unterstellt. Man könnte diesen Schreibstil als *re-konstruierendes* oder *re-produzierendes* Schreiben bezeichnen, um sowohl dessen Produktivität als auch dessen Gebundenheit auszudrücken. Ziel ist das *Weiter-Schreiben* einer gegebenen Textvorlage.

Im gegenwärtigen Philosophie- und Ethikunterricht hat dieser Schreibstil seine Berechtigung durchaus behalten, was jedoch einige Reformen nicht ausschließt. Die Aufgabe, einen Kommentar zu schreiben, sollte nicht auf die Funktion der abschließenden Leistungsbewertung (Klausur) beschränkt bleiben, sondern von Anfang an im Prozess der Erarbeitung des Textverständnisses eine konstitutive Rolle spielen. Dazu eignen sich auch kleinere und häufigere schriftliche Arbeiten: Klärung eines bestimmten Begriffs, Prüfung eines einzelnen Arguments oder Kritik an einer provozierenden Aussage.

Vor allem lässt sich die Interpretation philosophische Texte in methodischer Hinsicht variieren.[10] Dabei können hermeneutische, analytische, dialektische, konstruktivistische und dekonstruktivistische Methoden verwendet werden, die sich in entsprechende Schreibaufgaben umsetzen lassen.

Textlektüre und Schreibarbeit

Wenn in der neueren Didaktik das »kreative« Schreiben und das so verstandene »produktionsorientierte« Verfahren ins Feld geführt werden, ist zu beachten, dass es sich um einen anderen Schreibstil handelt.[11] Hinter den alternativen Techniken verbirgt sich wiederum ein grundsätzliches, jetzt gewandeltes Verständnis von Text und Schrift. Die Lektüre zielt nicht mehr auf die Intention des Autors, dessen »Spur« sich verläuft, sondern primär auf den Text, dessen Struktur und Eigensinn in den Vordergrund rückt. Damit gewinnt die Machart und Darstellungsweise, ja sogar die literarische Form[12] philosophischer Texte zunehmendes Interesse.

10 Wie vielfältig solche Methoden (einschließlich Schreibverfahren) der Textinterpretation sein können, habe ich zu demonstrieren versucht in »Zehn Arten, einen Text zu lesen«, in diesem Band, S. 163–174.

11 Auf genau diese Variante bezieht sich vor allem der Artikel von Christa Runtenberg, »Produktionsorientierte Verfahren der Textinterpretation«, in: *Zeitschrift für Didaktik der Philosophie und Ethik*, 24. Jg. (2002), Heft 2 ; vgl. dies., »Bioethik und Produktionsorientierung«, in: *Zeitschrift für Didaktik der Philosophie und Ethik*, 23. Jg. (2001), Heft 2, S. 122 ff.

12 Vgl. Gottfried Gabriel/Christiane Schildknecht (Hg.), *Literarische Formen der Philosophie*,

In diesem theoretischen Kontext der Dekonstruktion ist in den verschiedenen Didaktiken das produktionsorientierte Schreiben überhaupt erst entwickelt worden, das für den Unterricht erhebliche Konsequenzen hat. Autor und Text verlieren ihre angestammte Autorität, weil Intention und Bedeutung nicht mehr vorgegeben sind. Der Text bildet nur noch den Rahmen, innerhalb dessen vielfältige Deutungen möglich sind. Er fungiert wie ein Baukasten, dessen Elemente neu zusammengefügt werden können. Das erlaubt es den Schülerinnen und Schülern, mit der literarischen Vorlage auf experimentelle Weise umzugehen. In diesem Spielraum eröffnen sich kreative Gestaltungsmöglichkeiten. Ein solches Verfahren hat etwas Entlastendes, weil weder die »Einfühlung« des Kommentators noch das »Genie« des freien Essay-Schreibers gefordert ist, sondern ein handwerkliches Können, das durch angemessene Übungen erlernbar wird.

Den entsprechenden Schreibstil könnte man als *de-konstruktiv* bezeichnen; gemeint ist damit das *Um-Schreiben* philosophischer Texte. Dabei orientiert man sich weniger an Intentionen und Inhalten als an der Textstruktur, die bestimmte Regeln der Transformation vorgibt. So ist das Schreiben zwar nicht beliebig, wohl aber frei und in diesem strikten Sinn kreativ innerhalb des gegebenen Aktionsradius.

Im Einzelnen sind sehr vielfältige Varianten möglich wie z. B.:

- einen abgebrochenen Text zu Ende schreiben,
- eine erzeugte Lücke im Text ausfüllen,
- aus dem Text ein Puzzle machen und die Fragmente neu zusammensetzen,
- einen Traktat in eine andere Textform übertragen (Essay, Erzählung, Brief, Dialog, Interview),
- den philosophischen Text auf einer anderen Sprachebene (Umgangssprache) wiedergeben,
- eine Parodie schreiben usw.

Dialog und Schreibarbeit

Verlässt man die Orientierung am überlieferten Text, kommt das Schreiben von Primärtexten in den Blick.[13] An die Stelle des Um- und Weiterschreibens

Stuttgart 1990. – Zur Dekonstruktion vgl. Christian Gefert, *Didaktik des theatralen Philosophierens*, a. a. O. (Anm. 4), S. 53 ff.

13 Helmut Engels, »Plädoyer für das Schreiben von Primärtexten«, a. a. O. (Anm. 4), S. 250 ff.; Martina Dege, »Montaignes ›Essais‹ – der Versuch, schreibend die Balance zu halten«, in: *Zeitschrift für Didaktik der Philosophie und Ethik*, 21. Jg. (1999), Heft 2, S. 116 ff.

tritt das *freie Schreiben*. Dieser Schreibstil gibt den Schülerinnen und Schülern die Gelegenheit, eigene Erfahrungen, Gefühle und Reflexionen darzustellen. So entstehen individuelle Texte, in denen das Subjektiv-Authentische und das je Besondere der einzelnen Person zum Ausdruck kommen. Auch diese Art »personenorientierten« Schreibens ist nicht völlig neu, sie erinnert an den alten Besinnungsaufsatz, der aus dem Deutschunterricht verbannt worden ist und nun im Philosophie- und Ethikunterricht wieder auftaucht, weil offenbar das Bedürfnis nach einer derartigen Selbstfindung besteht.

Das freie Schreiben hat mit dem sokratischen Dialog viele Gemeinsamkeiten, geht es doch ebenfalls von den Erfahrungen und Interessen der Schüler aus. Wie in der Sokratik folgt die Argumentation einem induktiven Weg: vom unmittelbar Erlebten zum vermittelten Wissen, von der einzelnen Meinung zur konsensfähigen Wahrheit, vom Konkreten zum Abstrakten. Diese Art zu schreiben lässt sich im »philosophischen Tagebuch« organisieren.[14]

Darüber hinaus ist das freie Schreiben mit dem Dialog als Kommunikationsform kombinierbar, indem die Dialogpartner nicht nur mündlich, sondern auch schriftlich miteinander interagieren. Hier kann noch einmal zwischen Schreibgespräch und dialogischem Schreiben unterschieden werden.

Für das *Schreibgespräch* bildet man Gruppen und gibt jeder Gruppe einen großen Papierbogen, auf dem das Thema steht: z. B. »Freiheit bedeutet für mich …«.[15] Jeder Schüler erhält einen Filzstift, mit dem er seine Vorstellungen dazu aufschreiben kann. Und jeder Schüler hat gleichzeitig Gelegenheit, sich zu den Bemerkungen der anderen schriftlich zu äußern, indem er etwa Fragezeichen setzt, Gegenfragen stellt, um Erläuterungen bittet, Antworten gibt oder Gegenthesen formuliert. Es dürfen auch Pfeile zwischen Äußerungen eingezeichnet oder Aussagen gestrichen werden. Wichtig ist, dass die Kommunikation ausschließlich schriftlich erfolgt, ohne dabei ein einziges Wort zu sprechen. Die Langsamkeit des Schreibens hat den Vorteil, dass alle in gleicher Weise zum Zuge kommen.

Beim *dialogischen Schreiben* erstreckt sich die schriftliche Kommunikation über einen längeren Prozess.[16] Die Schüler tauschen untereinander Notizen, Gedankensplitter, Assoziationen oder Reflexionen aus und versehen sie wech-

14 Urs Thurnherr, »Die Pose der Heteronomie oder Ethik der Lernenden«, in: *Zeitschrift für Didaktik der Philosophie und Ethik*, 21. Jg. (1999), Heft 2, S. 110 ff..

15 Vgl. Brigitte Grögor, »Denn ohne Freunde möchte niemand leben – Philosophie der Freundschaft«, in: Johannes Rohbeck (Hg.), *Praktische Philosophie*, Hannover 2003, S. 163 ff.; mit Berufung auf Bernhard Grom, *Methoden für Religionsunterricht, Jugendarbeit und Erwachsenenbildung*, Düsseldorf 1985, S. 59 ff.

16 Siehe Urs Ruf und Peter Gallin, *Dialogisches Lernen in Sprache und Mathematik*, insbes. Bd. 2: »Spuren legen – Spuren lesen. Unterricht mit Kernideen und Reisetagebüchern«, Hannover 1988.

selseitig mit Anmerkungen, Kommentaren oder Gegenthesen. Es können auch ganze Essays gegengelesen werden, auf die wiederum alternative Entwürfe folgen. Dieses anspruchsvolle Verfahren kommt dem anfangs erwähnten hermeneutischen Ideal recht nahe, dem zufolge die Schreibenden eine Dialoggemeinschaft bilden.

Erweiterbar ist die schriftliche Interaktion, indem »reale« Briefe verfasst werden, die einen besonders persönlichen Stil ermöglichen. Weniger intim ist hingegen das Internet, dessen Technik ein völlig neuartiges Feld experimenteller Schreibmöglichkeiten eröffnet und auch im Philosophie- und Ethikunterricht genutzt werden kann.

Schreiben nach einer philosophischen Methode

Schließlich stellt sich die Frage, in welchem Maße die genannten Verfahren, die ursprünglich in den Didaktiken der deutschen und fremdsprachlichen Literatur oder der Religionspädagogik entwickelt wurden, auf den Philosophie- und Ethikunterricht übertragbar sind. Reduziert man diese Vorschläge auf bloße Schreibtechniken, besteht die Gefahr des Formalismus, bei dem die spezifisch philosophischen Methoden auf der Strecke bleiben. Aus diesem Grund ist darüber nachzudenken, welche Verfahren sich in besonderer Weise und mit welchen Modifikationen für die Schulfächer Philosophie und Ethik eignen. Zur Beantwortung dieser Frage folgen nun einige Kriterien, die sich zunächst an den *allgemeinen Methoden* des Philosophierens orientieren:

- Wenn der reflektierte Umgang mit Begriffen in der Philosophie besonders wichtig ist, dann bietet es sich an, mit Begriffen zu experimentieren. Die entsprechende Aufgabe könnte darin bestehen, *zentrale Begriffe* eines vorgegebenen Textes zum Ausgangspunkt eigener Schreibversuche zu machen.
- Ähnliches gilt für das Argumentieren; denn für eine Behauptung lassen sich immer mehrere Gründe anführen, wie umgekehrt aus begründeten Aussagen verschiedene Schlussfolgerungen gezogen werden können. Wenn es eine solche *Heterogonie der Argumente* gibt, lassen sie sich auch kreativ variieren.
- Und wenn schließlich die *Kritik* ein wesentliches Merkmal des Philosophierens ist, folgt daraus die Aufforderung, zu einem bekannten Text eine Erwiderung zu schreiben. In der alternativen Argumentation entsteht so ein Gegentext.
- Im Ethikunterricht spielt die Fähigkeit eine besondere Rolle, sich in die Situation andere Menschen hineinversetzen zu können. Ethische Ansätze

der Sympathie oder des Mitleids legen einen solchen *Perspektivenwechsel* zu Grunde. Daher lautet hier die Schreibaufgabe, einen bestimmten Sachverhalt von einem anderen Standpunkt aus zu beschreiben und zu beurteilen.

Spätestens an dieser Stelle verweisen die Formen des Schreibens im Philosophie- und Ethikunterricht auf die *besonderen philosophische Methoden*, die mit verschiedenen *Denkrichtungen der Philosophie* korrespondieren. Zu deren didaktischen Potenzialen möchte ich nun ein Unterrichtsmodell vorstellen.

Leitend ist dabei die Grundidee, dass sich die philosophischen Methoden in präzise formulierbare Schreibaufgaben transformieren lassen.[17] Dazu wird den Schülerinnen und Schülern *zuerst* eine bestimmte Methode vermittelt, die sie *dann* bei der Produktion eigener Texte selbständig anwenden sollen. Auch in diesem Fall ergeben sich innerhalb eines methodischen Rahmens kreative Gestaltungsmöglichkeiten. Doch dank der Orientierung an philosophischen Denkrichtungen erhält das »kreative Schreiben« eine bestimmte fachspezifische Färbung.

Ausdrücklich verweise ich darauf, dass in diesem Schreibverfahren die *Vermittlung* philosophischer Methoden unverzichtbar ist, damit tatsächlich eine neuartige Methodenkompetenz erworben werden kann. Ohne explizite Einführungen bleiben die Chancen dieser Art methodischen Lernens im Philosophie- und Ethikunterricht ungenutzt.[18] Dabei bilden die Denkrichtungen nicht etwa den Gegenstand des Unterrichts. Vielmehr besteht die didaktische Kunst darin, praktikable Verfahren des Philosophierens an Beispielen zu erläutern. Daraus resultieren dann möglichst genaue Aufgaben für die Produktion eigener Essays. Wie beim »kreativen Schreiben« gilt auch hier: Spontaneität und Fantasie entstehen erst unter methodischen Vorgaben.

Eine derartige Vermittlung kann je nach Lerngruppe und Situation unterschiedlich aufwändig ausfallen. Im Folgenden werde ich exemplarisch demonstrieren, wie eine Einführung in philosophische Methoden auf mittlerer Ebene konkret durchgeführt werden kann und welche Ergebnisse dabei zu erwarten sind.[19] Hierfür wähle ich zuerst die Dialektik, dann die Phänomenologie.

17 Siehe »Didaktische Potenziale philosophischer Denkrichtungen«, in diesem Band S. 77f.; ebenso »Philosophische Kompetenzen«, in diesem Band S. 93; siehe auch die Bände 2, 3 und 4 des *Jahrbuchs für Didaktik der Philosophie und Ethik*, Dresden 2001–2003.

18 Dieses Verfahren unterscheidet sich von der »Methodik« Ekkehard Martens', der auf eine derartige Vermittlung verzichtet und dabei m. E. Gefahr läuft, die Standards der philosophischen Denkrichtungen zu unterbieten. Ich sehe hingegen in der Orientierung an der Philosophie (von Martens als »Fachphilosophie« kritisiert) keinen Mangel, sondern im Gegenteil eine Chance, deren didaktische Potenziale auszuschöpfen. Ekkehard Martens, »Fachspezifische Methodik ›Praktische Philosophie‹«, in: *Ethik & Unterricht*, 11. Jg. (2001), Heft 3, S. 7ff.; ders., *Methodik des Philosophie- und Ethikunterrichts. Philosophie als elementare Kulturtechnik*, Hannover 2003.

19 Ich danke meinem verstorbenen Freund Gerhard Voigt, der mir die Gelegenheit verschafft

Dialektik als Methode

Um die didaktische Perspektive der Dialektik ins Auge zu fassen, ist es erforderlich, sowohl den alten Totalitätsanspruch aufzugeben als auch den metaphysischen Ballast abzuwerfen, um sich auf die methodischen Eigenarten und deren vielfältige Anwendungsmöglichkeiten zu konzentrieren.[20] Eine kurze Einführung in die dialektische Methode ist in der Sekundarstufe II wie folgt möglich:

Das Wort Dialektik stammt aus dem alt-griechischen »dia-legesthai«, was so viel wie »sich unterhalten« heißt. In Rede und Gegenrede sollen sich die Gesprächspartner der Wahrheit annähern. Die Dialektik ist daher ursprünglich eine Streit-Kunst. Bis heute gilt für die dialektische Methode, dass sich das Denken in Widersprüchen vollzieht und auf übergreifende Zusammenhänge zielt. Die besondere Aufgabe besteht darin, nicht nur widerstreitende Thesen zu finden, sondern eine Synthese zu formulieren, welche die vorausgegangenen Thesen »aufhebt«. Diese spezifisch dialektische Denkbewegung entwickelt sich in drei Schritten:

Im ersten Schritt kommt es darauf an, ein bestimmtes Thema, einen Begriff oder ein Argument zu fixieren. Wenn der Lehrer beispielsweise das Wort »Freiheit« an die Tafel schreibt, können die Schüler damit viele positive Vorstellungen verbinden und hinzuschreiben: persönliche, soziale, politische Freiheit usw. Bei der Bearbeitung des Themas wird zugleich deutlich, dass der Freiheitsbegriff nur in Abgrenzungen identifizierbar und in diesem Sinn ergänzungsbedürftig ist.

Im zweiten Schritt beginnt die dialektische Bewegung mit der Negation von Freiheit, die erst im Gegensatz zu Notwendigkeit, also zu Zwang und Determination, ihre Bedeutung erlangt. Lässt man die Schüler auf dieser Ebene einen »dialektischen Aufsatz« schreiben, so bewegt sich die Argumentation zwischen diesen Polen, für die jeweils gute Gründe beigebracht werden können. Üblicherweise endet dieses Hin und Her mit einem Kompromiss: der Mensch ist sowohl frei als auch unfrei …

Der dritte Schritt besteht in einer überraschenden Umkehrung der Perspektive, die den dialektischen Umschlag herbeiführt: Man betrachtet jetzt den übergreifenden Zusammenhang, der bisher das Wechselspiel der Oppositionen regiert hat. Genau dieser Kontext ist mit der Kategorie des Widerspruchs (bei Hegel) gemeint. Für unser Thema heißt das, nach einem allgemeinen Sinn von Freiheit zu suchen, der die vorausgegangenen Gegensätze von Freiheit und Notwendigkeit vereint. In der Ethik bedeutet das die freie Einsicht in die Notwendigkeit sittlicher Bindung, kurz: die Selbstverpflichtung zu moralischem Handeln.

hat, in einem Grundkurs Philosophie der Erich-Hoepner-Oberschule in Berlin-Charlottenburg derartige Schreibversuche durchzuführen.

20 Ausführlich dazu »Verkehrte Welt – Dialektik als Methode« in diesem Band, S. 119–143.

Die entsprechende Schreibaufgabe lautet:
Schreiben Sie ein Essay nach der dialektischen Methode, indem Sie in einem selbst gewählten Beispiel einen »Widerspruch« konstruieren.

Glücklicherweise ist das folgende Essay einer Schülerin weniger pathetisch, dafür umso dialektischer.

Immer müde

Müdigkeit ist kein wünschenswerter Zustand. Wer müde ist, ist langsam, unproduktiv, sowohl nervig als auch genervt und auch er selbst fühlt sich schlecht. Ziellos steht er in der Landschaft, so scheint es.
Aber ist der Müde nicht der zielstrebigste Mensch, den es gibt? Wer, mag er auch noch so entschlossen sein, ist in der Lage, sein Ziel nicht eine Minute aus den Augen zu verlieren? Doch nur der Müde, der die Mahnung an sein einzig wichtiges, endgültiges Ziel, den Schlaf, wie eine ständige Last mit sich herumschleift. Auch kann er als einziger gewiss sein, dass er sein Ziel mit Sicherheit erreichen wird, denn irgendwann sorgt die menschliche Natur für den benötigten Schlaf, ohne geht es dann nicht mehr. Nun, dass er der Zielstrebigste und letztendlich auch Erfolgreiche ist, leuchtet jetzt ein. Allerdings steht noch ein Einwand, und zwar der, dass es vollkommen egal ist, ob ein Ziel verfolgt und auch erreicht wird, das einem immer wieder entrinnt, für andere Menschen selbstverständlich und eigentlich für niemanden von Nutzen ist. Bei den wichtigen Dingen seien müde Menschen immer nachlässig und unkonzentriert, so die Behauptung. Doch was sind wichtige Dinge, als für den Menschen wichtige? Und da unsere Wahrnehmung und unser Empfinden nur subjektiv sein können, so gibt es auch nur individuelle Gewichtungen.

Carla Assmann

Phänomenologie

Diese Denkrichtung hat den Vorteil, dass sie es in besonderer Weise erlaubt, an die Erfahrungen der Schülerinnen und Schüler anzuknüpfen. Doch sollte man nicht die Illusion hegen, diese Erfahrungen seien unmittelbar zugänglich. Es bedarf vielmehr einer methodischen Anleitung, um die Wahrnehmungen zum Thema einer phänomenologischen Reflexion zu machen.[21] Eine entsprechende Einführung kann in der Sekundarstufe II folgendermaßen aussehen:

21 Ich orientiere mich hier besonders an Thomas Rentsch, »Phänomenologie als methodische Praxis«, in: *Denkstile der Philosophie*, a. a. O. (Anm. 3) – Vgl. Dittmar Werner, »Alltag und Lebens-

Die Phänomenologie ist eine philosophische Methode, durch die alltägliche »Phänomene« unserer Lebenswelt in den Vordergrund rücken. Dahinter steht die »Krisis« (Edmund Husserl) der modernen Wissenschaftsgläubigkeit und somit die Kritik an der Herrschaft (natur)wissenschaftlicher und technischer Deutungsmuster, welche die ursprünglichen Erfahrungen der Menschen überlagern. Im Gegenzug hat die Phänomenologie zum Ziel, die Wahrnehmungen, Erlebnisse und Weltdeutungen in der alltäglichen Lebenspraxis freizulegen. Dabei kommt es darauf an, das Nicht-Selbstverständliche oder das Verborgene hinter dem offen zutage Liegenden bewusst zu machen. Thema der Phänomenologie sind daher Bewusstseinsinhalte, Strömungen von Gedanken und Gefühlen, die sich bei der Wahrnehmung und beim Erleben unwillkürlich einstellen.

Diese »noetische« (denkende) Betrachtung lässt sich an einem beliebigen Gegenstand des Alltagsgebrauchs ausprobieren und üben. So habe ich eine Euro-Münze vorgelegt, um über die dabei entstehenden Assoziationen zu sprechen. Durch die »verzögerte Wahrnehmung«, indem die Rückseite zuerst verdeckt bleibt, kann der Erwartungshorizont thematisiert werden. Wenn die neue Münze bereits aus dem Ausland stammt, entsteht beim Umdrehen eine Überraschung (auf der italienischen Münze der »Leonardo-Mensch«), durch welche die stillschweigende Voraussetzung (deutscher Adler) erkannt wird.

Diese Methode der überraschenden Wendung kann auch auf alltägliche Erlebnisse übertragen werden. Mit Hilfe der doppelten Ent-Täuschung – sowohl im kognitiven als auch im emotionalen Sinn – wird das bisher Selbstverständliche reflektiert.

Eine weitere Methode ist die Verlangsamung oder Dehnung eines Ereignisses, das in kurzer Zeit stattgefunden hat. Ebenso ertragreich ist die Beschreibung einer Wahrnehmung bei gleichzeitiger Bewegung des eigenen Körpers. Überhaupt spielt dabei der Wechsel der Perspektiven eine Rolle: Ich versetze mich in die Lage eines anderen Wesens.

Die entsprechende Schreibaufgabe lautet:

Schreiben Sie ein Essay nach der phänomenologischen Methode über einen Gegenstand oder über ein Erlebnis; wenden Sie dabei die speziellen Methoden der Enttäuschung, der Verlangsamung und des Perspektivenwechsels an.

Die folgenden Kostproben von Schülern sollen derartiger Schreibmöglichkeiten demonstrieren. Das erste Essay bezieht sich auf einen alltäglichen Gegenstand, das zweite verwendet die Methode der Enttäuschung.

welt. Perspektiven einer didaktischen Phänomenologie«, in: *Zeitschrift für Didaktik der Philosophie und Ethik*, 22. Jg. (2000), Heft 2, S. 110 ff.; ders., »Didaktische und methodische Grundfiguren für einen phänomenologisch ausgerichteten Philosophieunterricht«, in: *Philosophische Denkrichtungen*, hg. v. Johannes Rohbeck, Dresden 2001, S. 165 ff.; Philipp Thomas, »Habe Mut, dich deiner eigenen Anschauung zu bedienen. Phänomenologie und Emanzipation«, in: *Zeitschrift für Didaktik der Philosophie und Ethik*, 24. Jg. (2002), Heft 2, S. 104 ff.

Die Stecknadel

So an die zweieinhalb Zentimeter lang. Sie ist spitz und dünn. Die Stecknadel. Sie ist unangenehm. Sie ist zwar nicht bedrohlich wie ein Messer, dafür aber hinterhältiger. Wenn man nicht weiß, dass sie existiert, dann ist sie kaum wahrnehmbar. Sie ist zwar klein, aber auf ihre Weise auch stark. Ihre passiv aggressive Art könnte mich nach längerem Betrachten und Überlegen wütend machen. Sie ist eine kleine Gefahr, und doch kann sie nichts dazu, denn sie ist des Menschen Gedanke entsprungen. Sie hat keinen Willen. Eine einzelne Stecknadel kann sehr einsam wirken, doch der leichte Stich hat stets in meinen Gedanken einen Platz. Er lässt mich erschaudern. Erst jetzt kommt der Gedanke an den Zweck, dem sie dient. Sie hält Dinge zusammen. Stoffe beispielsweise. Aber auch Poster an Wände. Mit einer Stecknadel verbinde ich Fieberträume. Grundlegende Ängste. Der Stich der Stecknadel – unaufhörlich – auf meiner Haut.

Julian Bauer

Irritation durch Bier

Es gibt nichts Schöneres, als nach einem anstrengenden Tag nach Hause zu kommen und sich mit einem kühlen Getränk von seinen Strapazen zu erholen. Man sieht also das halb gefüllte Glas mit der gelblich-klaren Flüssigkeit auf dem Tisch warten – Apfelsaft. Die Geschmackszellen der Zunge bereiten sich auf ihn vor. Man schmeckt ihn förmlich schon und die Gier wächst. Der Weg zum Tisch scheint ewig, und man hat genug Gelegenheit, es nicht mehr auszuhalten, bis das kühle, süße Nass die Lippen berührt.

Doch wenn es mit der Zunge in Berührung kommt, lässt es uns erschaudern. Die Flüssigkeit verbreitet sich auf der Zunge, lässt die wartenden Geschmackspartikel im vorderen Teil des Organs unbefriedigt hinter sich und nähert sich mit bedrohlicher Zielstrebigkeit seinem hinteren Bereich der Bitternis. Es sei hinzugefügt, dass aufgrund der Giftigkeit verschiedener Stoffe dieser Geschmacksrichtung ihre Sensoren möglichst weit hinten im Mund liegen, um zuverlässig den Brechreiz als letzte Schutzmaßnahme hervorzurufen. Obwohl der Grad der Bitterkeit den kritischen Wert anscheinend nicht übersteigt und man so vor der noch bitteren Gallenflüssigkeit verschont bleibt, lässt er den Körper geradezu in Abgestoßenheit erstarren.

Ich habe sonst nichts gegen Bier, aber wenn man Apfelsaft erwartet, ist dieses eine wirklich herbe Enttäuschung. Man sollte also keine voreiligen Schlüsse darüber ziehen, was sich in dem Glas auf dem Tisch befindet. Es gibt Vieles, womit man nicht rechnen würde.

Johanne Carl

Literarisches Philosophieren

Literarische Formen des Philosophierens im Unterricht

Philosophie und Literatur haben eine wechselvolle Geschichte. Ursprünglich ist die Philosophie aus der Literatur hervorgegangen, wie das Lehrgedicht des Parmenides oder die Erzählungen bei Platon demonstrieren. Doch gleichzeitig hat sich die Philosophie immer mehr von der Literatur distanziert. Vor allem seit der Neuzeit wurde der wissenschaftliche Anspruch der philosophischen Vernunft gegen die Literatur behauptet. Nur vernunftkritische Autoren wie Nietzsche und Adorno haben den literarischen Stil wieder belebt.

In jüngster Zeit hat das Verhältnis von Philosophie und Literatur neues Interesse gewonnen. Dabei spielen sicherlich »postmoderne« Motive eine Rolle, in denen im Anschluss an Nietzsche die Rationalität der Moderne in Frage gestellt wird. Doch diesem Interesse an der Darstellungsform verschließen sich heute auch diejenigen Philosophen nicht, die am Vernunftanspruch der Philosophie festhalten wollen. Denn es ist ja nicht zu bestreiten, dass philosophische Texte eine je bestimmte literarische Gestalt haben – sei es in der offensichtlichen Form einer Abhandlung, eines Essays oder eines Dialogs, sei es im eher subtil wirkenden Stil individuellen Philosophierens. Strittig ist nur die Frage, welche Bedeutung die literarische Form für die philosophische Aussage hat: Bleibt die literarische Form der Argumentation bloß äußerlich oder kann sie selber eine argumentative Funktion erfüllen.

Indem ich mich der zweiten Variante anschließe, möchte ich die literarischen Formen von Texten aus der Philosophiegeschichte wie auch des eigenständigen Philosophierens in didaktischer Perspektive untersuchen. Ziel ist es, den reflexiven Umgang mit diesen Formen in Verfahren des Unterrichts zu transformieren.

Sofern in der bisherigen Didaktik der Philosophie und Ethik das Verhältnis von Philosophie und Literatur ein Thema war, wurden vorwiegend Texte aus der Schönen Literatur behandelt, die zur Philosophie hinführen oder philosophische Werke ersetzen können; dort ging es um *Philosophie in der Literatur*. In diesem Beitrag geht es umgekehrt um *Literatur in der Philosophie*; hier werden Texte von Philosophen unter dem Gesichtspunkt der literarischen Form behandelt. Diesen Unterschied gilt es zunächst zu erläutern.

Philosophie in der Literatur

Literarische Texte zu behandeln, gehört zu den bewährten Verfahren des Philosophie- und Ethikunterrichts. Bietet die Schöne Literatur doch eine willkommene Abwechselung gegenüber den häufig abstrakten und schwierigen Texten der Philosophie. Erzählte Geschichten sind anschaulich und daher leichter zu verstehen; sie können spannend sein und deshalb zum Weiterlesen motivieren; sie beschreiben konkrete Ereignisse und lassen sich mit der Lebenswelt der Schüler verknüpfen; fiktive Texte regen die Fantasie an und fördern so das kreative Schreiben. Schließlich sind literarische Texte dazu geeignet, zur Philosophie hinzuführen, sofern sie selber schon philosophische Gedanken enthalten. In all diesen Fällen steckt *Philosophie in der Literatur.*[1]

Wenn beispielsweise Romane von Jonathan Swift im Unterricht gelesen werden, lässt sich daran das moderne Menschenbild explizieren. Aus Fabeln des Äsop lassen sich moralphilosophische Lehren oder andere ethische Konsequenzen ziehen. Wenn man Thomas Mann liest, kann die Lektüre in die Gedankenwelt von Schopenhauer, Nietzsche und Freud einführen. Von Robert Musils Roman führt ein direkter Weg zur Sprachphilosophie von Wittgenstein.

Nicht wenige Philosophen haben selbst literarische Texte verfasst, in denen sie ihre Theorien veranschaulichen wie z. B. Voltaire in seinen »Philosophischen Erzählungen«. Erinnert sei auch an Sartres Dramen und Erzählungen. Heute gibt es zunehmend Autoren, die es sich zum Ziel gesetzt haben, die Philosophie mit literarischen Mitteln einem breiten Publikum bekannt zu machen. Dazu zählt auch eine spezielle Jugendliteratur.[2]

Diese Arten philosophischer Literatur lassen sich auf je spezifische Weise im Unterricht einsetzen: teils als Einstieg in ein Thema, um daran die Lektüre eines philosophischen Textes anzuschließen; teils genügt auch die Lektüre eines solchen Textes, um die darin enthaltenen philosophischen Gedanken herauszuarbeiten. Vor allem in der Sekundarstufe I ist der Philosophie- und Ethikunterricht häufig gar nicht anders möglich. Ohne Zweifel sind derartige literarische Texte für den Unterricht hilfreich.

1 Zu diesem Thema sind in der *Zeitschrift für Didaktik der Philosophie und Ethik* zwei Hefte erschienen: »Literatur« 10. Jg. (1988), Heft 3, und »Literarische Texte« 20. Jg (1998), Heft 3.

2 Jostein Gaarder, *Sofies Welt. Roman über die Geschichte der Philosophie*, München, Wien 1993; Markus Tiedemann, *Prinzessin Metaphysika. Eine fantastische Reise durch die Philosophie*, Hildesheim u. a. 1999; Eckhard Nordhofen, *Die Mädchen, der Lehrer und der liebe Gott*, Stuttgart 1999; Catherine Clément, *Theos Reise. Roman über die Religionen der Welt*, München 2001; Gabriele Münnix, *Anderwelten*, Weinheim, Basel 2001.

Literatur in der Philosophie

Im Folgenden versuche ich jedoch etwas anderes. Mir geht es vor allem um die *Literatur in der Philosophie*.[3] Damit meine ich die Philosophie *als* Literatur, sofern die Philosophie selber Literatur ist, oder die *literarischen Formen philosophischer Texte*. In der neueren Literaturforschung (unterschieden von der traditionellen Literaturwissenschaft) spricht man von der *Literarizität*, die in Texten auch außerhalb der Literatur im engen Sinn (Schöne Literatur oder Belletristik) anzutreffen ist.

In der philosophischen Forschung ist auf die literarischen Formen der Philosophie wenig geachtet worden. Die Interpretation konzentriert sich meist auf die Inhalte, ohne die untergründige Wirkung der verschiedenen Schreibstile zu bemerken. Das gilt auch für die *Didaktik* der Philosophie und Ethik, in der dieser Aspekt der philosophischen Literatur bisher nur eine geringe Rolle spielte. Wenn ich nun die Textgattung, in der Autoren philosophieren, zum Thema mache, werde ich versuchen, deren didaktische Potenziale zu entfalten.

Im Verhältnis von literarischer Form und philosophischem Text unterscheide ich zwischen *drei Grundpositionen*, die mit dem Selbstverständnis von Philosophen eng zusammenhängen. Sie sind auch für die Didaktik der Philosophie und Ethik bedeutsam.

Trennung von Philosophie und Literatur

Die erste Position hält die literarische Form gegenüber der Philosophie für *äußerlich*.[4] Demnach ist es für einen philosophischen Gedanken ganz gleichgültig, in welcher Gestalt er formuliert wird. Die Form kann wechseln, der Inhalt bleibt identisch. Die Darstellung ist bloß stilistisches Beiwerk oder ästhetisches Ornament einer philosophischen Aussage. Sie erfüllt allenfalls eine strategische Funktion, um den Leser zur eigentlichen Argumentation hinzuführen. Wenn ein Philosoph etwa einen Dialog schreibt, so will er den Leser auf sein Thema einstimmen, damit er sich dann besser überzeugen lässt. In diesem Sinn gehört die Präsentationsform zur »Didaktik« des Autors – freilich mit der erheblichen

3 Unter diesem Aspekt beziehe ich mich auf folgende Bände: Gottfried Gabriel/Christiane Schildknecht (Hg.), *Literarische Formen der Philosophie*, Stuttgart 1990; Christiane Schildknecht/Dieter Teichert (Hg.), *Philosophie in Literatur*, Frankfurt/M. 1996; Richard Faber/Barbara Naumann (Hg.), *Literarische Philosophie – philosophische Literatur*, Würzburg 1999; siehe auch Gottfried Gabriel, »Zwischen Wissenschaft und Dichtung. Nicht-propositionale Vergegenwärtigung in der Philosophie«, in: *Deutsche Zeitschrift für Philosophie*, 51. Jg. (2003), Heft 3, S. 415–425.

4 Harald Fricke, »Kann man poetisch philosophieren?«, in: *Literarische Formen der Philosophie*, a. a. O. (Anm. 3), S. 26–39.

Einschränkung, dass die »didaktische Form« angeblich gerade *nicht* die »philosophische Substanz« berührt und daher austauschbar ist.[5]

Diese Position behauptet eine *Trennung* von Philosophie und Literatur mit dem Ziel, die philosophische Argumentation von der Darstellungsweise oder die propositionale Erkenntnis von der literarischen Form strikt abzugrenzen. Das korrespondiert vor allem mit der rationalistischen Philosophie seit Descartes und Hobbes bis zur modernen analytischen Philosophie. Demnach spricht die philosophische Vernunft für sich; das logisch »zwingende« Argument lässt sich vom literarischen Schein nicht blenden. Literatur dient nur der pädagogischen Nachhilfe für Begriffsstutzige.

Auflösung der Philosophie in Literatur

Die zweite Position hält die literarische Form philosophischer Texte für *wesentlich*, weil sie kein hinreichendes Kriterium für eine eindeutige Unterscheidung zwischen philosophischer und literarischer Sprache erkennen kann oder will.[6] Indem sich die Grenzen von Philosophie und Literatur verwischen, wird die Rationalität philosophischer Argumentation in Frage gestellt. Diese Art Begründung weist in die Kritische Theorie und Postmoderne, in denen der Vernunftanspruch moderner Philosophie einer radikalen Kritik unterzogen wird. Die literarische Form steht hier für die Grenzen der Vernunft: Wo die rationale Philosophie am Ende ist, vermag sie in literarischer Form noch das Unsagbare auszusprechen.

So hat schon Rousseau den Erziehungsroman »Emile« geschrieben, nachdem er seine Kulturkritik und seine politische Utopie vollendet hatte – wohl wissend, dass er damit noch keinen Ausweg aus der Misere der modernen Zivilisation gezeigt hatte.[7] Nietzsche drückt seine Kritik an der Aufklärung in einem extrem aphoristischen und literarischen Stil aus.[8] Ebenso lässt Adorno seine Vernunftkritik in die literarischen Formen von Essay und Aphorismus münden, wie auch Rorty der Auffassung ist, dass philosophische Grundorientierungen nur noch narrativ vermittelt werden können.[9] Für Lyotard besteht die ganze

5 Ebd. S. 28.

6 Richard Faber/Barbara Naumann: Vorwort zu: Dies., *Literarische Philosophie – Philosophische Literatur*, a.a.O. (Anm. 3), S. 7; Norbert Wokart, *Glaubenskriege um die literarische Form von Philosophie*, ebd., S. 21–35.

7 Jean-Jacques Rousseau, *Emile oder Über die Erziehung*, hg. v. Martin Rang, Stuttgart 1976.

8 Siehe besonders die Aphorismen, z.B.: Friedrich Nietzsche, *Menschliches, allzu Menschliches*, in: *Werke in drei Bänden*, hg. v. Karl Schlechta, München, Bd. 1, S. 435 ff.

9 Theodor W. Adorno, *Der Essay als Form*, in: Ders., *Gesammelte Schriften*, Bd. 11, hg. v. Rolf Tiedemann, Frankfurt/M. 1997, S. 9–33; vgl. Christa Runtenberg, »Essays und Aphorismen.

Philosophie in einer »großen Erzählung«.[10] In solchen Beispielen löst sich die Philosophie in Literatur auf.

Argumentative Funktionen literarischer Formen

Die dritte Position versucht eine *Vermittlung* zwischen Philosophie und Literatur.[11] Nach dieser Variante ist die Philosophie unlösbar mit ihrer Textgestalt verbunden, so dass die literarische Form wesentlich zum philosophischen Gedanken gehört. Das Denken wird von der Darstellungsweise mit geprägt und verändert sich mit ihr. Ob ein Theorem in einer trockenen Abhandlung oder in einem lebendigen Dialog formuliert wird, wirkt bis in die Aussage hinein. Umgekehrt kann eine besondere Präsentationsform einer bestimmten Aussage besonders angemessen sein. Literarische Form und philosophischer Inhalt beeinflussen sich wechselseitig. Aus diesen Gründen erfüllt die literarische Form eine *argumentative Funktion*. Sie setzt die philosophische Argumentation mit anderen *methodischen* Mitteln fort. Auch die literarische Form hat Methode.

Diese Position bietet mehrere Vorteile: Einerseits wird die Philosophie als Literatur ernst genommen und aufgewertet. Dabei lassen sich auch die kritischen Impulse einer Literarisierung der Philosophie seit der Aufklärung bis Adorno würdigen. Doch andererseits werden die postmodernen Konsequenzen vermieden. Auch wenn die Erkenntnisfunktion der literarischen Form anerkannt wird, lässt sich gleichwohl am wissenschaftlichen Charakter der Philosophie festhalten. Bilden Philosophie und Literatur keine Gegensätze mehr und löst sich die Philosophie nicht ins Literarische auf, kann der philosophische Anspruch auf rationale Argumentation aufrechterhalten werden.

Marginale Gattungen

Für die dritte Position sprechen sowohl fachliche als auch didaktische Gründe. Aus *philosophischer* Sicht eröffnet sich ein neues Feld, den Zusammenhang von

Reflexionen von Theodor W. Adorno im Philosophieunterricht«, in: *Zeitschrift für Didaktik der Philosophie und Ethik* 26, (2004), Heft 2, S. 102–107; Richard Rorty, *Kontingenz, Ironie und Solidarität*, Frankfurt/M. 1993, S. 16.

10 François Lyotard, *Das postmoderne Wissen. Ein Bericht*, hg. v. Peter Engelmann, Graz, Wien 1986.

11 Gottfried Gabriel, »Literarische Form und nicht-propositionale Erkenntnis in der Philosophie«, in: Gabriel/Schildknecht (Hg.), *Literarische Formen der Philosophie*, a.a.O. (Anm. 3), S. 1–25, insb. S. 1f.; Christiane Schildknecht/Dieter Teichert, Einleitung zu: DieS. (Hg.): *Philosophie in Literatur*, a.a.O. (Anm. 3), S. 11–18.

Philosophie und Literatur zu erschließen. Indem die literarische Form eine argumentative und methodische Funktion erhält, wird das Spektrum fachspezifischer Methoden erweitert.[12] Die Aufgabe besteht jetzt darin, die literarischen Formen auf ihre spezifisch philosophischen Inhalte hin zu untersuchen.

Hier berühren sich Philosophie und Literatur, doch ohne dass sich die Grenzen verwischen. Denn ich gehe von ganz bestimmten philosophischen Kontexten aus, in denen die literarischen Formen ihre je spezifischen Funktionen erfüllen. So kann etwa die Form des geschriebenen Dialogs die Aufgabe der Problemeröffnung erfüllen (Platon) oder die skeptische Antwort auf eine zuvor vollzogene Systembildung darstellen (Hume). Diese Funktionen unterscheiden sich noch einmal von Dialogen in Dramen oder Romanen. Ähnliches gilt für die Form des Briefes, der im Zusammenhang einer philosophischen Theorie eine andere Funktion hat als in einem Briefroman. Aus diesem Grund ist es wichtig, die Funktionen literarischer Formen aus philosophischen Texten zu erschließen.

Aus *didaktischer* Sicht erweitern sich dadurch die Möglichkeiten der Textlektüre wie auch der Produktion eigener Texte. Diese Didaktik unterscheidet sich prinzipiell von der reduzierten »didaktischen Form«, der zufolge die Darstellungsweise nur der Motivierung der Leser und der Veranschaulichung fertiger Gedanken dient (siehe die erste Position). Die didaktische Alternative besteht vielmehr darin, über die philosophische Bedeutung literarischer Formen nachzudenken und auf diese Weise die Lese- und Schreibkompetenzen der Schüler zu fördern.

An dieser Stelle zeigt sich ein wesentlicher Unterschied zwischen der akademischen Philosophie und dem Philosophieren im Schulunterricht. In Universitätsseminaren ist es üblich, »klassische« Abhandlungen bekannter und weniger bekannter Philosophen zu lesen. Das ist durchaus sinnvoll, weil der überwiegende Teil der philosophischen Literatur nun einmal in dieser Form verfasst worden ist. Das Studium anderer literarischer Formen ist hier Nebensache und gehört zum Forschungsgebiet einiger weniger Spezialisten.

Ganz anders verhält es sich im Unterricht an allgemeinbildenden Schulen. In diesem Fall ist es gerade sinnvoll, solche Textsorten zu berücksichtigen, die in der Philosophiegeschichte selten und peripher sind. Was in der universitären Philosophie am Rande liegt, kann im Schulunterricht ins Zentrum rücken. Ich plädiere also dafür, im Philosophie- und Ethikunterricht stärker als bisher *marginale Gattungen* zu berücksichtigen.[13]

12 Damit setze ich mein Projekt über die Methoden der Philosophie fort: »Methoden des Philosophie- und Ethikunterrichts«, in diesem Band, S. 51–71.

13 Mit diesem Ansatz orientiere ich mich an Lieselotte Steinbrügge, »Grenzgänge. Texte zwischen Alltagskommunikation und Literatur«, in: *Fremdsprachenunterricht*, (1996), Heft 3, S. 195 ff.

Neben der Standardform der Abhandlung verfügt die Philosophie in ihrer Geschichte über ein reiches Arsenal anderer literarischer Formen: Essay und Aphorismus, Dialog und Brief, Autobiographie und Erzählung. Aber auch systematische Abhandlungen enthalten manchmal verborgene narrative Strukturen.[14]

Dieser Vorschlag gilt zunächst für die *Lektüre* philosophischer Text im Philosophie- und Ethikunterricht. Dadurch verändert sich auch der *Kanon* für die Auswahl der Texte aus der Philosophiegeschichte.[15] Die Vielfalt literarischer Formen bietet mehr Abwechselung für Schüler und Lehrer. Außerdem finden sich in den marginalen Gattungen häufiger kurze Texte, die wegen ihrer Geschlossenheit den Ausschnitten aus großen Werken vorzuziehen sind.

Ferner lassen sich diese literarischen Formen besser mit dem *Unterrichtsgespräch* verknüpfen. Beim geschriebenen Dialog und beim Brief handelt es sich um Textformen, die zwischen den herkömmlichen Medien Sprache und Schrift angesiedelt sind. Aus diesem Grund eigenen sie sich besonders gut dazu, die Übergänge vom mündlichen Dialog zur Textlektüre und umgekehrt zu gestalten. Dialogische Texte enthalten sogar Anregungen für neue Gesprächsformen im Unterricht. Die marginalen Gattungen nehmen eine Mittelstellung ein und können so zur Vermittlung zwischen den Phasen beitragen.

Schließlich eröffnen sich neue Möglichkeiten für das *Schreiben* im Anschluss an solche Texte. Natürlich kann man Schülern unabhängig von Textvorlagen »fiktionale Texte« schreiben lassen.[16] Doch ich ziehe die Verbindung von Textlektüre und kreativem Schreiben vor, weil ich mir davon eine reichere Ausschöpfung verspreche. Zum einen geben die Beispiele aus der Philosophiegeschichte ungeahnte Anregungen für das eigene Schreiben. Zum andern gewährleistet die Analyse solcher Texte, dass der Zusammenhang von literarischer Form und philosophischem Inhalt im Blick bleibt. Wie beim »kreativen Schreiben« überhaupt besteht die Gefahr, dass das Umschreiben von Texten in Dialoge, Briefe usw. zum bloßen Formalismus verkommt. Schließlich kann man jeden beliebigen Text in jede beliebige Form übertragen.[17] Fachdidaktisch ist der

14 Siehe »Zehn Arten, einen Text zu lesen« in diesem Band, S. 173f.

15 Siehe das von mir herausgegeben Heft zum Thema »Kanon« der Zeitschrift *für Didaktik der Philosophie und Ethik*, 18. Jg. (1997), Heft 2; vgl. Volker Steenblock, »Zur Bildungsaufgabe der Philosophiegeschichte«, in: *Zeitschrift für Didaktik der Philosophie und Ethik*, 22. Jg. (2000), Heft 4, S. 258–272.

16 Helmut Engels, »Man muss es ihnen zutrauen! Über das Verfassen von fiktionalen Texten im Philosophieunterricht«, in: *Zeitschrift für Didaktik der Philosophie und Ethik*, 24. Jg. (2002), Heft 2, S. 106–114; ders., »Literarisches Philosophieren«, in: *Ethik & Unterricht*, 14. Jg. (2003), Heft 1, S. 16–21.

17 Die Fachdidaktik Philosophie und Ethik würde nur technische Verfahren aus der Deutsch- und Fremdsprachendidaktik kopieren. – Gerhard Haas/Wolfgang Menzel/Kaspar H. Spinner,

reflektierte Umgang mit literarischen Formen nur sinnvoll, wenn sich damit bestimmte philosophische Einsichten verbinden lassen.

Im Einzelnen hat der Umgang mit marginalen Gattungen im Philosophie- und Ethikunterricht folgende didaktische Ziele:

- Mehr *Vielfalt* der Textgattungen und dadurch mehr Abwechslung bei der Textlektüre. Texte in anderen literarischen Formen sind häufig anschaulich und lebensnah.
- *Subjektive Färbung* der Argumentation: Möglicher Bezug eines Arguments auf die eigene Erfahrung, Interessenlage und Lebensgeschichte.
- *Perspektivwechsel* der Argumente: Bestimmte Darstellungsformen ermöglichen den Wechsel des Standpunkts. Dadurch kommt auch etwas Spielerisches ins philosophische Argumentieren.
- *Transferleistung*: Beim Umschreiben eines Textes in eine andere literarische Form lernen die Schüler, einen philosophischen Gedanken in ein neues Medium zu übertragen. Indem sie den Gedanken so variieren, schaffen sie die Voraussetzungen für Verallgemeinerungen. Hierin liegen auch Kriterien für die Leistungsbewertung.
- Förderung der *Textkompetenz*: Die Schüler werden für unterschiedliche Gattungen und Stile sensibilisiert. Sie können von einem bestimmten literarischen Stil auf den philosophischen Inhalt schließen.
- Förderung der *Schreibkompetenz*: Indem die Schüler mit unterschiedlichen Schreibstilen experimentieren, lernen sie, einen philosophischen Gedanken literarisch angemessen auszudrücken.

Nach diesen allgemeinen Ausführungen folgen nun ausgewählte Textgattungen mit Beispielen. Es geht darum, aus der jeweiligen argumentativen Funktion literarischer Formen bestimmte unterrichtspraktische Aufgaben zu entwickeln.

Dialog

Der Dialog ist ein schlagendes Beispiel dafür, wie sich literarische Form und philosophischer Inhalt verbinden. Der Dialog erlaubt es, ein Problem von mehreren Seiten zu betrachten, unterschiedliche Standpunkte zur Geltung zu bringen und den Ausgang der Argumentation offen zu lassen. Der Autor legt

»Handlungs- und produktionsorientierter Literaturunterricht«, in: *Praxis Deutsch*, (1994) Heft 123, S.17 ff.; Daniela Caspari, *Kreativität im Umgang mit literarischen Texten im Fremdsprachenunterricht*, Frankfurt/M. 1994.

sich aus prinzipiellen oder strategischen Gründen nicht fest. Daher gilt der Dialog häufig als Ausdruck philosophischer Skepsis.

Das Paradigma für das philosophische Gespräch ist zweifellos der sokratische Dialog. Schon bei Platon stellt sich ja die Frage, ob er eine »ungeschriebene Lehre« besaß und die Dialogform nur aus »didaktischen« Gründen wählte oder ob die literarische Form des Dialogs ein Zeichen philosophischer Skepsis war. Sieht man vom historischen Wandel seit Platon bis in die Gegenwart ab, so besteht das gemeinsame Ideal darin, dass grundsätzlich gleichberechtigte Dialogpartner gemeinsam nach Wahrheit suchen. Im Zuge der pragmatischen Wende ist daraus ein diskursiv hergestellter Konsens geworden.[18] In jedem Fall steht der Dialog für ein problem- und prozessorientiertes Denken; das aporetische Ende regt zum Weiterdenken an. Liest man solche geschriebenen Dialoge, erleichtert es den Übergang zum Unterrichtsgespräch.

Texte zum Dialog

Platon: Sämtliche Werke. Übers. v. Friedrich Schleiermacher. Reinbek bei Hamburg: Rowohlt 1957.
Peter Abaelard: Gespräch eines Philosophen, eines Juden und eines Christen. Hrsg. v. Hans-Wolfgang Krautz. Frankfurt/M.: Insel 1995.
Giordano Bruno: Das Aschermittwochsmahl. Beschrieben in fünf Dialogen zwischen vier Gesprächspartnern mit drei Betrachtungen über zwei Gegenstände. Hrsg. v. Friedrich Fellmann. Frankfurt/M.: Suhrkamp 1969.
Bernard de Fontenelle: Gespräche im Elysium. Hrsg. v. Werner Langer. Hamburg: Junius 1989.
David Hume: Dialoge über natürliche Religion. Hrsg. v. Günter Gawlik. Hamburg: Meiner 1968.
Paul K. Feyerabend: Die Torheit der Philosophen. Dialoge über die Erkenntnis. Hamburg: Junius 1995.
Ernst Tugendhat, Celso López, Ana María Vicuña: Wie sollen wir handeln? Schülergespräche über Moral. Stuttgart: Reclam 2000..

Darüber hinaus sind aus der philosophischen Tradition noch andere literarische Formen des Dialogs überliefert. Auch die philosophischen Dialoge des *Mittelalters* lassen sich in den Philosophie- und Ethikunterricht übertragen. Die sokratisch-platonischen Dialoge waren ja im Mittelalter nicht bekannt, was man auch als Glücksfall ansehen kann. Weil es das prägende Vorbild nicht gab,

18 Ekkehard Martens, *Dialogisch-pragmatische Philosophiedidaktik*, Hannover 1979; Detlef Horster, *Das Sokratische Gespräch in Theorie und Praxis*, Opladen 1994; Ute Siebert, *Das sokratische Gespräch*, Kassel 1996; Gisela Raupach-Strey, *Sokratische Didaktik*, Münster 2002.

erfanden die mittelalterlichen Philosophen die ihnen passenden Dialogformen neu. Dabei gilt es zwischen den diskursiven Praktiken der Disputation, die an den Universitäten institutionalisiert waren, und den geschriebenen Dialogen zu unterscheiden, die verhältnismäßig zahlreich erhalten sind. Beide Arten sind in didaktischer Hinsicht interessant.

Die *Disputation* bietet eine spannungsreiche Alternative für das Unterrichtsgespräch. Während im sokratischen Dialog seelenverwandte Freunde gemeinsam um die Wahrheit ringen, gleicht die Disputation eher einem Turnierkampf.[19] Jemand stellt eine These auf und verteidigt sie gegen Angriffe. Die Regel ist, dass der Kontrahent die These mit eigenen Worten wiedergeben muss; erst wenn der Verteidiger zustimmt, darf er mit der Widerlegung beginnen. Dabei polarisiert sich die Argumentation in Pro und Kontra, eine Zuspitzung, die motivierend und klärend zugleich wirken kann. Das Publikum hört zu und entscheidet, wer überzeugender argumentiert und in diesem Sinne gewonnen hat. Dadurch erhält die Debatte etwas Spielerisches.

Am *fiktiven Dialog* nehmen idealtypische Personen teil, die jeweils eine bestimmte theologische oder philosophische Position vertreten.[20] Im »Gespräch eines Philosophen, eines Juden und eines Christen« (1141) charakterisiert Peter Abaelard seine Dialogpartner folgendermaßen.

> Eines einzigen Gottes Verehrer zu sein, bekennen wir nämlich alle gleichermaßen, obwohl wir ihm mit einem unterschiedlichen Glauben und Leben dienen. Einer von uns, ein Heide, gehört zu denen, die man Philosophen nennt, und ist mit dem natürlichen Sittengesetz zufrieden. Die anderen zwei aber haben Schriften; von ihnen wird der eine Jude, der andere Christ genannt. Weil wir indes schon lange über die unterschiedlichen Richtungen unseres Glaubens miteinander Vergleiche anstellen und streiten, haben wir uns schließlich deinem Richterspruch anheimgegeben.[21]

Die anfängliche *Rahmenerzählung* inszeniert die Gesprächssituation, in welcher die argumentativen Rollen klar verteilt sind. Im Unterschied zum sokratischen Dialog und ähnlich wie in der Disputation geht es zunächst einmal um die Verteidigung eines bestimmten (christlichen) Standpunktes. Doch im ständigen

19 Peter Schulthess/Ruedi Imbach, *Die Philosophie im lateinischen Mittelalter*, Zürich, Düsseldorf 1996, S. 151 ff.; Thomas Rentsch, »Die Kultur der quaestio. Zur literarischen Formgeschichte der Philosophie im Mittelalter«, in: Gabriel/Schildknecht (Hg.), *Literarische Formen der Philosophie*, a. a. O. (Anm. 3) S. 73–91.

20 Klaus Jacobi (Hg.), *Gespräche lesen. Philosophische Dialoge im Mittelalter*, Tübingen 1999.

21 Peter Abaelard, *Gespräche eines Philosophen, eines Juden und eines Christen*, hg. v. Hans-Wolfgang Krautz, Frankfurt/M. 1995, S. 9.

Wechsel der Perspektiven machen sich fast unbeabsichtigt skeptische Elemente bemerkbar. Durch den Dialog werden die Argumente persönlich gefärbt und lebendig vorgetragen. Mit veränderten Rollen lassen sich ähnliche Dialoge auch im Philosophieunterricht inszenieren.

An den fiktiven Dialog des Mittelalters knüpfen die geschriebenen Dialoge der *Aufklärung* an, indem das Muster der verteilten Rollen übernommen wird. In der Regel wird auch hier der Dialog mit einer Erzählung eingeleitet, in der die Gesprächsteilnehmer vorgestellt sowie die Situation und das Ziel erläutert werden. Auf diese Weise inszeniert Bernard de Fontenelle die Gespräche toter Philosophen aus verschiedenen Epochen.[22] In »Dialoge über natürliche Religion« (1751) reflektiert David Hume sogar diese literarische Gattung in kritischer Absicht:

> Ein *System* in Form einer Unterredung vorzutragen, erscheint wenig natürlich; wer in Dialogform schreibt, wünscht seiner Darstellung durch Verzicht auf die direkte Schreibweise ein freieres Ansehen zu geben und den Anschein des Verhältnisses von *Verfasser* und *Leser* zu vermeiden, aber er fällt leicht in das größere Übel, das Bild von *Schulmeister* und *Schüler* zu bieten. [...] Doch gibt es einige Gegenstände, für welche die Dialogform besonders angemessen und der direkten und einfachen Art der Darstellung noch immer vorzuziehen ist.[23]

Im Laufe der Aufklärung verlagert sich das Streitgespräch auf binnenphilosophische Probleme, bei deren Entfaltung sich die vertretenen Positionen verändern. Es diskutiert nicht nur ein Christ mit einem Philosophen, sondern die Philosophen streiten sich untereinander: der Theist mit dem Deisten, der Rationalist mit dem Empiristen usw. Und die Diskussion hat jetzt meist ein offenes und damit skeptisches Ende, wodurch wieder eine Nähe zur Sokratik entsteht.

Diese Dialogform lässt sich im Unterricht als eine Art Rollenspiel inszenieren: Im Laufe eines Ethikkurses führen etwa ein Aristoteliker, ein Kantianer und ein Utilitarist ein Streitgespräch über ein Fallbeispiel. Das eignet sich zum Abschluss einer Stundensequenz, wenn die einzelnen Positionen bekannt sind und noch einmal aufeinander bezogen werden. Durch die Rollenverteilung nimmt das philosophische Argumentieren einen spielerischen Charakter an.

22 Der Originaltitel lautet: »Dialogues des morts«. Bernhard de Fontenelle, *Gespräche im Elysium*, hg. v. Werner Langer, Hamburg 1989.

23 David Hume, *Dialoge über natürliche Religion*, hg. v. Günter Gawlik, Hamburg 1968, S. 1; vgl. Bernd Gräfrath, »Vernünftige Gelassenheit. Zur Bedeutung der Dialogform im Werk David Humes«, in: Gabriel/Schildknecht (Hg.), *Literarische Formen der Philosophie*, a.a.O. (Anm. 3) S. 121–138.

Die Dialogpartner offenbaren nicht ihre eigenen Meinungen, sondern experimentieren fantasievoll und kreativ mit neuen Argumenten.

Zusammenfassend ergeben sich aus der Geschichte des philosophischen Dialogs folgende Aktionsformen im Unterricht:

- *Führen Sie ein Streitgespräch im Stile einer mittelalterlichen Disputation durch. Bestimmen Sie Beobachter, welche die Teilnehmer bewerten.*
- *Inszenieren Sie einen Dialog mit verteilten Rollen, durch die bestimmte philosophische Positionen vertreten werden.*
- *Analysieren Sie Passagen eines geschriebenen Dialogs, z. B. Humes »Dialoge über natürliche Religion«; überlegen Sie, warum Hume für seine Religionsphilosophie die Form des Dialogs verwendet hat.*
- *Schreiben Sie einen Dialog zwischen Ihnen bekannten Philosophen aus verschiedenen Ländern und Zeiten.*
- *Schreiben Sie einen Dialog zwischen Vertretern bestimmter philosophischer Theorien.*
- *Schreiben Sie dazu eine Rahmenerzählung, in welcher die Situation, die Teilnehmer und das Ziel des jeweiligen Dialogs mitgeteilt werden.*

Brief

Geeignet für den Philosophie- und Ethikunterricht sind auch Briefe, die ebenfalls subjektiv und kommunikativ verfasst sind. Sie stellen eine schriftliche Form des Dialogs dar, enthalten jedoch eine komplexere Kommunikationsstruktur.[24] Der Brief vermittelt real oder fiktiv zwischen konkreten Personen und hat daher einen direkten Adressaten. Doch setzt er eine räumliche *Distanz* voraus, die er in seiner materialen Gestalt als Medium überbrückt. Im Unterschied zum Dialog findet die Kommunikation daher nicht mehr gleichzeitig statt; die *Phasenverschiebung* verbietet eine spontane Reaktion, hat jedoch auch den gewünschten Vorteil der Verlangsamung, die eine überlegte Reflexion ermöglicht. So erlaubt der Brief intersubjektive Nähe und reflexiven Abstand zugleich.

Briefe können *informierende*, *appellierende* und *manifestierende* Funktionen erfüllen. So kann man die Schüler Briefe schreiben lassen, in denen sie einen Freund oder eine Freundin über den Inhalt einer philosophischen Lektüre informieren. Allein durch die Briefform wird die Darstellung persönlicher, lebendiger und sprachlich ungezwungener; sie erfordert die Anstrengung, jemandem

24 Reinhard M. G. Nickisch, *Brief*, Stuttgart 1991.

Texte zum Brief

Platon: (Die unter Platons Namen überlieferten Briefe.) In: Sämtliche Werke. Übers. v. Friedrich Schleiermacher. Reinbek bei Hamburg: Rowohlt 1957. Band 1. S. 285–300.
Epikur: Briefe, Sprüche, Werkfragmente. Hrsg. v. Hans-Wolfgang Krautz. Stuttgart: Reclam 1980.
Lucilius Annaeus Seneca: An Lucilius Briefe über Ethik. Hrsg. v. Manfred Rosenbach. 2 Bde. Darmstadt: Wissenschaftliche Buchgesellschaft 1980–1984.
Johann Gottfried Herder: Briefe der Humanität. Hrsg. v. Heinz Winfried Sabais. Frankfurt/M.: Siegel 1947.
Condorcets Ratschläge an seine Tochter. Übers. v. Dieter Thomä. In: Zeitschrift für Didaktik der Philosophie und Ethik. Heft 1. 1995. S. 54–58.
Martin Heidegger: Über den Humanismus. Frankfurt/M.: Klostermann [9]1991.
François Lyotard: Postmoderne für Kinder: Briefe aus den Jahren 1982–1985. Übers. v. Dorothea Schmidt. Wien: Passagen 1987.
Nora K. und Vittorio Hösle: Das Café der toten Philosophen. Ein philosophischer Briefwechsel für Kinder und Erwachsene. München: Beck 1997.

etwas klar zu machen.[25] Die Übersetzung der Vorlage in die briefliche Mitteilung stellt eine beachtliche Transferleistung dar. Diese Art Mitteilung ist auch als Briefwechsel zwischen einzelnen Partner oder ganzen Klassen möglich.

Im Anschluss an Seneca und Condorcet möchte ich auch auf die *appellierende* Funktion des Briefes aufmerksam machen. Senecas »Briefe an Lucilius« (62–65) stellen keine äußerliche Einkleidung einer ethischen Theorie dar, sondern verstehen sich als Bestandteil einer philosophischen Lebenskunst. Die Briefe haben die Aufgabe, dem Adressaten praktische Empfehlungen oder Vorschriften für ein gutes Leben zu übermitteln. Die moralischen Einsichten sollen in die alltägliche Lebensführung eingehen:

> Worte bestätige durch Tatsachen. […] handeln lehrt die Philosophie, nicht reden, darauf dringt sie, daß nach seinem eigenen Gesetz ein jeder lebe, damit nicht zur Rede das Leben in Widerspruch stehe.[26]

25 Vgl. Engels, »Man muss es ihnen zutrauen!«, a. a. O. (Anm. 16) S. 108 f.; zum »Brief« im Internet vgl. Mike Sandbothe, »Pragmatische Medienkompetenz. Überlegungen zur pädagogischen Einbettung internetbasierter Schreibprozesse«, in: *Zeitschrift für Didaktik der Philosophie und Ethik*, 24. Jg. (2002), Heft 2, S. 152–156.

26 Seneca, *An Lucilius Briefe über Ethik*, 2. Bde. hg. v. Manfred Rosenbach, Darmstadt 1980–1984, Brief 20,1 f.; vgl. Dieter Teichert, »Der Philosoph als Briefschreiber. Zur Bedeutung der literari-

Auf ähnliche Weise erteilt Condorcet »Ratschläge an seine Tochter« (1794). Der appellierende Charakter kommt in einer Reihe sanfter Imperative zum Ausdruck, in denen er im Geiste der Aufklärung zu Glück und Tugend auffordert. Aus einem philosophischen Lehrsatz zieht er direkt praktische Konsequenzen:

> *Das Glück ist ein Gut, erworben von der Natur,*
> Hier auf Erden erntet man es nicht ohne Kultur.
> [...] ob dich die Natur nun benachteiligt oder begünstigt hat, vergiß niemals, daß die Freude an der Betätigung dein Ziel sein muß.[27]

Selbstverständlich sind diese Hinweise nicht als Anleitung zum Moralisieren misszuverstehen. Vielmehr geht es um die Verbindung von philosophischem Wissen und Lebenspraxis, die in Briefen auf besondere Weise thematisiert werden kann. Implizit stellt diese literarische Form die inhaltliche Frage: Was folgt *für mich* aus dieser Theorie? Was soll *ich* tun? Und sofern man sich in die Lage einer anderen Person versetzt: Wozu kann ich *einem anderen* raten? Wenn Schüler in diesem Sinne selber schreiben, ist die Briefform das geeignete Medium.

Dabei lässt sich der Adressat variieren: Was rate ich meiner Freundin oder meinem Freund? Wozu fordere ich Eltern oder Lehrer auf? Welche (ungefragten) Ratschläge gebe ich Politikern? Dieselbe Theorie führt unter Umständen zu verschiedenen Schlussfolgerungen. In diesem Kontext können auch »reale« Briefe geschrieben werden.

Die Lese- und Schreibaufgaben lauten also:

- *Erläutern Sie einen philosophischen Brief, z. B. von Epikur oder Seneca; untersuchen Sie dabei die Funktion der Briefform in diesen Texten.*
- *Schreiben Sie einen Brief, in dem Sie einer bestimmten Person ihre philosophischen Gedanken klar zu machen versuchen.*
- *Wechseln Sie (oder die ganze Klasse) mit einem Partner (mit einer anderen Klasse) Briefe über ein philosophisches Thema.*
- *Schreiben Sie einen Brief, in dem Sie einer Person aus philosophischer Sicht einen praktischen Ratschlag erteilen.*
- *Verändern Sie mit demselben Ratschlag den Adressaten Ihres Briefes.*

schen Form von Senecas Briefen an Lucilius«, in: Gabriel/Schildknecht (Hg.): *Literarische Formen der Philosophie*, a. a. O. (Anm. 3) S. 62–72.

27 Condorcets Ratschläge an seine Tochter, übers. v. Dieter Thomä, in: *Zeitschrift für Didaktik der Philosophie und Ethik*, 17. Jg. (1995), Heft 1, S. 55.

Autobiographie

Die literarische Form der Autobiographie ist verwandt mit dem philosophischen Tagebuch,[28] doch wird die Bildungsgeschichte jetzt in einer *Erzählung* zusammenhängend und selbstdeutend dargestellt. Die Reflexion auf das eigene Ich erhält eine narrative Struktur, das Ich eine *narrative Identität*.[29] In der Autobiographie erzählt ein philosophischer Autor, wie er persönlich zu seiner eigenen Philosophie gelangt ist. Dabei erfährt man nicht nur etwas über die jeweiligen Lebensumstände, sondern auch über die Hintergründe und Motive der theoretischen Arbeit. Wenn deutlich wird, von welchen Denkgewohnheiten sich ein Autor zu befreien versucht und an welche alternativen Traditionen er anknüpfen will, wird die Problemlage leichter nachvollziehbar. Außerdem kann man sich mit dem Autor eines autobiographischen Textes identifizieren.

Texte zur Autobiographie

Aurelius Augustinus: Bekenntnisse. Hrsg. v. Georg Kubis. Leipzig: Benno 1984.
René Descartes: Von der Methode. Hrsg. v. Lüder Gäbe. Hamburg: Meiner 1969.
Jean-Jacques Rousseau: Bekenntnisse. Hrsg. v. Ernst Hardt. Frankfurt/M.: Insel 1959.
Søren Kierkegaard: Stadien auf des Lebens Weg. Gesammelte Werke. Abt. 15. Düsseldorf/Köln: Eugen Diederichs 1985.
Jean-Paul Sartre: Die Wörter. Reinbek bei Hamburg: Rowohlt 1965.
Paul Feyerabend: Zeitverschwendung. Frankfurt/M.: Suhrkamp 1995.

Die »Bekenntnisse« (397–401) von Augustinus beginnen so persönlich und emotional, dass sie Schüler unmittelbar ansprechen:

> Gott, mein Gott, was habe ich Jammers da erfahren und Irrgegaukel! Ja mir, dem Knaben, stellte man's als Lebensregel auf, denen zu gehorchen, die mich

28 Urs Thurnherr, »Die Pose der Heteronomie oder Ethik der Lernenden«, in: *Zeitschrift für Didaktik der Philosophie und Ethik*, 21. Jg. (1999), Heft 2, S. 110–115; Martina Dege, »Montaignes ›Essais‹ – der Versuch, schreibend die Balance zu halten«, in: Ebd., S. 125; dies., »Der Weg ist das Ziel. Von einer prozessorientierten zu einer dialogischen Schreibdidaktik«, in: *Zeitschrift für Didaktik der Philosophie und Ethik*, 24. Jg. (2002), Heft 2, S. 139; Lutz von Werder: »Philosophieren durch Schreiben. Ein Tagebuch-Projekt«, in: Ebd., S. 146–151.

29 Vgl. Paul Ricœur, *Zeit und Erzählung*, Bd. 3, übers. v. Andreas Knop, München 1991, S. 395; Richard Breun, »Die Artikulation moralischer Erfahrung. Zu den methodischen Grundlagen des Ethikunterrichts«, in: *Ethik & Unterricht*, (2003), Heft 1, S. 4–9. – Bereits bei Wilhelm Dilthey ist die Autobiographie das hermeneutische Paradigma für Selbstreflexion: *Der Aufbau der geschichtlichen Welt in den Geisteswissenschaften*, Einl. v. Manfred Riedel, Frankfurt/M. 1970, S. 157 ff.

> antrieben, ich müsse zu Ruhm gelangen in der Welt, mich hervortun in den Künsten des üppigen Wortes, in denen, die zu Ehren bei den Menschen und zu trüglichem Reichtum verhelfen. So gab man mich zur Schule, damit ich lesen und schreiben lernte, wovon ich Armer nicht einsah, was das nützen sollte, und bekam doch, wenn ich lässig war im Lernen, meine Schläge.[30]

Was bei Augustinus aus der rückblickenden Perspektive der religiösen Bekehrung formuliert wird, kann auch heute im Zeichen von PISA durchaus Aktualität beanspruchen. Alle Schülerinnen und Schüler fragen sich, wozu sie Schreiben und Lesen lernen, welche Lebensziele sie damit verbinden, die nicht mit den Lehrern identisch sein müssen.

Derartige autobiographische Texte können auch im Philosophie- und Ethikunterricht geschrieben werden:
Schreiben Sie auf, welche Fächer, Themen und Lernerfahrungen Ihnen wichtig waren oder wichtig sind.

Ein weiteres Beispiel ist »Von der Methode« (1637) von René Descartes, worin die autobiographischen Passagen eher versteckt sind.[31] Descartes will seine neue Methode nicht lehren, sondern nur berichten, wie er selber seinen Verstand zu leiten versucht habe. Er versteht seine Schrift daher als »Bericht« oder »Fabel«.[32] Darin erzählt er die Geschichte seiner philosophischen Erkenntnis: wie er sich vom scholastischen Denken gelöst und seine eigenen Prinzipien gefunden hat.

> Von Kindheit an habe ich wissenschaftliche Bildung genossen, und da man mir einredete, daß man sich mit Hilfe der Wissenschaften eine klare und gesicherte Kenntnis alles für das Leben Nützlichen aneignen könne, so wünschte ich sehnlich, sie zu erlernen. Doch sobald ich den ganzen Studiengang durchlaufen hatte, an dessen Ende man für gewöhnlich unter die Gelehrten aufgenommen wird, änderte ich völlig meine Meinung. Denn ich fand mich verstrickt in soviel Zweifel und Irrtümer, daß es mir schien, als

30 Aurelius Augustinus, *Bekenntnisse*, hg. v. Georg Kubis, Leipzig 1984, S. 19.

31 René Descartes, *Von der Methode*, hg. v. Lüder Gäbe, Hamburg 1969, S. 9; Christiane Schildknecht, »Erleuchtung und Tarnung. Überlegungen zur literarischen Form bei René Descartes«, in: Gabriel/Schildknecht (Hg.), *Literarische Formen der Philosophie*, a. a. O. (Anm. 3), S. 92–120; vgl. auch Matthias Tichy, »Monsieur Descartes' Geplauder aus der Schule. Die ›Abhandlung über die Methode‹ als Unterrichtsthema«, in: *Zeitschrift für Didaktik der Philosophie und Ethik*, 10. Jg. (1988), Heft 3, S. 177–182.

32 René Descartes, *Von der Methode*, a. a. O. (Anm. 31), S. 7.

> hätte ich aus dem Bemühen, mich zu unterrichten, keinen anderen Nutzen gezogen, als mehr und mehr meine Unwissenheit zu entdecken.[33]

Trotz der Wendung zu einer weltlichen Autobiographie fällt die Ähnlichkeit mit Augustinus auf. Vom Standpunkt der späteren Einsicht stellt sich der Anfang der eigenen Bildungsgeschichte als Irrweg dar. Dabei verschweigt Descartes, was er dieser Ausbildung in Wahrheit zu verdanken hat. Nachträglich inszeniert er eine Situation, in der die eigene Entdeckung als autonome Erleuchtung erscheint:

> Ich befand mich damals in Deutschland, wohin mich der Krieg, der dort noch nicht beendet ist, gerufen hat. … Wo ich …, ohne von Sorgen oder Leidenschaften geplagt zu sein, den ganzen Tag allein in einer warmen Stube eingeschlossen blieb und hier alle Muße fand, mich mit meinen Gedanken zu unterhalten.[34]

Die literarische Form der Autobiographie und die konkrete Erzählung bilden Descartes' philosophisches Prinzip der Erkenntnis genau ab: Der Mensch ist von äußeren Einflüssen unabhängig und ganz auf sich allein gestellt. Er besinnt sich auf das eigene »Ich denke«. Stellvertretend entspricht Descartes' Dialog mit sich selbst der Selbstreflexion des modernen Subjekts.

Im *Unterricht* bieten autobiographische Texte die Gelegenheit, den eigenen Bildungsgang zu reflektieren. Der Lernprozess wird mit der eigenen Lebensgeschichte verknüpft. Das gilt auch für die philosophische Erkenntnis, die mit eigenen Interessen und Erfahrungen verbunden wird.

Folgende Aufgaben können im Anschluss an die Lektüre gestellt werden:

- *Untersuchen Sie die autobiographischen Passagen bei Augustinus und Descartes. Warum wählen diese Autoren die literarische Form der Autobiographie?*
- *Schreiben Sie die Geschichte einer theoretischen Erkenntnis: Unter welchen Umständen habe ich etwas verstanden oder entdeckt? Wie bin ich auf eine Idee gekommen? Was haben mir diese Einsichten gebracht?*
- *Schreiben Sie die Geschichte einer praktischen Erkenntnis: Unter welchen Umständen habe ich eine moralische Erfahrung gemacht? Was habe ich dabei erlebt? Wie bin ich zu bestimmten ethischen Unterscheidungen gelangt?*[35]

33 Ebd., S. 7, S. 9.

34 Ebd., S. 19, S. 27. – Vgl. die poetische Verarbeitung dieser Szene bei Durs Grünbein, *Vom Schnee oder Descartes in Deutschland*, Frankfurt/M. 2004.

Derartige[35] Reflexionen können auch bei der Beurteilung des selbst geschriebenen Lebenslaufs oder bei einer schriftlichen Bewerbung helfen, die ja von den Schülern beim Schulabschluss verfasst werden müssen.

Nach Augustinus und Descartes stellen sich Fragen wie: Wie beschreibe ich mein bisheriges Leben oder meinen bisherigen Bildungsgang aus heutiger Sicht? Welche Geschichtsklitterungen entstehen dabei? Welche Legenden werden gebildet? Hier geht es weniger um den moralischen Appell, doch möglichst »ehrlich« zu schreiben, als vielmehr um die Einsicht, dass nachträgliche Selbstdeutungen unvermeidbar, ja sogar notwendig sind. Es kommt nur darauf an, sie als solche bewusst zu machen.

Erzählung

Die Autobiographie ist bereits mehr oder weniger implizite Erzählung; häufig bilden auch Reisen einen wichtigen Teil der Bildungsgeschichte. Darüber hinaus finden sich in der Geschichte der Philosophie auch ausdrückliche Erzählungen.[36] Hier erinnere ich an meine anfängliche Unterscheidung zwischen solchen Erzählungen, die eine fertige philosophische Theorie nur veranschaulichen, und solchen Erzählungen, in denen ein philosophischer Gedanke überhaupt erst entsteht. Im Zusammenhang unseres Themas »Literarische Formen des Philosophierens« geht es allein um die zweite Art: um das Philosophieren im Medium des Erzählens.

An dieser Stelle scheiden sich die didaktischen Geister. Auch in der Didaktik der Philosophie und Ethik wurde bisher zwischen Argumentieren und Erzählen strikt getrennt.[37] Stattdessen schlage ich vor, die *argumentative Funktion des Erzählens* ins Auge zu fassen, zu prüfen und didaktisch zu nutzen. Meine Absicht ist es dabei, den Anspruch philosophischer Argumentation nicht zu negieren, sondern zu erweitern. Dahinter liegt die Überlegung, dass auch erklärende Texte Momente des Erzählens enthalten, wie umgekehrt auch Erzählungen etwas erklären können. Erzählungen bilden *narrative Argumente*.[38] Dies bedeutet, dass

35 Hier besteht eine Nähe zu konstruktivistischen Verfahren. Vgl. Thomas Rentsch, »Einführung in den Konstruktivismus – Proto-Ethik und didaktische Transformation«, in: Johannes Rohbeck (Hg.), *Didaktische Transformationen*, Dresden 2003, S. 139–149.

36 Matias Martinez/Michael Scheffel, *Einführung in die Erzähltheorie*, München 1999.

37 Vgl. Tichy, »Monsieur Descartes' Geplauder aus der Schule«, a. a. O. (Anm. 31), S. 177 ff.; Engels, »Literarisches Philosophieren«, a. a. O. (Anm. 16) S. 16; Susanne Nordhofen, *Literatur und symbolische Form. Der Beitrag der Cassirer-Tradition zur ästhetischen Erziehung und Literaturdidaktik*, Hannover 2003, S. 147 ff., S. 186.

38 Vgl. Ricœur, *Zeit und Erzählung*, a. a. O. (Anm. 29), Bd. III, S. 395.

Schüler auch durch eigene Erzählungen bestimmte Theorien der Philosophie bestätigen oder widerlegen können.

Texte zur Erzählung

Voltaire: Erzählungen, Dialoge, Streitschriften. Hrsg. v. Martin Fontius. 3 Bde. Berlin: Rütten & Loening 1981.
Voltaire: Candid [sic] oder Die Beste der Welten. Übers. v. Ernst Sander. Stuttgart: Reclam 1971.
Denis Diderot: Erzählungen und Gespräche. Hrsg. v. Victor Klemperer. Leipzig: Dietrich 1953.
Lyotard, Jean-François: Das postmoderne Wissen. Ein Bericht. Hrsg. v. Peter Engelmann. Wien: Passagen 1986.

In der Erzählung »Candid oder Die Beste der Welten« (1759) erzählt Voltaire von Candid (im Original: Candide), der während des dreißigjährigen Kriegs in Deutschland auf einem adligen Schloss erzogen worden ist. Vom Hauslehrer Pangloß lernt Candid, dass er in der »besten aller möglichen Welten« lebe, dass alles einen »Grund« habe und »zu einem Zweck« geschaffen worden sei.[39] Voltaire verspottet diese Philosophie, mit der er auf Gottfried Wilhelm Leibniz (1646–1716) und dessen Nachfolger Christian Wolff (1679–1754) anspielt: »Seht eure Nasen an: sie wurden gemacht, damit ihr Brillen tragen könnt; folglich gibt es Brillen.« Bereits diese Satire stellt einen kritischen Einwand gegen die Theorie dar, dass die ganze Natur dem menschlichen Wohlergehen zu dienen habe. Doch Voltaires entscheidendes Argument besteht in der folgenden Erzählung darüber, wie Candid vom Schloss verjagt wird, in die Hände von Söldnern gerät und seine Erfahrungen mit den Schrecken des Krieges macht.

> Zuerst rissen die Kanonen auf jeder Seite gegen sechstausend Mann nieder; dann säuberte das Musketenfeuer die beste aller möglichen Welten von neun- bis zehntausend Schurken, die ihre Oberfläche vergifteten. Und auch das Bajonett war ein zureichender Grund, daß einige tausend Menschen umkamen. Im Ganzen mochten es and die dreißigtausend gewesen sein. Candid zitterte wie ein Philosoph.[40]

Im weiteren Verlauf der Erzählung reist Candid nach Lissabon und erlebt dort ein furchtbares Erdbeben – eine Anspielung auf das Erdbeben von Lissabon (1755), das damals den Glauben an eine göttliche »Vorsehung« erschütterte und

39 Voltaire, *Candid oder Die Beste der Welten*, übers. v. Ernst Sander, Stuttgart 1971, S. 4.
40 Ebd. S. 8.

den Anlass für diese Geschichte bildete.[41] Voltaire will diesen philosophischen Glauben ad absurdum führen, indem er dessen Denkmotive ironisch wiederholt und mit der »Wirklichkeit« konfrontiert. Während die theologische Philosophie eine vollkommene Welt verkündet, besteht sowohl die natürliche als auch die menschliche Welt nur aus Katastrophen.

Wie auch immer man Voltaires Einwände beurteilen mag, die ja wiederum in einer fiktiven Realität bestehen, auf jeden Fall handelt es sich um Argumente, die folgende Struktur aufweisen: Eine spekulative Behauptung soll mit dem Hinweis auf die Erfahrung widerlegt werden – und diese Erfahrung lässt sich wiederum nur erzählen. Die Erzählung fungiert als Gegenargument.

Orientiert man sich im Unterricht an diesem Muster lassen sich philosophische Thesen formulieren, zu denen dann eine narrative Stellungnahme zu schreiben ist.

- *Erzählen Sie eine Geschichte, in der Sie eine philosophische These bestätigen oder widerlegen:*
  »Alle Menschen streben nach dem guten Leben.«
  »Der Mensch ist von Natur aus gut.«
  »Es gibt einen Fortschritt in der Geschichte.«
- *Erzählen Sie eine Geschichte, in der Kants »kategorischer Imperativ« bestätigt oder widerlegt wird.*
- *Erzählen Sie eine Geschichte, in der Mills Grundsatz vom »größten Glück der größten Zahl« bestätigt oder widerlegt wird.*

Eine andere Variante philosophischer Erzählungen bietet Voltaires Zeitgenosse Diderot in »d'Alemberts Traum« (1769). Darin zieht d'Alembert, befreundeter Mathematiker und Philosoph, im fiktiven Fiebertraum sein rationales System in Zweifel und gelangt zu neuen Erkenntnissen. Im Wahnbild wirft er das alte mechanische Weltbild über den Haufen und nähert sich dem Begriff organischer Materie:

> Haben Sie schon einmal Bienen aus ihrem Stock schwärmen sehen? … Die Welt oder die Gesamtmasse der Materie, das ist der Stock … Haben Sie gesehen, wie sie am Ende eines Zweiges eine lange Traube kleiner beflügelter Tierchen bildeten, wobei sie ihren Füßchen ineinanderhingen? … Diese Traube ist ein Wesen, ein Individuum, irgendein Tier … .[42]

41 Ebd. S. 14f.

42 Denis Diderot, *Erzählungen und Gespräche*, hg. v. Victor Klemperer, Leipzig 1953, S. 377.

Wie dieses Beispiel einer selbstkritischen Aufklärung demonstriert, dient die Erzählung der *Kritik* an einer überholten Theorie. Sie erlaubt in experimenteller Form auszusprechen, was im philosophischen Kontext noch nicht denkbar erscheint. Der Erzähler spielt die Rolle des Vordenkers.

Übertragen in die Situation des Philosophie- und Ethikunterrichts könnte die entsprechende Schreibaufgabe z. B. lauten:
Stellen Sie sich vor, Kant habe einen Fiebertraum, während dessen ihm sein Prinzip des »guten Willens« durch den Kopf geht. Erzählen Sie eine solche Geschichte.

Erzählte Philosophie

Systematische Abhandlungen enthalten häufig narrative Strukturen, die nicht immer offen zutage liegen und erst noch zu entdecken sind. Hinter dieser These verbirgt sich die Überlegung, dass auch erklärende Texte Momente des Erzählens enthalten, wie umgekehrt auch Erzählungen etwas erklären können. Wer z. B. *erklären* will, warum sein Auto kaputt gegangen ist, *erzählt* die Geschichte dieser Panne. In diesem Zusammenhang liegt der tiefere Grund *narrativer Argumente.*[43] Wie der hermeneutische Gegensatz zwischen »Erklären« und »Verstehen« inzwischen überbrückt ist, so werden nun auch die Grenzen zwischen »Argumentieren« und »Erzählen« fließend. Dadurch wird der Geltungsanspruch philosophischer Aussagen nicht etwa bezweifelt; es soll nur deutlicher werden, in welchen Kontexten bestimmte Argumente überhaupt zur Geltung kommen.

Diese Frage hat für die Didaktik der Philosophie und Ethik bestimmte Konsequenzen. Denn die Lehrer haben ja nicht nur darauf zu achten, unter welchen konkreten Bedingungen und in welcher Situation ein Argument von Schülern eingesehen werden kann. Mit Hilfe des von mir vorgeschlagenen narrativen Verfahrens können darüber hinaus auch neue schülerorientierte Zugänge zu schwer verständlichen Argumenten gewonnen werden. Das werde ich an zwei Beispielen zu demonstrieren versuchen.

Narratives Argumentieren

Das erste Beispiel stammt aus der politischen Philosophie. Kaum eine philosophische Theorie tritt mit einer derart rationalen Geste auf wie das Werk von Thomas Hobbes. Metaphysik, Anthropologie und Staatstheorie bauen

43 Vgl. Ricœur, *Zeit und Erzählung*, a. a. O. (Anm. 29), Bd. I., S. 214 ff.

systematisch aufeinander auf; das geschlossene Gedankengebäude ist nach dem methodischen Leitbild der Mathematik konstruiert. Gleichwohl verbirgt sich im »Leviathan« (1651) eine Erzählung. Die Theorie des Gesellschaftsvertrags enthält eine verstecktes narratives Argument, indem der Übergang vom kriegerischen »Naturzustand« zum friedlichen Zustand des Staates wie eine historische Ereignisfolge *erzählt* wird: *Nachdem* die Menschen im Kriegszustand schlechte Erfahrungen gemacht haben, schließen sie *anschließend* Verträge ab, um *in Zukunft* sicher zu leben.[44]

In Prüfungen von Schülern und Studenten habe ich die Erfahrung gemacht, dass die schwächeren Kandidaten diese Geschichte tatsächlich *erzählen*, als ob sie dabei gewesen wären: *Früher* herrschte dauernder Krieg; *dann* kamen die Menschen auf die Idee, Verträge zu schließen usw. Für den Prüfer ist das ein Anlass zur Aufforderung, das Ganze als einen Argumentationszusammenhang wiederzugeben: Hobbes *setzt* einen kriegerischen Gesellschaftszustand *voraus*, um die Notwendigkeit eines starken Staates zu *begründen*.

Doch unter dem Aspekt *narrativer Argumentation* liegt es nahe, weniger rigoros zu verfahren und die Erzählung erst einmal zuzulassen. Fachlich spricht dafür die Beobachtung, dass im Hobbes'schen Text tatsächlich eine narrative Struktur vorliegt. Didaktisch ist dies geboten, weil die anfängliche Erzählung den Einstieg in die Theorie erleichtert. Wenn die Geschichtserzählung erst einmal verstanden ist, kann anschließend geklärt werden, welche argumentative Funktion diese Erzählung erfüllt. Erzählung und Argument schließen sich nicht mehr gegenseitig aus, sondern bauen aufeinander auf. Diese Stufenfolge wird sowohl der Sache der Philosophie als auch dem Lernprozess der Schüler gerecht.

Die narrative Struktur eines moralischen Dilemmas

Das zweite Beispiel bezieht sich auf das ethische Urteil im Unterricht. Es ist ja nur zu begrüßen, wenn der Schwerpunkt des Ethikunterrichts nicht auf der bloßen Werteerziehung, sondern auf dem *moralischen Argumentieren* liegt.[45] Doch wie »rein« lässt sich ein moralisches Argument wirklich fassen? Das Problem beginnt bereits mit dem *moralischen Dilemma*, das bekanntlich den Ausgangspunkt bei der Erarbeitung eines ethischen Urteils bildet. Ein solches Dilemma besteht in einer *Erzählung*. Das ist nur konsequent, wenn ein konkreter Fall zu präsentieren ist, der sich nun einmal nicht anders als erzählend darstellen lässt.

44 Thomas Hobbes, *Leviathan*, Stuttgart 1970.

45 Volker Pfeifer, *Didaktik des Ethikunterrichts. Wie lässt sich Moral lehren und lernen?*, Stuttgart 2003, S. 139ff.

Und indem dieses Dilemma den Konflikt zwischen zwei moralischen Normen präsentiert, besitzt es eine ganz bestimmte *narrative Struktur*.

Nun hat Hegel auf die Urform eines jeden moralischen Dilemmas aufmerksam gemacht: auf die griechische Tragödie am Beispiel der »Antigone« von Sophokles.[46] Der Konflikt von Antigone besteht ja darin, einerseits den eigenen Bruder zu begraben, andererseits die staatlichen Gesetze zu achten. Beide Standpunkte der Familie und des Staates haben ihre normative Berechtigung. Dieser Konflikt ergibt sich also nicht aufgrund zufälliger Umstände, sondern ist unausweichlich und in diesem Sinn notwendig und vernünftig. Die dramatische Dichtung liefert das elementare Modell für die philosophische Ethik.

Kehrt man diesen Entstehungszusammenhang um, hat das moralische Dilemma eine literarische Form. Der darin dargestellte Konflikt ist ein narratives Konstrukt – gleichgültig, ob es sich nun um eine »erfundene« oder »wirkliche« Geschichte handelt.

Dieser historische und systematische Zusammenhang ist auch für den Ethikunterricht von Bedeutung, wenn es darum geht, eine Dilemmageschichte möglichst genau zu analysieren. Nicht nur für jüngere Schüler ist das Erzählen und Nacherzählen unverzichtbar. Denn nur im Nachvollzug des Erzählten kann die in Frage stehende Situation genau erfasst werden. Wenn gefordert wird, von der Beschreibung der Geschehenen auszugehen, dann steht die Erzählung für diesen Teil der Situationsanalyse.

Doch ist es eine positivistische Illusion zu glauben, in dieser ersten Phase werde eine Situation nur sachlich und neutral beschrieben. Vielmehr handelt es sich bei einem Dilemma um den Ausschnitt einer konkreten Lebensgeschichte. Eine solche biographisch und emotional aufgeladene Situation ist nicht nur eine deskriptive, sondern auch eine hermeneutische Aufgabe. Nimmt man das Dilemma als Erzählung ernst, kann diese Hermeneutik der Situation besser geleistet werden.

Außerdem vermischen sich bereits in der so genannten Situationsanalyse Faktisches und Normatives. Die Erfahrung zeigt, dass Schüler in die Beschreibung der Situation bereits normative Wertungen hineinlegen. Es ist daher problematisch, in einem Stufenmodell Tatsachen und Normen getrennt und nacheinander abhandeln zu wollen. Geht man hingegen vom narrativen Charakter eines Dilemmas aus, kann man diesen Zusammenhang berücksichtigen. Eine Erzählung zeichnet sich ja gerade dadurch aus, dass sie eine Situation nicht nur beschreibt, sondern zugleich normativ bewertet. Mit einer derartigen Deutung ist die Voraussetzung dafür geschaffen, die impliziten Normen freizulegen.

46 Georg Wilhelm Friedrich Hegel, »Phänomenologie des Geistes«, in: Ders., *Werke in 20 Bänden*, Bd. 3., hg. v. Eva Moldenhauer/Karl Markus Michel, Frankfurt/M. 1969, S. 383 ff., S. 417 ff.; ders., »Grundlinien der Philosophie des Rechts«, in: Ebd., §§ 118, S. 166; vgl. Matthias Tichy, *Die Vielfalt des ethischen Urteils*, Bad Heilbrunn 1998, S. 235 ff.

Rhetorik und Philosophiedidaktik

Das Thema Rhetorik hat Konjunktur. Universitäten, Schulen und andere Bildungseinrichtungen richten Kurse in Rhetorik ein; Unternehmen schulen ihre Mitarbeiter im Reden (und Überreden); es entstehen »Debattier«-Clubs, in denen man sich in der Redekunst üben kann; Redaktionen veranstalten rhetorische Wettbewerbe. Viele Ratgeber halten Muster-Reden für jeden Anlass bereit.[1] Im Internet gibt es zahllose Seiten, auf denen praktische Tipps gegeben werden. Nicht zuletzt häuft sich die wissenschaftliche Literatur zum Thema Rhetorik.[2] Für diese *Wiederkehr der Rhetorik* gibt es eine Reihe von Gründen.

Die neu entdeckte Rhetorik steht in einem Zusammenhang mit den neuen Medien. Wenn sich die technischen Möglichkeiten der bildlichen Darstellung erweitern, tritt die Präsentation in den Vordergrund. Von diesem Sog wird der Vortragende selbst erfasst. Er ist gezwungen, sich dem medialen Standard durch sein eigenes Erscheinungsbild anzupassen, etwa durch freies Sprechen und lebendiges Auftreten. Rhetorik steht hier für *Präsentationstechnik*.

Eine solche Selbstdarstellung kann natürlich Spaß machen. Aber häufig verbergen sich hinter der strahlenden Fassade soziale Zwänge. Auf dem Weltmarkt wird die Fähigkeit, eigene Produkte und Dienstleistungen zu verkaufen, eine Frage des wirtschaftlichen Überlebens. Für die Arbeitsuchenden wird es immer schwerer, sich selbst »zu verkaufen«. Daher entsteht für die Auszubildenden und Studierenden der Druck, sich möglichst effektiv zu präsentieren. Hier dient die Rhetorik der *Interessenvertretung*.

Darüber hinaus spielt die Vertretung legitimer Positionen in der Politik

1 Eine Auswahl: Karl H. Anton, *Mit List und Tücke argumentieren*, Wiesbaden 2000; Peter Ebeling, *Rhetorik – der Weg zum Erfolg*, Baden-Baden 2001; Albrecht Behmel u. a., *Rhetorik. Know-how für erfolgreiches Studieren*, Berlin 2002; Vera F. Birkenbihl, *Rede-Training für jeden Anlass*, Kreuzlingen 2002; Herbert Grenzmer, *Schnellkurs Rhetorik*, Köln 2003; Gudrun Fey, *Reden macht Leute*, München 2003; Cornelia Dietrich, *Rhetorik. Die Kunst zu überzeugen und sich durchzusetzen*, Kronberg 2003; Kurt Haberkorn, *88 Tipps für erfolgreiche Redner*, Renningen 2003; Ingrid Antengruber/Werner Tusche, *Reden und Überzeugen. Rhetorik im Alltag*, Wien 2004; Peter Flume, *Karrierefaktor Rhetorik*, Freiburg 2004; Göran Hägg, *Überreden, Überzeugen, Gewinnen*, München 2004; Peter Heigl, *30 Minuten für gute Rhetorik*, Offenbach 2005.

2 Karl-Heinz Göttert, *Einführung in die Rhetorik*, München 1998; Helmut Vetter/Heinrich Richard, *Die Wiederkehr der Rhetorik*, Berlin 1999; Jörg Villwock, *Rhetorik*, Hamburg 2000; Heinrich F. Plett, *Systematische Rhetorik*, München 2000; Joachim Knape, *Allgemeine Rhetorik*, Stuttgart 2000.

eine zunehmende Rolle. In einer pluralistischen Gesellschaft ist das Problem vielfältiger Meinungen und Wertungen nur friedlich zu lösen, wenn die unvermeidbaren Konflikte durch rationale Verständigung entschärft werden. Hinzu kommen die technologisch erweiterten Handlungsräume, die neue ethische Maßstäbe erfordern. Die sich so multiplizierenden Optionen verlangen nach einer permanenten Rechtfertigung, die nur argumentativ geleistet werden kann.[3] Die Rhetorik als *Argumentationskunst* gehört in einer Demokratie zur *praktischen Vernunft.*

Schließlich ist die Philosophie von der Rhetorik erfasst worden.[4] Auf den *linguistic turn* folgt der *rhetorical turn*. Dahinter steht die Kritik an überzogenen Geltungsansprüchen, die in formallogisch-szientistischen Philosophien erhoben wurden. Damit kommen rhetorischen Formen in den Blick, die dem philosophischen Gedanken keineswegs äußerlich bleiben, sondern den Inhalt des Gedachten maßgeblich prägen. Auch wenn man die postmodernen Vorbehalte nicht teilt, dass sich die Philosophie in Rhetorik auflöse, kann man sich der Erkenntnis nicht verschließen, dass sich die Überzeugungskraft von Argumenten der Art und Weise der Darstellung verdankt. Außerdem kommt durch die Rhetorik in den Blick, dass Argumente nicht nur einen Sachverhalt begründen, sondern zugleich bestimmte Gesprächspartner überzeugen sollen. So steht die Rhetorik für die ästhetische und kommunikative *Pragmatik* des Überzeugens.

Für die *Didaktik der Philosophie und Ethik* hat die skizzierte Problemlage erhebliche Konsequenzen. Denn die genannten Felder ergeben ein zwiespältiges Bild, das sich folgendermaßen zuspitzen lässt:

Auf der einen Seite gilt die Rhetorik als ein Instrument, das dazu dient, persönliche, wirtschaftliche und politische Interessen durchzusetzen. Entscheidend ist der Erfolg, für den man geeignete Mittel anwendet. Den Gesprächspartner behandelt man als »Gegner«, den es zu »besiegen« gilt. Das Überzeugen durch Argumente weicht dem Überreden durch rhetorische Tricks. In diesem negativen Fall muss sich die Fachdidaktik fragen, ob sie eine derartige Sozialtechnik zu fördern bereit ist. Hat der Philosophie- und Ethikunterricht die Aufgabe, die Schülerinnen und Schüler für die Konkurrenzkampf fit zu machen?

Auf der anderen Seite bedeutet Rhetorik vernünftiges Argumentieren im

3 Josef Kopperschmidt, *Argumentationstheorie zur Einführung*, Hamburg 2000, S. 23 ff.; vgl. Heinz-Albert Veraart, »Moralisches Argumentieren«, in: *Zeitschrift für Didaktik der Philosophie und Ethik*, 25. Jg. (2003), Heft 3, S. 199 f.

4 Dirk Vanderbeke, *Worüber man nicht sprechen kann – Aspekte der Undarstellbarkeit in Philosophie, Naturwissenschaft und Literatur*, Stuttgart 1995; Gottfried Gabriel, *Logik und Rhetorik der Erkenntnis*, Paderborn 1997; Peter L. Oesterreich (Hg.), *Rhetorik und Philosophie*, Tübingen 1999; Josef Kopperschmidt, *Rhetorische Anthropologie*, München 2000; Peter L. Oesterreich, *Philosophie der Rhetorik*, Bamberg 2003.

Kontext einer demokratischen Praxis. In diesem positiven Sinn kann man die Rhetorik als einen Bestandteil der praktischen Philosophie betrachten. Sie trägt der Tatsache Rechnung, dass Argumente nicht »von selbst« überzeugen, sondern der persönlichen und emotionalen Verstärkung bedürfen. Sie werden in kommunikativen Situationen mit konkreten Rednern und Zuhörern vorgetragen, die als Adressaten ernst zu nehmen sind. So sind Argumente nicht allein aus logischen Gründen »zwingend«, sie entfalten ihre Überzeugungskraft erst in bestimmten kulturellen Kontexten. Diese Bedingungen der Möglichkeit einer geglückten Argumentation sind auch im Unterricht zu berücksichtigen.

Wenn dieses Kapitel für eine *Rehabilitierung der Rhetorik* in der Philosophiedidaktik plädiert, besteht das Ziel darin, eine solche Polarisierung zu überwinden. Denn Überzeugen und Überreden schließen sich nicht gegenseitig aus. Jedes Überzeugen durch Argumente ist auch strategisch, wie jedes Überreden ohne einen argumentativen Kern nicht auskommt. Diese Einsicht gehört zur politischen Praxis im Sinne einer ethisch gerechtfertigten Interessenvertretung, die von künftigen Staatsbürgern gelernt werden soll. Ebenso hilfreich ist die pragmatische Tüchtigkeit, weil sie die Schülerinnen und Schüler auf das »wirkliche« Leben vorbereitet. Sie können lernen, legitime Interessen durchzusetzen und sich vor unfairen Praktiken zu schützen.

Didaktik der Philosophie

In der *Didaktik der Philosophie und Ethik* hat die Rhetorik bisher kaum eine Rolle gespielt.[5] Die entscheidenden Weichen wurden bereits in den Anfängen gestellt, als zwischen dialogischen und textorientierten Konzepten gestritten wurde. Ich erinnere nur kurz daran, weil mit der Entscheidung für den sokratischen Dialog die Philosophie und Rhetorik der Sophisten in Misskredit geraten sind. Für Platon galten die Sophisten als »Händler«, die ihr Wissen und Können wie Waren an die Mächtigen verkauften.[6] Die Rhetorik schien einer kommunikativen Didaktik zu widersprechen.

Platon lehnte die Rhetorik bekanntlich aus zwei Gründen ab: Erstens sei sie moralisch verwerflich, weil sie als Mittel für beliebige Zwecke und damit eben auch für schlechte Zwecke missbraucht werden könne.[7] Zweitens belehre die

5 Schon im umfangreichen »Handbuch des Philosophie-Unterrichts« (hg. v. Wulff D. Rehfus und Horst Becker, Düsseldorf 1986) kommt das Stichwort »Rhetorik« nicht vor.

6 Ekkehard Martens, *Einführung in die Didaktik der Philosophie*, Darmstadt 1983, S. 48.

7 Platon, *Gorgias* 447 a ff.; vgl. Samuel Ijsseling, *Rhetorik und Philosophie. Eine historisch-systematische Einführung*, Stuttgart Bad-Cannstatt 1988, S. 16 ff.; Peter Ptassek, *Rhetorische Rationalität – Stationen einer Verdrängungsgeschichte von der Antike bis zur Neuzeit*, München 1993.

Redekunst nicht über Recht und Unrecht, sondern »macht nur glauben«, indem sie die Menge durch Kunstgriffe überrede, statt durch vernünftige Gründe zu überzeugen.[8] Gegen diese Welt des bloßen Scheins bot Platon sein Reich des Wahren und Guten auf, das sich allein auf die vernünftige Einsicht gründete.

Diese frühe Ablehnung der Rhetorik hat die gesamte Geschichte der Philosophie geprägt. Vor allem die Philosophen der Neuzeit und Aufklärung knüpften indirekt an Platon an, indem sie die Rhetorik als störendes Ornament verwarfen.[9] Vor allem Kant kritisierte die »Rednerkunst (ars oratoria)« als eine hinterlistige »Kunst, sich der Schwächen der Menschen zu seinen Absichten zu bedienen«, die »keiner *Achtung* würdig« sei.[10] Im Neukantianismus wurde die platonische Tradition fortgeschrieben, was sich auch in der Sokratik eines Nelson und Heckmann niederschlug.[11] Das prägte schließlich auch die späteren Diskurstheorien, deren Ideal des rationalen Argumentierens dem kantischen Vorbild verpflichtet blieb.[12]

Als sich die dialogische Philosophiedidaktik sowohl auf den antiken Sokrates als auch auf die modernen Diskurstheoretiker berief, hat sie sich diesem Königsweg der Philosophiegeschichte angeschlossen. Das traf ebenso für die textorientierte Philosophiedidaktik zu, sofern die entsprechenden Schriften als Lektürekanon dienten. In jedem Fall ging es um eine nicht rhetorisch vermittelte und in diesem Sinne »reine« Vernunft: im Dialog als das rational »zwingende Argument«, bei der Textlektüre als der Nachvollzug einer vorgegebenen »logisch stringenten« Argumentation.[13] Auf diese Weise wurde der Gegensatz zwischen Philosophie und Rhetorik in die Didaktik übertragen. Die Rhetorik schien mit dem Geltungsanspruch der Philosophie und des Philosophieunterrichts unvereinbar. Sie wurde nicht nur als überflüssiges Beiwerk, sondern als Gefahrenquelle für Manipulationen missachtet.

8 Platon, *Gorgias* 455 a.

9 Francis Bacon, *Neues Organ der Wissenschaften*, Darmstadt 1971, S. 25, S. 39 f.; René Descartes, *Von der Methode*, Hamburg 1960, S. 9; Thomas Hobbes, *Leviathan*, Frankfurt/M. 1966, S. 32 ff.; Blaise Pascal, *Reflexionen über die Geometrie im Allgemeinen*, Basel 1974; vgl. S. Ijsseling, *Rhetorik und Philosophie. Eine historisch-systematische Einführung*, a. a. O. (Anm. 7.) S. 89 ff.

10 Immanuel Kant: *Kritik der Urteilskraft*, in: Ders., *Werke in 12 Bänden*, Band X, hg. v. Wilhelm Weischedel, Frankfurt/M. 1977, S. 267 (Anm. 20).

11 Leonard Nelson: »Die sokratische Methode«, in: ders., *Gesammelte Schriften*, Bd. 1, Hamburg 1970, S. 271 ff.; Gustav Heckmann, *Das sokratische Gespräch*, Hannover 1981; vgl. Gisela Raupach-Strey, *Sokratische Didaktik*, Münster 2002.

12 Paul Lorenzen, *Methodisches Denken*, Frankfurt/M. 1968; Karl-Otto Apel, *Transformationen der Philosophie. Bedeutung 2: Das Apriori der Kommunikationsgemeinschaft*, Frankfurt/M. 1973; Jürgen Habermas, *Theorie des kommunikativen Handelns*, Frankfurt/M. 1981.

13 Gisela Raupach (Hg.), Themenheft: »Das zwingende Argument«, *Zeitschrift für Didaktik der Philosophie*, 11. Jg. (1989), Heft 1; vgl. Monika Sänger (Hg.), Themenheft: »Moralisches Argumentieren«, *Zeitschrift für die Didaktik der Philosophie und Ethik*, 25. Jg. (2003) Heft 3; Wulff D. Refuhs, *Der Philosophieunterricht*, Stuttgart-Bad Cannstatt 1986, S. 121 ff.

Didaktische Potenziale der Rhetorik

Die Ironie dieser didaktischen Weichenstellung besteht darin, dass mit der Rhetorik eine gegenläufige Tradition ausgeschlossen blieb, die mit der Theorie und Praxis der Erziehung eng verbunden war. In der Schulphilosophie galt die Rhetorik als Kunst der Vermittlung. Denn ein rhetorisch geschulter Redner und Schreiber verstand es, seine Gedanken anderen Menschen nahe zu bringen. Dabei ging es um ein praktisches Können, das durch Anleitung und Übung gelehrt und erlernt werden sollte. In diesem Sinn gehörten Rhetorik und Didaktik zusammen.

Ursprünglich bildeten Philosophie und Rhetorik einen Entstehungszusammenhang, der erst später auseinandergerissen worden ist. Schon die Polemik gegen die Sophisten war ungerechtfertigt, weil die Wahl rhetorischer Mittel nicht zwangsläufig zum Missbrauch führt. Ihr Ziel bestand darin, gute Ziele mit richtigen Argumenten zu verteidigen. Sie erkannten nur, dass diese Argumente in der juristischen und politischen Praxis rhetorisch unterstützt werden müssen, um praktisch wirksam zu werden.

Diese Einsicht hat Aristoteles in seiner *Rhetorik* zu einer systematischen Theorie entwickelt. Für ihn ist die Rhetorik weniger eine Technik des Überredens als vielmehr eine Erforschung derjenigen Elemente, die zum Überzeugen und Überzeugtwerden beitragen.[14] Er untersucht, mit welchen Mitteln, in welchem Maße und unter welchen Bedingungen man einander von etwas überzeugen kann. Dazu nennt er drei Faktoren, die den Erfolg einer Rede beeinflussen: den »Charakter des Redners«, die »Absicht, den Zuhörer in eine bestimmte Gefühlslage zu versetzen«, und den Inhalt der »Rede selbst«.[15] Demgemäß bestehen die Aufgaben der Rede darin, zu »unterrichten«, emotional zu »bewegen« und zu »gefallen«. Entscheidend ist, dass Aristoteles immer konkrete Situationen zum Ausgangspunkt seiner Überlegungen macht und die jeweils Beteiligten als Menschen mit Herz und Verstand betrachtet.

Diese Art Rhetorik bildete das Modell für die Ausbildung und Erziehung der nächsten Jahrhunderte. In der Spätantike strebte Cicero die Vereinigung von Philosophie, Rhetorik und Politik an; Quintilian machte daraus ein ganzes Lehrprogramm.[16] Vom Mittelalter bis zur Renaissance gehörte die Rhetorik

14 Aristoteles, *Rhetorik*, übers. u. hg. v. Gernot Krapinger, Stuttgart 1999, I 1, 1355b. – Vgl. Heinrich Lausberg, *Elemente der literarischen Rhetorik*, Ismaning 1990, S. 18 ff.; Ijsseling, *Rhetorik und Philosophie. Eine historisch-systematische Einführung*, a. a. O. (Anm. 7), S. 43 ff.; Göttert, *Einführung in die Rhetorik*, a. a. O. (Anm. 2), S. 17 ff.

15 Aristoteles, *Rhetorik*, a. a. O. (Anm. 14), I 2, 1356a.

16 Cicero, *De Oratore* I, 20; Quintilian, *Institutio oratoria* II, 14 ff.; zit. nach Ijsseling, *Rhetorik und Philosophie. Eine historisch-systematische Einführung*, a. a. O. (Anm. 7) S. 54 ff.

zum Grundstudium eines jeden Theologen und Philosophen, um auf Disputationen vorbereitet zu sein. Und obwohl sich die Philosophen der Neuzeit und Aufklärung von der Rhetorik abwandten, blieb die Rhetorik als Erziehungsprogramm bis ins 19. Jahrhundert erhalten.

Wenn ich dafür plädiere, die Rhetorik wieder in die Didaktik der Philosophie und Ethik zu integrieren, dann knüpfe ich an den überlieferten Zusammenhang von Philosophie, Rhetorik und Erziehung an. Die Rhetorik gehört zur praktischen Philosophie, weil sie zeigt, wie man ethische Ziele mit vernünftigen Argumenten begründen kann. Zugleich gehört sie zur Erziehung, weil sie lehrt, wie man mit Argumenten in konkreten Situationen tatsächlich zu überzeugen vermag. Auf diese Weise verbindet die Rhetorik den philosophischen Geltungsanspruch mit der Pragmatik persuasiver Kommunikation.

Daraus ergeben sich die *didaktischen Potenziale* der Rhetorik:

- Rhetorik ist die Kunst des Argumentierens, in der die sachliche Begründung und das kommunikative Überzeugen in einen Zusammenhang gebracht werden.
- Rhetorik kann man lehren und lernen, sich aneignen und üben; auf diese Weise vermittelt sie eine *argumentative Kompetenz.*
- Sofern man die Rhetorik als Bestandteil der Lebenspraxis versteht, bietet sie Ansätze zu einer *handlungsorientierten* Didaktik.
- Die Schüler lernen, Argumente in *konkreten Situationen* zu formulieren, d. h. diese Argumente in geeigneter Form an bestimmte Adressaten zu richten; zu dieser Art Vermittlung gehören sowohl kognitive als auch affektive Aspekte.
- Weil die Überzeugungskraft der Argumente vom jeweiligen *Kontext* abhängt, lernen die Schüler, den kulturellen und institutionellen Hintergrund der zu Überzeugenden zu berücksichtigen.
- Wenn die Rhetorik anzeigt, dass Argumente *sprachlich* und *literarisch* vermittelt sind, lernen die Schüler, verstärkt auf die sprachliche Form des Argumentierens zu achten.
- Da die Rhetorik auch Anleitungen zu Gliederung und Ausführung einer geschriebenen Rede gibt, bietet sie Hilfe für das *Schreiben* von Problemerörterungen.
- Sollte die Rhetorik als Technik missbraucht werden, lernen die Schüler, durch *Argumentationskritik* unfaire Methoden zu durchschauen und sich dagegen zu wehren.

Argumentieren im Kontext

In jüngster Zeit sind die Inhalte und Methoden des ethischen Argumentierens im Unterricht erfreulich detailliert ausgearbeitet worden.[17] Dabei kamen auch Elemente der Rhetorik ins Spiel, die jedoch implizit geblieben sind.[18] Eine solche Explikation möchte ich nun in didaktischer Perspektive versuchen. Während ich die Argumentationstheorie bisher unter Gesichtspunkten der Geltung gestellt habe, geht es jetzt stärker um den rhetorischen Aspekt der Pragmatik.

Zur Erläuterung betrachten wir zunächst das folgende von Kant entlehnte Beispiel:

> Heinz ist in Geldnot. Er sieht sich gezwungen, bei einem Bekannten Geld zu leihen. Doch weil er genau weiß, dass er das geliehene Geld nicht wird zurückzahlen können, erschleicht er es sich mit einem falschen Versprechen: Heinz leiht sich das Geld und verspricht die Rückzahlung zu einem vereinbarten Termin. In diesem Fall handelt er nach der Maxime: Wenn ich dringend Geld brauche, borge ich es mir und verspreche es wiederzugeben, obwohl ich dazu nicht in der Lage bin.[19]

Das klassische Argument gegen diese Maxime basiert auf dem Prinzip der Verallgemeinerung: Man überlegt sich, was passieren würde, wenn alle so handeln würden wie eine einzelne Person. Dieses Argument kann nun auf verschiedene Weisen formuliert werden.

Als Grundmodell der moralischen Argumentation dient üblicherweise der *praktische Syllogismus*.[20] Dieser besteht aus drei aufeinander folgenden Sätzen:

17 Volker Pfeifer, *Ethisch argumentieren*, Bühl 1997; ders., »Analytische Philosophie und ethisches Argumentieren«, in: *Zeitschrift für für Didaktik der Philosophie und Ethik*, 22. Jg. (2000), Heft 2, S. 94 ff.; ders., »Kohärentismus und ethisches Argumentieren«, in: Johannes Rohbeck (Hg.), *Philosophische Denkrichtungen*, Dresden 2001. S. 11 ff.; ders., *Didaktik des Ethikunterrichts*, Stuttgart 2003, S. 139 ff.; Julia Dietrich, »Ethische Urteilsbildung«, In: *Zeitschrift für für Didaktik der Philosophie und Ethik*, 25. Jg. (2003), Heft 2, S. 269 ff.; dies., »Grundzüge ethischer Urteilsbildung«, in: Johannes Rohbeck (Hg.): *Ethisch-philosophische Basiskompetenz*, Dresden 2004, S. 83 ff.; vgl. Veraart (»Moralisches Argumentieren«) der die Rhetorik immerhin erwähnt: a. a. O. (Anm. 3) S. 201. – Julia Dietrich verdanke ich wertvolle Hinweise zu diesem Aufsatz.

18 Stephen Toulmin, der für Pfeifer wichtig ist, hat seine Theorie der Argumentation in ausdrücklicher Hinwendung zur Rhetorik entwickelt: *Der Gebrauch von Argumenten*, Kronberg 1975 (1958); ebenso Chaim Perelman, *Die neue Rhetorik*, Stuttgart Bad-Cannstatt 2004 (1964).

19 Immanuel Kant, *Grundlegung zur Metaphysik der Sitten*, hg. v. Theodor Valentiner. Stuttgart 1961, S. 69 f.

20 Aristoteles, *Nikomachische Ethik*, übers. v. Franz Dirlmeier, Stuttgart 1983, 1141b, S. 14–20. – Dem Modell des praktischen Syllogismus folgt im Grunde auch Stephen Toulmin, a. a. O. (Anm. 18).

aus einem allgemeinen normativen Obersatz, einem konkreten deskriptiven Untersatz und einem Schluss, der eine konkrete Handlungsanweisung enthält.

In unserem Fall ordnen sich die Argumente wie folgt:
Es ist verboten, falsche Versprechen zu geben.
Heinz will mit einem falschen Versprechen Geld leihen.

Also darf sich Heinz mit einem falschen Versprechen kein Geld leihen.

Doch dieser Dreischritt ist kein ethisches Dogma. Er ist weder aus argumentationstheoretischen noch aus didaktischen Gründen zwingend. Ebenso ist es möglich, die Argumentation zu einer ganzen *Kette* zu erweitern. Eine Argumentationskette liegt vor, wenn auf jedes Argument ein anderes Argument folgt, das von dem unmittelbar vorhergehenden Argument Gebrauch macht.[21]

Bezogen auf das Beispiel ist folgende Argumentation denkbar:

1. *Heinz will nach der Maxime handeln: Wer Geld braucht, der leihe es sich mit dem falschen Versprechen, es gemäß einer bestimmten Verabredung zurückzuzahlen.*
2. *Wenn jeder nach dieser Maxime handelte, würde sehr schnell fast niemand mehr Geld verleihen, da er davon ausgehen müsste, es niemals zurückzubekommen.*
3. *Die Institution des Geldleihens auf der Basis von Versprechen wäre zerstört.*
4. *Es ist aber gut, dass Menschen sich gelegentlich durch das Verleihen von Geld aus Schwierigkeiten heraushelfen.*

---

5. *Die Maxime, dass es demjenigen, der Geld braucht, erlaubt ist, sich Geld unter falschem Versprechen zu leihen, ist nicht verallgemeinerbar.*
6. *Es ist daher verboten, sich Geld zu leihen mit dem falschen Versprechen, es zurückzuzahlen.*

---

7. *Also darf sich Heinz kein Geld mit einem falschen Versprechen leihen.*

Aber auch diese Verlängerung der Argumentation ist keineswegs zwingend, weil ja auch noch mehr Schritte möglich sind. Umgekehrt ist es möglich, die Argumentation auf einen einzigen Satz zu verkürzen. Eine derartige *Elementarform* besteht in der funktionalen Verknüpfung von zwei Aussagen: a gilt, weil b gilt.[22]

21 Nach Holm Tetens, *Philosophisches Argumentieren. Eine Einführung*, München 2004, S. 153.
22 Kopperschmidt, *Argumentationstheorie zur Einführung*, a. a. O. (Anm. 3), S. 51 ff.

Darin übernimmt die Aussage b die Rolle eines Arguments für a. Hier lautet das entsprechende Argument:

Heinz darf nicht Geld mit einem falschen Versprechen leihen, weil dann in Zukunft niemand mehr Geld verleihen würde.

Im unserem Zusammenhang stellt sich die Frage: Welche dieser drei Formen ist für das Argumentieren angemessen? Die Antwort lautet: Das hängt von der *konkreten Situation* ab, in der argumentiert wird. In einer Unterrichtsstunde zum Thema »Ethisch argumentieren« mag es sinnvoll sein, eine möglichst ausführliche Argumentation zu konstruieren, die sogar über den praktischen Syllogismus hinausgeht. Doch bei anderen Themen oder in alltäglichen Situationen dürfte die kurze Formel ausreichen. Es kommt auf die Umstände an.

In seiner »Rhetorik« behandelt Aristoteles diese für ihn zentrale Frage unter dem Terminus *Enthymem*, worunter er einen verkürzten Syllogismus versteht.[23] Er hält den Gebrauch eines Enthymems dann für sinnvoll, wenn sich bestimmte Zuhörer von einer vollständigen Argumentation gelangweilt oder überfordert fühlen. Es dürfen weder Argumente wiederholt werden, die sich bei einem bestimmten Publikum von selbst verstehen. Noch dürfen Argumente verwendet werden, die über die Köpfe der Adressaten hinausgehen. Die Kunst besteht vielmehr darin, nur das Nötige zu sagen und mit möglichst einprägsamen Formeln zu überzeugen. Das macht die Pragmatik des argumentativen Überzeugens aus, ohne die alle wohlgemeinten Geltungsansprüche ins Leere gehen.

Rhetorik und Topik

An dieser Stelle lässt sich noch weiter fragen: Woher rührt überhaupt die Überzeugungskraft von Argumenten? Wenn deren Elementarform aus zwei Aussagen besteht, von denen die zweite Aussage die Funktion eines Arguments erfüllt, stellt sich das Problem, unter welchen Bedingungen die argumentative Verbindung funktioniert.[24] Die Lösung liefern nicht die formalen Strukturen: weder der verkürzte oder vollständige Syllogismus noch die beliebig lange Argumentationskette. Die Lösung liegt vielmehr darin, dass die jeweiligen Prämissen geteilt werden. Ob ein Argument plausibel ist, hängt von den Grundüberzeugungen ab, welche die Gesprächspartner schon vorher mitbringen.

23 Aristoteles, *Rhetorik*, a.a.O. (Anm. 14), I 2, 1356b; vgl. Göttert, *Einführung in die Rhetorik*, a.a.O. (Anm. 2), S. 33 u. 88; *Historisches Wörterbuch der Philosophie*, Bd. 2, S. 528ff.

24 Kopperschmidt, *Argumentationstheorie zur Einführung*, a.a.O. (Anm. 3), S. 62ff.

Derartige Überlegungen gehören zur *Topik*, einer Teildisziplin der aristotelischen Rhetorik.[25] *Topoi* (wörtlich: Orte) sind Gemeinplätze, d. h. herrschende Meinungen, mit denen ein Redner bei seinen Zuhörern rechnen muss. Die Kunst des Überzeugens besteht jetzt darin, an die vorhandenen Vorstellungen gezielt anzuknüpfen und diese Vorstellungen dann behutsam zu verändern.

Heute spricht man von Vor-Urteilen, Deutungsmustern oder Wertorientierungen. Sie beruhen letztlich auf Erfahrungen und Intentionen, die eine wichtige Funktion zur Orientierung in der Lebenswelt erfüllen.[26] Sie sind nicht so diffus, wie sie erscheinen mögen, sondern enthalten praktisches Wissen mit teilweise komplexen Strukturen, weil sie häufig eine ganze Reihe von Annahmen und Werturteilen zu einem ganzen Netzwerk verknüpfen.

Der Grundsatz, das intuitive Orientierungswissen nicht zu übergehen, sollte man nicht mit Beliebigkeit verwechseln. Denn erstens lassen sich auch vortheoretische Meinungen meist stimmig begründen. Zweitens lässt sich auf der Basis derartiger Vorannahmen durchaus eine rationale Argumentation aufbauen. Und drittens sollen die Vorurteile ja nicht das letzte Wort haben, sondern weiter bearbeitet werden. Dabei kann sich herausstellen, dass es auch vernünftige Vorurteile gibt, die es lohnen, argumentativ gerechtfertigt zu werden.

Eine derartige Bezugnahme auf die Rhetorik und Topik hat weit reichende *didaktische Konsequenzen*. Denn die Topik enthält die pädagogische Regel, dass man die zu Unterrichtenden dort abzuholen habe, wo sie sich gerade befinden. Gerade im Philosophie- und Ethikunterricht kommt es darauf an, das lebensweltliche Vorwissen der Schülerinnen und Schüler zum Ausgangspunkt der Reflexion zu machen. An dieser Stelle bilden Rhetorik und Didaktik einen grundlegenden Zusammenhang.

Im Unterricht dient die Topik dazu, die verbreiteten Meinungen erst einmal zur Sprache zu bringen und sie damit bewusst zu machen. Indem die Schüler aufgefordert werden, ihre Meinungen zu artikulieren und zu begründen, werden sie sich klar über ihre eigenen Voraussetzungen. Die Rhetorik kann man als eine spezifisch didaktische Kompetenz ansehen, die eigene Meinung zum sprachlich angemessenen Ausdruck zu bringen. Auch wenn darüber in einer Klasse kein Konsens erzielt werden kann, so werden die Meinungen mindestens zur Kenntnis gebracht und wechselseitig als wohlbegründet akzeptiert. Im weiteren Verlauf des Unterrichts kann man diese Meinungen dann zur Basis der

25 Aristoteles, *Rhetorik*, a. a. O. (Anm. 14), I 1, 1355a; ders., *Topik*, hg. v. Tim Wagner/Christoph Rapp, Stuttgart 2004. – Vgl. Göttert, *Einführung in die Rhetorik*, a. a. O. (Anm. 2), S. 34 ff.; Lothar Bornscheuer, *Topik – Zur Struktur der gesellschaftlichen Einbildungskraft*, Frankfurt/M. 1976; Gonsalv K. Mainberger, *Rhetorica I und II*, Stuttgart 1987/88.

26 Vgl. Ulrich Gebhard, »Intuitive Vorstellungen zur Gentechnik«, in: Johannes Rohbeck, (Hg.), *Ethisch-philosophische Basiskompetenz*, Dresden 2004, S. 141 ff.

argumentativen Arbeit machen. Dabei stellt sich heraus, wie unterschiedliche Vorannahmen auf rationalen und nachvollziehbaren Wegen zu verschiedenen praktischen Schlussfolgerungen führen können.

Darüber hinaus können die Schülerinnen und Schüler das topische Verfahren auch selbst anzuwenden. Sie lernen nicht nur, »richtig« zu argumentieren, sondern sie sollen auch lernen, Argumente in bestimmten Situationen so zu verwenden, dass sie bestimmte Gesprächspartner tatsächlich überzeugen. Dabei lernen sie, mit der Spannung von sachlichem und zwischenmenschlichem Bezug kreativ umzugehen.

Die entsprechende Aufgabe lautet, nicht etwa im luftleeren Raum zu argumentieren. Es geht vielmehr um Übungen, in denen konkrete Situationen mit bestimmten Adressaten simuliert werden oder in denen in eine »reale« Situation eingegriffen wird. Unter dieser Voraussetzung kann sich zeigen, dass für bestimmte Gesprächspartner ein prägnant formuliertes Argument wirksamer ist als eine langatmige Beweisführung. Und es zeigt sich, dass bestimmte Argumente bei bestimmten Partnern plausibler sind als bei anderen. Das Ziel besteht also darin, Argumente für verschiedene Anlässe zu entwickeln und entsprechend zu variieren.

Wenn man den harmlosen Fall »Heinz«, der sich Geld mit einem falschen Versprechen leihen will, auf die Weltwirtschaft überträgt und die Frage debattiert, ob und in welchem Maße arme Länder verpflichtet sind, ihre Schulden zurückzuzahlen, sind nicht nur unterschiedliche Positionen, sondern auch verschiedene Adressaten vorstellbar. Den Vorstand einer Bank muss man nicht davon überzeugen, wie wichtig im Kreditgeschäft das Vertrauen ist; in diesem Kontext ist eher um Verständnis für die verzweifelte Lage der so genannten Entwicklungsländer zu werben. Umgekehrt muss man eine Versammlung von Globalisierungsgegnern nicht von der Notwendigkeit der Beseitigung der Armut überzeugen, sondern eher auf die Wichtigkeit eines funktionierenden Kreditsystems hinweisen, von dem im günstigen Fall auch arme Länder profitieren können.

Funktion von Beispielen

Wenn es beim Argumentieren auf die konkrete Situation ankommt, spielen die Umstände der Handelnden eine maßgebende Rolle. Diese besonderen Bedingungen werden in einer allgemeinen Argumentation durch *Beispiele* erläutert. In der Rhetorik gehören sie daher zu den wichtigsten Überzeugungsmitteln.[27]

27 Aristoteles, *Rhetorik*, a. a. O. (Anm. 14), I 2, 1356b; vgl. Göttert, *Einführung in die Rhetorik*, a. a. O. (Anm. 2), S. 87.

Beispiele sind auch für den Philosophie- und Ethikunterricht wichtig.[28] Denn sie sind anschaulich und lebensnah; sie sprechen die Schülerinnen und Schüler an und motivieren zum Nachdenken. Sie können daher auch dazu beitragen, den Gesprächspartner von einem Argument zu überzeugen. Dabei eröffnen sich im rhetorischen Kontext neue Anwendungsmöglichkeiten.

In einem Beispiel wird ein Allgemeines durch ein Besonderes repräsentiert. Das Besondere kann aus Dingen, Geschehnissen oder Bildern bestehen, während Begriffe, Theorien oder Regeln das Allgemeine ausmachen. Wenn vor allem abstrakte Theorien der Philosophie häufig schwer verständlich sind, kann die Veranschaulichung durch Beispiele weiter helfen.

Legt man das Verhältnis von Besonderem und Allgemeinem zugrunde, ergeben sich formal drei Möglichkeiten der Verknüpfung: 1. vom Besonderen zum Allgemeinen, 2. vom Allgemeinen zum Besonderen, 3. die Wechselbeziehung.[29] Daraus folgen wiederum verschiedene Verfahren für den Unterricht.

1. Geht das Beispiel dem Allgemeinen voraus, wird der *induktive* Weg beschritten. Mit Hilfe von Beispielen erarbeiten sich die Schüler einen allgemeinen Begriff. Lautet das Thema etwa: »Was ist Freiheit?«, sucht man zunächst nach Beispielen, in denen freies Handeln, Denken und Fühlen vorkommen. Statt eine allgemeine Definition zu verlangen, werden die Schüler aufgefordert, konkrete Situationen zu schildern, in denen sie sich als »frei« oder »unfrei« wahrnehmen. Auf diese Weise lenken sie ihre Aufmerksamkeit auf etwas Vertrautes, bevor sie es begrifflich und theoretisch verallgemeinern.
2. Folgt das Beispiel hingegen dem Allgemeinen, wird das *deduktive* Verfahren eingeschlagen. Nachdem in unserem Fall der Begriff der Freiheit eingeführt und definiert worden ist, sollen die Schüler diesen Begriff mit Hilfe von Beispielen erläutern. Sie stellen damit unter Beweis, ob sie den Begriff verstanden haben. Und sie üben die Anwendung des Allgemeinbegriffs auf besondere Fälle, wodurch die Urteilskraft gestärkt wird. Diese Methode dient auch der Leistungsbewertung.
3. Die *Wechselbeziehung* zwischen Beispiel und Begriff ist unter didaktischen Gesichtspunkten besonders interessant. Denn bei näherer Betrachtung erweist sich das Verhältnis von Besonderem und Allgemeinem als gar nicht

28 Helmut Engels, »Zur Funktion von Beispielen im Philosophieunterricht«, in: *Philosophie. Anregungen für die Unterrichtspraxis,* 6. Jg. (1984), Heft 11, S. 16 ff.; Norbert Diesenberg, »Die Konstruktion innerer Bilder bei der Lektüre philosophischer Texte«, in: *Zeitschrift für Didaktik der Philosophie,* 14. Jg. (1992), Heft 2, S. 101 ff.

29 Vgl. Gottfried Gabriel, »Logik und Rhetorik der Beispiele«, in: Ders., *Logik und Rhetorik der Erkenntnis,* Paderborn 1997, S. 129 f.

> so eindeutig. Gemäß der Sprachspieltheorie von Wittgenstein gibt es keine exakten Begriffsdefinitionen, weil unsere Alltagssprache nicht eindeutig ist.[30] Damit verändert sich auch die Funktion von Beispielen, die weder zu einer fest stehenden Bedeutung hinführen noch eine solche Bedeutung bloß bestätigen. Vielmehr haben Beispiele eine argumentative Funktion, indem sie durch ihren Gebrauch die implizit vorausgesetzte Bedeutung eines Begriffs kritisieren und verändern. Da in Beispielen häufig Geschichten erzählt werden, fungieren sie als narrative Argumente.[31]

Für den Philosophie- und Ethikunterricht folgt daraus, dass Beispiele eine *kreative Funktion* erhalten können. Die Schüler lernen mit Hilfe von Beispielen, die Wahrheit allgemeiner Aussagen zu überprüfen und zu korrigieren. Dabei kann sich auch die Unzulänglichkeit einer Definition oder einer Regel herausstellen.

An der Ethik von Kant lässt sich das demonstrieren. Der »kategorische Imperativ« scheint als abstrakte Regel plausibel und per definitionem auf alle Fälle anwendbar zu sein. Doch sobald man diese Regel anhand selbst gewählter Beispiele überprüft, kommen unvorhergesehene Interessenkonflikte und Wertekollisionen zum Vorschein, zu deren Auflösung die abstrakte Regel nicht mehr ausreicht. In Bezug auf den oben konstruierten Fall werden Schüler aufgefordert, Geschichten zu erfinden, in denen sich das Für und Wider der Maxime, sich mit einem falschen Versprechen Geld zu leihen, nicht mehr eindeutig entscheiden lässt.

Dialektik und Rhetorik

Neben der *Topik* beruft sich Aristoteles auf die *Dialektik*, aus der die *Rhetorik* wie ein »Schössling« hervorgegangen sei.[32] Das trifft insofern zu, als die Dialektik mit der *Dialogik* zusammenhängt, welche die Kunst der Gesprächsführung ist. Der philosophische Dialog wird seit Platon methodisch so stilisiert, dass sich zwei Gesprächspartner durch Rede (These) und Gegenrede (Antithese)

30 Ludwig Wittgenstein, *Das blaue Buch. Eine philosophische Betrachtung*, Frankfurt/M. 1969; vgl. Luiz Antonio Marcuschi, *Die Methode des Beispiels*, Erlangen 1976; Matthias Kroß, »Philosophieren in Beispielen. Wittgensteins Umdenken des Allgemeinen«, in: Hans Julius Schneider/Matthias Kroß (Hg.), *Mit Sprache spielen. Die Ordnungen und das Offene nach Wittgenstein*, Berlin 1999, S. 169 ff.; Gabriel, »Logik und Rhetorik der Beispiele«, a. a. O. (Anm. 29).

31 Siehe »Literarische Formen des Philosophierens im Unterricht« in diesem Band, S. 206–209.

32 Aristoteles, *Rhetorik*, a. a. O. (Anm. 14), I 2, 1356a.

der verborgenen Wahrheit annähern.[33] Damit ist auch das Grundmodell der argumentativen Überzeugung geboren.

In der rhetorischen Tradition ist dieses Modell auf den Monolog eines Redners übertragen worden. Eine einzige Person verinnerlicht gewissermaßen den dialektisch orientierten Dialog, indem sie allein die sich widersprechenden Argumente vorträgt. Der innere Dialog folgt damit derselben Logik der Gedankenführung.

Dieses Modell eignet sich auch für das *Schreiben* von Texten. So gehört der »dialektische Aufsatz« zum Standard des Deutschunterrichts.[34] Dabei hat sich eine bestimmte Form eingebürgert, die als *Fünfsatz* bekannt geworden ist.[35] Die fünf »Sätze« ergeben sich aus den drei Positionen der Dialektik sowie aus der Einleitung und dem Schluss:

Einleitung
Hauptteil
These – Antithese
Synthese
Schluss

Die Form des Fünfsatzes lässt sich auf verschiedene Weisen variieren, indem man linear in Ketten oder mit wechselnden Positionen, in Vergleichen oder in Gegensätzen argumentiert. Das soll hier aus der Deutschdidaktik nicht wiederholt werden. In der Didaktik der Philosophie und Ethik ist der dialektische Aufsatz so zu konzipieren, dass er nicht in einem bloßen Kompromiss endet, sondern seinem Namen gerecht wird. Das Problem besteht weniger in der Formulierung von These und Antithese als in der Konzipierung einer philosophisch anspruchsvollen Synthese.[36]

Um noch einmal den Begriff der *Freiheit* zu bemühen: Die Freiheit kann zunächst als positiver Wert fixiert werden, mit dem man konkrete Vorstellungen verbindet. Doch wird die vertiefende Reflexion zum Ergebnis führen, dass Freiheit nur im negativen Sinne als »frei von Zwängen«, d. h. nicht ohne Deter-

33 Rüdiger Bubner, *Zur Sache der Dialektik*, Stuttgart 1980, S. 124 ff.; ders., *Dialektik als Topik*, Frankfurt/M. 1990, S. 9 ff.

34 Inzwischen wird das Wort »dialektisch« vermieden und von einer »Pro-und-Kontra-Erörterung« gesprochen: Ulf Abraham u. a., *Praxis des Deutschunterrichts*, Donauwörth 1998, S. 97 ff.; Jürgen Baurmann/Otto Ludwig, »Die Erörterung – oder: ein Problem schreibend erörtern?«, in: *Praxis Deutsch*, 17. Jg. (1990), S. 16 ff.; Eva-Maria Kabisch, *Aufsatz 9/10 kurzgefaßt*, Stuttgart 1990, S. 11.

35 Hellmut Geißner, »Zum Fünfsatz«, in: Joachim Dyck (Hg.), *Rhetorik in der Schule*, Kronberg 1974, S. 32 ff.

36 Siehe »Verkehrte Welt – Dialektik als Methode« in diesem Band, S. 118–121.

mination zu denken ist. An dieser Stelle besteht die Gefahr, dass der Aufsatz in ein oberflächliches Sowohl-als-Auch abgleitet nach dem Motto: so viel Freiheit wie möglich, so viel Zwang wie nötig. Demgegenüber kommt es darauf an, eine dialektische Wendung herbeizuführen, indem Freiheit und Notwendigkeit im übergreifenden Zusammenhang betrachtet werden. Zwischen der klassischen Formel »Freiheit als Einsicht in die Notwendigkeit« bis zur »Ethik der Verantwortung« gibt es dafür mannigfache Spielräume.

Mit diesem Modell kann der Lehrer seinen Schülern eine Anleitung geben, die es erlaubt, nach der dialektischen Methode Aufsätze zu schreiben. Dafür bieten sich von vornherein Themen an, die einen Widerspruch erkennen lassen:

Wahrheit und Irrtum in der menschlichen Erkenntnis,
Theorie und Praxis,
Gutes und Böses im Handeln der Menschen,
Pflicht und Neigung,
Körper und Geist,
Vernunft und Gefühl,
Männliches und Weibliches,
Natur und Kultur,
Fortschritt und Katastrophe in der Geschichte.

Als entsprechende Vorlagen eignen sich auch Paradoxien, die zu den Stilmitteln der Rhetorik gehören. Sie enthalten Aussagen, deren Widersprüche man erst einmal erkennen muss, um sie argumentativ aufzulösen:

Sich unpolitisch verhalten, ist auch eine Art Politik.
Nicht wählen, heißt wählen.
Sich nicht entscheiden können, ist eine Form der Entscheidung usw.

Philosophen scherzen nicht

Ironie im Philosophie- und Ethikunterricht

Ironie begegnet uns im Alltagsleben. In der Werbung hat sie immer schon Konjunktur. Eine Bank lässt eine Karriere-Frau, die ihrem Partner die Zusatzkarte gönnt, sagen: »Männer sind auch Menschen.« Die Fluggesellschaft Germanwings wirbt in Madrid mit dem Slogan: »Flüge ab 19 Euro. Wir scherzen nicht, wir sind Deutsche.«

Auch in der Beratungsliteratur steht Ironie hoch im Kurs. Wer aus Zeitschriften wissen will, wie er am besten flirtet, erhält den Tipp: »Erzählen Sie der Angebeteten pausenlos von den Absatzschwierigkeiten Ihrer Opel-Filiale.« Und wer unschlüssig ist, wie er sein Geld anlegen soll, erhält den Ratschlag: »Verstecken Sie es unter der Matratze.« Hinzu kommen Bücher wie »Die Kunst, sich schlecht zu fühlen« oder »Anleitung zum Unglücklichsein«.[1] Auch ein Film trägt den Titel »Anleitung zur sexuellen Unzufriedenheit«.[2]

Sogar in der seriösen Presse bleibt die Ironie nicht mehr auf die Glosse oder »letzte Seite« verbannt, sondern taucht vermehrt in der Berichterstattung auf. Eine neu erschienene Wochenzeitschrift titelt zur aktuellen Umweltpolitik in Deutschland: »Tempo 200 – dem Wald zuliebe«.[3]

Schließlich können politische Aktionen ironisch sein, vor allem dann, wenn sie einen Protest ausdrücken. Als der SPD-Vorsitzende Kurt Beck einem Arbeitlosen den provozierenden Rat gegeben hatte, sich erst einmal zu waschen und zu rasieren, bevor er sich um einen Job bewerbe, versammelten sich wenige Tage später hundert »gewaschene und rasierte« arbeitslose Männer vor Becks Staatskanzlei in Mainz mit der Forderung nach Arbeit.

Ironie kommt offenbar immer besser an. Sie ist inzwischen allgegenwärtig geworden. Fehlt die ironische Brechung, wird eine Aussage schon als platt empfunden. Man bemerkt die Ironie gar nicht mehr, aber wenn sie fehlt, entsteht ein fades Gefühl. Ein Sprachspiel wird zur Lebensform.

Was ist Ironie? In einem philosophischen Lexikon steht: Eine Redeweise ist ironisch, wenn der Sprecher etwas anderes sagt, als er meint, aber so, dass der

1 Dan Greenberg, *Die Kunst, sich schlecht zu fühlen*, Berlin 2002; Paul Watzlawick, *Anleitung zum Unglücklichsein*, München 2005.

2 http://filmweltverleih.de/aktuell/profil.php?ID=110232900133cfe2a9dd8ef2.

3 Vanity Fair vom 7. Februar 2007.

Hörer die Abweichung durchschauen soll.[4] Ironie fordert daher den Intellekt heraus, schafft Aufmerksamkeit und Interesse. Und sofern die Ironie nicht verletzend gebraucht wird, wirkt sie wie der Humor, indem sie dazu beitragen kann, Konflikte zu entkrampfen und eine gelöste Atmosphäre zu schaffen.

Nicht zuletzt spielt die Ironie in der Philosophie eine wichtige Rolle, denn sie ist ein großes Thema vieler Philosophen und zugleich ein verbreitetes Stilmittel in philosophischen Texten. Hier zeigt sich, dass Ironie zu den Grundhaltungen menschlicher Reflexion im Grenzbereich von Alltagswissen, Literatur und Philosophie gehört.[5] Es wäre doch gelacht, wenn sich diese vielfältigen Möglichkeiten nicht auch im Philosophie- und Ethikunterricht realisieren ließen.

Ironie und Didaktik

Dass Ironie in der Didaktik der Philosophie und Ethik bisher kaum aufgetaucht ist, hängt wohl mit allgemein didaktischen Bedenken zusammen. Lange Zeit haben Pädagogen vor den Gefahren des uneigentlichen Sprechens gewarnt.[6] In der Tat ist diese Befürchtung nicht unberechtigt, weil es sich hier um ein zweischneidiges Schwert handelt: Ironie kann eine Aussage abschwächen, aber auch verstärken; sie kann eine Situation beschwichtigen, doch zugleich zuspitzen; sie kann auf eine andere Person Rücksicht nehmen, diese Person aber ebenso verletzen. Wegen dieser Verletzungsgefahr sind Lehrer und Lehrerinnen, die Ironie verwenden, bei Kollegen und Schülern manchmal verpönt. Ironie wird als Ausdruck einer kognitiven und sozialen Überlegenheit verstanden mit der Absicht, den Schüler zu blamieren, vor allem, wenn sie in Zynismus und Sarkasmus umschlägt. So können sich die Jugendlichen von ironischen Bemerkungen verhöhnt und abgewiesen fühlen. Die Kommunikation droht dadurch abzubrechen, so dass die Beziehung zwischen Lehrer und Schüler möglicherweise nachhaltig gestört wird.

Doch in jüngster Zeit wird die Ironie pädagogisch aufgewertet. Vor allem berufsbildende Schulen, in denen die Schüler schon älter sind und gleichzeitig mehr Disziplinprobleme bereiten, entdecken deren gruppendynamischen Mög-

4 *Enzyklopädie Philosophie und Wissenschaftstheorie*, Bd. 2, hg. v. Jürgen Mittelstrass, S. 295–297; Marika Müller, *Die Ironie. Kulturgeschichte und Textgestalt*, Würzburg 1995, Einleitung o. S.; Martin Hartung, *Ironie in der Alltagssprache. Eine gesprächsanalytische Untersuchung*, Wiesbaden 1998, S. 11 f.

5 Mit dem Thema Ironie setze ich das Thema »Rhetorik und Philosophiedidaktik« fort, in diesem Band, S. 213–227; vgl. Volker Haase, »Ironie im Ethikunterricht«, in: *Zeitschrift für Didaktik der Philosophie und Ethik*, 27. Jg. (2005), Heft 2, S. 137–144.

6 Zit. bei Norbert Groeben und Birgit Scheele (Hg.), *Produktion und Rezeption von Ironie*, Bd. I, Tübingen 1985, S. 16; weitere Literatur dazu bei Müller, *Die Ironie. Kulturgeschichte und Textgestalt*, a. a. O. (Anm. 4), S. 121; vgl. Haase, »Ironie im Ethikunterricht«, a. a. O. (Anm. 5), S. 137 f.

lichkeiten.[7] Ohne den Begriff der Ironie zu erwähnen, setzt man ganz eindeutig das Mittel der indirekten Rede ein, um Konflikte zu bewältigen. Dazu folgendes Fallbeispiel in einer Klasse mit Schülern zwischen 17 und 19 Jahren:

Eine Schülerin kommt zu spät zum Unterricht und setzt sich ohne Kommentar auf ihren Platz. Die Lehrerin denkt: »Unverschämt, nicht pünktlich zu erscheinen und sich noch nicht einmal zu entschuldigen! Ich muss sie zur Rede stellen, sonst werde ich nicht ernst genommen.« Stattdessen sagt sie zur Schülerin: »Schön, dass Du Dich entschieden hast, nicht erst zur nächsten Stunde zu kommen, sondern jetzt noch mitarbeiten willst.« Die Schülerin lächelt und arbeitet in der Stunde gut mit. Danach kommt sie zur Lehrerin und bittet um Entschuldigung.

Wenn diese Art Ironie aus Gründen, die noch zu erläutern sind, so erfolgreich ist, lässt sich fragen, ob sie nicht auch in anderen Schularten und unteren Klassenstufen verwendet werden kann. Dann darf nicht nur der Lehrer zu einer 9. Klasse sagen: »Geht's noch lauter?« Vor allem sollen auch die Schüler im spielerischen Umgang lernen, Ironie sinnvoll zu gebrauchen und zu verstehen.

In diesem Beitrag schlage ich daher vor, die Ironie produktiv zu wenden. In der Gefahr des Missbrauchs sehe ich noch keinen Grund, auf ironische Sprechweisen völlig zu verzichten – nach dem Motto: Ein wohldosiertes Gift kann heilsam wirken. Gerade weil Ironie so schwer zu handhaben ist, kann man erwarten, dass man mit ihrer Hilfe etwas lernt. Wenn die intellektuelle Hürde genommen wird, ist eine höhere Stufe der Reflexion erreicht; wenn eine heikle Situation auf ironische Weise gemeistert wird, lassen sich Auseinandersetzungen entschärfen. Die Ironie ist also bewusst und gezielt einzusetzen, um Reflexion und Konfliktbewältigung zu vermitteln. Auf diese Weise soll Ironie zur kognitiven und sozialen Kompetenz beitragen. Der eigentlich Titel meines Beitrags lautet daher: »Anleitung zum Ironischsein«.

Die besondere Chance des Philosophie- und Ethikunterrichts besteht darin, die Ironie zum Thema zu machen, um die kommunikative Funktion zu explizieren. Dabei ist zwischen der Ironie als zu vermittelnde Kompetenz und als Gegenstand des Philosophierens zu unterscheiden.

Die Kompetenz desjenigen, der Ironie zu verwenden vermag, besteht darin, seine eigene Sprechsituation zu reflektieren, indem er sie gleichsam von außen betrachtet, und mit gewohnten Überzeugungen zu brechen, indem er sie auf ungewöhnliche Weise formuliert. Die Kompetenz desjenigen, der Ironie zu ver-

7 Dagmar Elisabeth Vogel, »Der Blick ins Klassenzimmer. Systemisch-konstruktivistisches Arbeiten mit Schülern«, in: *Die berufsbildende Schule*, 56. Jg. (2004), Heft 2, S. 48; dazu passt die Beobachtung, dass in Schulbüchern für das Unterrichtsfach »Ethik« an berufsbildenden Schulen besonders häufig ironische Texte und Abbildungen zu finden sind.

stehen vermag, besteht darin, fremde und fremd gemachte Ansichten adäquat zu erfassen, indem er sie im Kontext der Situation deutet.

Ein Thema in der Philosophie ist die Ironie seit der Antike bis zur Gegenwart. Es beginnt mit der Ironie des Sokrates und mit deren Umformung bei Aristoteles. Rhetorisches Mittel ist sie vor allem in der römischen Antike und im Mittelalter. Den Höhepunkt erreicht die Ironie in der deutschen Romantik, sodann im 19. Jahrhundert bei Søren Kierkegaard, zuletzt im 20. Jahrhundert in der postmodernen Philosophie Richard Rortys.[8] Hier ist nicht der Ort, eine solche Ideen- und Begriffsgeschichte Revue passieren zu lassen.[9] Stattdessen möchte ich am Beispiel von Kierkegaard die lebensphilosophische Dimension der Ironie erläutern, um daraus fachdidaktische Konsequenzen zu ziehen. Kierkegaards Ausgangspunkt ist Sokrates, dessen Gesprächsform ja in der Philosophiedidaktik zum Vorbild geworden ist.

Sokratische Ironie

Kierkegaard gilt als moderner Entdecker der sokratischen Ironie.[10] Er hat gezeigt, dass dessen Kernsatz »Ich weiß, dass ich nichts weiß« ironisch gemeint ist. Die dialektische Redewendung bedeutet, dass diese Art Nicht-Wissen immer auch ein Wissen ist. Tatsächlich tritt Sokrates als ein Wissender auf, wenn er sich gegen jene wendet, die alles zu wissen glauben. Er ist nur scheinbar ein Nichtwissender, der in Wahrheit mehr weiß als seine Gesprächspartner. Er verstellt sich gegenüber den Befragten als der Geringere, der vorgibt, nichts zu wissen, und mimt bloß den Unwissenden. Wie ein Tiefstapler zeigt er Überlegenheit im Schein des Unterlegenen. Umgekehrt nehmen die Befragten nur scheinbar die Rolle der Wissenden ein. Selbst die Verteidigung des Sokrates gegen die Verleumdung, er »sei ein Weiser«, hat einen ironischen Unterton.[11]

8 Siehe den Beitrag von Urs Thurnherr, »Pluralismustauglichkeit und Bildung. Über die Kunst, Pluralität auszuhalten und zu leben«, in: Johannes Rohbeck/Volker Steenblock (Hg.), *Philosophische Bildung und Ausbildung*, Dresden 2006, S. 61 f.; ders., »Die Bildung der Selbstironie«, in: *Zeitschrift für Didaktik der Philosophie,* 29. Jg. (2007); in diesem Sinn auch Haase, »Ironie im Ethikunterricht«, a. a. O. (Anm. 5), S. 138, S. 142.

9 Vgl. *Historisches Wörterbuch der Philosophie*, Bd. 4, S. 578–582; *Historisches Wörterbuch der Rhetorik*, Bd. 4, S. 599–624; *Ästhetische Grundbegriffe*, Bd. 3, S. 196–244; Müller, *Die Ironie. Kulturgeschichte und Textgestalt*, a. a. O. (Anm. 4), S. 1–102.

10 Søren Kierkegaard, »Über den Begriff der Ironie mit ständiger Rücksicht auf Sokrates« (1841), in: *Gesammelte Werke*, hg. v. Emanuel Hirsch u. a., Gütersloh 1991, Abt. 31, Erster Teil: »Der Standpunkt des Sokrates verstanden als Ironie«, S. 5–203.

11 Platon, »Apologie des Sokrates«, 23a. – Diese Haltung wird von Aristoteles bestätigt und gewürdigt: *Nikomachische Ethik*, 1108a, 1127a-1128a; Rhetorik, III 18, 1419b.

Mit Sokrates zu beginnen, liegt hier nahe, weil das sokratische Gespräch zu den ersten und wichtigsten Modellen des Philosophieunterrichts gehört. Doch die sokratische Ironie spielt in der Didaktik der Philosophie keine Rolle.[12] Die heutigen Sokratiker orientieren sich an der »Hebammenkunst« (Mäeutik), so wie Sokrates selbst seine Methode bezeichnet hat, und übertragen sie auf den gegenwärtigen Unterricht. Sie nehmen diese Selbstbeschreibung wörtlich, um mit und unabhängig von Sokrates einen offenen Dialog zu ermöglichen.

Doch der wirkliche Schulalltag enthält durchaus auch Momente der sokratischen Ironie. Im fragend-entwickelnden Unterrichtsgespräch verhält sich der Lehrer ironisch, wenn er seine Fragen so stellt, als ob er die Antworten nicht schon vorher im Kopf hätte. Das bestätigt meine Erfahrung in Ländern, in denen eher vom Katheder doziert wird. In Italien fragten mich Studierende, warum ich denn überhaupt Fragen stellte, obwohl ich doch der »professore« sei. Ebenso besteht das Prüfungsgespräch in einer ironischen Situation. Erst wenn ich mit einem überdurchschnittlich guten Kandidaten diskutiere, sage ich manchmal, dies sei eine »echte« Frage.

Welche Konsequenzen ergeben sich aus diesem Dilemma? Ich halte es für problematisch, dieses Frage- und Antwortspiel in vollem Ernst aufzuführen. Mir scheint es hingegen aufrichtiger zu sein, das Ironische der Unterrichtssituation durchscheinen zu lassen und zu erkennen zu geben.

Ironie als Lebensphilosophie

Darüber hinaus hat Kierkegaard eine eigene und originelle Position entwickelt, die er »beherrschte Ironie« nennt. Seine Konzeption der Ironie grenzt Kierkegaard nach zwei Seiten ab. Er wendet sich gegen eine »verzehrend voranstürmende« Ironie, die sich auf die romantische Philosophie von Friedrich Schlegel bezieht.[13] Dieser hatte die Ironie als das »philosophische Vermögen« betrachtet, das es erlaubt, die Beschränkung und Endlichkeit des menschlichen Daseins zu begreifen. Diese reale Welt galt es zu überschreiten, um die Vollendung im Idealen zu suchen.

Schlegels Philosophie hat wenig später Hegel als »Scheu vor der Wirklichkeit« kritisiert.[14] Die romantische Ironie war ihm zu subjektiv und unrealistisch. In der Tendenz zur Selbstvernichtung sah er eine zerstörende Tendenz. Demge-

12 Der Begriff der Ironie wird nur beiläufig und im negativen Sinn erwähnt: Vgl. Ekkehard Martens, *Dialogisch-pragmatische Philosophiedidaktik*, Hannover 1979, S. 75; Gisela Raupach-Strey, *Sokratische Didaktik*, München 2002, S. 138.

13 Friedrich Schlegel, »Kritische Fragmente (1769–1801)«, in: *Kritische Friedrich-Schlegel-Ausgabe*, Bd. 2, hg. v. Ernst Behler, S. 147–272.

14 Georg Wilhelm Friedrich Hegel, »Vorlesungen über die Ästhetik«, in: *Werke in zwanzig*

genüber versuchte er, die Sehnsucht nach dem Unendlichen mit der endlichen Wirklichkeit und der lebendigen Vernunft zu versöhnen.

Kierkegaard schließt sich der Hegelschen Position an; doch vermeidet er dessen Polemik, indem er die positiven Potenziale der Ironie hervorhebt.[15] Wenn die Ironie »begrenzt« und »beherrscht« wird, fördert sie nicht nur den notwenigen Zweifel in den Wissenschaften, sondern wirkt auch förderlich »für das persönliche Leben«. Unter dieser Voraussetzung dient sie dazu, Grenzen zu zeigen und Schranken zu setzen. So fungiert sie als »Zuchtmeister« und »Wegbegleiterin« des Lebens. Ironie ist wie ein kurzes Bad im Meer, aus dem man gereinigt und erfrischt wieder ans sichere Land geht.

Im Unterricht lassen sich Beispiele zusammentragen, in dem der gewöhnliche Menschenverstand und die Gewohnheiten des Alltagslebens in Frage gestellt werden. Ironie steht dann für die Kritik an einer naiven Symbiose mit der Lebenswelt, für die Kritik an Selbstzufriedenheit und Anpassung. Eine derartige Auflehnung gegen das Konforme dürfte gerade Jugendliche ansprechen.

Ironische Kritik in philosophischen Texten

Ironie ist nicht nur ein Thema in der Philosophie, Philosophen verwenden sie auch als Stilmittel. Wer diese Ironie in philosophischen Texten nicht erkennt, kann diese Texte nicht verstehen.[16] Daher gehört es zur elementaren Lesekompetenz von Schülern, ironische Formulierungen zu durchschauen.

Dies demonstriere ich am Beispiel eines Textes von Günther Anders,[17] der für seine stilistische Brillanz bekannt ist. Günther Anders spielt mit der Ironie aus verschiedenen Perspektiven und auf mehreren Ebenen. Zunächst lässt er offen,

Bänden, Bd. 12–14, hg. v. Eva Moldenhauer und Karl Markus Michel, Frankfurt/M. 1970, hier: Zweiter Teil, Bd. 14, S. 127 ff.

15 Kierkegaard, »Über den Begriff der Ironie mit ständiger Rücksicht auf Sokrates«, a. a. O. (Anm. 10), Zweiter Teil: »Über den Begriff der Ironie«, S. 245–335, insbes. das Kapitel »Ironie als beherrschtes Moment«, S. 328–335; vgl. Susanne Schaper, *Ironie und Absurdität als philosophische Standpunkt*, Würzburg 1994, S. 33 f.;

16 Ironie verstehen, gehörte auch zu den Aufgaben in der PISA-Studie. Die Schülerinnen und Schüler sollen in der Lage sein, Textmerkmale wie Ironie, Humor und logischen Aufbau kritisch zu bewerten und in ihren Auswirkungen zu verstehen: Max Planck Institut Berlin, www.mpib-berlin.mpg.de/pisa/KurzFrameworkReading.pdf; vgl. Volker Steenblock, »Bildungstradition und Bildungssysteminnovation – Skizzen zu einer gegenwärtigen Problemlage philosophischer Bildung«, in: *Philosophische Bildung und Ausbildung*, a. a. O. (Anm. 8), S. 11–42.

17 Günther Anders, *Die Antiquiertheit des Menschen*, Bd. 1, München 1987, S. 31–35; siehe das Heft zu Günther Anders in *Zeitschrift für Didaktik der Philosophie*, 14. Jg. (1992), Heft 3.

Günther Anders: Die Antiquiertheit des Menschen

Gemessen an seinen Aufgaben, belehrte ein amerikanischer Luftwaffen-Instruktor seine Kadetten, sei der Mensch, wie die Natur ihn nun einmal hervorgebracht habe, eine »faulty construction«, eine Fehlkonstruktion.
Gleich, ob ernsthaft oder als Scherz gemeint, ein besseres Zeugnis für »Desertion« ist gar nicht denkbar. Denn als Konstruktion, gar als »fehlerhafte«, kann der Mensch natürlich nur sub spezie der Geräte gelten. Nur wenn diese Kategorie sowohl als universal anwendbar wie als erschöpfend anerkannt ist, kann die Umdeutung stattfinden, kann das Nichtkonstruierte als Schlechtkonstruiertes erscheinen.
Daß, was Kraft, Tempo, Präzision betrifft, der Mensch seinen Apparaten unterlegen ist; dass auch seine Denkleistungen, verglichen mit denen seiner »computing machines«, schlecht abschneiden, ist ja unbestreitbar. Von seinem (den Geräten entliehenen) Gesichtspunkt aus hat der Instruktor also recht. [...]
Nichts läge nun näher als die Beschwichtigung: »Wie groß auch immer der Kraft-, Tempo- und Präzisionsvorsprung der Geräte – als Dinge sind und bleiben sie eben starre und definitive Stücke; während wir Menschen – und das macht unsere Würde ja aus – lebendig sind, modellierbar, adaptionsfähig, elastisch, also frei. – Aber gerade das würde der Luftwaffen-Instruktor bestreiten. »Umgekehrt!« würde er rufen. »Wenn ich uns Menschen ›faulty constructions‹ nenne, so ja gerade deshalb, weil wir im Vergleich mit den Dingen starr sind und unfrei!« [...]
Unser Leib von heute ist der von gestern, noch heute der Leib unserer Eltern, noch heute der Leib unserer Ahnen; der des Raketenbauers unterscheidet sich von dem Troglodyten in so gut wie nichts. Er ist morphologisch konstant; moralisch gesprochen: unfrei, widerspenstig und stur; aus der Perspektive der Geräte gesehen: konservativ, unprogressiv, antiquiert, unrevidierbar, ein Totgewicht im Aufstieg der Geräte. Kurz: die Subjekte von Freiheit und Unfreiheit sind ausgetauscht! Frei sind die Dinge: unfrei ist der Mensch.

(München 1987, hier aus dem § 4, S. 31–35)

ob der Luftwaffen-Instruktor seine Bemerkung »ernsthaft oder als Scherz«, d. h. ironisch gemeint hat. Doch dann negiert er dessen Ironie, indem er ihm Recht gibt: Der Mensch ist tatsächlich eine »Fehlkonstruktion«, seinen technischen Geräten unterlegen und in seiner Entwicklung »unfrei«. Doch in dieser Behauptung besteht die eigene und eigentliche Ironie. Denn in Wirklichkeit kritisiert er, dass sich der Luftwaffen-Instruktor auf den Standpunkt der Geräte stellt. Anders räumt zwar ein, dass die Dominanz der Technik inzwischen eine Tatsache geworden ist, aber er verurteilt dieses Faktum aus der Perspektive der Menschen. Mit seiner Ironie formuliert er eine verzweifelte Kritik an der

Verkehrung von Mensch und Technik und damit an Entfremdungen und Verdinglichungen in der modernen Zivilisation.

Im Anschluss an die Lektüre dieses Textes lassen sich folgende Aufgaben stellen:

- *Analysieren Sie die ironischen Wendungen in diesem Text.*
- *Erläutern Sie die Funktion der Ironie bei Günther Anders.*
- *Schreiben Sie die Ironie um, indem Sie einen Klartext formulieren.*
- *Schreiben Sie einen ironischen Text über ein ähnliches Thema.*

Ironie im Alltag

Wie eingangs angedeutet, spielt die Ironie im Alltag eine immer größere Rolle wie in der Werbung und in der Beratungsliteratur. Hier liegt ein weites Feld für die Beschäftigung mit Ironie im Philosophie- und Ethikunterricht. Natürlich gehören beispielsweise Karikaturen zum Standardrepertoire, aber nicht jede witzige Zeichnung ist schon ironisch; außerdem bietet sich in unserem Zusammenhang die Möglichkeit, die Ironie zu reflektieren. Bevor ich dies exemplarisch erläutere, ist noch zu klären, woran man Ironie erkennen kann.

Wie erkennt man Ironie?

Bei der Ironie handelt es sich um eine komplexe Form menschlicher Kommunikation, die dem Sprecher und dem Hörer bestimmte kognitive Kompetenzen abverlangt. Denn Ironie verletzt die Regel, dass ein Sprecher sagen soll, was er für wahr hält. Doch im Unterschied zur Lüge macht er auf die Differenz zwischen dem Gesagten und Gemeinten aufmerksam. Er setzt ein Signal, das anzeigt: »Achtung, das ist ironisch gemeint!«[18]

Trotzdem erzeugt die Abweichung von der Wahrheit eine Unsicherheit, die vom Hörer erst einmal zu überwinden ist. Die kommunikative Störung ist behoben, wenn er das Gesagte mit dem Gemeinten wieder in Einklang bringt. Er hat die Ironie verstanden, wenn er hinter dem wörtlich Gehörten den gemeinten Sinn zu erschließen imstande ist.

Sowohl das Sprechen als auch das Verstehen von Ironie funktioniert nur, wenn man den Kontext und besonders die konkrete Situation mitbedenkt.

18 Harald Weinrich, *Linguistik der Lüge*, Heidelberg 1974, S. 61 ff.; Dragan Stojanović, *Ironie und Bedeutung*, Frankfurt/M. 1991, S. 107 ff.; Müller, *Die Ironie. Kulturgeschichte und Textgestalt*, a. a. O. (Anm. 4), S. 103 ff.; Hartung, *Ironie in der Alltagssprache. Eine gesprächsanalytische Untersuchung*, a. a. O. (Anm. 4), S. 69 ff.

Dazu bedarf es vor allem eines Vorwissens, das sich auf den Zusammenhang der Mitteilung bezieht.

In der mündlichen Kommunikation fällt das leichter, weil man die Situation unmittelbar erlebt. Hinzu kommen spezielle Ironiesignale wie Augenzwinkern, emphatische Stimme oder Intonation. Die schriftliche Verständigung ist hingegen riskanter, weil Autor und Leser getrennt sind. Als zusätzliche Ironiesignale dienen hier Ausrufezeichen, Anführungszeichen, Bindestriche, drei Pünktchen oder Kursivdruck, wie im Text von Günther Anders zu beobachten ist. Stilistische Signale sind Übertreibungen, gewagte Metaphern, Wiederholungen oder bombastische Ausdrücke. Die Ironiesignale sollen dazu dienen, dass der Sprecher nicht als Lügner dasteht. Wichtig ist, dass der Hörer diese Signale versteht.

Diese Funktionsweise von Ironie lässt sich im Unterricht am Beispiel der anfangs zitierten Werbesprüche erläutern. Sie enthalten Anspielungen auf bestimmte Kontexte, die man kennen muss, um das Gemeinte zu verstehen. Der Slogan »Männer sind auch Menschen« spielt nicht nur auf den Gemeinplatz »Wir sind alle Menschen« an, sondern vor allem auf die männlich-chauvinistische Version »Frauen sind auch Menschen«. Genau diese Version wird hier ironisch umgekehrt, indem eine Karriere-Frau die stereotype Männerrolle übernimmt und denjenigen Männern, die sich so verhalten, den Spiegel vorhält. Auf diese Weise wird ein Klischee verfremdet und bewusst gemacht. Dahinter steht natürlich der »neue« Feminismus, der manchen Frauen überhaupt eine Karriere ermöglicht.[19] Diese Zusammenhänge müssen irgendwie bekannt sein, will man über den Spruch mitschmunzeln.

Der Werbespruch von Germanwings »Wir scherzen nicht, wir sind Deutsche.« spielt auf einen interkulturellen Kontext an: Im Ausland gelten die Deutschen als humorlos. Dieses Vorurteil dient hier als Argument für den Wahrheitswert des Angebots. Aber zugleich wird das Vorurteil ironisch relativiert, weil die Selbstbezichtigung, nicht zu scherzen, selbst scherzhaft gemeint ist. Mit dieser feinen Selbstironie wird zugleich um Sympathie geworben. Auch in diesem Fall muss man das Vorurteil kennen, um die Ironie zu verstehen.

Um den Schülern zu demonstrieren, wie riskant die Ironie sein kann, eignet sich eine Serie von Plakaten der Bundeszentrale für gesundheitliche Aufklärung. Darauf sind Jugendliche abgebildet mit den Überschriften: »Rauchen beruhigt« oder »Rauchen macht stark«. Eine empirische Studie hatte ergeben, dass nur 40 % der befragten Jugendlichen die Ironie dieser Plakate verstanden haben; knapp 30 % hielten sie für eine Werbung der Tabakindus-

19 Müller, *Die Ironie. Kulturgeschichte und Textgestalt*, a. a. O. (Anm. 4), S. 183 f.; abgesehen von der DM dürfte dieses Beispiel aus den 80er Jahren immer noch aktuell sein.

trie. Daraufhin wurden die Plakate aus dem Verkehr gezogen und nur noch Lehrern zur Verfügung gestellt. Dieses Beispiel zeigt, wie Ironie misslingen kann, wenn der Kontext und die entsprechenden Signale nicht deutlich genug sind.

Im Unterricht lässt sich dieser Test wiederholen. Anschließend kann man die Ironiesignale systematisch erarbeiten. Dass Rauchen gerade nicht stark, erwachsen, sexy usw. macht, sollte zum Vorwissen der Betrachter gehören. Außerdem sind die rot gedruckten Aussagen platt und übertrieben formuliert. Ironisch ist auch das folgende »stimmt«, das durch den Klartext in weißen Buchstaben ins Gegenteil verkehrt wird. Auch die schlecht ausgeleuchteten Fotos sollen eigentlich negativ wirken. Rechts unten steht die eindeutige Botschaft: »rauchfrei«.

Wozu ironisch sein?

Damit die Beschäftigung mit ironischen Texten und Bildern nicht auf eine rhetorische Stilübung beschränkt bleibt, ist weiter zu fragen, welche Funktion Ironie ausübt. Warum sagt ein Sprecher nicht einfach, was er meint? Was gewinnt er, wenn er etwas anderes sagt? Welche Wirkung will er damit erzielen? Um diese Fragen zu beantworten, betrachte ich die Ironie nun als psychisches Phänomen.

In der Psychologie unterscheidet man grob zwischen vier Typen von Ironie: erstens, die sich wehrende und schützende Ironie aus einer Situation der faktischen Unterlegenheit bei gleichzeitiger intellektueller Überlegenheit; zweitens, die konstruktivistisch-kritische Ironie unter Gleichgestellten, die gegenseitig Interesse oder gar Sympathie empfinden; drittens, die liebevolle Ironie mit indirekt positiven Stellungnahmen; viertens, die Überlegenheit demonstrierende, arrogante Ironie, die einen Gegenüber herabsetzen soll.[20]

Um diese Ironie-Typen im Unterricht zu entwickeln und zu erproben, eignen sich Rollenspiele. Ironie kann zur Lösung von Konflikten beitragen, besonders in den ersten drei Varianten. Mit dem Humor hat die Ironie gemein, dass eine Situation entschärft wird. Wer Ironie beherrscht, kann kommunikativ, sozial und diplomatisch sein. Dazu noch einmal ein Beispiel aus der Didaktik der berufsbildenden Schulen:[21]

20 Groeben/Scheele, *Produktion und Rezeption von Ironie*, a. a. O. (Anm. 6), S. 244.

21 Vogel, »Der Blick ins Klassenzimmer. Systemisch-konstruktivistisches Arbeiten mit Schülern«, a. a. O. (Anm. 7), S. 49.

Ein Schüler kommt zum wiederholten Male sehr müde zur Schule. Er hat große Mühe, dem Unterricht zu folgen. Immer wieder fallen ihm die Augen zu. Er legt seinen Kopf auf die Bank und schläft. Nach mehreren Ermahnungen entscheidet sich der Lehrer für eine ironische Reaktion und sagt: »Von nun an erlaube ich Dir, in meinem Unterricht zu schlafen.« Der Schüler: »Sie machen einen Witz!« Der Lehrer: »Nein, das ist mein Ernst!« Der Schüler: »Dann geht das nicht mehr! Wenn Sie mir das erlauben, dann kann ich das nicht mehr!« Der Schüler hat dann nicht mehr im Unterricht geschlafen.

Die Methode, die der Lehrer angewandt hat, besteht in einer »paradoxen Intervention«. In diesem Fall wird das Schlafen im Unterricht erlaubt, das eigentlich tadelnswert ist. Aber gerade diese Erlaubnis macht die Wirkung aus. Wenn Menschen so irritiert werden, dass sie nicht mehr so weitermachen können wie zuvor, verändern Sie ihr Verhalten.

Dieses Verfahren hat der Psychologe Paul Watzlawick entwickelt.[22] Er nennt es die Technik der »Symptomverschreibung«, die er zu therapeutischen Zwecken einsetzt. Weil die Aufforderung, ein Verhalten willentlich und bewusst zu ändern, meist wirkungslos bleibt, verlangt der Therapeut vom Patienten hingegen, seine Symptome absichtlich zu manifestieren. Er »verschreibt« ihm also seine Symptome, um ihn davon zu befreien. So wie der Lehrer dem Schüler erlaubt, im Unterricht zu schlafen, damit er nicht mehr schläft, lautet der Ratschlag bei unerwünschter Schlaflosigkeit: Versuche, so lange wie möglich wach zu bleiben, um endlich einschlafen zu können.

In Watzlawicks »Anleitung zum Unglücklichsein« findet sich diese Technik,[23] die in unserem Zusammenhang Ironie heißt, in folgenden Ratschlägen wieder:

- Traure verpassten Gelegenheiten nach.
- Stecke Deine Ziele so hoch, dass sie unrealisierbar bleiben.
- Glaube an selbst erfüllende Prophezeiungen.
- Wer mich liebt, mit dem stimmt etwas nicht.
- Verliebe Dich nur in Personen, die für Dich unerreichbar sind.
- Halte nur Dein eigenes Benehmen für normal.

Zu diesen ironischen Regeln können die Schüler Geschichten aufschreiben. Sie können selbst derartige Regeln aufstellen. Im Gegenzug lässt sich auch der entsprechend ernst gemeinte Text schreiben.

22 Paul Watzlawick, *Menschliche Kommunikation*, Bern 1990, S. 220ff.; vgl. ders., *Münchhausens Zopf- und Psychotherapie und Wirklichkeit*, München 2006.
23 Watzlawick, *Anleitung zum Unglücklichsein*, a.a.O. (Anm. 1).

Die Grundregel lautet indessen: »Es ist höchste Zeit, mit dem jahrtausendalten Ammenmärchen aufzuräumen, wonach Glück, Glücklichkeit und Glücklichsein erstrebenswerte Lebensziele sind. Zu lange hat man uns eingeredet – und wir haben treuherzig geglaubt –, dass die Suche nach dem Glück uns schließlich das Glück bescheren wird.«[24] In dieser ironischen Aussage steckt die Lebensweisheit: Gerade wer nicht (krampfhaft) nach dem Glück strebt, hat größere Chancen, wirklich glücklich zu werden. Über diese Paradoxie lässt sich in einer Unterrichtseinheit über das Thema »Glück« diskutieren. Vielleicht ist sie sogar lehrreicher als die vielen gut gemeinten Hinweise, die in den Richtlinien und Schulbüchern stehen.

Vom didaktischen Nutzen der Ironie für das Leben

Vor allem dem Ethikunterricht könnte etwas mehr Ironie gut tun. Wer von der ersten bis zur zwölften Klasse im Fach Ethik unterrichtet wird, wer von der Grundschule bis zum Abitur Werteerziehung genießt, wer ununterbrochen mit Themen wie das gute Leben, Glück, Liebe, Freundschaft, moralische Verantwortung, soziale Gerechtigkeit, interkulturelle Verständigung usw. traktiert wird, verspürt spätestens nach der 10. Klasse einen gewissen Überdruss. Das permanente Moralisieren läuft Gefahr, Trotzreaktionen hervorzurufen. Seit einiger Zeit sind ironische Wörter im Umlauf, die eine derartige Abwehr ausdrücken wie Betroffenheitspädagogen, Gutmenschen, Softies, Frauenversteher usw. Zugespitzt formuliert: Zu viel Ethik schadet der Moral.[25]

Aus diesem Grunde plädiere ich dafür, die Ethik im Unterricht nicht nur philosophisch zu vertiefen, sondern den Ethikunterricht noch mit anderen Inhalten der Philosophie anzureichern, die zur Orientierung der Schüler dienen können.[26] Dazu gehören ganz wesentlich die »Kritik der Ethik« und die »Kritik der Moral«. Als die Lehrplan-Kommission in Sachsen eine entsprechende Unterrichtseinheit vorgesehen hatte, in der Autoren wie z. B. Friedrich Nietzsche gelesen werden sollten, wurde diese Passage vom Kultusministerium einfach gestrichen. Offenbar befürchtete man moralischen Schaden für die sächsischen Jugendlichen.

Doch das Gegenteil ist der Fall. Die Kritik dient dazu, die Stärken und

24 Ebd. S. 10.

25 Eckhard Nordhofen, »Zuviel Ethik schadet der Moral«, in: FAZ vom 13. 11. 1990.

26 Siehe »Philosophie und Ethik im Unterricht« in diesem Band, S. 35–40; dieser Auffassung hat sich die *Deutsche Gesellschaft für Philosophie* angeschlossen, siehe die »Konstanzer Erklärung« in: *Zeitschrift für Didaktik der Philosophie und Ethik*, 20. Jg. (1998) Heft 3, S. 204 f., und in: *Ethik & Unterricht*, 9. Jg. (1998), Heft 4, S. 44.

Schwächen der Moral herauszuarbeiten. Denn Moral kann ja auch negative Kehrseiten haben; sie kann ungerechtfertigte Herrschaft legitimieren, zu psychischen Deformationen führen oder das Gegenteil von dem bewirken, was beabsichtigt ist. Die Aufgabe der philosophischen Ethik bzw. der Philosophie besteht nicht zuletzt darin, auf die Grenzen der Moral hinzuweisen, sonst riskiert man, dass der Ethikunterricht ungewollt dogmatisch wird.

In diesem Zusammenhang kann die Ironie eine produktive Rolle spielen. Denn Kierkegaard hat ja demonstriert, wie die Ironie eine sowohl stabilisierende als auch kritische Funktion zu erfüllen vermag. Folgt man dem Konzept der »beherrschten Ironie«, geht es nicht darum, die bestehende Ordnung über den Haufen zu werfen. Aufgabe ist vielmehr, sich im »wirklichen Leben« zu orientieren und einzurichten. Doch gleichzeitig soll die Ironie die Reflexion wach halten, um einer Überanpassung an die herrschenden Normen und Werte entgegenzuwirken.

Dabei hat die Ironie einen erstaunlichen Realismus zum Vorschein gebracht. Wenn Günther Anders in seinem Text darauf beharrt, dass die ironisch gemeinte Feststellung, der Mensch sei eine »Fehlkonstruktion«, in Wahrheit doch zutreffe, macht er darauf aufmerksam, dass die Dominanz der Technik knallharte Realität ist. Er stellt damit fest, dass moralische Sprüche, der Mensch sei doch in Wirklichkeit »frei«, an diesem Phänomen nichts zu ändern vermögen.

Doch diese Ironie bedeutet kein Einverständnis mit der Realität. Vielmehr hält Anders die seiner Auffassung nach total technisierte Welt für so unerträglich, dass er sich der indirekten Kritik bedient, mit der er die Leser wachzurütteln versucht. Wenn der moralische Aufruf, der Mensch sei ein autonomes Wesen, nur die eigene Ohnmacht und Verzweiflung verrät, müssen politische Kräfte mobilisiert werden, um den herrschenden Zustand zu überwinden.

Auf ähnliche Weise verfährt Watzlawick, indem er das pathologische Verhalten seiner Patienten erst einmal verstärkt. Weil moralische Vorwürfe und gut gemeinte Ratschläge ohnehin nicht helfen, wird die erlittene Situation bewusst gemacht. Der Patient wird dort abgeholt, wo er sich gerade befindet, er wird in seinem gegenwärtigen Leid ernst genommen. Ironisch ist daran der Versuch, auf diesem Umweg eine Änderung zu erwirken.

Der Erfolg seines populären Buchs »Anleitung zum Unglücklichsein« scheint ein Indiz dafür zu sein, dass das Publikum dieses Angebot zur Selbsthilfe verstanden hat. In jeder beschriebenen Situation findet sich der Leser mit seiner »falschen« Verhaltensweise wieder. Er schmunzelt über sich selbst und ist damit schon auf dem Wege der Besserung.

Dieses Verfahren lässt sich auf den Philosophie- und Ethikunterricht übertragen. Auch hier besteht die Gefahr, dass ständige Appelle an das Verantwortungsbewusstsein der Schülerinnen und Schüler fruchtlos bleiben. Die generelle

Erfahrung, dass sich die so genannte angewandte Ethik als ziemlich wirkungslos erwiesen hat, dürfte auch in den Schulen nicht unbekannt sein. Im Grunde kommt das uralte Problem zum Vorschein, dass aus der Einsicht in das Gute nicht unmittelbar das gute Handeln folgt. An dieser Stelle hilft Ironie, indem sie die tatsächliche Praxis zum Ausgangspunkt nimmt. Etwas mehr Ironie nützt der Moral.

Nachweis der Erstdrucke

Politische Aufklärung und Moralerziehung, in: *Zeitschrift für Didaktik der Philosophie*, 8. Jg. (1986), Heft 4, S. 241–249

Philosophie und Ethik im Unterricht, in: *Deutsche Zeitschrift für Philosophie*, Heft 12, 1992, S. 1449–1453

Philosophiegeschichte als didaktische Herausforderung, in: *Deutsche Zeitschrift für Philosophie*, Heft 1/2, 1992, S. 137–143

Methoden des Philosophie- und Ethikunterrichts, in: *Methoden des Philosophierens* (Jahrbuch für Didaktik der Philosophie und Ethik 1), herausgegeben von Johannes Rohbeck, Dresden 2000, S. 146–174

Didaktische Potenziale philosophischer Denkrichtungen, in: *Zeitschrift für Didaktik der Philosophie und Ethik*, 22. Jg. (2000), Heft 2, S. 82–93

Philosophische Kompetenzen, in: *Zeitschrift für Didaktik der Philosophie und Ethik*, 23. Jg. (2001), Heft 2, S. 86–94

Proto-Philosophie. Eine konstruktivistische Methode – didaktisch angewendet, in: *Didaktische Transformationen* (Jahrbuch für Didaktik der Philosophie und Ethik 4), herausgegeben von Johannes Rohbeck, Dresden 2003, S. 150–166

Verkehrte Welt – Dialektik als Methode in: *Denkstile der Philosophie* (Jahrbuch für Didaktik der Philosophie und Ethik 3), herausgegeben von Johannes Rohbeck, Dresden 2002, S. 29–62

Hegels Didaktik der Philosophie, in: *Hegel – Perspektiven seiner Philosophie heute*, herausgegeben von Bernhard Heidtmann, Köln 1981, S. 122–137

Experimentelle Philosophie in didaktischer Absicht [Originaltitel: Proto-Ethik in didaktischer Absicht], in: *Jahrbuch für Didaktik der Philosophie und Ethik*, 15. Jg. (2014), S. 114–125

Zehn Arten, einen Text zu lesen, in: *Zeitschrift für Didaktik der Philosophie und Ethik*, 23. Jg. (2001), Heft 4, S. 286–292

Philosophische Schreibstile, in: *Zeitschrift für Didaktik der Philosophie und Ethik*, 24. Jg. (2002), Heft 2, S. 98–105

Literarische Formen des Philosophierens, in: *Zeitschrift für Didaktik der Philosophie und Ethik*, 26. Jg. (2004), Heft 2, 2004, S. 90–101

Rhetorik und Philosophiedidaktik, in: *Zeitschrift für Didaktik der Philosophie und Ethik*, 27. Jg. (2005), Heft 2, S. 98–106

Philosophen scherzen nicht. Ironie im Philosophie- und Ethikunterricht, in: *Zeitschrift für Didaktik der Philosophie und Ethik*, 29. Jg. (2007), Heft 2, S. 82–90